Aufenanger
SCHILLER

Über den Autor:
Jörg Aufenanger, Jahrgang 1945, lebt in Berlin. Der Schriftsteller und Regisseur ist durch seine viel gelesenen Bücher und Essays unter anderem über Goethe bekannt. 2001 erschien seine meisterhaft erzählte Biographie über Christian Dietrich Grabbe, den Vorläufer des modernen Theaters in Deutschland.

Jörg Aufenanger

SCHILLER

Eine Biographie

EDITION

Diederichs

FOCUS-Edition
Biographien

Bibliografische Information der Deutschen Bibliothek

Die Deutsche Bibliothek verzeichnet diese Publikation
in der Deutschen Nationalbibliografie; detaillierte bibliografische
Daten sind im Internet unter http://dnb.ddb.de abrufbar.

Umschlaggestaltung: ZERO Werbeagentur München
unter Verwendung einer Abbildung von The Bridgeman Art Library
Satz: EDV-Fotosatz Huber / Verlagsservice G. Pfeifer, Germering
Druck und Bindung: GGP Media GmbH, Pößneck
Printed in Germany 2006

ISBN-10: 3-7205-2855-3
ISBN-13: 978-3-7205-2855-9

Inhalt

Der arme Schiller,
der keine Zeit hatte und keine ließ.

Friedrich Nietzsche

Mein Leben hat ohnehin die Farben eines Romans.
Friedrich Schiller

Zuvor

Als Schiller im Mai 1805 starb, hatte er gerade einmal fünfundvierzig Jahre hinter sich gebracht, in denen er zum Leben kaum hatte kommen können und ein Lebensziel nicht gefunden zu haben glaubte.

Abend ward's und wurde Morgen,
Nimmer, nimmer stand ich still.
Aber immer blieb's verborgen,
Was ich suche, was ich will.

Als er diese resignativen Zeilen schrieb, blieben dem Dichter noch zwei Jahre zu leben. Schon seit langem stand sein Leben unter dem Zeichen der Krankheit. Ihr musste er sein Werk abringen.

Schiller hatte zum Leben nie wirklich kommen können, da er es von Jugend an seinem Werk opferte, das er glaubte, vollenden zu müssen und da er zugleich wusste, dass seine Zeit begrenzt sei.

»Nimmer, nimmer stand ich still«, resümierte er im Jahr 1803 und wusste nicht einmal warum und wozu. Wenige Jahre zuvor hatte Schiller einen Plan gemacht, eine Liste aufgestellt von 30 Werken, die er noch vollenden wollte bis zu seinem 50. Lebensjahr, denn länger glaubte er nicht zu leben, da er den Tod schon spürte, der jeden Plan zunichte machen kann. Das Leben war für ihn nur noch eine Krankheit zum Tode hin, nicht in dem Sinn, wie es Sören Kierkegaard Jahre später schreiben wird, in diesem 19. Jahrhundert, das gerade einmal fünf Jahre alt war, als Schiller starb.

Krankheit war für Schiller keine metaphysische Größe, war nicht Krankheit am Leben, war Krankheit des Körpers, den er nie schonte, selbst dann nicht, als er wusste, wie krank er war und dass er nicht alt werden würde.

Oder vielleicht doch anders?

Jede Krankheit könne man eine Seelenkrankheit nennen, hat Novalis einmal geäußert. Sicher eine Zuspitzung von Wahrem. Schiller indes schrieb schon im Alter von 20 Jahren, als er die Gemütskrankheit des Eleven Grammont betrachtete, der ihm, wenn wohl auch eher unbewusst, zum Spiegel des eigenen Seins wurde: »Die ganze Krankheit ist meinen Begriffen nach nichts anderes als wahre Hypochondrie, derjenige unglückliche Zustand eines Menschen, in welchem er das bedauernswerte Opfer der genauen Sympathie zwischen dem Unterleib und der Seele ist, die Krankheit tiefdenkender, tiefempfindender Geister und der meisten großen Gelehrten.«

Wie oft beklagte Schiller im Laufe der Jahre gegenüber seinen Freunden, seiner Frau Charlotte, der Schwägerin Caroline und später auch in Briefen an Goethe seine tiefe Melancholie, die »hypochondrische Verfinsterung«, und seine körperlichen Gebrechen, die fast immer einhergingen mit trüben Stimmungen. »Das genaue Band zwischen Körper und Seele macht es unendlich schwer, die erste Quelle des Übels ausfindig zu machen, ob es zuerst der Körper oder in der Seele zu suchen ist«, schrieb er in seiner psychosomatischen Studie schon, als er noch 24 Jahre zu leben hatte.

Der »arme Schiller«, der früh schon die Gewissheit eines kurzen Lebens errungen hatte. Zudem wusste er um seine Unfähigkeit, zum Leben zu kommen, es genießen zu können. »Ich werde von allen Glückseligkeiten naschen, ohne sie zu genießen«, musste er Körner gestehen. Diese Unfähigkeit zum Glücklichsein war schon in der Jugend durch eine pietistische Erziehung angelegt, die ja Verzicht predigte. Er versuchte sie mit Surrogaten des Glücks zu bekämpfen, um wenigstens für Augenblicke in einen beglückenden Rausch zu geraten. »Eine fatale Kette von Spannung und Ermattung, Opiumschlummer und Champagnerrausch«, nannte Schiller resignierend seinen Zustand.

Und so richtete er, obwohl oder gerade weil er seit seiner Jugend die Fatalität von Krankheit und Verzicht kannte, seinen Körper weiter mit Tabak, Alkohol, Schnüffeldrogen und Opiaten zugrunde. Selbst die Dichtung wurde für ihn zu einer Droge, einem Rausch, warf er doch seinen ganzen Körper ins Schreiben, wie mehrere Augenzeugen bestätigt haben, und zwar bis zur absoluten Erschöpfung, da Dichtung für ihn zugleich immer auch härteste Arbeit, unendliche Mühe war, nie eine Leichtigkeit.

»Ich könnte mich nie mit mir selbst versöhnen«, stellte Schiller schmerzhaft fest, und da das so war, errichtete er vor sich ein idealistisches Gebäude, wohl wissend, dass dieses eine Selbsttäuschung bedeutete. Aber: Das Ideal kann, glaubt man daran und hält es jederzeit hoch, einen Ausweg aus einem trostlosen Leben gewähren, und es vermag gar, den Tod beiseite zu schieben. In dem Gedicht »Ausgang aus dem Leben« wird er schreiben: »Aus dem Leben heraus sind zwei Wege dir geöffnet/ Zum Ideale führt einer, der andere zum Tod.« Der Glaube an das Ideal war ein vermeintlicher Rettungsring in Schillers Leben und so beschwor er einmal: »Nichts soll meine idealistische Täuschung stören.« Doch auch sie kam letztlich nicht an gegen Lebensverdruss, Krankheit und Tod.

Als Schiller 1805 gestorben war, man seine Leiche öffnete, war das Kopfschütteln allgemein. Man konnte kaum glauben, dass er überhaupt das Alter von 45 Jahren hatte erreichen können. Der Körper sei völlig zerstört, stellte man bei der Obduktion fest. Schon lange war Schiller ein ›lebender Toter‹ gewesen, der sich sein Werk Sekunde für Sekunde vom Lebensrest hatte abringen müssen. Ein gefristetes Leben von Anfang an. Und so hatte Schiller keine Zeit und ließ keine Zeit, wie Nietzsche festgestellt hatte.

Unglück des Körpers, Unglück des Gemüts? Was war zuerst in Schillers Leben? Wie trat an die Stelle das jeweils andere? Oder ging beides immer miteinander einher? Lebenslänglich?

Armer Schiller und doch reich an Werk, das überraschender ist, als viele vermuten, die vielleicht seine Balladen, die Ode »An die Freude«, die eine oder andere Sentenz oder einige seiner Dramen mit den ach so hehren Figuren kennen. Ein Werk, das verdeckt ist auch durch seine Rezeption in den beiden Jahrhunderten seit Schillers Tod, missbraucht oft im Schulunterricht, missbraucht als nationales Fanal, missbraucht gar vom Nationalsozialismus.

Ein immenses Werk aus wenigen Lebensjahren hat Friedrich Schiller hinterlassen: neun Schauspiele und einige Fragmente, Übersetzungen und Bearbeitungen antiker und französischer Dramen, unzählige Gedichte und Balladen, einige Erzählungen, umfassende historische Studien und zahlreiche, fast ausufernde Schriften zur Philosophie und Ästhetik.

»Es ist nichts als die Tätigkeit nach einem bestimmten Ziele, was das Leben erträglich macht«, schrieb Schiller seinem Freund Körner und lobte daher auch den eigenen Fleiß. »Die Hauptsache ist der Fleiß, denn dieser gibt nicht nur die Mittel des Lebens, sondern er gibt ihm auch seinen alleinigen Wert.« Er wusste, was Flaubert einige Jahrzehnte später so ausdrücken würde: »Nur durch Arbeit gelingt es mir, meine angeborene Melancholie zum Schweigen zu bringen«, die dieser eine tiefe verborgene Wunde nennt. Hatten Schiller die Krankheit oder der Verdruss wieder einmal zur Untätigkeit verdammt, fühlte er sofort ein Versäumnis, schalt »die Wochen aus seinem Leben verloren«. Dass dennoch sein Werk in den wenigen Lebens- und Schaffensjahren einen derartigen Umfang gewann, ist nicht nur dem fleißigen Schiller zu verdanken, sondern auch seinem indes manchmal zerbrechlichem Glauben, zu allem fähig zu sein.«Schiller behauptete, der Mensch müsse können, was er wolle, und nach dieser Manier verfuhr er«, stellte Goethe fest. Eine Manier, die diesem fremd war, konnte er doch nur dichten, wenn die Eingebung ihn antrieb oder das eigene Erleben ihm die Feder führte. Für Goethe war Leben Dichtung und Dichtung das Leben, für Schiller war Dichtung Arbeit und verhindertes Leben.

»Die Biographie soll wie ein Roman sein, aber ergreifender als ein Roman«, hat der französische Schriftsteller und Biograph Philippe Sollers gefordert. Wie aber ein solches Leben, wie das von Schiller erzählen, das hinter dem Werk versteckt zu sein scheint? Wie sein Werk, das so abgespalten wirkt von seinem Leben, in seinen Zusammenhang mit diesem schildern? Wie von einem Menschen erzählen, der sich zumeist Empfindung und Genuss des Lebens verboten hat? Wie von einem Menschen sprechen, der gegen sich selbst gelebt hat?

Vor allem die Briefe Schillers, besonders jene, die er an seine Freunde Christian Gottfried Körner und Wilhelm von Humboldt geschrieben hat, weisen auf die Spur hin, die zwischen Leben und Werk bestanden hat. Auch gerade das, was so unabhängig von spezifischen Lebenssituationen und innerer Empfindung entstanden zu sein scheint, ist nur entstanden im Kampf mit dem Leben und der Krankheit, ist Wettlauf gegen den Tod, ist ein Ausdruck des Versuchs, das Leben zum Tode hin zu überlisten, ist Ausdruck eines Mangels an Leben und eines Reichtums an poetischer Kraft.

»Ich bin und bleibe bloß Poet, und als Poet werde ich auch noch sterben«, beschwor Schiller dreizehn Jahre vor seinem Tod gegenüber Körner und sich selbst fast verzweifelt die eigene Berufung zum Dichter. Schon als Schüler war er entschlossen, Dichter zu sein. Von da an war sein Leben ein dramatischer Kampf, um diesen Weg als Dichter, auch mit vielen Umwegen, zu gehen und dabei dennoch ein wenig glücklich zu sein.

Auf diesem Weg musste er nach all den Prüfungen durch die Krankheit und die Melancholie feststellen: »Mein Leben hat ohnehin die Farben eines Romans.«

Erstes Kapitel

Verlorene Kindheitstage

Friedrich Schiller steht am Ende seines 36. Lebensjahrs, als er von der verlorenen Kindheit schreibt, die »uns ewig das Teuerste bleibt«. Und er spricht von »einer gewissen Wehmut«, die den Menschen erfülle, wenn er an sie zurückdenke. In der Schrift »Über naive und sentimentalische Dichtung« schaut Schiller 1795 nicht ausdrücklich auf die eigene Kindheit zurück, sondern betrachtet sie allgemein mit dem Blick des Erwachsenen, der eben auch einmal Kind war: »In dem Kinde ist die *Anlage* und *Bestimmung*, in uns ist die *Erfüllung* dargestellt, welche immer unendlich weit hinter jener zurückbleibt. Das Kind ist uns daher eine Vergegenwärtigung des Ideals, nicht zwar des erfüllten, aber des aufgegebenen«. Dabei kann das letzte Wort in zweifacher Bedeutung gelesen werden, meint aber die dem Menschen gestellte Aufgabe, das was in ihm als Kind angelegt ist, zu verwirklichen durch die eigene Tat.

Das Kind sei Teil und Keim der Natur, sei ein in sich wirkender belebender »Gegenstand«, wie die »unscheinbare Blume«, wie der »bemooste Stein«, das »Summen der Bienen«, das »Gezwitscher der Vögel«. Aber, so fügt Schiller hinzu: »Es sind nicht diese Gegenstände, es ist eine durch sie dargestellte Idee, was wir in ihnen lieben. Wir lieben in ihnen das stille schaffende Leben, das ruhige Wirken aus sich selbst, das Dasein nach eignen Gesetzen, die innere Notwendigkeit, die ewige Einheit mit sich selbst«, und so folgt, dass die verlorene Kindheit zugleich ein Verlust der Einheit mit sich selbst ist. Daher klingt auch in den Zeilen und in dem Wort Wehmut eine Resignation über das verlorene Paradies der Kindheit mit.

Aber war denn die Kindheit Friedrich Schillers ein Paradies, das verloren gehen konnte? Oder war sie nur Idee, spätere Verklärung, die somit den Menschen mit »Wehmut« erfüllt?

Gute Zeiten und schlechte Zeiten hat Friedrich Schiller in seiner Kindheit durchlebt. Die ersten Lebensjahre waren geprägt durch Unruhe und Unrast, durch die Abwesenheit des Vaters, die alleinige Gegenwart der Mutter. Ein Zuhause fehlte. Der Vater war im Krieg und an wechselnden Garnisonsorten stationiert. Die Restfamilie von Mutter, Tochter und Sohn Friedrich fuhr dem Vater häufig hinterher und lebte für Wochen und Monate improvisiert in seiner Nähe.

Als der Vater aus dem Siebenjährigen Krieg heimgekehrt war, ging auch die vaterlose Zeit des Sohns zu Ende. Man lebte in Lorch, erstmals in Familie, und dort verbrachte der kleine Schiller die wohlmöglich glücklichste Zeit seines Lebens. Der Flecken im schwäbischen Remstal mit seiner waldigen Umgebung war für ihn ein paradiesischer Ort. Man wohnte jetzt zusammen in einem festen Haus, es gab ein Zuhause. Mit dem Umzug in die württembergische Residenzstadt Ludwigsburg stellten sich für den Siebenjährigen die ersten Lebensprüfungen ein. Der Junge war Anforderungen ausgesetzt, die oft jenseits der kindlichen Welt lagen, sodass der ohnehin Kränkliche körperlich und seelisch Schaden erlitt, der nachwirken sollte. Und doch waren auch die Ludwigsburger Jahre trotz der hohen Anforderungen, die der Vater und die Schule an ihn stellten, Kindheitsjahre im Wechsel von Glück und Last, Lust und Verzicht. Doch schon mit 13 Jahren sollte die Kindheit jäh enden, als Friedrich von den Eltern und der geliebten zwei Jahre älteren Schwester getrennt wurde und in die militärische Pflanzschule des Herzogs von Württemberg eintreten musste, die zum Gefängnis seiner Jugend werden sollte. Was aber ist in der Kindheit Schillers, über die wir nur wenige gültige Zeugnisse besitzen, angelegt für sein späteres Leben und Schaffen?

Kinderglück in Lorch

Als Friedrich Schiller am 10. November 1759 geboren wird, ist der Vater abwesend und mit seinem Regiment in der Mainregion stationiert. Der Sohn kommt in der Wohnung der Eltern seiner Mutter zur Welt, in Marbach am Neckar, in der Niklastorgasse. Am folgenden Tag wird er in der Stadtkirche getauft und erhält die Namen Johann Christoph Friedrich. Der ferne Vater schickt ein Gebet zum Himmel. »Das Wesen aller Wesen«, Gott also, möge dem Sohn geben, was ihm selbst, dem Vater, versagt gewesen sei, geistige Stärke nämlich.

Vater Johann Caspar entstammte einer Familie, die durch frühe Tode und Entsagung geprägt war. Sein Vater starb früh, der Halbwaise musste die Schule verlassen und schlug sich mit Feldarbeit durchs Leben, das karg und entsagend war. Doch er zeigte einen unbändigen Willen, dem Schicksal zu trotzen, den auch der Sohn besitzen wird. Er bildete sich autodidaktisch weiter, ging in die Lehre eines Klosterbarbiers, ließ sich zum Wundarzt ausbilden, was man ohne Studium werden konnte, mit der Folge freilich, dass die studierten Ärzte, die es selber verschmähten, das Operationsmesser zu führen, einen solchen »Chirurgus« mit Geringschätzung behandelten. Schließlich reihte sich Johann Caspar in ein Husarenregiment ein, in dem er Militärchirurg, ein so genannter Feldscher, wurde. Mit den Truppen zog er durch Holland und England, wurde mehrfach leicht verwundet. 1749 kehrte er in die schwäbische Heimat zurück, heiratete in Marbach die sechzehnjährige Gasthaustochter Elisabeth Dorothea Kodweiß, musste sich bald erneut verdingen, zog mit seinem württembergischen Regiment im Siebenjährigen Krieg nach Schlesien und kam bei einem Rückzugsgefecht in einem Sumpfgebiet bei Leuthen fast ums Leben. Um ein weniges hätte es nie einen Dichter Schiller gegeben. Als die Tochter Christophine 1757 geboren wurde, war der Vater gerade wieder einmal bei seinem Regiment, inzwischen als Leutnant. Als Sohn Friedrich im Mai 1759 geboren wurde, war er ebenfalls abwesend.

Der kleine Friedrich mit dem fernen Vater wuchs neben Mutter und Schwester auf, lernte so erst einmal nur die weibliche Seite einer Familie kennen. Das wird ihn prägen, und die Neigung sowohl zur Mutter als auch zur älteren Schwester wird auch die Wahl der Frauen, die er in sein Leben lassen will, befördern und bestimmen. Oft wird er in ihnen das Abbild von Mutter oder Schwester suchen.

Friedrich war gerade einmal zwei Monate alt, als die Mutter in Marbach das Bündel schnürte und mit ihm und der Tochter auf die Suche nach dem Vater ging, sich nach Würzburg aufmachte, wo ihr Mann stationiert war. Man blieb einige Wochen beieinander, improvisierte ein Familienleben, so gut das in einem Soldatenquartier möglich war. Doch bald wechselte das Regiment den Standort, der Vater nahm Abschied von Frau und Kindern, und die Restfamilie ging wieder zurück nach Marbach, um einige Monate später erneut aufzubrechen und sich in der Nähe des Vaters einzuquartieren.

Der kleine Friedrich war, so erinnert sich später Schwester Christophine, nicht nur »ein zartes schwächliches Kind«, er war häufig geplagt von Krampf- und Fieberanfällen, gewiss eine Folge des Vagabundenlebens. Schon in diesen ersten Lebensmonaten wurde der lebenslangen Krankheit Schillers ein Grundstein gelegt.

Friedrich war knapp vier Jahre alt, als das Wanderleben ein Ende nahm. Der Vater war im Dezember 1763 zum Werbeoffizier ernannt worden, als der er in der württembergischen Grenzstadt Schwäbisch-Gmünd Soldaten anheuern sollte. Er beantragte, sich im vier Kilometer entfernten Lorch ansiedeln zu dürfen, da das Leben dort weniger kostspielig sei, und erhielt die Genehmigung des Herzogs. Man nahm Wohnung in der ersten Etage eines Ackerbürgerhauses, neben dem eine Scheune lag, das hinten an den Wald grenzte und an dem die Rems vorbeiführte. Hier begann für Friedrich eine nahezu unbeschwerte Kindheit, hier lernte er erstmals ein wirkliches Familienleben kennen, auch wenn der Vater nun streng und oft ungerecht über den Sohn wachte. Friedrich durchstreifte mit der Schwester die nahen Wälder, zog, wenn der Vater in Schwäbisch-Gmünd war, durch das Tal der Rems und lernte die Natur lieben, die er dreißig Jahre später »eine beständige Göttererscheinung« nennen wird. So erlebte er das Einssein mit der Natur, wird ihre »Gegenstände« später so deuten: »Sie sind, was wir waren, sie sind, was wir wieder werden wollen.«

In Lorch fand der Junge in Christoph Ferdinand Moser einen Freund. Er war der Sohn des Pfarrers Philipp Ulrich Moser, der den jungen Schiller prägen wird, der ihm derart zu einem Vorbild wurde, dass er selbst auch Pfarrer werden wollte. Die Kirche von Lorch und das anliegende Pfarrhaus wurden ihm zu einem zweiten Zuhause. Moser wies den fünfjährigen Friedrich zusammen mit dem eigenen Sohn in die Grundlagen des Latein und gar des Griechischen ein, während in der Schule die elementaren Fächer unterrichtet wurden. Doch vor allem die Predigten Mosers in der Dorfkirche hatten es dem Kind angetan. Schwester Christophine berichtet in ihren Lebenserinnerungen später: »Er fing auch selbst oft an zu predigen, stieg auf einen Stuhl und ließ sich von seiner Schwester ihre schwarze Schürze statt dem Kirchenrock umbinden. Dann musste sich alles um ihn herum still und andächtig verhalten und ihm zuhören.« Wurde er dabei aber nicht beachtet, so lief er aus dem Haus und ließ sich lange nicht blicken, suchte die Einsamkeit, in der er seinen Kummer auch ausleben konnte.

In seinem ersten Schauspiel »Die Räuber« wird Friedrich Schiller fünfzehn Jahre später dem Pfarrer ein Denkmal setzen. »Pastor Moser tritt auf«, heißt die Regieanweisung in der ersten Szene des 5. Akts. Und was für einen Auftritt gestaltet Schiller da, indem er Moser um Mitternacht Franz Moor gegenüberstellt, der ihm an den Kopf wirft: »Es ist kein Gott!« Doch dem Pfarrer gelingt es, psychologisch geschickt und sprachgewaltig Moor seine innere Verzweiflung zu entdecken und vor Augen zu führen. Schiller lässt ihn dabei kurz mit einem Wort ins Schwäbische fallen, um auch so das Idol seiner Kindheit abzubilden. Moser gelingt es schließlich, Franz Moor nicht nur seinem »inneren Tribunal« zuzuführen, sondern erinnert ihn auch an das Gericht Gottes, das eines Tages über ihn urteilen wird. Da fällt Moor verzweifelt in einen Stuhl, mit den Worten »Zernichtung! Zernichtung!«. Schiller lässt Moser als Sieger dieses Disputs abgehen, während Moor seinem Diener befiehlt: »Geh, laß alle Glocken zusammen läuten, alles soll in die Kirche – auf die Knie fallen alles – beten für mich! – Alle Gefangenen sollen los sein«. Moser hat mit seiner Sprachmächtigkeit innerhalb von Minuten den Gottlosen bekehrt.

Friedrich Schiller wuchs in einer Umgebung auf, die vor allem durch Moser religiös geprägt war. Doch auch der Vater war tiefgläubig. Jeden Morgen und jeden Abend hielt er mit der Familie Andacht, zu der er selbst Gebete verfasste. So wunderte es nicht, dass der Vater den Wunsch des Sohns unterstützte, später den geistlichen Beruf wählen zu wollen. Diese tiefreligiöse Prägung des Kindes wird lebenslange Spuren in Schiller hinterlassen, ihm nicht immer bewusst, auch wenn er sich gelegentlich kritisch zur Religion und ihrer Ausübung äußern sollte. Die protestantische, zudem pietistisch geprägte Erziehung, die darauf abzielt, sich dem Willen Gottes zu ergeben, sich ihm würdig zu zeigen, um von ihm angenommen zu werden und dafür Verzicht auf die Genüsse des Lebens zu üben, hat seine mentale Seite geprägt, zugleich aber auch Widerspruch provoziert, was den Menschen Schiller oft innerlich zerreißen sollte.

So soll der Vater, wie erzählt wurde, während des Essens, gerade dann, wenn es am besten schmeckte, plötzlich aufgehört haben zu essen, aufgestanden sein, um Verzicht zu üben, und habe von der Familie, also auch von Friedrich, verlangt, seinem Beispiel zu folgen. Diese Einübung in Verzicht während oder kurz vor dem höchsten Genuss muss Spuren hinterlassen haben.

Das Kindheitsparadies von Lorch dauerte nur drei Jahre. Im Dezember 1766 siedelte die Familie Schiller nach Ludwigsburg über. Friedrich musste das naturnahe Landleben verlassen und von seinem Freund, dem Pfarrerssohn, und von Pastor Moser selbst, der ihm ein zweiter Vater war, ein gütigerer als der eigene, schweren Herzens Abschied nehmen.

»Was ich Gutes haben mag, ist durch einige wenige vortreffliche Menschen in mich gepflanzt worden«, wird Schiller vierzigjährig an die Gräfin Charlotte von Schimmelmann schreiben. Zu diesen wenigen vortrefflichen Menschen hat zweifelsohne der Pfarrer von Lorch gehört, in dessen Bann er stand.

Stadtluft in Ludwigsburg

Friedrich Schiller war sechs Jahre alt, als er erstmals die Stadt kennen lernte. Ludwigsburg war zum einen Garnisonsstadt, zum anderen Residenz des Herzogs Carl Eugen, der aus Stuttgart hierhin gezogen war und nun im Schloss prunkvoll Hof hielt. Es sollte zugleich ein schwäbisches Potsdam und ein schwäbisches Versailles sein. Denn sowohl tägliche militärische Appelle und Paraden als auch prächtige Feste im Schloss, im Park und in der Oper bestimmten das Bild der Stadt, wobei ganz Ludwigsburg illuminiert wurde.

Vater Schiller hatte in der Hinteren Schlossgasse eine Wohnung gefunden, die im Schatten der Pracht lag, aber nahe dem herzoglichen Park. Er war nun Hauptmann in der Garnison. Er hatte den Herzog um Versetzung gebeten, da er drei Jahre lang keinen Sold erhalten hatte und mit der Familie von seinen Ersparnissen leben musste, zudem noch zwei soldatische Helfer zu finanzieren hatte. Doch seine Loyalität dem Landesherrn gegenüber gestattete es ihm nicht, sich darüber zu beschweren. Nun aber versprach man ihm, den entgangenen Sold nachzuzahlen, was aber erst viele Jahre später vonstatten gehen sollte.

Friedrich besuchte ab Januar 1767 die Lateinschule, die ein Vorläufer des Gymnasiums war. Da er schon beim Pfarrer Moser Latein gelernt hatte, gehörte er bald zu den Besten seiner Schulklasse. Es wurde fast ausschließlich Latein und in lateinischer Sprache gelehrt. Dazu traten Griechisch und gar ein wenig Hebräisch. Die deutsche Sprache und andere Fächer standen nur einmal in der Woche auf dem Stundenplan. Da die Lateinschule auch auf den Pfarrberuf vorbereiten sollte, wurde zumeist im Zusammenhang mit religiösen Fragen gelehrt. Dabei stand die Lektüre der Bibel im Vordergrund.

»Unser Präzeptor war Honold, ein sehr frommer, maliziöser und dummer Mann, der den Stecken weidlich zu führen wußte. Dieser drohte uns durchein zu bläuen, wenn wir ein Wort fehlten.« Schillers Schulkamerad Immanuel Gottlieb Elwert erinnert sich so an die Schulzeit. Sie war vor allem geprägt durch äußerst hohe Anforderungen an den Schüler, die zuvörderst in einem stupiden systematischen Auswendiglernen bestanden, in einem Einpauken von Vokabeln, Begriffen und Bibelzitaten, was kaum Freiraum für ein individuelles erfahrendes Begreifen ließ. Was zu lernen war, wurde eben »eingebläut«, wie Elwert schrieb, notfalls mit Schlägen. Schillers Schulfreund weiter: »Wir waren in unseren Bubenjahren keine eigentlichen rechten Buben gewesen, die Ball oder andere dergleichen Spiele getrieben hätten.«

Sieben Stunden täglich dauerte die Schule und sonntags kamen nach dem verpflichtenden Gottesdienst noch religiöse Übungen hinzu. All das ließ kaum Raum für Kindheit, zumal der Vater zu Hause auch noch Anforderungen an den Jungen stellte und ihn schalt, wenn er mal nicht lernte, ihn ebenfalls mit Schlägen traktierte und seine freie Zeit weiter einengte.

»Ungeachtet der Einschränkung, in welcher er von seinem Vater gehalten wurde«, wie sein Mitschüler Friedrich Wilhelm von Hoven berichtet, gab es auch Glücksmomente in dieser durch Drill gezähmten Kindheit, gar in der Schule. Sie wurden ausgelöst durch eine außerordentliche Lehrerpersönlichkeit, die an der Ludwigsburger Lateinschule lehrte, von dem Theologen Johann Friedrich Jahn, der ab der dritten Klasse im Herbst 1769 als Oberpräzeptor den Lateinunterricht anstelle von Philipp Christian Honold übernahm. Er war zwar genau gleichaltrig wie dieser, aber wesentlich aufgeschlossener und moderner in seinen pädagogischen Methoden, suchte seinen Schülern Neugier einzupflanzen, die er als Motor des Erkennens und Lernens nicht außer Acht ließ. Er verzichtete auf das sture Auswendiglernen der lateinischen Sprache und machte die Jungen und eben auch Friedrich Schiller mit der Welt der Literatur vertraut, mit den römischen Dichtern. Bislang galten für ihn das Gebet und die frommen Lieder Christian Fürchtegott Gellerts, die im Hause Schiller gelesen und gesungen wurden, allein als Literatur. Welch neue Welt tat sich für den zehnjährigen Friedrich Schiller nun auf!

Man las Vergils »Aeneis«, die auf ihn einen lebenslangen Eindruck machen sollte, dann die Oden des Horaz und auch Gedichte Ovids, wobei Jahn zugleich die antike Mythologie und Geschichte vermittelte, sodass die Schüler auch das einst lebendige Umfeld einer nun toten Sprache kennen lernten, die sie zuvor hatten einpauken müssen. Vor allem Vergils Epos über die Weltabenteuer des Aeneas, des Sohns der Venus und des Anchises, den der Dichter gar die Stadt Rom gründen lässt, hatte es dem jungen Schiller angetan. 1780 wird er 120 Verse aus dem ersten Buch übersetzen und zehn Jahre später »Dido« und aus dem zweiten »Die Zerstörung Trojas«. Er versteht das dann auch als Vorarbeit für seine eigenen epischen Versuche ab 1790, denen indes nicht viel Glück beschieden sein wird. Diese frühe Berührung mit antiker römischer Literatur wird konstituierend sein für Schillers Versuch, eine klassische Dichtung zu schaffen. Vergils Einfluss auf ihn, der schon in der Ludwigsburger Lateinschule begründet wurde, wird nicht versiegen, zumal er den römischen Dichter noch über Homer stellen wird.

Doch das frühe Glück eines Lebens in der Literatur währte nicht lange, denn Jahn wurde bald aus der Ludwigsburger Schule abberufen und von Herzog Carl Eugen an seine militärische Pflanzschule beordert, wo er sich aber mit ihm nach kurzer Zeit überwerfen sollte. Doch Schillers eigene Lust am Dichten war von Jahn und durch die Lektüre der Dichter geweckt worden, und in den nächsten Jahren verfasste er Gedichte zu unterschiedlichen Gelegenheiten, zur Ernennung eines neuen Lehrers, zum Neujahr, zur eigenen Konfirmation, zumeist in lateinischer Sprache. Auch soll er schon ein Moses-Epos und Dramenszenen geschrieben haben, zu einem Trauerspiel mit dem Titel »Die Christen«, wovon aber nichts überliefert ist.

Doch langsam neigte sich die Kindheit Schillers einem verfrühten Ende zu. Alljährlich mussten die Schüler nach Stuttgart reisen, um sich einem Landesexamen zu stellen. In ihm wurden derart hohe Anforderungen an die Schüler gestellt, dass die Wochen davor ohne Unterlass gelernt werden musste, um sie bestehen zu können. Die drei ersten Examen absolvierte der junge Schiller mit sehr gutem Erfolg. Beim viertem aber versagte er, musste es wiederholen. Schillers Körper war durch gesundheitliche Anfälligkeit geschwächt und auch der Verzicht auf Kindheit beschädigte seine mentale Gesundheit. Er war nun 13 Jahre alt. Doch aus dem Verzicht erwuchs neuer Verzicht. Denn nun opferte er, wie seine Schwester sich erinnern wird, alle Stunden von dem frühesten Morgen an dem Lernen und bestand das Landesexamen. Wenige Monate zuvor war er konfirmiert worden.

Ein Auge wachte über ihn, nicht das Gottes, sondern das des Herzogs Carl Eugen. Er wird sich den jungen Schiller holen. In seine Pflanzschule. In ihr soll der Nachwuchs des Herzogtums aus- und herangebildet werden. Die besten Schüler des Landes und die geeignetesten Charaktere werden dazu ausgewählt.

Schillers erster Kinderfreund von Ludwigsburg war schon seit einiger Zeit in Stuttgart auf der Pflanzschule, Friedrich Wilhelm von Hoven. Der schrieb über diese Kinderfreundschaft: »Wir waren von gleichem Alter, beide Offizierssöhne, wollten beide Theologie studieren, ja wir wohnten zuletzt in dem nämlichen Haus, in der damaligen Cottaschen Buchdruckerei in Ludwigsburg. Da unsern Vätern alles daran gelegen war, daß wir etwas Rechtes in der Welt werden sollten, so wurden wir streng zum Lernen angehalten, und um hierzu keine Zeit zu versäumen, wurde uns außer der Schule wenig Umgang mit unsern Kameraden gestattet. Umso fester schlossen wir uns daher aneinander selbst an, spielten miteinander in unsern müßigen Stunden und übten allerlei Mutwillen, wie z. B. an dem Setzer der Druckerei, welchem wir täglich einen neuen Streich spielten. So lebten wir in der innigsten Verbindung zusammen bis zu meiner Aufnahme in die militärische Pflanzschule auf der Solitude.«

Acht Monate nach der Konfirmation, Ende April 1772, die ja in sich als ein christlicher Initiationsritus schon das Ende der Kindheit ankündigen und den Übergang zur Jugend markieren soll, ging die Kindheit Friedrich Schillers abrupt und schmerzhaft zu Ende. Am 16. Januar 1773 betrat er die militärische Pflanzschule. Die Tore schlossen sich hinter ihm, schlossen eine Kindheit ab, die gelegentlich glücklich war, aber vor allem eine nicht kindgemäße war.

Vater Schiller hatte mehrfach versucht, seinen Sohn Friedrich vor dieser Schule zu bewahren. Zweimal hatte der Herzog schon nach dem Sohn verlangt, er solle in die Stuttgarter Schule aufgenommen werden, was ja auch als eine Auszeichnung verstanden wurde. Zweimal hatte der Vater darauf verwiesen, dass der Sohn doch Theologie studieren solle und wolle, was an der Pflanzschule nicht möglich war. Ziel von Vater und Sohn war der Besuch des Tübinger Stifts. Friedrich wollte und sollte doch Pfarrer werden. Die dritte Anfrage des Herzogs indes war dem Vater Befehl.

So bricht er am 16. Januar 1773 mit seinem Sohn aus Ludwigsburg auf, nimmt die schnurgerade Chaussee, die nach Schloss Solitude oberhalb von Stuttgart führt, liefert ihn ab, wird ihn sobald nicht wiedersehen. Besuch der Eltern ist nur in Ausnahmefällen gestattet. Friedrich wird seine Mutter und seine geliebte Schwester kaum einmal sehen in den nächsten Jahren. Schillers Jugend beginnt, die ihm zu einem Gefängnis wird.

Zweites Kapitel

Solitude – Gefängnis der Jugend

Rettung im Gefängnis seiner Jugend werden Friedrich Schiller die Freunde und später die Dichtung. Ohne beides hätte er die sieben Jahre und elf Monate, die er hinter den Mauern der militärischen Pflanzschule verbringen musste, schwerlich überstanden.

Diese Anstalt war eine Eliteschule, um Führungskräfte für das Herzogtum Württemberg heranzuzüchten, aber auch eine Versuchsanstalt für die persönlichen pädagogischen Ambitionen von Herzog Carl Eugen. Gegründet hatte er sie 1770 als Militärwaisenhaus in einem Gebäude hinter dem Lustschloss Solitude, das auf einer Anhöhe am Rande Stuttgarts lag. Doch schon bald wurde daraus die Pflanzschule, auf der er die begabtesten Schüler seines Landes und vor allem Offizierssöhne kostenfrei ausbilden ließ. Für den Unterricht holte der Herzog die besten Pädagogen an sein Institut, das 1773 zu einer Militärakademie wurde und wiederum zwei Jahre später nach Stuttgart in ein Kasernengebäude hinter dem Stadtschloss überführt und zur »Hohen Carlsschule« erklärt wurde.

Als Friedrich Schiller im Januar 1773 die Schule betrat, beherbergte sie schon mehr als 400 Schüler. Herzog Carl Eugen verlangte von den Eltern, dass sie »freiwillig« einen Revers unterschrieben, in dem sie faktisch ihr Elternrecht an ihn abtraten. In ihm wurde von Vater und Mutter bestätigt, dass ihr Sohn eine Gnade erfahren habe, aufgenommen zu werden. Der habe sich nunmehr »gänzlich« dem Institut zu unterstellen und könne nicht wieder austreten. »Vielmehr versprechen wir, daß unser Sohn dieser Einrichtung so wohl, als auch allen übrigen Gesetzen und Anordnung des Instituts auf das genaueste nachzuleben geflissen sein wird.« Auch Vater und Mutter Schiller unterschrieben schweren Herzens. Mit dem Eintritt gaben sowohl die Eltern als auch der Sohn selbst jedes Recht auf eine individuelle Entwicklung ab, sodass dieser, quasi ein Leibeigener des Herzogs, ihm ausgeliefert wird. Die Verfügungsgewalt des Herzogs über den Zögling endete nicht mit der Schulzeit, sondern dauerte darüber hinaus an, so auch für den Schüler Schiller.

Am Tag des Eintritts in die Pflanzschule wurde genauestens protokolliert, was der Schüler mitgebracht hatte an Kleidung, Büchern – in Schillers Fall 15 lateinische Bücher und an Geld 43 Kreuzer. Die Eleven hatten Uniform zu tragen, die sie nur zum kurzen Nachtschlaf ausziehen durften: einen hellblauen Rock mit silbernen Knöpfen, eine weiße Weste, weiße Beinkleider, Kragen und Ärmelaufschlag aus schwarzem Samt. Über einem gerollten Zopf saß ein dreizackiger Hut, dazu trug man Degen und Stiefel. Georg Friedrich Scharffenstein schilderte seinen Mitschüler Schiller so: »Da sah mein Schiller komisch aus. Er war für sein Alter lang, hatte Beine durchaus mit den Schenkeln von einem Kaliber, sehr langhalsig, blaß mit kleinen rot umgrenzten Augen. Er war ein unreinlicher Bursche und, wie der Oberaufseher Nies brummte, ein Schweinpelz. Und nun dieser ungeleckte Kopf mit einem enormen Zopf.«

So uniformiert zog Schiller mit der Elevenschar nach dem Wecken um fünf Uhr, Andacht und Frühstück, um sechs Uhr morgens zur Schule, wurde gemustert, gelobt oder getadelt, oft von Herzog Carl Eugen selbst, der sich immer wieder in die Schule begab und gar die Schlafsäle kontrollierte, ob sich nicht einer seiner Zöglinge eine Nachlässigkeit erlaubte, ein Privatleben oder frühe sexuelle Freiheiten mit anderen oder sich selbst, und verstand das als väterliche Fürsorge, wollte der Übervater seiner Landeskinder sein. »Terrorismus« nannte Scharffenstein diese Art von Kontrolle und ständiger Überwachung.

Moderne Erziehung nannte Carl Eugen es und betrachtete seine Schule als pädagogische Musteranstalt. In der Tat kamen Besucher aus ganz Europa, um die Schule zu besichtigen und zu belobigen, die ihnen vom Herzog voller Stolz vorgeführt wurde.

Der Dichter Christian Friedrich Daniel Schubart, den der Herzog 1777 verhaften und für zehn Jahre in das Gefängnis von Hohenasperg werfen ließ, bezeichnete die Schule indes als »Sklavenplantage«, und Charlotte von Lengefeld, die das Institut besichtigte, als Schiller nicht mehr dort Schüler war, beschrieb die Eleven so: »Es waren Menschen wie Drahtpuppen … Jede ihrer Bewegungen hängt von dem Winke des Aufsehers ab.«

Doch gilt es auch festzustellen, dass bei aller Einschränkung persönlicher Freiheit und bei dem militärischen Drill der Schüler diese nirgends in Württemberg ein bessere Erziehung erhalten konnten als in der Carlsschule. Davon sollte auch Schiller profitieren. Unterrichtet wurden alle elementaren Fächer, an Sprachen Latein, Griechisch und Französisch. Zudem hatte jeder Schüler ein Schwerpunktfach zu wählen. Schiller widmete sich der Jurisprudenz, da er nichts zu wählen fand, was ihm nah war. Zwei Jahre später wählte er dann an ihrer Stelle die Medizin, die ihn mehr anzog. Bis zu diesem Zeitpunkt hatte er zu den schlechteren und weniger fleißigen Schülern gezählt, galt als unaufmerksam, langsam und träge und erhielt deswegen häufig Strafbillette. Als aber die Schule nach Stuttgart übergesiedelt war und in eine ehemalige Kaserne hinter dem Neuen Schloss untergebracht wurde, dort ein wenig mehr Freizügigkeit herrschte und er schließlich in der Medizin eine Wissenschaft fand, die sich dem Menschen zuwendet, wurde aus dem faulen Schiller ein fleißiger Schüler. Das war auch einem Lehrer zu verdanken, der seine geistigen Kräfte anspornte und freilegte, Jakob Friedrich Abel, der nur acht Jahre älter als er war und Professor für Philosophie, Psychologie und Moral. Abel wurde von den Schülern verehrt, zwischen Schiller und ihm sponn sich ein freundschaftliches Verhältnis an, das lange über die Schulzeit hinaus anhalten sollte.

Wieder war Schiller auf einen jener »vortrefflichen Menschen« getroffen, von denen er später sprechen wird, die seine Entwicklung entscheidend prägen. Man kann sagen, dass kein anderer Mensch ihn in der Jugend so stark beeinflusst hat wie Abel. Über seinen Schüler Schiller schrieb dieser Lehrer: »Besonders suchte er sich mit großem Eifer über Menschenkenntnis zu unterhalten, ein Studium, das er … als er zur Medizin übergegangen war, fortsetzte. Vorzüglich bemühte er sich, diese beiden Arten von Kenntnissen zu einem Zweck zu verbinden.«

Abel führte seine Schüler nicht nur in die Grundkenntnisse der Philosophie, der Moralphilosophie, sondern auch die Psychologie des Menschen ein und schrieb selbst dazu: »Ich war gewohnt, bei Erklärung psychologischer Begriffe Stellen aus Dichtern vorzulesen, um das Vorgetragene anschaulich zu machen; dies tat ich besonders auch, als ich den Kampf der Pflicht mit der Leidenschaft oder einer Leidenschaft mit einer anderen Leidenschaft erklärte, welche anschaulicher zu machen, ich einige der schönsten hier passenden Stellen aus Shakespeares Othello vorlas. Schiller war ganz Ohr.« Abel legte hier in Schiller früh einen Fundus an, aus dem dieser schon wenige Jahre später seine Theaterfiguren mit deren Leidenschaften schöpfen und erdichten sollte. Dieser Drang nach »Menschenkenntnis«, wie Abel schreibt, führte Schiller indes erst einmal dazu, dass er sich dem Medizinstudium vor allem unter einem Aspekt widmet. Wie funktioniert der Mensch? Was verbindet Körper und Seele?

Es waren ureigene Fragen, denn er kannte die Frage von seinem Körper, von seinem Gemüt her. In einem Selbstrapport konstatierte der Fünfzehnjährige, der so häufig während der Schulzeit erkrankte, was auch seine schulischen Leistungen beeinträchtigte: »Dann wann der Körper leidet, so leiden auch mit ihm die Kräfte der Seele, und der Wille wird durch Leibesschwachheiten öfters gehindert, in Erfüllung zu gehen.« Diese Frage und diese Antwort werden Schiller auf seinem ganzen Lebensweg bis zum frühen Tod begleiten. Und er wird in den nächsten Akademie-Jahren genauer dem Band zwischen Seele und Körper nachgehen. Dazu gab ihm das Studium der Medizin zusammen mit dem der Psychologie Gelegenheit. Geradezu empirisch konnte er dazu Untersuchungen anstellen. Die Schüler waren nicht nur angehalten, über sich selbst Berichte zu verfassen, sondern auch über ihre Mitschüler. Ohrenbläser nannte Schiller diejenigen Eleven, die sich da besonders hervortaten. Daraus wurde in der Carlsschule ein Netz von Kontrollen, Verdächtigungen, Spitzelwesen, Verleumdungen gestrickt, sodass ein jeder sich von jedem beobachtet fühlte und hinter einem jeden das allmächtige Auge des Herzogs stehen konnte. Aber diese Berichte schärften auch den Blick auf den anderen, auf seine Eigenschaften, seinen Charakter, seine Seelenbewegungen und zugleich den Blick ins eigene Ich.

Durch tausend Zweifel

Gegen Ende seines Studiums wurde Friedrich Schiller im Juni 1780 damit beauftragt, den Mitschüler Johann Friedrich Grammont zu beobachten und seinen Zustand zu protokollieren. Er war Schiller genau gleichaltrig, wird ihm auch zum Spiegel der eigenen Seele. Grammont war einer der besten Schüler des Instituts gewesen. Nach dem Tod des Vaters aber wurde er nicht nur trübsinnig, sondern auch sein Körper litt unter Kopfschmerz, Schlaflosigkeit, Mattigkeit, Störungen der Esslust und der Verdauung. Schiller wurde, nachdem er Grammont durch ein nachtlanges Gespräch von einem Selbstmordversuch abgehalten hatte, dazu aufgefordert, diesen unablässig zu beobachten und die Gemütskrankheit zu protokollieren. Schiller kannte trübe Stimmungen aus der eigenen Seele, und er kannte die Krankheiten des Körpers, litt häufig selbst unter Kopfschmerzen und Übelkeit. In einem Brief aus demselben Sommer 1780 drückte sich diese Depression in einem Brief an seine Schwester Christophine aus. Kurz zuvor hatte Schiller eine erste Begegnung mit dem Tod gehabt, als er am Krankenbett des sterbenden Christoph von Hoven, Bruders seines Freunds aus Ludwigsburger Kindertagen, gesessen hatte und das Hinscheiden des

Carlsschülers miterleben musste. Er schrieb aus diesem Anlass das Gedicht »Eine Leichenphantasie«, in dem er von der »Seele Höllenschmerz« spricht. In dem Brief an die Schwester, den er sie zugleich bittet, den Eltern zu verheimlichen, war über den eigenen Seelenschmerz zu lesen: »Ich habe Dich meine Teure, und doch kann dies keine Heiterkeit von einiger Dauer in meine Seele rufen. Auch sollst Du gewiß niemals erfahren, was die Kräfte meines Geistes untergräbt«, Schiller brach den Satz dramatisch ab, so als solle die Schwester sich nun endlos Sorgen um seinen Gemütszustand machen. Dessen Schwärze wurde indes noch literarisch genährt durch die gerade erfolgte Lektüre von Johann Wolfgang Goethes »Werther« und von Edward Youngs »Nights Thoughts on life, death and immortality«.

Sitzt Schiller nun mit Grammont zusammen, redet mit ihm in »häufigen Wortwechseln«, befragt und beobachtet ihn in seiner Krankheit, so sieht Schiller auch sich in dem anderen und stellt fest: »Die ganze Krankheit ist meinen Begriffen nach nichts anderes, als eine wahre Hypochondrie, derjenige unglückliche Zustand eines Menschen, in welchem er das bedauernswürdige Opfer der genauen Sympathie zwischen dem Unterleib und der Seele ist, die Krankheit tiefdenkender, tiefempfindender Geister.« Wenn man heutzutage unter dem Wort Hypochondrie vor allem eine »eingebildete Krankheit« versteht, so benutzte man es im medizinischen Sprachgebrauch der damaligen Zeit auch, um die Körperzone unter dem Brustknorpel zu bezeichnen, wo – wie man glaubte – eine »Bauchnervensucht« verbunden mit Schwermut entstand, deren Ursachen und Verlauf allerdings unklar blieben, sodass Schiller in seiner psychosomatischen Studie folgert: »Das genaue Band zwischen Körper und Seele macht es unendlich schwer, die erste Quelle des Übels ausfindig zu machen, ob es zuerst im Körper oder in der Seele zu suchen sei.«

Im Gepräch mit Grammont äußert dieser gegenüber Schiller auch seinen Unmut über die Unfreiheit, in der er in der Carlsschule gehalten werde, sodass ihm hier alles zuwider sei und er es vorzöge, die Akademie zu verlassen, um »in der Ruhe des Landlebens seinen Geist zu besänftigen, und neue Kräfte zur Erforschung der Wahrheit zu sammeln«, denn, so berichtet Schiller auch, Grammonts Herz ertrage »die schwankende Ungewissheit der wichtigsten Wahrheiten« nicht. Spricht hier nicht auch Schiller selbst aus dem, was er Grammont in den Mund legt, äußert sich hier nicht eine vorsichtige Kritik am Leben in der Akademie? Tatsächlich hat sein Bericht Folgen. Man lässt ihn nicht mehr allein mit Grammont, man gibt ihm andere Eleven hinzu, die nun mit ihm zusammen den Kranken beobachten sollen, und den, der den Kranken beobachtet, gleich mit. Das kränkt Schiller. In einem Schreiben an den Intendanten der Schule, Oberst Christoph Dionysius von Seeger, wehrt er sich in einer vorsichtigen, raffiniert versteckten Unbotmäßigkeit gegen die Kontrolle, weist darauf hin, dass es doch sein Verdienst gewesen sei, »einen Menschen vom Abgrund zurückzuziehen, und einen Selbstmord zu verhindern«, und fährt fort: »Bis dahin war ich der Meinung, die Vorteile der Akademie nach allen meinen Kräften betrieben zu haben, aber ich war es bald nicht mehr ... daß es mich hätte reuen können.« Schließlich warnt er davor, Widerspruch und Gewalt gegen einen Schüler wie Grammont anzuwenden, sondern nur »Gelindheit und nachgebende Methode« könne anstelle von Zwang eine kranke Seele heilen.

Schiller hat ein Feld für seine Erforschung des Menschen gefunden und in den Beobachtungen und Analysen seiner Mitschüler auch den Zweifel als Methode entdeckt, wozu der Zweifel am Menschen selbst und seinen Bindungen zur Welt tritt. In mehreren Examensabhandlungen wird er Fragen an die *condition humaine* stellen, so in »Philosophie der Physiologie« und in »Versuch über den Zusammenhang der tierischen Natur des Menschen mit seiner Geistigen«.

In der ersten Schrift zur »Philosophie der Physiologie«, die Schiller im Herbst 1779 als Examensarbeit vorlegte, stellte er einige angelesene Thesen zur Lehre von der Beschaffenheit und Einrichtung des menschlichen Körpers vor, fragte aber zugleich, wie der Mensch mit seinem Körper und mit seinen Sinnen die Welt aufnehme, die ja erst einmal nur Materie sei. Welche Mittlerin existiert zwischen Geist und Materie, fragt er weiter und nimmt eine »Mittelkraft« an, die er »Nervengeist« nennt. »Ich selbst bin durch tausend Zweifel«, schreibt Schiller, »zu der festen Überzeugung gekommen, daß die Mittelkraft in einem unendlich feinen, einfachen, beweglichen Wesen wohne, das im Nerve, seinem Kanal strömt, und welches ich nicht elementares Feuer, nicht Licht oder Äther, nicht elektrische oder magnetische Materie, sondern Nervengeist heiße.« Dieser vermittelt im Körper des Menschen, liegt aber eine Störung vor, so werde auch die Glücks- und Liebesempfindung verschlimmert. Mit diesem Wort bricht die uns bekannte Handschrift dieser Abhandlung ab. Der Rest ist nicht überliefert.

Schillers Arbeit wurde aber von drei Fachgutachtern im November 1779 abgelehnt, vor allem wegen ihres spekulativen Gehalts, aber auch wegen einer zu bildhaften unwissenschaftlichen Sprache, hinter der sich schon der Dichter Schiller vernehmen lässt. Die schmerzliche

Folge der Ablehnung aber war, dass der Zögling ein Jahr länger auf der Akademie bleiben musste, wo, wie es der Herzog ausdrückte, »sein Feuer noch ein wenig gedämpft werden kann«. Erst dann könne er »ein recht großes Subjectum werden«, eins, wie es sich der Herzog als Objekt zu seinen Diensten vorstellen kann. Und doch erhielt Schiller einen Monat später für seine Leistungen in der Medizin eine Preismedaille, die ihm zusammen mit anderen Eleven am 14. Dezember 1779 zum Ende der 11. Jahresfeier der Akademie in einem festlichen Rahmen vom Herzog persönlich verliehen wurde, worauf, wie das Protokoll vermerkt, die Offizierssöhne ihm die Hand, die anderen nur den Rocksaum küssen durften. Zwei Personen waren inkognito als Beobachter der Zeremonie zugegen, die den Weg Schillers Jahre später kreuzen und die eine Bedeutung füreinander gewinnen werden, die in diesem Moment keiner der drei erahnen konnte: Herzog Carl August von Weimar-Eisenach und sein Minister Johann Wolfgang Goethe. Sie hatten dem Herzog von Württemberg einen Besuch abgestattet, wobei der ihnen natürlich seine pädagogische Musteranstalt zeigte.

Auch die nächste Schrift über das entzündliche und das faulige Fieber fand keine Gnade vor den Augen der Gutachter, erst die dritte Dissertation »Versuch über den Zusammenhang der tierischen Natur des Menschen mit seiner geistigen« erfuhr, wenn auch mit Bedenken, ihre Zustimmung, sodass Schiller im Dezember 1780 aus der Carlsschule entlassen werden konnte. In der Schrift ging er weitaus vorsichtiger und unspekulativer auf die These von der Ganzheit des Menschen in seiner »innigen Korrespondenz« der geistigen und psychischen Natur ein. Heterogene Prinzipien des Menschen zwischen dem »traurigen Ton« und der »fröhlichen Saite des Körpers« machen den Menschen durch eine »wunderbare und merkwürdige Sympathie« zu »einem Wesen« mit der Chance zur Vollkommenheit, aber auch der Mög-lichkeit, in den Abgrund zu stoßen, sodass Schiller schließen kann: »Der Mensch ist nicht Seele und Körper, der Mensch ist die innigste Vermischung dieser beiden Substanzen.« Schon die einzelnen Paragraphen der Schrift erzählen davon, wie: »Geistiges Vergnügen befördert das Wohl der Maschine«, »Trägheit der Seele macht die Bewegungen der Maschine träger«, und meint mit Maschine immer die Körpermaschine. »Die Stimmungen des Geists folgen den Stimmungen des Körpers«, sagt Paragraph 19, sodass er feststellen kann: »Geistiger Schmerz untergräbt das Wohl der Maschine«, und führt wie schon in der Schrift über den Eleven Grammont aus, dass die Stimmungen der Seele und die Krankheiten des Körpers immer einen Zusammenhang besitzen.

Die letzten Jahre Schillers auf der Akademie waren indes weniger von seiner Beschäftigung mit der Medizin und einer damit verbundenen Menschenkunde geprägt. Die Leidenschaft für die literarische Lektüre und die eigene Dichtung, wozu die Leidenschaft zu einigen wenigen Freunden trat, ermöglichte ein Überleben im harten Alltag der Carlsschule.

»Eine Art von ästhetischer Assoziation zwischen Schiller, Hoven, Petersen und mir«, nannte Georg Friedrich Scharffenstein den Freundschaftsbund, der gemeinsam die Literatur vergangener Zeiten und der Gegenwart eroberte und zu eigener Dichtung ansporte, und das in einer Umgebung, die der Literatur Feind war. Zwar machte Professor Abel die Eleven mit antiker Literatur wie mit Shakespeare bekannt, animierte sie auch zum Schreiben, aber das war eher eine Ausnahme. Herzog Carl Eugen duldete Literatur kaum oder nur dann, wenn sie sein Repräsentationsbedürfnis und seine Lustbarkeiten befriedigte.

»Da der Herzog kein Freund der Dichtkunst war, sondern allein einen Wert auf andere Künste und auf wissenschaftliche Studien legte, so mußten wir natürlich unser dichterisches Treiben geheim halten. Wir dichteten also im stillen«, schrieb Friedrich von Hoven. Und wenn man dichtete, orientierte man sich natürlich an Vorbildern. Klopstock, Shakespeare und auch schon Goethe waren die funkelnden Leitsterne am literarischen Himmel. Vor allem im Banne Klopstocks lebte Schiller in den ersten Akademiejahren, und die frühen eigenen Gedichte wie »Hymne an den Unendlichen«, »An die Sonne« und »Der Eroberer« verraten seinen Einfluss, sodass er sich selbst rückblickend einen »Sklaven Klopstocks« nennen wird. Dessen empfindsame Wahrnehmung der Natur, der Unendlichkeit des Universums, der Allmacht des Weltschöpfers und grundsätzlich die Hingebung an das Gefühl werden für Schiller zum Ansporn eigener Dichtung.

Verstohlene Dichtung

In diesen Jahren war allein schon der Ausruf »Klopstock« zum Erkennungszeichen Gleichgesinnter geworden. »Sie legte ihre Hand auf die meinige und sagte: Klopstock!«, lässt Goethe in »Die Leiden des jungen Werthers« Lotte zu Werther sagen, und der »versank im Strome von Empfindungen, den sie in dieser Losung über mich ausgoß«. Goethes Roman, 1774 erschienen, war zu einem Kultbuch der Generation geworden und auch von den Freunden um Schiller mit Fieber gelesen worden. »Wie oft hätte der ganze Kreis dieser Freunde sich vor dem Verfasser eines dichterischen Meisterstücks, z. B. der Leiden des jungen Werthers, bewundernd, ja halbanbetend niederwerfen mögen«, schrieb J. W. Petersen.

Der Einfluss Klopstocks wich indes bald, obwohl sich Schiller noch über Jahre hinweg ihm nicht völlig entziehen konnte. Die Dramen Shakespeares und Goethes »Götz von Berlichingen« traten an seine Stelle, wie auch die jener Dichter, die man später als die des »Sturm und Drang« bezeichnen würde, deren Schriften jedoch in die Akademie eingeschmuggelt werden mussten.

Am schulfreien Sonntag zogen einige Eleven, unter ihnen Schiller, durch die Wälder der Umgebung Stuttgarts. Dort lasen sie gemeinsam die Dramen Shakespeares, Goethes und Gerstenbergs. Und sie lasen einander die eigenen Dichtungen vor, die sie innerhalb der Woche in den raren freien Stunden und in der Nacht auf Papier gebracht hatten. »Verstohlene Gedichte« nannte Scharffenstein, was da heimlich entstand, denn erwischt werden beim Dichten durfte man nicht, sodass Schiller über das Geschriebene die medizinischen Lehrbücher legte, wenn der Aufseher oder auch nicht selten der Herzog selbst die Schlafsäle kontrollierte. In diesen dem Schlaf geraubten Nächten sollte Schiller auch sein erstes großes Schauspiel schreiben, »Die Räuber«, ein Drama, das die Theaterwelt verändern wird.

Das Jahr Verlängerung, das ihm der Herzog zur Besänftigung seines inneren Feuers verschrieb, fachte es indes an, und es wird eines der literarischen Rache, denn die letzten zwölf Monate, die Schiller noch in dem Gefängnis seiner Jugend verbringen musste, nutzte er, um sein Schauspiel in fiebrigen Nachtstunden fast zu Ende zu schreiben, heimlich. Die Geschichte um die Brüder Moor, von denen der eine eine »unmoralische Jaunerbande bildet gegen die bürgerliche Gesellschaft«, wie Schiller selbst schrieb, gärte schon seit einiger Zeit in ihm. Oft meldete er sich, der so oft wirklich krank war, nun krank, konnte er doch in der Krankenstation im Gegensatz zum Schlafsaal nachts ein Licht anzünden, um zu schreiben.

Sonntags zog er dann mit Freunden ins Grüne, zumeist in das Bopserwäldchen, und las dort seinen Mitschülern die gerade gedichteten Szenen vor, ja, spielte sie in seiner exaltierten Art vor. »Seine Deklamation war anfänglich eine ruhige. Als er aber zur Stelle gelangte, wo Räuber Moor mit Entsetzen seinen totgeglaubten Vater vor dem Turm anredet, steigerte sie sich in dem Grade, daß seine Freunde, mit gespannter Aufmerksamkeit Aug und Ohr ihm zugewandt, durch den

Ausbruch seines Affekts in Bestürzung gerieten, durch die Großartigkeit seiner Arbeit aber in Erstaunen, Bewunderung und in fast endlose Beifallsbezeugung übergingen.« So erzählt der Miteleve Victor Peter Heideloff von Schillers Freilufttheater, das er auch in einer Rötelzeichnung festgehalten hat.

Zum Ende des Jahres 1780 hatte Schiller »Die Räuber« zu einem vorläufigen Abschluss gebracht und suchte einen Verleger für das Schauspiel. Er schrieb an den Freund Johann Wilhelm Petersen, der die Schule schon hatte verlassen können: da er selbst noch »im Loche der Prüfung« sei, solle er sich doch bitte um einen Verleger kümmern. »Der erste und wichtigste Grund, warum ich die Herausgabe wünsche, ist jener allmächtige Mammon – das Geld … Der zweite Grund ist, wie leicht zu begreifen, das Urteil der Welt … Ich möchte natürlicherweise auch wissen, was ich für ein Schicksal als Dramatiker, als Autor zu erwarten habe.« Schiller also hatte bereits den Plan, Theaterdichter zu werden, wo er doch gerade im Begriff war, sein Examen als Mediziner zu bestehen.

Wenige Wochen nach diesem Brief wird Schiller aus der Akademie entlassen und Regimentsmedicus in Stuttgart werden. Und er wird die Freunde wiedertreffen, die er im letzten Jahr so schmerzlich vermisst hat. Sie hatten über Jahre hinweg sein Überleben in der Akademie ermöglicht. Ohne sie wie auch ohne die Dichtung wäre er dort verkümmert.

Der Freundschaft selig Band

Sieben Jahre hat Friedrich Schiller in der pädagogischen Zuchtanstalt seines Landesherrn verbracht. Als er sie im Dezember 1780 verlassen konnte und seinen Dienst als Regimentsmedicus antrat, traf er seinen besten Freund Georg Friedrich Scharffenstein wieder, mit dem er sich in der Akademiezeit überworfen hatte, und erneuerte den Bund. Als Schiller im Januar 1773 die militärische Pflanzschule betreten hatte, fand er dort seinen Ludwigsburger Freund aus Kindertagen, Friedrich Wilhelm von Hoven, schon vor. Er wurde seine erste Stütze in der Akademie. Im Laufe der Jahre gewann er Freunde hinzu, indes nicht viele. Mit ihnen bildete Schiller jene ästhetische Assoziation, von der Scharffenstein sprach. Neben diesem und von Hoven gehörten dazu Johann Friedrich Schlotterbeck, Victor Heideloff, Albert Friedrich Lempp und Johann Wilhelm Petersen. Man lebte einen Freundschaftskult, wie er in der zweiten Hälfte des 18. Jahrhunderts vielerorts gepflegt wurde, ja Mode war. Die Dichter Ludwig Gleim, Friedrich Gottlieb Klopstock und Ludwig Hölty lebten solche Bünde, Gleim fast religiös, errichtete er doch in seinem Haus in Halberstadt gar einen Tempel der Freundschaft. In diesen Männerbünden widmete man sich nicht nur der Dichtung, der Malerei oder der Musik, man suchte gleich gestimmte Seelen, verriet einander Herzens- und Gemütsbewegungen, teilte Freud und Leid. »Selig ist es, jauchzen wenn der Freund / Jauchzet, weinen mit ihm, wenn er weint«, schreibt Schiller seinem Kinderfreund aus Lorcher Tagen, Christoph Ferdinand Moser, im Oktober 1778 ein Acht-Zeilen-Gedicht in das Stammbuch. Man versprach einander Aufrichtigkeit und baute auf völliges Vertrauen, das auch durch die Angelegenheiten der Liebe nicht untergraben werden sollte. »Selig ist der Freundschaft selig Band«, heißt es in der ersten Zeile jenes Stammbuchgedichts an Moser. Und doch: Die Seligkeit war auch bedroht, mischten sich Irritationen und Verschwiegenheiten, Eifersucht und Nachrede, Liebesentzug und Liebesschmerz in die Banden der Freundschaft ein. Und eben auch wahre Liebe.

Wenige Tage nach seinem Eintritt in die Militärakademie hatte Schiller im Januar 1773 Freundschaft mit Friedrich Wilhelm Scharffenstein geschlossen, der aus Mömpelgard (Montbéliard) in der Franche-Comté stammte, das damals zu Württemberg gehörte. Mit ihm teilte er nicht nur Lust und Leid der Jugendjahre, gemeinsam dichtete man auch und fasste den Plan, einen zweiten Werther-Roman zu verfassen. Doch nach drei Jahren höchster Nähe kam es zu einem dramatischen Bruch der Freundschaft, ausgelöst ausgerechnet durch die Dichtung. Die antiliterarische Front der Schüler verspottete in einer französischen Posse die Lyrikversuche der Möchtegerndichter, sodass Hoven und Scharffenstein der Dichtung erst einmal entsagten. Der Juraschüler Georg Friedrich Boigeol griff auch Schillers Gedichte an und selbst Scharffenstein kritisierte sie, warf seinem Freund in einem Billett vor, sie seien angelesen und unecht, gar diejenigen, die Schiller aus ihrer Freundschaft heraus geschrieben habe.

»Hab nicht erröten, nicht weinen, nicht beben dürfen«, antwortet Schiller, nachdem er das Billett mit den Vorwürfen gelesen hat. Und ist doch tief gekränkt, gedemütigt. »Wahr ist, ich pries Dich in meinen Gedichten zu sehr«, fährt Schiller fort, so in jenen Versen, die er nochmals an das Ende des mehrseitigen Antwortbriefes setzt:

Sangir liebte seinen Selim zärtlich
Wie du mich mein Scharffenstein
Selim liebte seinen Sangir zärtlich
Wie ich dich mein lieber Scharffenstein!

»Leid ist mirs, daß ich die liebe Strophe in meinem Selim und Sangir Lügen strafen mußte«, fügt Schiller hinzu. Zuvor hat er in dem Brief verzweifelt gefragt: »Und was war das Band unserer Freundschaft?« Und weiter hat er gefragt, ob es Eigennutz, Leichtsinn oder Torheit gewesen sei, um zu dem Ausruf zu kommen: »O eine Freundschaft wie diese errichtet hätte die Ewigkeit durchwähren können.«

Zugleich erniedrigt sich Schiller, macht sich klein, schilt und straft sich selbst, eine Haltung, die Schiller immer wieder einnehmen wird in seinem Leben. Die Lust an der Selbsterniedrigung, eine Prägung seines Gemüts, setzt schon in der Jugend ein: »Ich fehlte nur aus Liebe«, bekennt er und: »Ich schwoll neben Dir, denn ich war stolz auf Deine Freundschaft … und doch war ich nie so gedemütigt, als wenn ich Dich ansah, Dich reden hörte, Dich fühlen sah, was die Sprache Dir versagte, da fühlt ich mich kleiner, als sonst überall, da tat ich den Wunsch an Gotte, mich Dir gleich zu machen! Scharffenstein!«

Wie konnte es nur so weit kommen, fragt Schiller in seinem pubertären, erotisch gefärbten Liebesschmerz den Freund und weiß nicht ein und aus, klagt nun seine Kaltsinnigkeit an, seine Fehler, über die Scharffenstein sich lustig gemacht habe. »Pfui, Pfui der schändlichen Seele!« Beschämt habe er ihn. Errötet sei er in seiner Gegenwart, sein Herz habe er geplagt, und doch endet er in Demut vor dem »klügeren, erfahreneren« Freund: »Und darum vergeb ich dir – vergeb ich dir – vergeb ich dir.«

Doch Schiller ist tief verletzt, verzweifelt am Menschen überhaupt. »Er ist bösen Herzens und kleinen Herzens.« Und ist selbst doch erst sechzehn Jahre alt.

Schiller wird sein Leben lang die Freundschaft von Männern suchen und in einer Frau nur einen zusätzlichen Halt, der ihm das Leben versichert. Als Friedrich Schiller nach dem Examen im Dezember die Militärakademie verlässt, ist er einundzwanzig Jahre alt. Seine Freunde haben zumeist schon seit längerem die Schule verlassen. Er wird sie so schnell wie möglich wiedertreffen.

Die Tore des Gefängnisses seiner Jugend haben sich hinter ihm geschlossen. Aber er hat aus dem Gefängnis ein Gedicht mitgebracht.

»Die schlimmen Monarchen«, von deren einem er nun meint, losgekommen zu sein. Die letzte Strophe des Gedichts:

Berget immer die erhabne Schande
Mit des *Majestätsrechts* Nachtgewande!
Bübelt aus des Thrones Hinterhalt.
Aber zittert für des Liedes Sprache,
Kühnlich durch den Purpur bohrt der Pfeil der Rache
Fürstenherzen kalt.

Wird Schiller mit des Liedes Sprache Rache nehmen? Er ist nun frei. Ist er frei? Und wozu?

Drittes Kapitel

Wüste Jugend in Stuttgart

Kaum hatte Friedrich Schiller die Carlsschule verlassen, da sollte das Leben endlich beginnen. »Ich bin ein Mann! Wer ist es mehr?«, rief er in die Welt, die jetzt seine werden sollte.

Wer's sagen kann, der springe
Frei unter Gottes Sonn einher
Und hüpfe hoch und singe.

Doch die Wirklichkeit, die war nicht so. Was tun mit der neuen Freiheit? Wozu sie nutzen? Das Gedicht »Männerwürde« sagte, was ein Mann kann, wenn er könnte, Mädchen küssen, des Kaisers Tochter davonjagen, Genius werden, Tyrannen hassen.

Der Tyrann von Württemberg aber, Herzog Carl Eugen, steckte Schiller erst einmal wieder in eine Uniform, denn die Leibeigenschaft dauerte an. Er machte ihn zum Arzt eines Regiments von Invaliden, das von dem 82-jährigen General Johann Abraham David Augé geführt wurde. 420 Invaliden und Hilfssoldaten hatte Schiller tagtäglich zu betreuen und auf ihre Hygiene zu achten, wohnte selbst einige Monate mit ihnen in der Kaserne. Beim morgendlichen Appell musste Mediziner Schiller, denn das war er ja nun, nicht nur ebenfalls zugegen sein, er hatte danach die Soldaten zu untersuchen. Er schrieb sie krank oder gesund, verordnete den alten Männern Pillen und Arzneimixturen. Das tat er oft in viel zu hohen Dosierungen. Eine Rache? Eine Laune? Oder nur Nachlässigkeit? Seine Rezepte wurden daraufhin von seinem Vorgesetzten, der ihm wohl wollte, stillschweigend kontrolliert und korrigiert.

Schillers Groll hingegen erregte, dass er Reiseverbot hatte und dass er Uniform tragen musste. Sein Vater, der 1775 aus der Landesarmee ausgeschieden war und seitdem die Leitung der herzoglichen Baumschule innehatte, bat den Herzog für den Sohn um Erlaubnis, keine Uniform tragen zu dürfen. »Sein Sohn soll Uniform tragen«, war dessen schnöd kategorische Antwort.

»Aber wie komisch sah mein Schiller aus. Eingepresst in der Uniform … steif und abgeschmackt. An jeder Seite hatte er drei steife vergipste Rollen, der kleine militärische Hut bedeckte kaum den Kopfwirbel, in dessen Gegend ein dicker falscher Zopf gepflanzt war, der lange Hals war von einer sehr schmalen roßhärenen Binde eingewürgt. Das Fußwerk vorzüglich merkwürdig: Durch den den weißen Gamaschen unterlegten Filz waren seine Beine wie zwei Zylinder von einem größeren Diameter als die in knappe Hosen eingepreßten Schenkel. In diesen Gamaschen, die ohnehin mit Schuhwichse sehr befleckt waren, bewegte er sich, ohne die Knie recht biegen zu können, wie ein Storch. Dieser ganze, mit der Idee von Schiller so kontrastierende Apparat war oft der Stoff zu tollem Gelächter in unseren kleinen Kreisen.«

So schilderte Schillers Freund Scharffenstein, mit dem er sich inzwischen wieder vertragen hatte, den Regimentsarzt. Erst nach dem Dienst begann das wirkliche Leben. Und das war ein Rausch. Rausch der kleinen Freiheiten und Rausch der Dichtung.

Und wohl mir, daß ich's darf und kann!
Geht's Mädchen mir vorüber,
Ruft's laut in mir, du bist ein Mann!
Und küsse sie so lieber.

Und röter wird das Mädchen dann,
Und's Mieder wird ihr enge.
Das Mädchen weiß, ich bin ein Mann,
Drum wird ihr's Mieder enge.

Wie wird sie erst um Gnade schrein,
Ertapp ich sie im Bade?
Ich bin ein Mann, das fällt ihr ein,
Wie schrie sie sonst um Gnade!

Es folgen noch viele Strophen dieser spätpubertären Dichterphantasien in dem Gedicht »Männerwürde«, das zugleich eine Parodie auf das Gedicht »Männerkeuschheit« von Gottfried August Bürger war, das zuerst den Titel »Kastraten und Männer« trug. Aber »Die Männerwürde« ging noch forscher und provokativer weiter.

Ich bin ein Mann, das könnt ihr schon
An meiner Leier riechen,
Sie braust dahin im Siegeston,
Sonst würde sie ja kriechen.

Aus ebendiesem Schöpferfluß,
Woraus wir Menschen werden,
Quillt Götterkraft und Genius,
Was mächtig ist auf Erden.

Tyrannen haßt mein Talisman
Und schmettert sie zu Boden,
Und kann er's nicht, führt er die Bahn
Freiwillig zu den Toten.

Schiller fühlte in sich den Genius. Ja er wollte ein Genie, ein Auser-wählter sein. Schon Jahre zuvor hatte er an einen Mitschüler der Aka-demie geschrieben: »Ich bin ein Jüngling von feinerem Stoff.« Nun wollte sein Genius sowohl die bisherige Dichtung als auch die Welt in Schranken weisen. Doch noch hielt diese ihn in Schranken. Und das wilde genialische Leben konnte nur nach dem Feierabend stattfinden. Eine Demütigung. Dann aber umso wilder. Fast jeden Abend saß Schil-ler mit seinen Freunden im Gasthaus »Zum goldenen Ochsen«. Man trank, spielte Karten, träumte, prahlte und phantasierte von Mädchen. »Da war die Welt unser«, schreibt Scharffenstein. Einmal richtig jung sein, bevor der Ernst des Lebens das Leben eines jeden frisst. Und im Gedicht »An einen Moralisten« fragte Schiller diesen: »Was zürnest du uns'rer frohen Jugendweise?«

Eines Tages im Februar 1781 aber ertrank Schiller in seinem jugendli-chen Übermut. Bei einem Bankett anlässlich des Geburtstags des Herzogs hatte er so viel Alkohol in sich hineingeschüttet, dass er nicht mehr gehen konnte und den Weg nach Hause nicht mehr gefunden hätte. So packten ihn die Freunde in eine Sänfte und trugen ihn in sein Bett. Seitdem ging in Stuttgart die Legende vom wüsten Trinker Schil-ler um.

Laura

Bisher hatte Schiller nur unter Männern gelebt, acht Jahre lang in der Akademie. Und nun? Was ist überhaupt eine Frau? Diese Frage stellte sich ihm und den Freunden in der neuen unerprobten Freiheit. Sie gin-gen ins Bordell, um Antwort auf die Frage zu finden. Gemeinsam und zu mehreren probierten sie die Liebe aus. »En compagnie«, wird sich Scharffenstein später erinnern.

»Mehrere waren Zeugen«, so rekapituliert Freund Johann Wilhelm Petersen die wilden Nächte mit Schiller, »daß er während eines einzigen Beischlafs, wobei er brauste und strampfte, 25 Prise Tabak schnupfte – in die Nase nahm.«

Schiller versuchte, mit allen möglichen Mitteln sich in einen Zustand des Rauschs zu versetzen, mit Alkohol, Tabak, mit Ersatz- und Schnüffeldrogen. »Hatte er bisweilen keinen Tabak, so kitzelte er seine Geruchsnerven mit Staub«, schrieb Petersen weiter. Die Frauen sollten ihn nun ebenfalls in einen Rauschzustand versetzen. Doch Scharffenstein, sein geliebter Freund aus Akademietagen, behauptete: »Schiller liebte im Grunde die Weiber nicht.« Und doch – vielleicht auch gerade deswegen – wird er immer im Bann der Frauen sein, sodass Goethe Schiller gar einen Mann unter Einfluss der Frauen nennen wird. Eine Art Sucht verlangte nach ihnen, wie Schiller auch nach anderen Surrogaten des Glücks verlangte, was er später einmal beklagen sollte. Doch der süchtige Schiller wird weiterhin nach allerlei Drogen verlangen, die ihm ein Trugbild ins Gemüt eindrücken. Immer schwankte Schiller zwischen Genuss und Verdruss, der sich bald nach oder schon während und dadurch anstelle des Genusses einstellt. Umso mehr sehnte er dann Ersatz herbei.

Lieber als bei einer Frau war Schiller aber unter Männerfreunden, denn eine Frau könne niemals ein Freund sein, wird er bald erkennen. Nach zwei Monaten Kasernenleben hatte Schiller in der Stadt ein Zimmer zur Untermiete gefunden, bei der Hauptmannswitwe Luise Dorothea Vischer. Dort wohnte mit dem Leutnant Franz Joseph Kapf ein weiterer ehemaliger Carlsschüler. Die 30-jährige Frau wird Schiller sowohl Muse als auch Geliebte, ob nun nur in der Einbildung oder auch im Vollzug, ist nicht überliefert. Jedenfalls wird sie ihn in die Phantasien der Liebe eingeführt haben. Von den Freunden wird sie zwar nicht als hübsch beschrieben, doch besaß sie etwas »Gutmütiges, anziehendes, pikantes«, so Scharffenstein. »Schiller entbrannte.«

Laura! Welt und Himmel weggeronnen
Wähn ich – mich in Himmelmaienlicht zu sonnen,
Wenn dein Blick in meine Blicke flimmt.
Ätherlüfte träum' ich einzusaugen,
Wenn mein Bild in deiner sanften Augen
Himmelblauem Spiegel schwimmt.

Schiller gab seiner Wirtin den auf Petrarcas Liebeslyrik zurückgehenden Namen »Laura« und besang in ihr die Frau, die er lieben will, die ihm zum Spiegel wird, wenn er sich in ihren Augen wiederfindet. »Die Entzückung« nannte er das Gedicht.

Deine Blicke – wenn sie Liebe lächeln,
Könnten Leben durch den Marmor fächeln,
Felsenadern Pulse leihn,
Träume werden um mich her zu Wesen,
Kann ich nur in deinen Augen lesen:
Laura! Laura mein!

Und die Poesie trieb die Phantasie einer Verschmelzung noch weiter:

Wann nun, wie, gehoben aus den Achsen
Zwei Gestirn', in Körper Körper wachsen,
Mund an Mund gewurzelt brennt,
Wollustfunken aus den Augen regnen,
Seelen wie entbunden sich begegnen
In des Atems Flammenwind.

Die Einbildung geht auf Liebesreise und nimmt Schiller mit. »Meine Laura« nannte er sie in dem Gedicht »Phantasie« wieder und wieder.

Und was ist's, das, wenn mich Laura küsset,
Pupurflammen auf die Wangen geußt,
Meinem Herzen raschern Schwung gebietet,
Fiebrisch wild mein Blut von hinnen reißt?

Aus den Schranken schwellen alle Sehnen,
Seine Uter überwallt das Blut,
Körper will in Körper über stürzen,
Lodern Seelen in vereinter Glut;

Alles schwillt über in Phantasien, die das Gedicht erzeugt, und so besingt Schiller weiter seine Muse, wenn sie statt seiner die Tasten des Klaviers streichelt, in dem Gedicht »Laura am Klavier«, in welchem die Geliebte die Töne mit ihren Händen zwingt wie ihn mit Blicken. Und er spricht emphatisch von Liebeslust und Liebesschmerz, im Gedicht »Vorwurf« mit dem Untertitel »An Laura« und der ersten Strophe »Mädchen halt – wohin mit dir du Lose?«.

»Ich bin ein Mann«, hatte er noch in »Männerwürde« enthusiastisch und stolz ausgerufen, nun fragt er zaghaft ängstlich: »Bin ich noch der stolze Mann? der Große?« und antwortet: »Sieh! der Riese schrumpft durch dich zum Zwerge.« Im Gedicht spielt Schiller den Entzug der Liebe durch, die Angst, die Geliebte zu verlieren, die er nun »du Lose« nennt. »Meine Ruhe hast du hingemordet«, wirft er ihr vor und fragt erneut: »Laura? – wenn mich – wenn mich Laura flöhe?«

Er fühlt die Gewalt, die seine Geliebte über ihn ausübt, ob sie nun nur seine Träume bewohnt oder ihm selbst beiwohnt, fühlt seine Winzigkeit ihr gegenüber, fühlt, dass er ihr nicht genügt, verfällt in Melancholie, wie in dem gleichnamigen Gedicht, in dem er ihr vorwirft: »Laura will, daß meine Kraft entweiche«, nennt sie deshalb »Sünderin«. Was bleibt? Resignation. Wie später im Gedicht dieses Titels.

Und es bleibt Erinnerung an eine Liebe des Liebesunerfahrenen und »Das Geheimnis der Reminiszenz«.

An Laura

Ewig starr an deinem Mund zu hangen,
Wer enthüllt mir dieses Glutverlangen?
Wer die Wollust, deinen Hauch zu trinken,
In dein Wesen, wenn sich Blicke winken,
Sterbend zu versinken?

Eine Liebe hatte stattgefunden. Wahre Liebe? Oder eine eingebildete Liebe? Ein Rätsel, wie die Liebe selbst und ihr »Wutverlangen«. Wer will es sagen? Aber es war eine Liebe, die im Gedicht stattgefunden hatte und somit auch exorziert wurde. Liebespoesie oder Poesie der Liebe? Einen »erdichteten Liebhaber« wird Schiller sich sechs Jahre später nennen, als er zwei Laura-Gedichte in der Zeitschrift »Thalia« veröffentlicht, ob er dadurch nun eine wahre Liebe camouflierte oder wahrsagte.

Petrarca hatte seine unnahbare Geliebte ebenfalls in Canzonen und Sonetten besungen. Schiller fand in seiner Zimmerwirtin auch eine Laura, die ihm, ob nun unnahbar oder nicht, Stoff für die Träume der Poesie geben konnte.

Traf der dichtende Arzt seine Freunde nicht im Gasthaus an oder mussten sie es meiden, da ihnen das Geld ausgegangen war, so versammelten sie sich in seinem Zimmer bei der Vischer, in einem »nach Tabak und sonsten stinkenden Loche, wo außer einem großen Tisch, zwei Bänken und einer an der Wand hängenden schmalen Garderobe nichts anzutreffen war als ein Haufen Erdbirnenmit leeren Tellern, Bouteillen und dergleichen untereinander«. So schildert Scharffenstein Schillers Domizil. Hier schrieb dieser das Schauspiel »Die Räuber« zu Ende, verfasste die Verse über seine Wirtin, zwischen dem medizinischem Dienst und den abendlichen Trinkgelagen.

Das erste Jahr eingeschränkter Freiheit nach der Entlassung aus der Carlsschule war für Schiller ein turbulentes, ereignisreiches Jahr. Gekrönt werden sollte es durch die Uraufführung seines Schauspiels »Die Räuber« im Januar 1782.

In diesem Jahr hatte er nicht nur ein heiteres Leben geführt, die Frauen entdeckt, sondern auch fast nebenbei, könnte man sagen, sein Leben in Poesie gebracht. Außer den Gedichten an Laura flossen weitere Verse in seine Feder. Nie wieder wird Schiller so leicht dichten, so unbeschwert, so ohne Umwege über das Gedachte, so lebensfroh. 65 Strophen hat »Der Venuswagen«:

Klingklang! Klingklang! kommt von allen Winden,
Kommt und wimmelt scharenweis.
Klingklang! Klingklang! was ich will verkünden,
Höret Kinder Prometheus'!

Welkes Alter – Rosenfrische Jugend,
Warme Jungen mit dem muntern Blut,
Spröde Damen mit der kalten Tugend,
Blonde Schönen mit dem leichten Mut!

Philosophen – Könige – Matronen,
Deren Ernst Cupidos Pfeife stumpft
Deren Tugend wankt auf schwanken Thronen,
Die ihr (nur nicht über *euch*) triumpht.

Die ihr in das Eis der Bonzenträne
Eures Herzens geile Flammen mummt,
Pharisäer mit der Janus Miene!
Tretet näher – und verstummt.

Das ist wie in den Laura-Versen nicht mehr der hehre Ton der ersten Gedichte, die noch ganz dem Einfluss Klopstocks ergeben waren. Einen »Sklaven Klopstocks« hatte sich Friedrich Schiller selbst im Gespräch mit seinem Freund, dem Theologen Karl Philipp Conz, genannt. Auch gegenüber dem Dichtervorbild hatte er eine Freiheit gewonnen, auch wenn es ihm gelegentlich noch in den Weg treten sollte.

Obwohl Schiller weiterhin Regimentsarzt war und auch Anfang 1781 noch daran gedacht hatte, eines Tages doch »Professor für Physiologie« zu werden, so befand er sich schon auf dem Wege zu einer Dichterexistenz. »Ich fange an, in Aktivität zu kommen«, feuerte sich Schiller selbst an. Im Januar 1781 wurde sein Gedicht »Elegie auf den frühzeitigen Tod Johann Christian Weckerlins« gedruckt, in dem sich die aufsässige Zeile »Was sind denn die Bürger unterm Monde?« findet, im September »Die Entzückung an Laura«; und im Dezember des Jahres erschien bei Metzler in Stuttgart in einem Einzeldruck das Gedicht »Der Venuswagen« sowie »Die Anthologie auf das Jahr 1782«. In ihr sind 48 Gedichte Schillers und 25 seiner Freunde versammelt. »Gedruckt zu Tobolsko« war auf dem Umschlag zu lesen und meinte einen Phantasieort in Sibirien. Wie so oft im 18. Jahrhundert war mit einem fiktiven, exotischen Druckort eine falsche Fährte gelegt worden, um die Nachforschungen der Zensur und des Herzogs zu erschweren. Alle Gedichte erschienen anonym. Die Widmung lautete jugendlich anarchisch provokant: »Meinem Prinzipal dem Tod zugeschrieben.«

Die Räuber

Wenige Monate zuvor, Anfang Juni 1781, hatte Schiller schon, und zwar auf eigene Kosten und dabei nicht geringe Schulden von 150 Gulden gemacht, sein Schauspiel »Die Räuber« ohne Angabe des Autorennamens drucken lassen. Verlagsorte waren Frankfurt und Leipzig, die beiden bedeutenden Verlags- und Buchmessenstandorte der Zeit, die er auch »die große Bücherepidemie in Leipzig und Frankfurt« nannte. Aber auch das war eine Finte, denn die erste Ausgabe der »Räuber« war ebenfalls in Stuttgart bei Metzler erschienen, Auflage 800 Exemplare, deren Großteil Schiller in seinem Untermietzimmer hortete.

Ende Juli erschien eine erste Rezension in der »Erfurtischen Gelehrten Zeitung«, wo Schiller lesen konnte: »Haben wir je einen deutschen Shakespeare zu erwarten, so ist es dieser.« Nur, noch kannte niemand seinen Namen. Drei Monate später lüftete dieselbe Zeitung das Autorengeheimnis, nannte Schiller den Dichter der »Räuber«. Da hatte der schon dem Mannheimer Buchhändler Christian Friedrich Schwan die Druckbogen übersandt, der sie dem Intendanten des dortigen Nationaltheaters, Wolfgang Heribert Freiherr von Dalberg, vorgelesen hatte. Der gab Schiller den Auftrag, eine Bühnenfassung des eigenen Schauspiels zu erstellen. Die Geschichte nahm ihren Lauf und sie endete mit einem der größten Theaterereignisse in der Geschichte des Theaters, der Uraufführung der Räuber im Januar 1782. Doch bis dahin hatte Schiller noch mehrfach das Stück zu verändern, zu entschärfen und ins Mittel-alter zu verlegen, damit es nicht als ein Angriff auf die Gegenwart verstanden werden konnte. Schiller wehrte sich lange gegen diese Ansinnen an einen Dichter, doch schließlich willigte er ein.

Am 13. Januar frühmorgens, es ist ein Sonntag, besteigt Friedrich Schiller, begleitet von seinem Freund Petersen, heimlich, ohne Urlaub genommen zu haben, die Reisekutsche nach Mannheim. In Schwetzingen macht man Halt zu einem Mittagessen, und die Freunde vergnügen sich mit einem Kellnermädchen, sodass sie fast zu spät weiterfahren. Um 17 Uhr präzise, so vermerkt der Programmzettel, soll wegen der Länge des Schauspiels die Uraufführung der Räuber beginnen. Kurz vorher erst trifft Schiller ein. Man führt ihn zu den ersten Worten des Schauspiels in eine eigene Loge. Der Autor, dessen Namen ja inzwischen bekannt ist, wohnt inkognito der Aufführung bei. Ungeduldig und gespannt harrt er der Dinge, die da kommen werden. Von überall her ist man angereist, sogar aus dem fernen Frankfurt. Viele haben keinen Einlass mehr gefunden. Lange bleibt das Publikum still, erst im vierten Akt stellt sich Begeisterung ein, die sich nach dem letzten Wort Bahn bricht: »Fremde Menschen fielen einander schluchzend in die Arme«, stellt ein Bericht fest und fährt pathetisch fort: »Es war eine allgemeine Auflösung wie im Chaos, aus dessen Nebeln eine neue Welt hervorbricht.«

Schiller ist der Dichter der »Räuber«. Und die haben das Licht der Bühne erblickt, haben das Theater verändert. Bei der Premierenfeier sitzt Schiller befreit mit den Schauspielern zusammen, unter denen vor allem der mit Schiller gleichaltrige August Wilhelm Iffland als Franz Moor und Johann Michael Böck als Karl Moor brilliert haben. Man feiert den Erfolg mit einem rauschenden Trinkgelage. Schiller ist in der Welt angekommen, die seine ist. Zwei Tage später jedoch reist er zurück nach Stuttgart. Ungern. Dort angekommen, schreibt er an den Intendanten Dalberg: »Ich glaube, wenn Deutschland einst einen dramatischen Dichter in mir findet, so muß ich die Epoche von der vorigen Woche zählen.«

Ein Ungeheuer nannte Schiller sein eigenes Schauspiel, das da im Jahr 1782 wie ein Komet am Himmel der Theaterwelt aufgetaucht und in die Gegenwart eingeschlagen war und den Dichter in den kommenden Jahren zum Inbild des jungen Wilden machte. Das hat sich bis heute nicht verloren, denn immer, wenn es um die Unbedingtheit der Jugend, um ihre innere und äußere Revolte geht, holen die Theaterdirektoren das Drama hervor und spielen es als vermeintlichen Ausdruck ihrer Zeit.

Ein Ungeheuer ist das Schauspiel in der Tat, ist es doch zugleich ein Bruderdrama, Variation von Kain und Abel, ein Vater-Sohn-Drama, ein Inzestdrama, ein Liebesdrama mit tödlichem Ausgang und ein Anschlag auf die Epoche.

Als »Rohe Großheit, gezeugt im widernatürlichen Beischlaf der Subordination mit dem Genie« bezeichnete der zehn Jahre ältere Goethe Schillers »Ungeheuer«. Er hasste die »Räuber« und verachtete deren Autor wohl auch, weil der staatstragende Minister-Dichter darin auch die eigene verlorene und vertane Jugend entdeckte. Was Schiller in seinem Erstlingswerk aus eigenem Leiden und eigener Leidenschaft heraus vergönnt war, war ihm, der so behütet aufgewachsen war, verwehrt geblieben.

Schiller selbst war, als er sein Schauspiel, das ihm da in die Feder geflossen war, wenig später wiederlas, nicht nur stolz darauf, sondern auch erschrocken. Er nannte es in einer Mischung aus Verwunderung über sich selbst und provozierender Koketterie in der »Unterdrückten Vorrede« zu ihm eine »Versündigung gegen den Schauplatz« und meinte damit die öffentliche Bühne.

Einer zweiten Buchfassung der »Räuber« setzte Schiller spektakulär das Motto »In Tirannos« vorweg, meinte zwar womöglich den Tyrann, der seine frühe Jugend überschattet hatte, nämlich Herzog Carl Eugen, den er immer auch den »Schinder« nannte. In einer Selbstbesprechung zu seinem Schauspiel aber sprach Schiller von den »kleineren Tyrannen und autorisierten Beutelschneidern«, also den bestallten tyrannischen Handlangern der Despoten, zu denen ein jeder werden könne und gegen die sich auch der Dolch des Karl Moor richte. Im Grunde ist das Drama aber ein Drama über den Menschen an sich. »Der Mensch entsteht aus Morast, und watet eine Weile im Morast, und gärt wieder zusammen im Morast, bis er zuletzt an den Schuhsohlen seines Urenkels unflätig anklebt.«

Wo hatte der junge Schiller den Menschen schon so kennen gelernt? »Er ist bösen Herzens und kleinen Herzens«, hatte er in der Schulzeit geschrieben, in der er sowohl den kleinen bestallten Tyrannen in ihrer Niedertracht tagtäglich begegnet war, wo er aber in den Mitschülern und selbst in den engsten Freunden den Menschen als ein Wesen von Lüge und Laster entdeckt hatte, und zwar »in seiner nackten Abscheulichkeit«, wie er in einer Vorrede zu den »Räubern« schrieb. Daraus resultierte die Erkenntnis, jeder Mensch habe seine »nächtlichen Labyrinthe«. Aus ihr erwuchs das Drama der »Räuber«, in dem er die »vollständige Mechanik des Lastersystems« des Menschen darstellen wollte.

»O rage, o désespoir« zitierte Schiller Corneille in der Vorrede zu »Die Räuber«. »Oh Wut, oh Verzweiflung.« Das Drama ist auch ein persönliches Drama der Verzweiflung, ein existenzieller Schrei gegen die Verdammung des Menschen zum Schlechtsein, selbst wenn man das Gute will. Jugendlicher Nihilimus.

»Die Fabel des Stücks ist ohngefähr diese«, schrieb der Dichter in der Selbstbesprechung: »Maximilian von Moor ist Vater von zwei Söhnen, Karl und Franz, die sich an Charakter sehr unähnlich sind.« Karl, der ältere, talentvolle, sei in Leipzig während des Studiums in einen »Zirkel lüderlicher Brüder geraten, stürzt in Exzesse und Schulden«, ähnlich wie Schiller in Stuttgart. Karl muss fliehen und wird Anführer einer Räuberbande in den böhmischen Wäldern. Franz, der Zweitgeborene, fühlt sich ihm gegenüber benachteiligt. »Er ist aus demselben Ofen geschossen, aus dem du geschossen bist«, ist sein zynisches Fazit. Nun denkt er sich einen Komplott aus, ruft dabei die kalte Vernunft des eigenen Denkens zu Hilfe, schafft es so, »seinen Verstand auf Unkosten des Herzens zu verfeinern.«

Franz erreicht durch eine Intrige, dass Vater Moor seinen Sohn Karl enterbt, will dann erreichen, dass der Vater vor Gram stirbt, als er ihm den Tod Karls fälschlich meldet. Der alte Moor fällt in tiefe Ohnmacht, und Franz lässt den eigenen Vater in einen Turm sperren, gibt ihn für tot aus und übernimmt die Herrschaft. Da ist noch Amalie, Karls Braut, die Franz auch besitzen will, die sich ihm aber widersetzt.

»Unterdessen hatte sich Karl Moor«, so Schiller selbst, »an der Spitze seiner Rotte durch außerordentliche Streiche weit und breit ruchbar und furchtbar gemacht. Sein Anhang wuchs, seine Güter stiegen ... aber sein Beutel war der Notdurft geöffnet, und sein Arm zu ihrem Schutze bereit.« Ein Robin Hood der böhmischen Wälder also. Doch seine Rotte gerät ihm außer Kontrolle, angefeuert durch den radikalsten der Banditen, durch Spiegelberg. Gnadenlos verübt sie Raub und Totschlag sowie Massenvergewaltigungen von Nonnen.

> *Spiegelberg:* [...] ich hab aus dem Kloster mehr dann tausend Taler Werts geschleift, und den Spaß obendrein, und meine Kerls haben ihnen ein Andenken hinterlassen, sie werden ihre neun Monate dran zu schleppen haben.

Die Bande gerät in einen Hinterhalt des Militärs, kann sich aber durchschlagen. Doch Karl will dem Räuberleben ein Ende machen, nach Hause zu Vater und Braut zurückkehren.

»Karl erscheint unter einem vorgeblichen Namen«, so Schiller selbst, »wilde Lebensart, Leidenschaft und lange Trennung haben ihn unkenntlich gemacht. Amalia fängt an, ihren Karl in dem Unbekannten zu lieben – und zu vergessen, und liebt ihn doppelt, eben da sie ihm untreu zu werden fürchtet.«

Der alte Diener Daniel verrät Karl das Komplott seines Bruders, entdeckt ihm den in einem Turm verhungernden Vater, den Karl tot glaubte und der ihn nicht erkennt.

> *Der alte Moor:* Ich bin kein Geist. Taste mich an, ich lebe, o ein elendes, erbärmliches Leben!
> *Karl:* Was? Du bist nicht begraben worden?
> *Der alte Moor:* Ich bin begraben worden – das heißt: ein toter Hund liegt in meiner Väter Gruft – Und ich – drei volle Monde schmacht ich schon in diesem finstern Turme, von keinem Strahle beschienen, von keinem warmen Lüftchen angeweht, wo wilde Raben krächzen und mitternächtliche Uhus heulen.
> *Karl:* Himmel und Erde! Wer hat *das* getan?
> *Der alte Moor:* Verfluch ihn nicht! – Das hat mein Sohn Franz getan.
> *Karl:* Franz? Franz? – O ewiges Chaos!

Karl und mit ihm Schiller beschuldigt nicht den Bruder, sondern das Chaos der Welt und das des Inneren des Menschen, und doch schwört Karl Rache. Nun beschleunigt sich das Schauspiel und das Drama der Menschen. Das Räderwerk ist angeworfen. Einen Stillstand gibt es ebenso wenig wie ein Zurück. Die Räuber sind ihrem Anführer Karl gefolgt, umstellen das Schloss, stecken es in Brand, Franz, nach dem Gespräch mit Pastor Moser schon in Todesschrecken, erdrosselt sich, Karl gibt sich dem Vater als dessen Sohn und als Räuberhauptmann zu erkennen, der Vater stirbt vor Entsetzen darüber, Amalia will bei Karl bleiben, doch die Räuber wollen ihn ohne Frau. Schiller selbst zum Ende seiner Fabel:

»Er ist im Begriff der glücklichste zu werden, aber die schwürige Bande steht wider ihn auf, und erinnert ihn an den feierlich geschwornen Eid. Karl, auch in größter Bedrängnis noch Mann, ermordet Amalien, die er nicht mehr besitzen kann.«

Und Schiller befragt in der Selbstbesprechung das Ende seines eigenen Dramas:

»Noch wär ein Wort über die zweideutige Katastrophe der ganzen Liebesgeschichte zu sagen. Man frägt, war es tragisch, daß der Liebhaber sein Mädchen ermordet? War es in dem gegebenen Fall natürlich? War es notwendig? War kein minder schrecklicher Ausweg mehr übrig? – Nein! – Möglich war keine Vereinigung mehr, unnatürlich und höchst undramatisch wär eine Resignation gewesen … Soll sie heimgehen und sich trösten über das, was sie nicht ändern kann? Dann hätte sie nie geliebt. Soll sie sich erstechen? Mir ekelt vor diesem alltäglichen Bedarf der schlechten Dramatiker, die ihre Helden über Hals über Kopf abschlachten, damit dem hungrigen Zuschauer die Suppe nicht kalt werde. Nein, man höre den Dichter selbst«, sagt Schiller über Schiller. »Räuber Moor hat Amalien auf einen Stein gesetzt und entblößt ihren Busen.«

Räuber Moor: Schaut diese Schönheit, ihr Männer. Schmelzt sie *Banditen* nicht? Schaut *mich* an, Banditen – Jung bin ich, und liebe – hier werd ich geliebt – angebetet. Bis ans Tor des Paradieses bin ich gekommen – Sollten mich meine Brüder zurückschleudern?
Räuber stimmen ein Gelächter an.
Räuber Moor: Genug! bis hieher *Natur*! Itzt fängt der *Mann* an! Auch ich bin der Mordbrenner einer – und (…) eurer *Hauptmann*! Mit dem Schwert wollt ihr mit eurem Herrn rechten, Banditen? Streckt die Gewehre! Euer Herr spricht mit euch!
Räuber werfen erschrocken ihre Waffen zur Erde.
Räuber Moor: Seht! nun seid ihr nichts mehr, als Kinder, und ich – bin frei. Frei muß Moor sein, wenn er groß sein will. Um ein Elysium der Liebe ist mir dieser Triumph nicht feil. (…) Nennt es nicht *Wahnwitz* Banditen, was ihr das Herz nicht habt *Größe* zu nennen. Der Witz des Unglücks überflügelt den Schneckengang der ruhigen Weisheit. – Taten, wie diese, überlegt man, wenn sie getan sind – Ich will hernach davon reden. (Er stürzt auf Amalien zu, und wirft sie mit einem Dolchstoß nieder.)

»Die Räuber preisen den Sieg ihres Fürsten. Aber nun seine Empfindung nach der Tat«:

> *Räuber Moor:* Nun ist sie mein! (…) Und er muß süß gewesen sein der Tod von Bräutigams Händen? Nicht wahr Amalia?
> *Amalia* (sterbend im Blut): Süße. (Sie streckt ihre Hand aus und stirbt.)
> *Räuber Moor:* (…) Ich hab euch einen Engel geschlachtet. (Wirft den Degen mit Verachtung unter sie.) Banditen!

Karl Moor wird sich der Justiz ausliefern.

»Man hat hundert Dukaten geboten, wer den *großen Räuber* lebendig liefert – dem Mann kann geholfen werden.«

Zum Ende der Selbstbesprechung meint Schiller über Schiller: »So gewiß ich sein Werk verstehe, so muß er starke Dosen in Emetics /Brechmittel/ ebenso lieben als in Aesthetics, und ich möchte ihm lieber zehn Pferde als meine Frau zur Kur übergeben.«

Das Publikum hat das Schauspiel mit Erschrecken, Schauder und Begeisterung aufgenommen, und es macht seinen Autor noch im Jahr der Uraufführung von Mannheim 1782 bekannt, wird es doch unter anderem in Leipzig und Hamburg gespielt. Es wird sich herumsprechen. Und bald weiß ganz Deutschland, Schiller ist der Dichter der »Räuber«.

Schreibverbot

Im Hochgefühl des Erfolgs von Mannheim kehrte Friedrich Schiller nach Stuttgart zurück, war indes voller Unmut, fand er sich dort doch im »Loch« wieder, in seinem Untermietzimmer, und musste am nächsten Morgen den Dienst als Regimentsmedicus wieder aufnehmen. Aber Schiller wusste nun, er kann auch als Autor reüssieren, vor allem als Theaterdichter. Doch wo soll er leben? Wo ist das Theater, das eine dauerhafte Bühne für ihn sein kann? Mannheim ist neben Hamburg in jenen Jahrzehnten die bedeutendste Bühne in Deutschland. Aber ohne Genehmigung seines Herzogs darf er Württemberg weder verlassen noch einen anderen Beruf ausüben. Er bleibt quasi dessen Leibeigener. Seine Knochen hätten ihm im Vertrauen gesagt, dass sie nicht in Schwaben verfaulen wollen, hatte er dem ehemaligen Mitschüler Immanuel Gottlieb Elwert nach Straßburg geschrieben. Doch kann der Schwabe

Schiller seine Heimat überhaupt verlassen, ohne den Vater, die Mutter und vor allem ohne Schwester Christophine leben, an der er nach wie vor hängt? Traut er sich in die Fremde? Er nährte die Hoffnung, dass er einen Ruf nach Mannheim erhielte, das zwar außerhalb Württembergs liegt, indes in einer Tagesreise zu erreichen war. Und die Hoffnung war nicht unbegründet.

Der Komponist Johann Rudolf Zumsteeg, ebenfalls Carlsschüler, vertonte nach dem großen Erfolg des Schauspiels die Lieder der Amalie aus den Räubern, wenig später erschien die Bühnenfassung beim Mannheimer Verleger Christian Friedrich Schwan, und im April kündigte Schiller dem Intendanten des Nationaltheaters fürdas Ende des Jahres ein neues Drama an: »Die Verschwörung von Genua«. Anfang Juni schrieb er ihm dann, dass im Kontrast zu Mannheim ihm »Stuttgart und alle schwäbischen Szenen unerträglich und ekelhaft werden«.

Zudem schilderte er Dalberg die traurige Situation, in der er sich befinde, verwies auf sein »Selbstgefühl«, das ihm sagte, er habe ein besseres Schicksal verdient. »Dieses macht mich nun auch so dreist, mich Ihnen ganz zu geben, mein ganzes Schicksal in Ihre Hände zu liefern, und von Ihnen das Glück meines Lebens zu erwarten.«

Inzwischen war Schiller wieder ohne Urlaub, wenn auch mit Wissen seines Vorgesetzten Oberst von Rau, am 25. Mai ein zweites Mal nach Mannheim gereist. Zuvor hatte er Dalberg gebeten, für den folgenden Tag eine weitere Vorstellung der Räuber anzusetzen. Zwei Frauen hatte er auf die Reise mitgenommen, seine Wirtin Dorothea Vischer und Henriette von Wolzogen. Sie war die Mutter eines Carlsschülers, und ihr Sohn Wilhelm hatte sie mit dem Räuber-Fieber, das nun allerorten grassierte, und mit seiner Begeisterung für den Dichter angesteckt.

Mittags um dreizehn Uhr setzt sich die Kutsche nach Mannheim in Bewegung. Friedrich Schiller sitzt zwischen den beiden ein wenig älteren Frauen. Die eine zählt acht, die andere vierzehn Jahre mehr als er. Der Dichter will den Damen voller Stolz den Ort seines Triumphes und sein Werk auf der Bühne zeigen, den Erfolg vor ihren Augen bestätigen lassen. Die Erwartung ist groß. Doch alles geht schief.

Als die Reisegesellschaft in Mannheim eintrifft, erfährt sie, dass aus Dispositionsgründen »Die Räuber« nicht gespielt werden können. Man geht dennoch ins Theater, sieht ein Lustspiel von Goldoni. Der Dichter verbringt mit den beiden Damen lustvolle Tage in der Residenzstadt, die in jenen Jahrzehnten nicht nur eine bedeutende Bühne besitzt, sondern auch eine glanzvolle Kunst- und Musikstadt ist. Über die Hofkapelle hat Christian Friedrich Schubart geschrieben: »Kein Orchester der

Welt hat es je in der Ausführung dem Mannheimer zuvorgetan.« Auch Leopold Mozart war mit seinen Sohn Wolfgang Amadeus bei einem Konzert der Kapelle des Kurfürsten zugegen gewesen und hatte ihr bewundernd zugehört.

Während Schillers Reise nach Mannheim kommt es auch zu einer Unterredung mit dem Intendanten Wolfgang Heribert Freiherr von Dalberg, der dem Dichter Vorschläge für weitere Schauspiele macht, so für einen Don Carlos, und ihn fragt, ob er nicht Goethes »Götz von Berlichingen« und Shakespeares »Macbeth« für die Mannheimer Bühne bearbeiten wolle. Doch wie soll sich Schiller von Stuttgart lösen? Eine Frage, die auch erörtert wird, indes noch keine Antwort erhält. Hochgestimmt und voller Pläne verlässt Schiller Mannheim. Neben ihm sitzen zwei Frauen, die er anhimmelt. Doch Eile ist geboten, sodass man noch am späten Abend aufbricht, des Nachts reist. Zwar ist Herzog Carl Eugen zu Besuch in Wien beim Kaiser, und Schiller hat die Abwesenheit seines Regenten zur Reise genutzt. Doch er weiß, seine unerlaubte Reise darf ihm nicht zugetragen werden. Und wird es doch. Sie wird ausgeplaudert, von einer der beiden Damen in seiner Begleitung. Oder gar von beiden.

Einen Monat nach der heimlichen Reise beorderte der Herzog ihn zu sich nach Schloss Hohenheim, schickte ihm ein Pferd, damit er zu ihm reite. Ludwig Friedrich Göritz erzählt das Ereignis aufgrund von Schillers eigenem Bericht so: »Als Schiller in Hohenheim ankam, empfing ihn der Herzog sehr freundlich und liebreich, erkundigte sich nach seinen Umständen und endlich sagte er rasch zu ihm: ›Er ist auch in Mannheim gewesen, ich weiß alles, ich sage, sein Obrister weiß darum.‹ Schiller bekannte, daß er in Mannheim gewesen sei, leugnete aber schlechterdings, daß Rau etwas davon wisse, und so beharrlich, daß der Herzog vergeblich Bitten und Drohungen anwandte, vergebens drohte, ihn auf die Festung bringen zu lassen und seinen Vater außer Brot zu setzen. Schiller beharrte auf seinem Leugnen. Er wurde sehr ungnädig vom Herzog entlassen – ›Es werde nachkommen‹ – und mußte zu Fuß wieder nach Stuttgart zurückkehren.«

Und es kam nach. Schiller wurde aller Verkehr mit dem Ausland verboten, wozu auch Mannheim zählte, auch weil der Herzog enttäuscht war von seinem Untertan, enttäuscht gar darüber, dass der sein Schauspiel nicht in Stuttgart hatte aufführen lassen. Vom 2. Juni bis zum 11. Juli 1782 saß Schiller in Haft auf der Hauptwache in Stuttgart, wird sich erinnert haben an all die Strafen, die der Herzog ihm schon in der Pflanzschule aufgebrummt hatte. Dem Gefängnis der Jugend folgte nun ein wirklicher Arrest, wenn auch nur für vierzehn Tage. Schiller aber nutzte die Zeit. Er schrieb ein neues Drama.

Natürlich war die Carlsschule ein Gefängnis für Schiller gewesen, auf der er zugleich eine umfassende Bildung erhalten hatte und wo auch wider den Willen des Herzogs der Dichter Schiller geboren wurde, und wo ihm eben auch der Ausbruch in die Dichtung möglich war. Ein Werk wie »Die Räuber« wäre sicherlich ohne die Zeit in dem Gefängnis der Jugend und all die Erfahrungen, die Schiller dort gemacht hatte, nicht möglich gewesen.

Nun also nutzte Schiller die Arresttage bar seiner lästigen ärztlichen Pflichten, um sein neues Schauspiel »Fiesco« zu schreiben und einen ersten Entwurf zu »Luise Millerin« auf Papier zu bringen. Doch auch Gedanken zu einer Flucht aus Stuttgart mischten sich da ein.

Aus der Haft entlassen, wandte sich Schiller sofort an den Mannheimer Intendanten, berichtete ihm von der »verdrüßlichen Geschichte«, meinte seinen Arrest, denn »alles wurde meinem Landesherrn haarklein berichtet«. Er bat ihn, seine Aussichten in Mannheim am Theater Fuß fassen zu können, »zu beschleunigen«. Doch Heribert von Dalberg antwortete nicht, was Schiller in tiefe Verzweiflung und Lethargie stürzte. Der Intendant fürchtete diplomatische Verwicklungen, falls Schiller ohne Einwilligung des württembergischen Herzogs zu ihm käme.

Doch andere diplomatische Missstimmungen beschleunigten Schillers Fluchtgedanken. Der Erfolg der »Räuber« und die Verbreitung des Dramas als Buch führten nicht nur dazu, dass er bald in ganz Deutschland und darüber hinaus gelesen und ein Begriff wurde, man las auch ganz genau, was da erzählt wurde. Graubünden fühlte sich beleidigt, hatte der Dichter doch in den Räubern den Schweizer Kanton als Athen heutiger Gauner bezeichnet. Daraufhin hatte ein dortiger Arzt in einer Churer Zeitschrift eine »Apologie für Bünden gegen die Beschuldigung eines auswärtigen Komödienschreibers« verfasst. Dieser Artikel wurde Herzog Carl Eugen zugespielt, und der wollte alle diplomatischen Verwicklungen aufgrund eines Theaterstücks vermeiden, bestellte Schiller erneut nach Hohenheim ein. Dieses Mal war der sonst so väterliche Herzog nicht so liebenswürdig mit seinem Geschöpf. »Ich sage, bei Strafe der Kassation, schreib er keine Komödie mehr.« Ein Schreibverbot für den Dichter, der nur noch Arzt sein sollte. Das aber wollte und konnte Schiller nicht mehr. Dichten war ihm zu einem Lebenselixier geworden. Was also blieb? Flucht.

Viertes Kapitel

Auf der Flucht

Mit einem großen Triumph hatte das Jahr 1782 für Schiller begonnen. »Die Räuber« waren in Mannheim umjubelt worden, ihr Verfasser war ein berühmter Dichter geworden. Am Ende desselben Jahres saß er einsam in einem kleinen thüringischen Dorf, musste gar seine Identität verleugnen. Aus einem Dr. Schiller war der Dr. Ritter geworden.

»Schiller – ausgewichen«, war im Buch seines Regiments zu lesen, sein Name schließlich durchgestrichen. Schiller – ein Deserteur, ausgebürgert, weil er geflohen war, geglaubt hatte, unbedingt ausweichen und seine Spur verwischen zu müssen, um weiterhin Dichter sein zu können.

Kaum war der Gedanke an Flucht in den Arresttagen im Juli jenes Jahres entstanden, setzte er sich in Schillers Kopf fest. Das Schreibverbot des Herzogs hatte den Impuls gegeben, stellte seine Existenz und Identität in Frage. Doch wie fliehen? Und wohin?

Schiller kannte sich ja in der Welt nicht aus, kannte nur das benachbarte Mannheim im Kurpfälzischen, und so hatte er sich an den dortigen Intendanten Dalberg gewandt, um bei ihm eine Zuflucht zu finden. Doch der stellte sich taub, war auch mit dem württembergischen Hof eng verbunden, wollte als adliger Hofrat keine Schwierigkeiten wegen eines bürgerlichen Dichters bekommen, auch wenn er den jungen Dichter für begabt hielt und mit dessen »Räubern« einen spektakulären Erfolg für sein Theater hatte feiern können. Dennoch wählte Schiller Mannheim als Fluchtort, fand auch einen Helfer, den ihm ergebenen Musiker Andreas Streicher. Der bewunderte den Dichter, ja, er hatte sich in ihn verliebt, und das schon vor Jahren. Im Dezember 1780 hatte er ihn, noch ohne seinen Namen zu erfahren, als Eleven der Carlsschule erlebt, als der Noch-nicht-Dichter eine öffentliche medizinische Disputation in Gegenwart des Herzogs zu bestehen hatte. Viele Jahre später beschrieb Streicher diesen Augenblick: »So machten doch die rötlichten Haare, die gegeneinander sich neigenden Knie, das schnelle Blinzeln der Augen, wenn er lebhaft opponierte, das öftere Lächeln während dem Sprechen, besonders aber die schöngeformte Nase und der tiefe, kühne Adlerblick, der unter einer sehr vollen, breitgewölbten Stirne hervorleuchtete, einen unauslöschlichen Eindruck auf ihn.« Und Streicher meinte mit »ihn« sich selbst, der sich schon da in den Unbekannten hineingeliebt hatte. Dann las Streicher »Die Räuber«, war begeistert, kannte aber den Autor nicht, und erst im Juni 1781 wurde er ihm vorgestellt. Da entdeckte er verblüfft, der Eleve von damals war der Dichter der »Räuber«. Eine enge Freundschaft wurde geknüpft. Nahezu täglich traf man sich, und Schiller genoss es, von dem Jüngeren bewundert zu werden. Ihn zog er nun auch im Sommer 1782 ins Vertrauen, verriet ihm die Fluchtgedanken.

Doch bevor Schiller wirklich entschlossen war zu fliehen, versuchte er, den Herzog umzustimmen, denn Schiller zögerte immer noch, die schwäbische Heimat zu verlassen. In einem Brief vom 1. September bat er Carl Eugen devot, das Schreibverbot zu mildern, wozu er gar bereit wäre, alles Geschriebene freiwillig der Zensur vorzulegen, und verwies noch darauf, er sei unter allen Absolventen der Carlsschule doch »der erste und einzige gewesen, der die Aufmerksamkeit der großen Welt angezogen hat, und ihr wenigstens einige Achtung abgerungen hat«. Zugleich erwähnte er untertänigst, dies sei »eine Ehre, welche ganz auf den Urheber meiner Bildung zurückfällt«, meinte damit natürlich den Herzog, den er am Ende des Briefs anflehte, ihn nicht »des einzigen Weges zu berauben, auf welchem ich mir einen Namen machen kann« und meinte damit seinen Dichterweg.

Die Annahme des Briefs wurde indes vom Herzog verweigert, weitere Bittschriften wurden unter Androhung von Arrest untersagt. Schiller war nun in einer aussichtslosen Lage, in die er sich durch seine letzte Ergebenheitsadresse selbst hineinmanövriert hatte. Es blieb nur noch die Flucht, wollte er vor sich bestehen, wollte er weiter seine Gedichte und Dramen veröffentlichen.

Und so machten sie einen Plan, Schiller und Streicher. Für die zweite Septemberhälfte war der Besuch des Großfürsten Paul von Rußland, des künftigen Zaren, mit seiner Frau Feodorowna, einer Nichte Carl Eugens, in Stuttgart vorgesehen. Das Großereignis warf schon Wochen zuvor seine Schatten voraus, Württemberg würde eine Woche lang im Zeichen großer Feierlichkeiten stehen. Da würde kaum auffallen, wenn sich ein unbedeutender Regimentsmedicus, auch wenn er inzwischen stadtbekannt war, klammheimlich aus dem Staube machen würde. Nur Mutter Schiller und die Schwester wurden eingeweiht, der Vater nicht, damit er später unter Eid sagen könnte, er habe nichts gewusst. Die Schwester unterstützte den Plan des Bruders, war so uneigennützig wie Streicher, wenn es um den künftigen Ruhm des Dichters ging. Andreas Streicher hatte ohnehin eine Reise nach dem Norden geplant, da er in Hamburg ein Musikstudium bei Carl Philipp Emanuel Bach antreten wollte. Nun zog er den Reisetermin vor. Man brachte Kleidung und andere wichtige Dinge Schillers nach und nach in das Haus Streichers, der aus einer Stuttgarter Handwerkerfamilie stammte. Dann fiel es nicht so auf, dass Schillers Stube sich leerte. Viele seiner Bücher versetzte Schiller.

Am 17. September traf der Staatsbesuch aus Russland ein, mit 101 Personen im Gefolge. Dazu kamen Gäste aus ganz Württemberg und den benachbarten Herzogtümern. Unter ihnen war auch der Intendant Freiherr von Dalberg, den Schiller kurz traf, dem er aber natürlich nichts von seinem Fluchtplan verriet.

Drei Tage später besuchte Schiller ein letztes Mal seine Eltern, die ja in einem stattlichen Wohnhaus neben dem Schloss Solitude wohnten, seitdem der Vater die herzoglichen Gärten in seiner Obhut hatte. Genau hier, auf Schloss Solitude, sollte das Fest für die russischen Gäste stattfinden. Das Schloss, das vernachlässigt worden war, seitdem Herzog Carl Eugen sich vor allem auf Schloss Hohenheim bei seiner Geliebten Franziska Reichsgräfin von Hohenheim aufhielt, wurde herausgeputzt für den prunkvollen Anlass. Schiller sprach mit dem Vater, zog sich mit Mutter und Schwester in ein Nebenzimmer zurück und verabschiedete sich heimlich von ihnen. Die Flucht war auf den 22. September angesetzt. Die Nacht zuvor verbrachte er mit Scharffenstein, dem einst so geliebten Freund, dem er den Rest seiner Bücher vermachte, und der Schillers Flucht zumindest ahnte und wohl auch deckte.

Bis zum frühen Morgen des Fluchttags versieht Friedrich Schiller wie gewohnt seinen medizinischen Dienst im Regiment. Danach packt er den Rest seiner Habe, Hefte, Manuskripte, letzte verbliebene Bücher. Dabei entdeckt er eine Ode Klopstocks. Sofort setzt er sich hin und dichtet eine Erwiderung auf diese. Als Streicher eintrifft, um die letzten Sachen Schillers zu seiner Wohnung zu bringen, hat der noch nicht fertig gepackt, sondern dichtet weiter, will das Gedicht zu Ende bringen, das später verloren gehen wird. Um 21 Uhr werden vor Streichers Haus die Koffer und ein kleines Klavier in die Kutsche geladen. Schiller hat noch zwei Pistolen mitgebracht, zur Abschreckung nur, denn sie sind nicht zu laden. Eine Stunde später setzt sich die Kutsche in Bewegung. Man nimmt einen Umweg, nicht das Stadttor Richtung Norden und Mannheim, sondern ein östliches, das Eßlinger Tor. Dort hat Scharffenstein Dienst. Keine Kontrolle der Pässe. Dr. Ritter und Dr. Wolf, wie der Dichter und der Fluchthelfer sich nennen, können passieren. Die erste Hürde ist überwunden. Von weitem ist das Schloss Solitude zu sehen, festlich illuminiert. Im Schatten des Lichterglanzes holpert die Kutsche mit den beiden Inkognitos davon, in Richtung auf den Ort Enzweihingen, wo man eine kurze Rast macht. Schiller liest Streicher Schubarts Gedicht »Die Fürstengruft« vor, eine erbitterte Abrechnung mit fürstlicher Willkür, will sich damit versichern, dass er richtig gehandelt hat, zu Recht das Land jenes Herrschers verlässt, der Schubart in Festungshaft hält und ihm, Schiller, Schreibverbot auferlegt hat. Dann passiert man die Grenze zur Kurpfalz, die letzte Hürde ist genommen. Weiter geht es nach Schwetzingen, wo die Freunde übernachten. Am kommenden Morgen legt Schiller seine beste Garderobe an, um würdevoll in die Stadt einzufahren, die ihm eine Zukunft geben soll.

Man steuert auf das Haus des Spielleiters des Mannheimer Theaters, Christian Dietrich Meyer, zu. Es ist der Vormittag des 24. September. Als Meyer Schiller vor sich sieht, erschrickt er, und als er beim Mittagessen von dessen Flucht erfährt, redet er dem Dichter zu, den Herzog um Vergebung zu bitten, denn schließlich weiß er, dass Schiller als Deserteur keine Chance in Mannheim bekommen wird.

Und so adressiert Schiller noch an demselben Tag einen Brief an den Herzog selbst, einen zweiten an den Intendanten der Carlsschule, Christoph Dionysius von Seeger, in der Hoffnung, dieser werde beim Herzog ein gutes Wort für ihn einlegen. Eine Tat aus Verzweiflung sei seine Flucht gewesen, beteuert er beide Male, Verzweiflung darüber, dass er nicht mehr Schriftsteller sein dürfe, was ihm neben dem Ruhm, der ja auch dem Herzog zugute komme, ein nicht geringes zusätzliches Einkommen verschaffe, wobei er nicht wenig übertreibt. »Ich kenne die fremde Welt nicht, bin losgerissen von Freunden, Familie und Vaterland, und meine wenigen Talente wägen zu wenig in der Schale der großen Welt, als daß ich mich auf sie verlassen könne«, schreibt Schiller in einer Mischung aus gespielter Demut und wirklicher Furcht vor der Zukunft und um den Verlust von Heimat. Zudem appelliert er an den Großmut des Herzogs. Der antwortet durch die Hand seines Regimentchefs Augé, Schiller solle zurückkehren, indes ohne auf den Inhalt des Briefes einzugehen. Zurück nach Stuttgart oder bleiben?

Schiller blieb in Mannheim und las Meyer und einigen Schauspielern, unter ihnen Iffland, sein neues Drama vor, das er kurz vor der Flucht noch zu Ende geschrieben hatte: »Fiesco«. Doch im Laufe der Lesung des Dramas verließ ein Schauspieler nach dem anderen den Raum, sodass Schiller seine Lesung nach dem 2. Akt abbrechen musste. Auch Meyer war entsetzt, fragte Streicher, ob es denn wirklich Schiller gewesen sei, der neben diesem furchtbaren Schauspiel die Räuber geschrieben hätte, beides könnte doch unmöglich von demselben Autor stammen. Streicher gab Meyer das Manuskript. Der las es über Nacht, und am nächsten Morgen nannte er den »Fiesco« ein Meisterwerk. Der starke schwäbische Akzent Schillers und seine exaltierte Deklamation hatten die Schauspieler in die Flucht getrieben und es unmöglich gemacht, den Wert des Schauspiels zu ermessen.

Als die Frau Meyers, die den Festlichkeiten in Stuttgart beigewohnt hatte, nach Mannheim zurückgekehrt war, berichtete sie, Schillers Flucht sei dort Stadtgespräch und man werde ihm wohl nachstellen. Meyer riet nun dem Dichter zu weiterer Flucht.

Doch wohin denn weiter? Nach Hamburg mit Streicher? Doch dafür reichte das Geld nicht. Also machten sich Schiller und sein Freund am Nachmittag des 3. Oktober zu Fuß auf Richtung Frankfurt. Die Koffer und das Klavier ließ man in Mannheim zurück in der Hoffnung, bald zurückkehren zu können.

Der Fußmarsch führt über Sandhofen und Lampertsheim. Unterwegs denkt Schiller sich Szenen eines nächsten Schauspiels, der »Luisa Miller«, aus. Vergeblich versucht Streicher, ihn auf die Schönheit der Landschaft aufmerksam zu machen. Schiller ist in Gedanken bei seiner Dichtung. Tags drauf Ankunft in Darmstadt, Übernachtung in einem Gasthaus. Am nächsten Morgen trinkt Schiller bei einer Rast einige Gläser Schnaps, weil er sich krank fühlt, aber der Alkohol verschlimmert noch das Unwohlsein, ein Unwohlsein, das auch von der ungewissen Zukunft herrührt. Die Freunde legen sich mehrere Stunden im Wald nieder. Völlig erschöpft und niedergeschlagen erreicht der Dichter am späten Abend das vorläufige Ziel seiner Flucht, Frankfurt. Sie quartieren sich auf der anderen Mainseite ein, in Sachsenhausen, da dort das Quartier billiger zu haben ist. »Zum Storchen«.

Schiller bittet Dalberg am darauf folgenden Morgen brieflich um einen Vorschuss für den »Fiesco«. »Sobald ich Ihnen sage, ich bin auf der Flucht, sobald habe ich mein ganzes Schicksal geschildert.« Und er fügt hinzu: »Ich ging leer hinweg, leer in Börse und Hoffnung.«

Erst als die Freunde durch Frankfurt flanierten, das großstädtische Treiben genossen, die Buchhandlungen durchstöberten, sich nach dem Absatz der »Räuber« erkundigten und erfuhren, dass kaum noch ein Exemplar vorrätig war, kehrte Heiterkeit in Schillers Gemüt zurück. Doch die wurde bald wieder verdunkelt, denn Dalberg lehnte einen Vorschuss ab. Als er am dritten Tag des Frankfurter Aufenthalts Dalbergs Brief bei der Post auf der anderen Mainseite abgeholt hatte, verharrte Schiller auf dem Rückweg nach Sachsenhausen auf der Mainbrücke, starrte hinab in den Fluss, ein Moment, in dem er daran dachte, sein Leben zu beenden. Schließlich versuchte Schiller, indem er sich zu erkennen gab, einem Frankfurter Buchhändler das Manuskript seines später verloren gegangenen Gedichts »Teufel Amor« zu verkaufen. Doch der bot dem Dichter zu wenig, sodass er das Gedicht behielt. Die Tage von Frankfurt endeten. Streicher hatte von seiner Familie weiteres Geld erhalten, und so brachen sie wieder auf, diesmal in einer Art Kreisbewegung zurück Richtung Mannheim. Auf Empfehlung Meyers nahmen sie am Nachmittag des 13. Oktober Quartier in Oggersheim, westlich der Residenzstadt auf der anderen Rheinseite, nachdem sie mit einem Frachtschiff nach Mainz und von dort über Worms gekommen waren, nicht ohne unterwegs in Nierstein einige Schoppen besten Weins verkostet zu haben. »Viehhof« hieß die neue Exilstation, ein einfacher Gasthof. Doch Schiller hatte wieder ein Zuhause auf Zeit. Aus Mannheim wurden sein Gepäck und Streichers Klavier herbeigebracht. So konnte der Dichter in Ruhe dichten, sein Schauspiel »Luise Millerin«, und wurde dabei häufig angeregt durch das Klavierspiel des Freundes. Nachts lagen sie in einem Bett. Tagelang verließen sie das eine Zimmer kaum. Eine Exilidylle.

Da erreichte Schiller aus Stuttgart ein Brief des Generals Augé. Ihm beigelegt war eine herzogliche Order, die besagte, Schiller könne zurückkehren, seinen Dienst wiederaufnehmen und habe nichts zu befürchten. Ein großherziges Angebot an einen Deserteur, das auch das Bild eines unerbittlichen despotischen Herzogs mildert. Doch der Dichter war misstrauisch, sah zudem das Schreibverbot nicht aufgehoben und sein Ansinnen, nicht mehr Uniform tragen zu müssen, nicht erfüllt. Arzt wider Willen konnte er nicht mehr sein, Dichter wollte Schiller nur noch sein und hoffte weiter darauf, Dalberg werde den »Fiesco« aufführen lassen.

Abends besuchten die Freunde im nahen Mannheim die Familie Meyer, wo sich auch der Verleger Schwan einfand. Dalberg indes blieb auf Distanz zu dem Dichter, war nicht bereit, selbst eine veränderte Bühnenfassung des »Fiesco« auf die Bühne zu bringen. Doch Schiller konnte das Schauspiel an den Verleger Schwan verkaufen, sodass er die Rechnung im »Viehhof« von Oggersheim zu bezahlen vermochte und noch ein wenig Geld für die nächsten Wochen übrig hatte. Das wird er brauchen. Denn alles änderte sich wieder. Herzog Carl Eugen hatte die Geduld mit seinem Zögling verloren, verbot Augé jede weitere Korrespondenz mit Schiller, ließ ihn zum 31. Oktober 1782 endgültig aus dem Regimentsregister streichen mit der Bemerkung: »Ausgewichen«.

Streicher zog nach Stuttgart zu den Eltern zurück, Dalberg woll-te den »Fiesco« nicht. Und da kam ein schwäbischer Soldat, wollte Schiller aufsuchen. Der dachte, man wolle ihn verhaften. Später stellte sich heraus, es war ein uniformierter Freund aus Stuttgart, der ihn besuchen wollte. Doch Panik und Angst waren gesät. Schiller wollte weiter, weit weg. Es blieb nur noch ein Ziel, eine unbekannte, aber sichere Zuflucht. Henriette von Wolzogen, die wie ihr Sohn Wilhelm dem Dichter zugetan war, hatte ihm ihr Gut bei Meiningen in Thüringen als Versteck angeboten und dabei nicht wenig riskiert, denn ihre Söhne, wie Schiller ehemalige Carlsschüler, lebten in Abhängigkeit von Herzog Carl Eugen.

Bevor Schiller aber dorthin aufbrach, wollte er noch einmal seine Familie sehen, lud aber nur Mutter und Schwester dazu ein, sich im Posthof von Bretten an der württembergisch-kurpfälzischen Grenze zu treffen. Der Vater blieb in seinem Haus unterhalb von Schloss Solitude zurück. Die Flucht seines Sohns war eine Schmach für ihn. Der ehemalige Hauptmann, der immer in bedingungslosem Gehorsam seinem Herrn gedient hatte, war nun Vater eines Deserteurs. Sechzig Jahre war er alt und fast dreißig Jahre stand er im Dienst des Herzogs. Wird der sich an ihm für die Verfehlung des Sohnes rächen? Nein, darauf verzichtete der Herzog, überließ Johann Caspar Schiller weiterhin die Obhut der Gärten und Obstbäume der Solitude, die für lange Zeit zum einzigen Trost des alten Mannes werden, während er seinem Sohn vorsichtig vorwurfsvolle Briefe schreiben, ihn anflehen wird, sich mit dem Herzog auszusöhnen. So also reisten die beiden Frauen ohne Vater Schiller in der Kutsche zur Grenze. Von Oggersheim kam Friedrich zu Pferde entgegen. »Er wird's sein«, erinnert sich später die Schwester, als sie kurz vor Mitternacht einen Reiter sich nähern hörte. »Wir stürzten ihm entgegen. Er war heiter! Voll Zukunft! Voll Hoffnung! und plauderte bis zum Morgen. Wir blieben drei volle Tage beieinander.« Dem Abschied von der Familie folgte der von den Freunden vier Tage später. Am 30. November fuhren Streicher, Meyer und Iffland bei großer Kälte und nicht wenig Schnee gemeinsam nach Worms, sahen dort das Melodram »Ariadne auf Naxos«, gespielt von einem Wandertheater. Die Auf-führung machte die Freunde lachen und spotten, nur Schiller blieb ernst in sich gekehrt. Erst beim Nachtessen regte reichlich Liebfrauenmilch sein Gemüt an, bis man stummen Abschied nehmen musste.

Am folgenden Morgen besteigt Friedrich Schiller allein die Postkutsche. Noch immer greift die Kälte an, auch Schillers Körper, denn er besitzt nur einen leichten Überrock. 65 Stunden lang dauert die Reise, in der Kutsche sind die Reisenden Eis und Schnee ausgesetzt. Am 7. Dezember erreicht Schiller frühmorgens Meiningen, am Abend des Tages nimmt er nach zweistündigem Fußweg Quartier auf dem Gut der Wolzogens im nahen Bauerbach. Es ist Samstag. Es ist dunkel. Ruhe kehrt ein, das Zimmer ist geheizt, die Flucht hat ein Ziel gefunden. »Wie ein Schiffbrüchiger«, wird er tags drauf nach Mannheim melden.

Idylle und Einsamkeit in Bauerbach

Als Friedrich Schiller am Morgen des 8. Dezember aufwacht und aus dem Fenster schaut, wird er sich vielleicht an die dörfliche Idylle seiner Kindheit in Lorch erinnert gefühlt haben. Bauerbach liegt wie das schwäbische Dorf in einem Flusstal mit Wiesenauen, an den sanft ansteigenden Hängen beginnt der Wald. Es zählt wenige Häuser und eine Kirche, wie Lorch.

»Endlich bin ich hier, glücklich und vergnügt, daß ich einmal am Ufer bin«, meldet er an diesem ersten Tag von Bauerbach an Andreas Streicher. »Ich traf alles noch über meine Wünsche; keine Bedürfnisse ängstigen mich mehr, kein Querstrich von außen soll meine dichterischen Träume, meine idealistischen Täuschungen stören«, schreibt Schiller über seine provisorische neue Heimat. War denn sein Leben in den letzten Jahren eine Täuschung, die der Glaube an ein Ideal von Kunst und Leben eingegeben hat? Oder meint er, die Dichtung selbst sei eine idealistische Täuschung?

Jedenfalls: »Nur Dichter« werde er in diesem Winter sein, teilt er dem Verleger Schwan nach Mannheim mit, will auf ein äußerliches Leben verzichten mit all seinen Lockungen. Bauerbach soll Schillers Dichterklause werden. Und sie wird es in den kommenden gut sieben Monaten auch sein. Hier beendet er das Schauspiel »Luise Millerin«, verfasst die Vorrede zum »Fiesco«, entwirft einen Plan zu einem Schauspiel über Maria Stuart, schreibt auch erste Szenen dazu und beginnt den »Don Carlos«.

Den Kopf voller Pläne, bemächtigte sich seiner eine unbändige Lust zu schreiben nach den turbulenten Fluchtwochen. Doch schon nach kurzem verspürte Schiller auch einen Mangel, denn es fehlten ihm sowohl Lektüre als auch das Gespräch. Zum ersten Mal in seinem Leben war Schiller allein auf sich gestellt. In der Kindheit waren es Mutter und Schwester, daraufhin die Mitschüler in der Akademie, die mit ihm Gedanken und Zeit teilten, dann die Freunde in Stuttgart und Mannheim. Nie hatte Schiller allein gelebt, er war ein Mensch, der den anderen Menschen brauchte. Ohne die Gegenwart eines anderen stockte schließlich auch der Akt des Dichtens und bisweilen so sehr, dass er an seinem Genie zweifelte: »Gelegenheitlich muß ich anmerken … daß das Genie wo nicht unterdrückt, doch entsetzlich zurückwachsen, zusammenschrumpfen kann, wenn ihm der Stoß von außen fehlt. Man sagt sonst, es hälfe sich in allen Fällen selbst auf, ich glaub es nimmer.« Drängte kein Einfall zu Tinte und Papier, geriet Schiller in eine entsetzliche Panik. Dann lief er in seiner Kammer auf und ab, stieß an die Wände, lief hinaus, suchte in der Natur auf Spaziergängen Anregung, oft vergebens, eilte hinüber ins nahe Wirtshaus »Zum braunen Roß« und fand dort zwar zu trinken, aber keinen Menschen, mit dem er sich austauschen konnte.

Er ist allein. Ist einsam. Schiller leidet. Ihm mangelte es an Freunden. Allein in Meiningen, zwei Fußstunden entfernt, wusste er zwar keinen Freund, aber einen Menschen, den Hofbibliothekar Wilhelm Friedrich Hermann Reinwald, zweiundzwanzig Jahre älter als Schiller. Der wird ihm zum Rettungsanker im Meer der Einsamkeit. Er versorgte ihn mit Lektüre, auch mit Tinte und Papier, ihn bat er, den lebenswichtigen Schnupftabak »für einen armen schmachtenden Freund zu besorgen«. Brachte dann aber Schillers Magd Judith nicht den richtigen Tabak, den Marocco, aus Meiningen mit, dann verbitterte ihn selbst das. Schiller bat Reinwald auch um Zeitungen, hoffte er doch, darin seinen Namen zu finden und Anzeigen seiner Bücher, denn: »Wenn ich meinen Namen in der Zeitung lese, so erfahre ich doch, daß ich noch lebe«, schrieb er an den Bibliothekar, der ihm von Henriette von Wolzogen empfohlen worden war. Mehrfach hatte sie Schiller eingeschärft, seine Identität nicht preiszugeben, um sie und ihre Söhne nicht zu gefährden. Dr. Schiller war in die Identität eines »Dr. Ritter« geschlüpft, was auch die Möglichkeit zu Gesprächen im nahen Meiningen einschränkte, wenn er sich nicht als Dichter Schiller zu erkennen geben konnte. Um seine Spuren zu verwischen, schrieb er an Freunde und Bekannte, selbst an die Schwestern, Briefe, in denen er fingierte Aufenthaltsorte angab und erfundene Reiseziele, mal Berlin, mal London und sogar den Gedanken äußerte, nach Amerika zu gehen. »In meinen Adern siedet etwas – ich möchte gern in dieser holperichten Welt einige Sprünge machen, von denen man erzählen soll«, schrieb er an Henriette von Wolzogen, und glaubte vielleicht an diese Sprünge in eine Zukunft, war aber weiterhin in seinem Exil gefangen. Dabei hatte Vater Schiller schon wenige Wochen nach der Flucht des Sohns dem Verleger Schwan geschrieben, es gäbe keine Anzeichen dafür, dass der Herzog seinen Sohn verfolgen würde. »Es ist auch dessen Posten schon längst wieder besetzt, ein Umstand, der zu erkennen gibt, daß man meinen Sohn vermissen kann.« Dennoch fügte Vater Schiller hinzu: »Inzwischen ist es gleichwohl nötig, daß derselbe sich in der gehörigen Entfernung halte.«

Diese gehörige Entfernung von den Menschen aber machte Schiller das Leben zur Qual. »Meine Lage in dieser Einsamkeit hat meiner Seele das Schicksal eines stehenden Wassers zugezogen, das in Fäulnis ginge wenn es nicht je und je in eine kleine Wallung gebracht würde«, schrieb der Dichter an Reinwald. »Wie sehnlich erwartete ich Sie«, flehte er.

Dann und wann kam Reinwald nach Bauerbach, oder Schiller ging nach Meiningen. Einige Male traf man sich auf halber Strecke. Es passierte aber auch, dass Schiller drei Stunden lang vergeblich auf ihn im Wirtshaus von Maßfeld wartete. Briefe mussten häufig genügen, die hin- und hergingen. Hatten sie sich aber getroffen und Schiller konnte über seine Pläne reden, Szenen aus seinen Dramen vorlesen, Reinwalds Kritik oder Bewunderung empfangen, war passiert, was er in einem Brief an ihn so ausdrückte: »Gedanken lassen sich nur durch Gedanken locken.« Dann setzte sich Schiller hin und erfand die Szenen, Dialoge seines Schauspiels, und schrieb die Nacht hindurch bis zum frühen Morgen. »Ich kann keine Feder mehr halten«, teilte der erschöpfte Schiller nach einem nächtlichen Schreibrausch dem Bibliothekar mit und bedankte sich für die Gespräche mit ihm.

Reinwald war der einzige Mensch in Thüringen, dem er sich offenbaren konnte, dem er vertraute, der von seiner Identität wusste. Auch die Post an Schiller ging durch seine Hände. Sogar dessen Schwester adressierte ihre Briefe an den Bruder über ihn. Eines Tages hatte Schiller Briefe seiner Schwester bei Reinwald liegen lassen, worauf der sich an sie wandte. Und so kam es zu einem Briefwechsel zwischen Christophine Schiller und Reinwald. Diese vergessenen Briefe sollten eine Ehe stiften, denn einige Jahre später heiratete Schillers Schwester den so viel älteren Bibliothekar, was der Bruder nicht gutheißen würde, kannte er doch Reinwald als einen arg vertrockneten, pedantischen und auch missmutigen Menschen, der unter seiner unproduktiven Tätigkeit zwischen den Büchern litt.

Schon wenige Wochen nach Schillers Ankunft in Bauersbach kam es zu einem Intermezzo in der Einsamkeit. Henriette von Wolzogen besuchte mit ihrer siebzehnjährigen Tochter Charlotte den Dichter in seinem Asyl auf ihrem Gut, wo sie sich indes nicht einquartierte, sondern im nahen Walldorf im Haus ihres Bruders. Sie war schon mit knapp dreißig Jahren Witwe geworden, hatte vier Söhne und die Tochter allein aufzuziehen und zu ernähren. Ihr kleines Vermögen und die Erträge aus dem Gut Bauerbach reichten dafür nur knapp, und dennoch sollte sie Schiller, der fast immer in finanziellen Nöten war, mehrfach Geld leihen oder für ihn Bürgschaften beim Bauerbacher Geldverleiher Israel übernehmen. Aber sie verehrte Schiller, liebte ihn nicht nur mütterlich, und der war für eine mütterlich umsorgende Liebe, die zugleich einen erotischen Kitzel in sich trug, immer zugänglich, bisweilen gar abhängig von ihr.

»Seit Ihrer Abwesenheit bin ich mir selbst gestohlen«, schrieb Schiller ihr nach den ersten gemeinsamen Tagen im neuen Jahr 1783, so gehe es einem eben »mit großen lebhaften Entzückungen«. Ungeduldig hatte er die Ankunft der Henriette von Wolzogen erwartet, war dann zugleich von der Tochter entzückt.

Zwei Tage verbringt er zwischen Mutter und Tochter, begleitet sie schließlich noch auf dem Weg nach Walldorf, muss aber, vielleicht auch um die beiden Frauen nicht bei ihrer Familie zu kompromittieren, in Untermaßfeld auf halbem Weg zurückkehren in sein karges geliehenes Zuhause, wo er Henriette von Wolzogen dann von eben jenen Entzückungen schreibt, die sie – und die Tochter auch? – ausgelöst habe. Nur einen Tag lang hält er die neue Einsamkeit und die Trennung von den beiden Frauen aus, fährt ihnen nach Walldorf nach, bleibt vier Tage in ihrer Nähe, kehrt am 9. Januar wieder zurück, trifft die Mutter wiederum vier Tage später erneut auf halbem Weg in Maßfeld, wo sie noch einmal ihre Sorge äußert, es könne herauskommen, dass sie dem Dichter und Deserteur Unterkunft gewähre. Tags drauf schreibt Schiller daher einen Brief an Streicher, vorgeblich aus Hannover, in dem er ein Zerwürfnis mit Henriette von Wolzogen vorspiegelt, schreibt, wieder einmal habe er sich in einem Menschen geirrt, was aber zugleich »ein Zuwachs an Kenntnis des menschlichen Herzens« bedeute.

Die Abreise von Mutter und Tochter von Wolzogen steht bevor. »Es ist schröcklich ohne Menschen, ohne eine mitfühlende Seele zu leben«, schreibt er an die Mutter, fühlt indes zugleich: »Aber es ist ebenso schröcklich sich an irgend ein Herz zu hängen, wo man, weil doch auf der Welt nichts Bestand hat, notwendig einmal sich losreißen und ver-

bluten muß.« In den Genuss mischen sich schon Verzicht und Verlust
ein, die die Ursache bilden für die so häufig auftretende Melancholie in
Schillers Gemüt, ein Gemüt, das Genuss sucht und Verzicht will, das
Abhängigkeit will, sie aber zugleich auch zu vermeiden sucht.

Am 24. Januar 1783 reisen Mutter und Tochter nach Stuttgart zurück,
in die Heimat des Dichters. Er bleibt zurück. Die Einsamkeit hat ihn
wieder.

Was nun tun? Weiter sich der Dichtung hingeben, wo doch das Bild
der Henriette von Wolzogen sich in die dichterische Imagination ein-
mischt? Und zunehmend auch das Bild ihrer Tochter Charlotte. Schiller
sucht eine »mitfühlende Seele«, einen Menschen, an den er ohne Arg
sein Herz hängen kann, sucht eine Verbindung, die vielleicht doch
Bestand haben kann. Die Mutter? Die Tochter? Die Mutter weiß er zwar
mitfühlend, doch sie hat in ihrem Leben schon so viel erlebt, dass sie
keine bedingungslose Zuwendung an ihn garantiert. Zudem ist sie
Witwe, Mutter eines mit ihm fast gleichaltrigen Sohns und vierzehn
Jahre älter als er selbst. Die Tochter hingegen, sie ist »eine schöne Seele
… noch ganz wie aus den Händen des Schöpfers, unschuldig, die
schönste weichste empfindsamste Seele, und noch kein Hauch des allgemeinen Verderbnisses am lautern Spiegel ihres Gemüts.« So
beschreibt er sie in einem Brief an ihren Bruder Wilhelm von Wolzogen
und hat einen Menschen gefunden, in den er alle seine Sehnsüchte und
Ideale einer Frau hineinprojizieren kann.

Schiller hat in der Einsamkeit von Bauerbach durch die Begegnung
mit den beiden Frauen plötzlich einen Mangel in seinem Leben entdeckt. Es fehlt eine Frau an seiner Seite, die mit ihm durchs Leben geht,
die ihn durchs Leben führt. Schiller denkt an Heirat und ist dreiundzwanzig Jahre alt.

Verwirrung der Gefühle

Der Gedanke setzte sich fest in Schillers Kopf. Eine Frau an seiner Seite,
Brautsuche. Und da trat in den Januartagen 1783 eine andere Frau ano-
nymerweise in sein Leben, die in den kommenden Jahren die wichtigste Rolle an seiner Seite spielen wird. Schiller erhielt von vier Damen
einen Dichterlorbeerkranz zugeschickt. Eine von ihnen hieß ebenfalls
Charlotte, die zweiundzwanzigjährige Reichsfreiin Marschalk von Ostheim, die bald einen Herrn von Kalb heiraten wird. Henriette von Wolzogen hatte ihr »Die Räuber« zu lesen gegeben, von dem Dichter

erzählt. Der ließ Dankverse für den Lorbeerkranz an sie schreiben, und zwar von Reinwald dem Bibliothekar, in seinem Namen: »Vier Musen krönten mich zum König.« Denn Schiller selbst widmete sich fieberhaft seinem Schauspiel »Luise Millerin«, wollte es baldmöglichst beenden, damit es auch sein Exil in Bauerbach beende, hoffte er doch darauf, dass es an einem deutschen Theater aufgeführt würde, am liebsten in Mannheim. Von dort hatten ihm einige Schauspieler Briefe geschrieben und dann überraschenderweise auch Intendant Dalberg, der sich für seine »Untreue« ihm gegenüber entschuldigte. Anfang April wird Schiller ihm das neue Schauspiel schicken.

In Unrast dichtete der Dichter nicht nur die »Luise Millerin« zu Ende, er arbeitete zudem einige Szenen zu »Maria Stuart« aus und begann den »Don Carlos«. Mit dieser Unrast hoffte er die Einsamkeit zuzudecken und zu überlisten, gar die Zeit anzutreiben. Doch in sie mischte sich eine Verwirrung der Gefühle ein. Ende März kündigte Henriette von Wolzogen an, sie wolle ihn erneut mit Tochter Charlotte besuchen und zwar in der Begleitung eines Franz Karl Philipp von Winkelmann.

»Wenn sich Herr v. W. wirklich mit Ihnen in Meiningen einfinden sollte, so ist es durchaus unmöglich, daß ich Ihre Ankunft erwarten kann … Ich muß Sie verlassen. Ich muß Sie zum letzten Male gesehen haben. Es kostet mich viel, es Ihnen zu sagen. Ich will nicht bergen, daß ich dadurch manche schöne herrliche Hoffnung aufgeben muss, daß es vielleicht einen Riß in meinem ganzen künftigen Schicksal zurückläßt, aber die Beruhigung meiner Ehre geht vor.« In Schillers Antwort an Henriette von Wolzogen fand sich auch die Ankündigung, Bauerbach zu verlassen und nach Berlin zu gehen. Was war geschehen? Herr von Winkelmann galt als möglicher Bräutigam der Tochter Charlotte. Schiller war eifersüchtig. Der Stuttgarter Offizier der Nobelgarde, ebenfalls ehemaliger Carlsschüler, zwei Jahre älter als Schiller, galt im Gegensatz zu ihm als eine gute Partie, eine adlige Partie, denn Henriette von Wolzogen war darauf bedacht, ihre Tochter in gute Hände zu geben, in adlige Hände, denn die verpflichteten. Schiller fühlte sich gedemütigt, wie er im nächsten Brief an Mutter Wolzogen schrieb, fühlte sich als Nicht-Adliger in seinem Selbstwertgefühl verletzt, versuchte aber den Eindruck der Eifersucht zu verwischen, drückte nun wieder die Hoffnung aus, dass sie, wenn sie demnächst komme, auch bleibe für den Rest des Jahres, um seine Einsamkeit zu vertreiben, vergaß nicht zu erwähnen, dass er krank geworden war, nein nicht wirklich krank, sondern unpässlich, und doch: »Ich ließ mir eine Ader schlagen.«

Ende Mai werden Mutter und Tochter kommen, ohne Winkelmann. In dieser Vorfreude beflügelt, konnte er sich wieder ganz seiner Dichtung hingeben. Über sie schrieb er an einem der ersten Frühlingstage von 1783 aus der Gartenhütte des Guts an Reinwald: »Jede Dichtung ist nichts anderes als eine enthusiastische Freundschaft oder platonische Liebe zu einem Geschöpf unseres Kopfes.« Eine ganze Poetik zimmerte Schiller aus seiner momentanen erwartungsvollen Stimmung. »So bin ich zu glauben geneigt, daß in unsrer Seele alle Charaktere nach ihren Urstoffen schlafen, und durch Wirklichkeit und Natur, oder künstliche Täuschung ein dauerndes oder nur illusorisch und augenblickliches Dasein gewinnen. Alle Geburten unsrer Phantasie wären also zuletzt nur *wir selbst.*« Schiller geht noch weiter: »Aber was ist Freundschaft oder platonische Liebe denn anders, als eine wollüstige Verwechslung der Wesen? Oder die Anschauung unserer selbst in einem anderen Glase?« Und er fährt fort, da man nicht mehr weiß, spricht Schiller nun von Dichtung oder von Liebe an sich, zu der er möglicherweise erstmals in seinem Leben wirklich entbrannt ist im Angesicht und im Erinnerungsbild der beiden Frauen, von Mutter und Tochter: »*Liebe,* das große unfehlbare Band der empfindenden Schöpfung ist zuletzt nur ein *glücklicher Betrug.* Erschrecken, entglühen, zerschmelzen wir für das *fremde,* uns ewig nie eigen werdende Geschöpf? Gewiß nicht. Wir leiden jenes alles nur für uns, für das *Ich,* dessen Spiegel jenes Geschöpf ist.« Letztlich aber meint der Dichter doch die Dichtung: »Ich muß Ihnen gestehen, daß ich ihn gewissermaßen statt meines Mädchens habe«, und meint mit »ihn« den Carlos, also eine Figur seiner Dichtung: »Ich trage ihn auf meinem Busen – ich schwärme mit ihm durch die Gegend um – um Bauerbach herum.« In seiner immer wieder auftretenden Unsicherheit, vor allem nach so großen Worten, schloss Schiller den Brief an Reinwald über Poetologie und Liebe: »Gott bewahre, daß Sie mich nicht auslachen.«

Doch erst einmal musste er den »Carlos« unbeachtet liegen lassen für ein Mädchen. Und die Mutter. Er richtete Haus und Garten für die Rückkehr der beiden Frauen her. Er ließ das Dorf schmücken. Und am 20. Mai fahren die beiden Frauen in ihrer Kutsche in Bauerbach ein, die Allee ist vom Ortseingang bis zu ihrem Gut geschmückt mit Maibäumen, am Hofeingang ist eine blumenumrankte Pforte errichtet, die Dorfkapelle spielt einen Salut, der Pfarrer hält in der mit Birkenzweigen dekorierten Kirche eine Begrüßungsrede. Schiller hat sich Mühe gegeben, denn er hat einen Plan, der in den folgenden sieben Tagen, da er mit Mutter und Tochter heitere Tage verbringt und mal mit der einen, mal mit der anderen liebäugelt und mit der Tochter immer mehr. Am 30. Mai ist es dann soweit. Schiller traut sich und schreibt einen Brief an Mutter von Wolzogen, die sich gerade im nahen Meiningen befindet, und hält ein wenig verworren und verklemmt um die Hand von Tochter Charlotte an. »Ich fürchte mich selber in meinen Briefen«, gesteht er eingangs, um dann als Brautwerbung nichts weitersagen zu können als, »ich wollte Gott danken für Ihre Lotte«, verspricht gar, entweder auf seinen »Dichterlorbeer« ganz zu verzichten, um sie ernähren zu können, oder jedes Jahr ein Schauspiel mehr zu schreiben. »Ich überlese, was ich geschrieben habe. Es ist ein toller Brief«, stellt der Brautwerber sich selbst als Narr hin, macht sich so wieder einmal klein: »Wenn ich mündlich ein Narr bin, so werde ich schriftlich wohl nichts weiseres sein.«

Zu dritt leben Mutter, Tochter und der Dichter im Juni in den Sommer hinein. Es sind die glücklichsten Tage von Bauerbach für Schiller, sodass er gar feststellen kann: »Bauerbach ist gewiß keine Barbarei.« In diesen Wochen ist er kaum noch Dichter, sondern versucht, nur die Nähe der beiden Frauen zu genießen. Und sind sie mal für kurze Zeit in die Umgebung gefahren, schickt er der Mutter sogleich einen Brief hinterher: »Da sitz ich, reibe mir die Augen, und besinne mich, daß ich allein den Kaffee trinken muß – aber mein Herz ist zwischen Ihnen und unsrer Lotte.«

Inzwischen hatte aber der Mannheimer Theaterintendant dem Dichter Hoffnung gemacht, sein Schauspiel »Luise Millerin« dort aufzuführen. Sollte er nun in Bauerbach bleiben in der Nähe von Mutter von Wolzogen und Tochter Charlotte, die in Maßfeld bei der dortigen Amtmannsfrau die Hauswirtschaft erlernen wird? Oder soll er sich nach Mannheim aufmachen, um seine Angelegenheit am dortigen Theater zu befördern? Frau oder Theater also?

Der Entscheidung war schnell getroffen. Er wandte sich dem Theater zu, und am 24. Juli morgens reiste Schiller fast überstürzt aus Bauerbach ab, ohne Charlotte Lebewohl zu sagen, ohne Abschied von Reinwald zu nehmen. Er hatte sich von dem Geldverleiher Israel noch einige hundert Gulden, für die Mutter von Wolzogen bürgte, besorgt, um die Reisekosten zu bestreiten. Mit ihr unternahm er noch einen letzten Waldspaziergang, bei dem er ihr den Entschluss, Bauerbach und sie zu verlassen, mitteilte. Henriette von Wolzogen war darüber betrübt, aber auch erleichtert, war für sie doch die Situation, zwischen dem geliebten Dichter und der eigenen Tochter zu stehen, kaum noch zu ertragen.

Mit dem Versprechen, bald zurückzukehren, besteigt Schiller die

Kutsche nach Mannheim, doch zurückkommen in sein Asyl wird er nicht, auch nicht zu Charlotte. Schließlich zieht er doch die Dichtung einem Mädchen vor. Drei Tage später fährt er in Mannheim am Abend ein, sieht den Schauspieldirektor Johann Heinrich Meyer wieder und den überraschten Andreas Streicher, den selbstlosen Freund und Fluchthelfer.

Fünftes Kapitel

Theaterdichter in Mannheim

Als Friedrich Schiller am Abend des 27. Juli 1783 seinen Mannheimer Freunden gegenübertrat, was trug er da in seinem Gepäck bei sich und was hatte er im Kopf, was in seinem Herzen?

Die acht Monate von Bauerbach waren eine dichterisch produktive Zeit gewesen, hatte er doch nicht nur das Schauspiel »Luise Millerin« beendet, sondern mit »Maria Stuart« und vor allem dem »Don Carlos« zwei weitere Theaterstücke begonnen. Zudem hatte er im Gepäck die Erstausgabe von »Die Verschwörung des Fiesco zu Genua – ein republikanisches Trauerspiel«, das inzwischen im Druck erschienen war. Bauerbach war zu einer wichtigen Etappe in seinem Leben geworden, weil der sonst so hitzige und fahrige Dichter hier erstmals in Ruhe und Konzentration schreiben konnte, zudem auf sich selbst zurückgeworfen war, was ihn dem Stadium der Reife näher brachte. Nun aber barg Schiller in sich die ungeduldige Hoffnung, seine Schauspiele bald auf der Mannheimer Bühne zu sehen. Doch schon nach wenigen Tagen stellte Schiller fest, dass die Mannheimer Gegenwart nicht so rosig war, wie er sie sich als Zukunft auf dem Weg von Bauerbach dorthin ausgemalt hatte. Intendant Dalberg hielt sich in Holland auf, Iffland spielte am Hannoveraner Theater. Allein sein Freund und Mentor Meyer konnte dem Rückkehrer Mut machen und vermittelte ihm ein Quartier neben dem Schlossplatz, bei einer Madame Hammelmann. Untätig wartend auf seine Zukunft streifte Schiller durch Mannheim, besuchte die Antikensammlung und las in den Schriften Johann Joachim Winckelmanns von der Schönheit des antiken Ideals. Und das Herz Schillers? Trug es noch das Bild Charlotte von Wolzogens und das ihrer Mutter in sich? Oder hatte nur die Einsamkeit und Leere von Bauerbach es mit ihren Bildern füllen können? Noch auf der ersten Zwischenstation seiner Reise von Bauerbach nach Mannheim hatte er an Henriette von Wolzogen, die seine Rückkehr erhoffte, geschrieben: »Liebste zärtlichste Freundin, der Verdacht, daß ich Sie verlassen könnte, wäre bei meiner jetzigen Gemütslage Gotteslästerung. Glauben Sie meine Teuerste, je tiefer ich die Welt kennenlerne, und je mehr ich unter Menschen gehe, desto tiefer graben Sie sich in mein Herz.« Doch bald werden die Bilder der beiden Wolzogischen Frauen verblassen und andere weibliche Wesen Kopf und Herz besetzen und Macht über ihn gewinnen.

Doch erst einmal verfolgte Schiller statt der Frauen seine Theaterpläne. Zehn Tage nach der Ankunft in der Residenzstadt las Schiller dem Verleger Schwan sein Schauspiel »Luise Millerin« vor, und wiederum drei Tage später lud der zurückgekehrte Theaterintendant den Dichter zu einem langen Gespräch ein, in dem er eine Aufführung des »Fiesco« in Aussicht stellte. Am Abend des 13. August kam es in großer Gesellschaft im Hause des Reichsfreiherrn von Dalberg zu einer Leseprobe der »Luise Millerin«, die beifällig aufgenommen wurde. Plötzlich zeigte sich die Zukunft in den schönsten Farben, und Ende August kam es zum Vertrag mit dem Intendanten. Schiller würde ab dem 1. September 1783, also ab sofort, fest angestellter Theaterdichter an der angesehensten Bühne Deutschlands werden. Drei Stücke sollte er in einem Jahr liefern, 300 Gulden Honorar erhalten, zudem anteilig am Ertrag der Aufführungen beteiligt werden.

Am Abend vor Vertragsbeginn kam es dann zu einer weiteren Aufführung der »Räuber« im Mannheimer Nationaltheater, die Zuschauer von weither anlockte und wiederum ein rauschender Erfolg war.

Doch der vermeintliche Glückstag, der 1. September 1783, als Schiller die Position eines fest angestellten Theaterdichters antrat, wurde zu einem Unglückstag. Schiller erkrankte an der Malaria, die epidemisch die Stadt überfallen hatte. Kaltes Fieber nannte man sie auch. Unter den gut sechstausend Menschen, die von dieser Seuche angesteckt wurden, war neben Schiller auch der Regisseur und Freund Christian Dietrich Meyer, der am 2. September am kalten Fieber starb. Seine wichtigste Stütze in der Stadt und am Theater war nicht mehr. Der Dichter wird die Malaria überleben. Doch sie sollte seinen Körper auf Dauer schädigen, da er sich selbst eine Fastenkur mit Wassersuppen und eine zu hohe Dosis von Chinarinde gegen das Fieber verordnete. »Fieberrinde eß ich wie Brot.«

Malaria ist ja nicht allein eine Tropenseuche, sie konnte auch in Mitteleuropa bei überheißen Sommern, wie jenem in Mannheim des Jahres 1783, ausbrechen. Anopheles-Mücken infizieren dann das menschliche Blut mit dem Malariaparasiten, dem *Plasmodium vivax*.

Die häufigen Fieberanfälle – das Drei-Tage-Fieber – schwächten Schiller und machten ihn kaum noch arbeitsfähig, sodass er sich bei Dalberg dafür entschuldigen musste, die gewünschte Bühnenfassungen der Schauspiele nicht termingerecht abgeben zu können. Dabei arbeitete Schiller trotz der Krankheit in fieberfreien Stunden oft Nächte hindurch und schwächte sich durch sein Arbeitsfieber zusätzlich zum kalten Fieber noch weiter. Luise Schwan, die Verlegertochter, wird sich später erinnern: »Schiller bekam eines Abends, wie es oft geschah, in unserem Familienkreis einen Anfall von kaltem Fieber. Er war sehr unwohl, wurde auf ein Bett gelegt, warm zugedeckt, mußte Chinatee trinken und wurde in einer Portechaise nach Hause gebracht.« Am folgenden Tag besuchte sie mit Vater Schwan Schiller. »An der Tür angekommen, hörten wir arges Geschrei, und was sahen wir! In dem ganz finsteren Zimmer brannten zwei Kerzen, auf dem Tisch mit Papieren stand eine Bouteille Burgunder und ein Glas, Schiller rannte in Hemdsärmeln auf und ab, gestikulierte und krakelte ganz barbarisch.« Er dichtete, und wie immer, wenn er im Schreibfieber war, in das er sich auch durch Wein, Kaffee, Schnupftabak, Likör und andere Aufputschmittel brachte, so warf er seinen ganzen schon kranken Körper in die Dichtung, spielte und schrie die Szenen, die er gerade schrieb. »Mein Vater rief ihm zu: Haben Sie deshalb Medizin studiert, um sich mit Gewalt zu ruinieren?«

Ja, Schiller ruinierte seinen Körper durch Nachtarbeit, Alkohol, Medikamente und Drogen aller Art. Aber ohne die künstlichen Stimulantien war für ihn oft keine Dichtung und auch kein Fetzen Leben, wie schon zu seiner Stuttgarter Bohemezeit.

Der Dichter wollte mit Gewalt reüssieren und nahm dabei keine Rücksicht auf seinen Körper, wollte die Mannheimer Chance, Theaterdichter zu sein und zu werden, unbedingt nutzen. An Henriette von Wolzogen schrieb er: »Heute ist mein Fieberanfall das 3. mal ausgeblieben und ich fühle mich jede Stunde leichter. Das soll, hoffe ich, meine letzte Krankheit in Mannheim sein, da ich nun einmal Bürger darin geworden bin, so werde ich künftig unversehrt bleiben«, beschwor Schiller so die Zukunft, »das Jahr, das jetzt vor mir liegt, muß über mein ganzes Schicksal entscheiden.« Und die kommenden Monate werden über sein Los zumindest des nächsten Jahrzehnts entscheiden. Zuerst waren sie seinem Schicksal günstig. Mitte Oktober bezog er mit seinem ihm ergebenen Freund Andreas Streicher erneut eine gemeinsame Wohnung im Haus des Baumeisters Hölzel. Streicher hatte seinen Plan aufgegeben, in Hamburg bei Carl Philipp Emanuel Bach zu studieren, auch weil er seine finanzielle Habe für Schillers Flucht verausgabt hatte. Er lebte nun als Klavierlehrer in der Residenzstadt. Der Musiker hatte eine beruhigende, mäßigende Wirkung auf das nervöse Temperament des Dichters. Dabei war ihrer beider Nähe nicht mehr so eng wie in den Wochen vor und während der Flucht. Zu seinem vierundzwanzigsten Geburtstag erhielt Schiller im November von seinen

Freunden vier Flaschen Burgunder, die er mit dem überraschend nach Mannheim gekommenen Jakob Friedrich Abel, seinem Lehrer aus der Zeit der Carlsschule, leerte. »Ein unbeschreiblich Vergnügen«, nannte Schiller den Abend in einem Brief an Henriette von Wolzogen. Abel nahm weiterhin lebhaften Anteil am Werdegang seines ehemaligen Schülers. Der war ja nun schon ein berühmter Mann, dessen »Räuber« immer wieder in Mannheim gegeben wurden und immer wieder mit großem Erfolg. Am 11. Januar 1784 kam es dann zur ersten Aufführung des »Fiesco«. August Wilhelm Iffland spielte den Verrina, Karoline Beck, in die Schiller sich noch im November verliebt hatte, gab die Leonore, und Katharina Baumann, in die Schiller sich ebenfalls verlieben wird, die Berta. Indes war es bei den Proben zum »Fiesco« mit den Schauspielern mehrfach zum Streit gekommen, da der Dichter deren Darstellung als zu hölzern empfand, während diese den hohen Ton des Dichters gelegentlich karikierten.

In der »Erinnerung an das Publikum«, die Friedrich Schiller zur Einstimmung auf das Schauspiel schrieb, beteuerte er, es sei seine Absicht nicht, »das Urteil des Zuschauers für seine Manier zu bestechen«, will aber »des Zuschauers Seele am Zügel« führen. Er bedankte sich dafür, dass das Publikum seine »Räuber« so gütig aufgenommen und seine Leidenschaft für das Theater belebt habe, beschwor somit eine ebenfalls günstige Aufnahme seines neuen Schauspiels. Der Erfolg aber wollte sich nicht einstellen. Das Publikum blieb kühl.

Die Verschwörung des Fiesco zu Genua

Schiller nannte sein neues Schauspiel »eine republikanische Tragödie«. Doch eigentlich ist es die Tragödie des Menschen, der durchaus Gutes bewirken und die Welt verändern könnte, wenn er nicht seiner Eitelkeit und Machtsucht unterläge. Seit der späteren Schulzeit, seit seinem Studium der Medizin und der Psychologie auf der Carlsschule war Schillers Leidenschaft, den Menschen in seinen Leidenschaften zu zeigen, die ihn immer zwischen Gut und Böse schwanken lassen, wobei sich die innere Waage des Menschen meist zum Letzteren hinneigt.

Schiller hatte vor, wie er in der Vorrede zum Schauspiel andeutete, die »kalte, unfruchtbare Staatsaktion aus dem menschlichen Herzen herauszuspinnen und eben dadurch an das menschliche Herz wieder anzuknüpfen«, um schließlich so »von der erfinderischen Intrige Situationen für die Menschheit zu entlehnen.« Will sagen, indem Schiller

Menschen als Wesen zwischen Gut und Böse auf die Bühne brachte, hatte er durchaus ein erzieherisches Anliegen gegenüber denjenigen Menschen, die in Parkett und Rang saßen, nämlich, ihnen durch »erhabene Bösewichte«, wie er sie nannte, das mögliche Gute anzuempfehlen. Trotz alledem. Trotz der Tatsache, dass er durch seine anthropologischen Studien eigentlich von der Zwecklosigkeit eines solchen Unterfangens hätte überzeugt sein müssen.

Die Verschwörung von Genua selbst und der Versuch, eine Republik zu schaffen, interessierte Schiller herzlich wenig, es interessierte ihn das Herz des Menschen, hier eben des Fiesco. Ihn charakterisierte er schon in der Aufzählung der Personen des Dramas ausgiebig: »Junger, schlanker, blühend-schöner Mann von dreiundzwanzig Jahren – stolz mit Anstand – freundlich mit Majestät – höfisch geschmeidig und ebenso tückisch.«

Schauplatz ist Genua 1547, somit das Italien der Renaissance. »Die Tracht ist durchaus altteutsch«, ist ebenso im Personenverzeichnis zu lesen. So weit entfernt wollte Schiller also das Schauspiel dann doch nicht ansiedeln. Erst einmal griff Schiller auf eine authentisch historische Begebenheit zurück, die er sich in einem Buch des Kardinal de Retz: »La conjuration du comte Jean-Louis de Fiesque« angelesen hatte. Doch fast lustvoll verabschiedete er sich von der Historie in der »Erinnerung an das Publikum«, die als Handzettel an das Mannheimer Premierenpublikum verteilt und als Anschlag an die Foyerwände des Theaters geheftet wurde: »Mit der Historie getraue ich mir bald fertig zu werden, denn ich bin nicht sein Geschichtsschreiber, und eine einzige große Aufwallung, die ich durch die gewagte Erdichtung in der Brust meiner Zuschauer bewirke, wiegt bei mir die strengste historische Genauigkeit auf.« Stolz fuhr er fort: »*Mein* Fiesco ... was bekümmert mich das, wenn er nur größer ist als der wahre.«

Die Historie ist Schiller nur Spielraum für sein Schauspiel um eben diesen jungen Mann. »Fiesco, ein großer fruchtbarer Kopf, der unter der täuschenden Hülle eines weichlichen epikurischen Müßiggangs in stiller, geräuschloser Dunkelheit, gleich dem gebärenden Geist auf dem Chaos, einsam und unbehorcht eine Welt ausbrütet und die leere, lächelnde Miene eines Taugenichts lügt ... Fiesco, der nichts fürchtet als seinesgleichen zu finden.«

Fiesco ist der Lebemann Genuas, er will nicht seinesgleichen finden, um sein Leben nicht teilen zu müssen. Er sucht nur sein eigenes Spiegelbild, das ihm alle seine untergründigen Wünsche vorspielt. Er ist der Partymeister der Stadt, hat eine junge Frau, begehrt aber die anderen, ist ein Genussmensch, nur die Macht über alle, nicht nur über die eine oder andere junge Frau, über ein oder den anderen Mann möchte er noch genießen. Da lässt er sich einspannen in eine Verschwörung, für eine Republik, aber insgeheim will er an die Stelle des Tyrannen Doria treten. Der alte Verrina, der das Ideal der Republik verkörpert, durchschaut seinen Freund bald: »Den Tyrannen wird Fiesco stürzen, das ist gewiß. Aber Fiesco wird Genuas gefährlichster Tyrann werden, das ist gewisser.« Aber er weiß schon einen Rat gegen den Usurpator: »Wenn Genua frei ist, stirbt Fiesco.«

Schiller, der die Kolportage durchaus liebte und vor keinem Bühnenschocker zurückscheute, baute noch eine effektvolle Szene ein. Auf der Straße tötet Fiesco eine Gestalt, die ein Gewand der Feinde am Körper trägt, das des getöteten Gianettino. Er hat Leonore, seine Frau, getötet, die sich aus privaten Gründen der Verschwörung angeschlossen hat, die aber ihren Ehemann eh nur noch wenig interessiert. Tant pis. Immerhin prüft sich Fiesco noch selbst, nachdem er zum Herzog ausgerufen worden ist – wenigstens zum Schein: »Ich will Genua einen Fürsten schenken, wie ihn noch kein Europäer sah.« Doch lange dauert das nicht, das Drama und das Drama dieses Menschen. Im letzten Auftritt fleht Verrina Fiesco im Hafen von Genua an, sofort abzudanken: «Der Anblick der Majestät fällt wie ein schneidendes Messer zwischen mich und den Herzog (…) ich liebe dich nicht mehr; ich schwöre dir, daß ich dich hasse (…) Wirf diesen häßlichen Purpur weg (…) – Der erste Fürst war ein Mörder und führte den Purpur ein, die Flecken seiner Tat in dieser Blutfarbe zu verstecken. (…) Wirf diesen Purpur weg!« Doch Fiesco herrscht ihn an zu schweigen. Und das Drama nimmt seinen Lauf.

Fiesco: Was zerrst du mich so am Mantel? – er fällt!
Verrina (mit fürchterlichem Hohn): Nun, wenn der Purpur fällt, muß auch der Herzog nach! (Er stürzt ihn ins Meer.)

Fiesko versinkt. Da hält Schiller das Bild wie in einem Film an (»Alle bleiben in starren Gruppen stehn«, sagt die Regieanweisung). Der Vorhang fällt und keine Frage bleibt mehr offen. Man ist erschüttert. Das wollte Schiller. In den Räubern hat er noch Gut und Böse auf zwei Brüder verteilt. Hier dienen alle äußeren Effekte Schillers nur dazu, einen einzigen Mensch in seinem inneren Zwiespalt zu zeigen. Mit Fiesco hat er eine allseitige und allzeitige Figur auf die Bretter, die die Welt bedeuten, gebracht.

Unter Töchtern der Wollust

»Der Fiesco« war ein Misserfolg in Mannheim, und nach drei Aufführungen nahm Intendant Dalberg das Schauspiel vom Spielplan. Der Dichter schalt daraufhin die Zuschauer, die jedoch den »Fiesco« ausgerechnet zum offiziellen Auftakt des Karnevals durch ihr Nationaltheater präsentiert erhielten: »Den Fiesco verstand das Publikum nicht. Republikanische Freiheit ist hierzulande ein Schall ohne Bedeutung, ein leerer Name – in den Adern der Pfälzer fließt kein römisches Blut ... Die Mannheimer sagen, das Stück wäre viel zu gelehrt für sie.«

Schiller wollte und brauchte aber den Erfolg beim Publikum, auch weil er wusste, dass Intentant Dalberg volle Häuser wünschte. Da er fürchtete, seinen Posten als Theaterdichter wieder zu verlieren, arbeitete er sofort die »Luise Millerin« um, entschärfte einige Spitzen gegen die adlige Welt, wandelte den hohen Ton, der im Fiesco die Schauspieler und das Publikum gestört hatte, in eine alltäglichere Sprache um. Iffland schlug zudem einen zugkräftigeren Titel für das Schauspiel vor, den, unter dem es heute bekannt ist: »Kabale und Liebe«. Mitte März 1784 erschien es in Mannheim bei Schwan und zeitgleich in Leipzig und Frankfurt im Druck. In der Stadt am Main wurde »Kabale und Liebe« am ersten Messetag, dem 13. April 1784, uraufgeführt. Zwei Tage später erlebte es seine Mannheimer Premiere.

»Es geht gut«, flüstert Schiller in seiner Loge Freund Streicher zu, als der erste Akt zu Ende geht. In sich gekehrt, angespannt, aber ruhig, hat er gesehen, wie die Zuschauer den Saal betreten, Platz genommen haben, wie der Vorhang sich öffnet und der Stadtmusikant Miller schnell auf und ab geht, und das erste Wort fällt: »Einmal für allemal. Der Handel wird ernsthaft. Meine Tochter kommt mit dem Baron ins Geschrei. Mein Haus wird verrufen.« Schiller folgt dem Spiel, wie Andreas Streicher berichtet, mit einem Zusammenziehen der Augenbrauen, wenn ihm das Spiel der Schauspieler nicht gefällt, mit einem Blitzen der Augen, wenn sie agieren, wie er es sich vorstellt. Wortlos sitzt er da, bis der erste Akt zu Ende ist, die Intrige, für den Zuschauer sichtbar, gesponnen ist. »Es geht gut.« Auch die Schauspieler spüren, es geht gut, und animiert von der Anteilnahme des Publikums spielen sie sich in einen Rausch. Als der Vorhang über der letzten Szene fällt, erheben sich die Zuschauer, »auf eine damals ganz ungewöhnliche Weise«, so Streicher, und klatschen und rufen ihre Bewunderung heraus, sodass Schiller sich in seiner Loge ihnen zeigt, dankbar freudig, aber auch überrascht sich verbeugt. Und der Beifall prasselt über ihn. »In seinen Mienen zeigte sich das Bewußtsein, sich selbst genug getan zu haben.« Schiller ist angekommen. Das ist seine Welt, das Theater. Es ist ein zweites Leben für ihn. Schon seit Monaten hält er sich inmitten der Schauspieler und Schauspielerinnen auf. »Im Theater geh ich frei ein und aus, wie in meinem eigenen Haus«, berichtet er nach Bauerbach an seine mütterliche Freundin, die sich sorgt um ihren Dichter, die ihm immer wieder liebevolle Briefe, ja verstohlene Liebesbriefe schreibt. Doch ihr Dichter verliebt sich in »die Töchter der Wollust«. So nannte er die Schauspielerinnen. Im November des Vorjahres gewann eine Leidenschaft zu der siebzehnjährigen Karoline Ziegler Gewalt über ihn. Ihr schrieb er die Luise in »Kabale und Liebe« auf den Leib. Die aber heiratete kurz darauf ihren Kollegen Heinrich Beck. Nun wandte er sich Katharina Baumann zu. Sie wird auch die Rollen der anderen übernehmen, als die schwangere Karoline Beck nach einem Bühnensturz stirbt, wird sie die zweite Luise in »Kabale und Liebe« sein und die »Amalia« in den Räubern. Seine Bühnenfiguren sollen in der Gestalt der Schauspielerinnen auch seine Geliebten werden. Schiller ging Katharina Baumann kaum noch von der Seite, wegen ihr vernachlässigte er gar die Freunde, verbrachte lange Stunden mit ihr, sodass in Stuttgart schon das Gerücht umlief, der Dichter habe die Schauspielerin geheiratet. »Will Dirs nur sagen, man schwatzte närrisches Zeug von Dir! Einmal hieß es: Du seist Professor in Marburg; ein andermal: Du habest dich mit einer Comediantin verheurasselt; ein drittesmal: Du seist rasend worden usw. kurz, das hiesige Publikum wird immer von Dir in Atem gehalten.« Das gefiel Schiller, was ihm sein Freund Johann Rudolf Zumsteeg aus der Schwabenmetropole berichtete, wo er nicht mehr sein darf, der verlorene, verstoßene Sohn des Landes, eine Berühmtheit nun, über die man sich das Maul zerfetzte, wo gar jetzt »Die Räuber« gespielt wurden, durchaus mit Wohlwollen des Herzogs Carl Eugen. Auch in der Rolle des Verliebten und von einer Schauspielerin Umschwärmten gefiel sich der Dichter und an Henriette von Wolzogen schrieb er in ihre Einsamkeit von Bauerbach, »ich bekenne gern, daß mir das schöne Geschlecht gar nicht zuwider ist« und wusste doch, dass er ihr damit Schmerz zufügte, ihre Eifersucht anstachelte und ihre Niedergeschlagenheit ob der Ferne des jungen Freundes schürte.

Wenige Tage nach der Mannheimer Premiere reist Schiller nach Frankfurt, will die dortige Aufführung seines umjubelten Schauspiels sehen. Begleitet wird er von den Schauspielern August Wilhelm Iffland und Johann David Beil, wohnt im »Schwarzen Bock« am Paradeplatz, erlebt die Huldigung seiner Person und den Beifall des Publikums für sein Schauspiel und hat Sophie Albrecht als Luise gesehen. Auch sie umschwärmt er. Sie ist zwei Jahre älter als er. Er wird sie auch später nicht aus den Augen lassen. »Gleich in den ersten Stunden ketteten wir uns fest und innig aneinander. Ich freue mich und bin stolz, daß sie mich liebt. Ich verspreche mir göttliche Tage in ihrer nähern Gesellschaft«, schreibt Schiller über sie an Reinwald in Meiningen, »auch ist sie eine gefühlvolle Dichterin«, gefühlvoll vor allem, da sie ihn bewundert und Verse auf ihn verfasst: »Ein leuchtender Genius –/ Schön und stolz –/ Kühn und hehr –/ Wie mir noch keiner erschien.«

Dabei war Schiller wahrlich kein Beau, aber sein Dichtersein machte ihn in den Augen vieler Frauen begehrenswert. Augenzeugen schilderten Schiller eher als hässlich, ungestalt und linkisch, seinen Gang storchenhaft, sein Benehmen ungehobelt. Solange er von Frauen umschwärmt und in Bann gehalten wurde, solange er als Dichter Erfolg hatte, dachte Schiller nicht an eine feste Bindung, an Heirat, erst immer dann, wenn er sich auf unsicherem Boden bewegte. Nun schrieb er an Zumsteeg wegen des Gerüchts, er habe geheiratet: »Aber wie in aller Welt kömmst Du dazu, mich auf dem Weg zur Ehe zu glauben. Mich? – So vorteilhaft ich auch von Verbindungen dieser Art denke, so wenig kann ich doch in meiner gegenwärtigen Lage davon Gebrauch machen, denn mein Schicksal … ist doch nur ein angenehmer Traum meiner Jugend, den ich nie entschlossen war, ewig zu machen … Vielleicht darf ich mir einen kleinen Anspruch auf das, was man Glück heißt, erlauben, bedenke selbst wie mich eine Heurat von der Bahn zu demselbigen ablenken würde.« Er lobte indes das große Glück seiner »Capricen« und meinte damit seine Nähe zu den »Töchtern der Wollust«, fragte hingegen den Komponistenfreund: »Hast Du *alle* deine Leidenschaften auf Deine Frau verpflanzt oder allenfalls noch einige glimmende Funken für den *Künstler* zurückbehalten?« Und Schiller fragte weiter, »wird die Welt die großen Erwartungen von Dir zurücknehmen müssen?« und fragte sich insgeheim damit auch selbst, was geschehen kann, wenn er von der Ehe »Gebrauch machen« würde. Im Augenblick des Erfolgs und des Glücks dachte Schiller daran nicht, sondern kostete, so gut er es überhaupt vermochte, beides aus, fühlte sich dazu angespornt, seinen Dichterweg weiterzugehen, nach »Die Räuber«, »Fiesco« und »Kabale und Liebe« ein viertes Schauspiel zu dichten.

Aber es kommt alles ganz anders, als der heftige Traum seiner Jugend es so verheißungsvoll in die Zukunft gelebt hat.

Kabale und Liebe

Im Arrest von Stuttgart entworfen, auf und nach der Flucht geschrieben, im Exil beendet, das ist die Entstehungsgeschichte des »bürgerlichen Trauerspiels« um Luise Millerin, das schließlich den reißerischen Titel »Kabale und Liebe« erhielt. Es ist die Geschichte einer mehrfachen Auflehnung gegen die noch adlig geprägte Welt, die sich aber in diesen letzten Jahrzehnten des 18. Jahrhunderts schon ihren Abgesang anhören musste. Auflehnung der beiden Protagonisten, Ferdinand, der adlige Sohn, Luise, die bürgerliche Tochter, gegen die Schranken, die ihnen die Welt noch setzte, Auflehnung Schillers gegen die Welt, vor der er hatte fliehen müssen. Dabei kalkulierte allerdings Schiller mit einem melodramatischen antiadligen Schauspiel, einem bürgerlichen Trauerspiel eben, auf einen Erfolg. Denn das wollte man sehen, und des Dichters Kalkül ging auf, wurde es doch zu einem Erfolgsstück seiner Zeit und ist es bis heute.

»Dann, wenn die Schranken des Unterschieds einstürzen – wenn von uns abspringen all die verhaßte Hülsen des Standes – Men-schen nur Menschen sind – … Ich werde dann reich sein. Dort rechnet man Tränen für Triumphe, und schöne Gedanken für Ahnen an. Ich werde dann vornehm sein, Mutter – Was hätte er dann noch für seinem Mädchen voraus?«, und meint mit »er« ihren adligen Geliebten.

Gleich im ersten Akt ließ Schiller Luise, die bürgerliche Tochter des Musikers Miller, gegenüber ihrer Mutter eine Utopie formulieren, die weder in dem Schauspiel und noch äußerst selten im Leben der damaligen Zeit Wirklichkeit werden konnte. Eine Liebe über die Standesgrenzen hinaus konnte noch verhindert werden, wenn auch nur mit Kabalen, mit Intrigen. Und solch eine ließ Schiller die Hofgesellschaft spinnen, die in vielem der seines ehemaligen Landesherrn Carl Eugen glich.

Dieses Schauspiel ist das einzige Schillers, das in seinem eigenen Land spielt, in allen anderen wird er in ihm fremde Länder ausweichen, nach Spanien mit dem »Carlos«, nach Böhmen mit dem »Wallenstein«, in die Schweiz mit dem »Tell«, nach England mit »Maria Stuart«, nach Frankreich mit der »Jungfrau von Orleans«, nach Sizilien mit der »Braut von Messina«, nach Russland mit »Demetrius«.

Hier aber brauchten die Frankfurter und Mannheimer, die das Schauspiel als Erste sahen, sich außerhalb des Theaters nur umzuschauen und sie fanden die Welt, brüchig, wie sie längst schon war, so vor, wie Schiller sie ihnen vorgespielt hatte, und litten mit: daher der große Erfolg des Melodrams.

Die Intrige, die den Liebenden das Leben kostet, ist rasch erzählt. Luise liebt Ferdinand, Ferdinand liebt Luise. Sie aber spürt schon der Liebe Unmöglichkeit, »der Himmel und Ferdinand reißen an meiner blutigen Seele.« Auch beide Väter wollen diese Liaison verhindern, sowohl der adlige als auch der bürgerliche. Über die Standesunterschiede hinweg verstehen sie einander, da sie diese akzeptieren und vertreten. Präsident von Walter will aus taktisch-politischen Gründen, dass sein Sohn die Maitresse des Landesfürsten heiratet, Lady Milford, eine Engländerin. Sekretär Wurm, der schurkische Handlanger des Präsidenten bei all seinen Intrigen, setzt die Kunde davon schon in die Welt. Ferdinand weigert sich, also muss eine Kabale her. Zwar ist Ferdinand, als er die Lady kennen lernt, von ihrer Lauterkeit überrascht, und sie schafft es auch, mit ihrer erotischen Kraft und ihrem Geständnis, sie liebe ihn, wolle ihn und werde um ihn kämpfen, den jungen Mann schwankend zu machen. Er sei »der Mann, den ich mit brennender Sehnsucht im Traum schon umfasse«, verrät sie ihm. Doch er bleibt seiner Luise treu. Als er bei ihr zu Hause auftaucht, erscheint dort auch Ferdinands Vater. Der will Luises Vater in den Kerker werfen lassen, wenn sie nicht von seinem Sohn lässt, der daraufhin dem eigenen Vater droht, seine politischen Machenschaften öffentlich zu machen. Die Intrige besteht darin, den Vater Luises zu verhaften und sie, wenn sie den Vater wieder freihaben will, einen Liebesbrief an den Hofmarschall von Kalb schreiben zu lassen, der dann Ferdinand zugespielt wird. Der liest ihn, zweifelt an dem Mädchen, sinnt auf Rache. Die Situation ist ausweglos tragisch. »Ein entsetzliches Schicksal hat die Sprache unserer Herzen verwirrt«, klagt Luise. Es bleibt nur noch der gemeinsame Tod, ein Liebestod. Er mischt Gift in die Limonade, die sie beide trinken. Als er ihr sagt, sie müssten nun beide sterben, erklärt sie ihm den erpressten Brief, »o des kläglichen Missverstandes.« Ferdinand sieht sie sterben, aber immerhin: »Wie reizend und schön auch im Leichnam!«, stellt er noch fest, fühlt sich nun aber als ihr Mörder, weil er an ihr gezweifelt, ihr das Gift gegeben hat.

Als Mörder wider Willen geht Ferdinand zu seinem Vater. »Ich bin bübisch um mein Leben bestohlen, bestohlen durch Sie«, klagt er ihn an, nennt ihn des Mordes, den er doch selbst begangen hat, schuldig, vergibt ihm aber sterbend.

Der Vorhang fällt über allen Affekten, die das Schauspiel so emphatisch in Sprache und Körperleidenschaften erzeugt und nun an den Zuschauer weitergegeben hat.

Tristesse in Mannheim

Auf der Höhe beginnt der Fall. Der große Erfolg seines Schauspiels »Kabale und Liebe« in Mannheim, Frankfurt und an anderen deutschen Theatern machte Schiller glauben, sein Weg zum berühmten Theaterdichter sei nun geebnet.

»Mein Leben hat ohnehin die Farbe eines Romans«, hatte er an Zumsteeg geschrieben. Meinte er damit auch Glanz und Elend seines Lebens, wovon Romane zu erzählen pflegen?

Schillers Selbstwertgefühl war brüchig, schnell in Frage zu stellen. Jeder Moment konnte ihn verunsichern. Stieß er auf Hindernisse auf seinem Weg, so machte er sich gern klein, hoffte so, nicht zu sehr zu stolpern auf seiner Lebensreise.

Das erste Mannheimer Jahr neigte sich dem Ende zu, und zum 31. August 1784 würde sein Vertrag als angestellter Theaterdichter auslaufen. Doch Schiller glaubte, selbst wenn der »Fiesco« kein Erfolg war, so würde der allgemeine Beifall für »Kabale und Liebe« den Intendanten Dalberg dazu bewegen, den Vertrag zu verlängern. Doch noch hatte er sein drittes Schauspiel, das der Vertrag vorsah, nicht abgeliefert. Und die Arbeit am »Don Carlos« stockte, auch weil Schiller sich gern ablenken ließ und versuchte, mehr das Theaterleben zu genießen, als dem Theater selbst Stoff zu geben.

Und plötzlich war Leere um ihn herum. Neid war an die Stelle von Zuneigung getreten. Schiller war sich selbst seiner Theaterfreunde, mit denen er gerade noch den Erfolg gefeiert hatte, nicht mehr sicher. Sie reagierten auf den Erfolgreichen nun mit Missgunst, auf seine Fehler und Entgleisungen mit Häme. Kabalen ohne Liebe eben gegenüber dem Autor von »Kabale und Liebe«. Schon kurz vor der Premiere des Schauspiels war es zu einem heftigen Streit zwischen Schiller und den Schauspielern gekommen, da diese seine belehrende Art und Weise störte. Sie sannen auf Rache, und bald fanden sie auch ein Theaterstück, das sich ihnen dazu als dienlich erwies. In dem Lustspiel »Der Schwarze Mann« von Friedrich Wilhelm Gotter, einem Theaterautor, der schon »Die Räuber« ein entsetzliches Machwerk genannt hatte, tritt ein Dichter Flickwort auf, der seine Stücke zusammenstückelt, ohne auf eine sinnfällige Dramaturgie und einen plausiblen Dramenschluss zu achten. Iffland spielte den Flickwort, in dem alle Welt Schiller erkannte. Selbst dieser Freund auf Zeit agierte nun gegen Schiller, was er jedoch später bedauern sollte. Aber auch er fürchtete wie Gotter in Schiller den Konkurrenten, war er doch nicht nur Schauspieler, sondern verfasste selbst Gebrauchsstücke, die in Mannheim gespielt wurden. Schiller war nun der Lächerlichkeit preisgegeben.

Einen Monat nach der Premiere von »Kabale und Liebe« war Intendant Dalberg auf seinen Sommersitz nahe Worms gezogen und hatte das Theater den Schauspielern überlassen, sodass Schiller seine Bezugsperson nicht mehr persönlich, sondern nur noch brieflich erreichen konnte. Plötzlich war Leerlauf, und im Theater spielte man nur noch leichte Sommerkomödien.

Dennoch arbeitete Schiller weiter am »Don Carlos«, und Ende Juni hielt er vor der Kurpfälzischen Deutschen Gesellschaft und dem Theaterausschuss der Mannheimer Bühne den Vortrag »Vom Wirken der Schaubühne auf das Volk«, der überarbeitet unter dem Titel »Was kann eine gute stehende Schaubühne eigentlich wirken?« in der Zeitschrift »Rheinische Thalia« erscheinen sollte, heute jedoch bekannt ist unter dem Titel »Die Schaubühne als moralische Anstalt betrachtet«.

Schillers Anwort auf die selbstgestellte Frage, was das Theater denn bewirken könne, ist überaus euphorisch, sie heißt kurz: Alles. »Die Gerichtsbarkeit der Bühne fängt an, wo das Gebiet der weltlichen Gesetze endigt«, ist der zentrale Ausgangspunkt des Vortrags. Das Theater denkt er somit als Gegenpol wider alle Mechanismen der weltlichen Macht. Es soll daher das öffentliche Gewissen für die normierten Handlungen von Menschen sein. »Die Schaubühne ist mehr als jede andere öffentliche Anstalt des Staats eine Schule der praktischen Weisheit, ein Wegweiser durch das bürgerliche Leben, ein unfehlbarer Schlüssel zu den geheimsten Zugängen der menschlichen Seele.« Ja, es kann noch mehr, meint der Theaterdichter, es könne nämlich eingreifen in die Maschinerie des Staates und seiner ideologischen Helfer, es könne gar »den Nebel der Barbarei« verschwinden lassen, und als Pathetiker der Aufklärung schließt er: »Die Nacht weicht dem siegenden Licht.« Das Theater hat somit die Fackel des Prometheus übernommen. Aber nicht nur diese hehre Aufgabe soll und kann es übernehmen, es sei gar in der Lage, die sinnliche Welt und die Empfindung des Menschen zu fördern. »Wenn Gram an dem Herzen nagt, wenn trübe Laune unsere einsamen Stunden vergiftet, wenn uns Welt und Geschäfte anekeln … so empfängt uns die Bühne – in dieser künstlichen Welt träumen wir die wirkliche hinweg, wir werden uns selbst wiedergegeben, unsere Empfindung erwacht.« Das Theater ist ein zweites Leben, eine Gegenwelt. »Der Unglückliche weint hier mit fremdem Kummer seinen eigenen aus, – der Glückliche wird nüchtern, und der Sichere besorgt.« Das Theater gebe nur »*einer* Empfindung Raum – es ist diese: ein *Mensch* zu sein.«

Viel Beifall erhielt Schiller für diesen Vortrag vor der Deutschen Gesellschaft nicht. Dafür war das, was er sagte, trotz allen Pathos den Honoratioren zu obrigkeitskritisch, sodass man auch, wie sonst üblich, darauf verzichtete, den Vortrag in den Annalen der Kurpfälzischen Deutschen Gesellschaft abzudrucken.

In diese war Schiller im Januar 1784 aufgenommen worden. Der Kurfürst hatte sie nach dem Vorbild der Pariser Académie Française mit dem Ziel gegründet, deutsche Kultur und Sprache zu begünstigen. Für Schiller war die Mitgliedschaft ein Glücksfall, da er so kurpfälzischer Staatsbürger wurde und den Status eines Flüchtlings verlor. Nach diesem Vortrag bat Dalberg Schiller, ihm ein Konzept für eine Schriftenreihe »Mannheimer Dramaturgie« zu entwerfen, was auch erfolgte. Doch der Intendant lehnte es letztlich ab.

Um seiner Unsicherheit, was die Zukunft betraf, abzuhelfen, schrieb Schiller Dalberg einen Brief, der von einem zaghaft devoten Ton gemischt mit Hochmut geprägt ist. Er führte seine Kränklichkeit und »jahrelange Unpäßlichkeit, die meinen Kopf verwüstet« habe, sowie die daraus entstandene üble Laune als Gründe an, warum er bisher sein im Vertrag vorgesehenes drittes Stück nicht habe vollenden können. Zugleich aber kündigte er mit dem »Carlos« eine »hohe Tragödie« an, die alles übertreffen werde, was er bisher geschrieben habe: »Durch mich allein wird und muß unser Theater einen Zuwachs an vielen vortrefflichen Stücken bekommen.«

Das aber sah der Intendant anders, beantwortete den Brief erst gar nicht. Schillers Vertrag lief Ende August 1784 einfach aus. Aus dem angestellten Theaterdichter war ein arbeitsloser Dichter geworden.

Dalberg riet Schiller mittels des Theaterarztes noch, den Beruf zu wechseln, sich zum Arzt umschulen zu lassen und in Heidelberg seine endgültige Approbation zu erlangen, ein Wunsch, den auch Vater Schiller äußerte. »Liebster bester Sohn! Hier in Deutschland ist ein Theater-Dichter immer noch ein kleines Licht. Wäre er in England …: wahrlich, Er würde ein traumhaftes Glück damit machen, da im Gegenteil hier, Er alles anzuwenden hat, um nicht in die Nachstellung eines oder des anderen Fürsten zu fallen. Die Arznei-Kunst wird ihm ein weit sicheres Einkommen und nicht weniger Reputation verschaffen.« Und der Sohn war fast geneigt, doch ein Arzt wider Willen, aber mit dem Willen zu einer bürgerlichen Existenz zu werden. Doch noch wollte er lieber Dichter sein und bleiben, weil er sich dazu geboren und berufen fühlte, auch wenn sein Vater in einem weiteren Brief meinte, er hätte »in der Mittelstraße bleiben und nicht Epoche machen wollen«.

Zu allem Ungemach mit dem Theater, das ihm nun ja auch nicht mehr den Lebensunterhalt sicherte, kam hinzu, dass Schiller schon lange in der Schuldenfalle saß. Die Schulden, die er in Stuttgart gemacht hatte, als er »Die Räuber« auf eigene Kosten hatte drucken lassen, waren nicht getilgt. Henriette von Wolzogen verlangte das geliehene Geld zurück, der Bauerbacher Geldverleiher Israel wandte sich an sie, damit sie die Dichterschulden zahle, und selbst sein Vater, der dem Sohn immer wieder einmal ausgeholfen hatte, musste nun gestehen, dass er ihn nicht mehr unterstützen könne. Die Lage war trostlos, und Friedrich Schiller fiel immer tiefer. Doch da hatte der Zufall dem Dichter eine Frau zugeführt, die ihn auffing, eine Frau, die indes nicht zu heiraten war, weil sie es schon war, wenn auch erst seit nicht einmal einem Jahr und gegen ihren Willen, Charlotte von Kalb, geborene von Ostheim.

Rettung auf Zeit – eine Frau

Einen ersten Blick hatten sie schon am 9. Mai des Jahres aufeinander geworfen, als sie mit Herrn von Kalb in Mannheim zu Gast war. Schiller besuchte das Ehepaar in seinem Gasthof. »Einige Stunden hatte er geweilt, da nahm er den Hut und sprach, ich muß eilends in das Schauspielhaus.« Man gab nämlich gerade »Kabale und Liebe«, und der Dichter wollte, musste dabei sein. Nach der Aufführung kehrte er zum Ehepaar Kalb zurück. »Durch Scheu nicht begrenzt, traulich, löste der Gedanken den folgenden Gedanken, ohne Wahl oder Nachsinnen«, notierte sie, »im Laufe des Gesprächs rasche Heftigkeit, wechselnd mit sanfter Weiblichkeit, und es weilte der Blick von hoher Sehnsucht beseelt.« Sie hatten sich gefunden, doch Charlotte von Kalb kehrte nach Landau zurück, wo ihr Ehemann als Offizier in französischen Diensten stationiert war. Madame von Kalb langweilte sich indes dort an seiner Seite, sodass sie bald eine Wohnung in Mannheim suchte, fand und bezog, wo er sie nur gelegentlich besuchte, sodass Schiller zu ihr kommen konnte.

»Eine miserable Leidenschaft« wird Schiller fünf Jahre später seine Verbindung zu Charlotte von Kalb nennen und sollte sich vor allem selbst mit dieser Aussage strafen. In der trostlosen Gegenwart von Mannheim aber war diese leicht üppig schöne, sehr belesene, gebildete, sprachgewandte und gesellschaftsfähige Frau im richtigen Moment in Schillers Leben aufgetaucht. Sie zog ihn an sich, behütete und förderte ihn, zeigte ihm ihre Liebe, wenn auch kein Herz, wie Schiller später meinte monieren zu müssen, denn es soll immer eine untergründige Kühle in ihrer Leidenschaft gegeben haben, wie des Dichters Erinnerung ihm einflüstern wird. Bis vor kurzem ging Schiller im Theater ein und aus, jetzt ging der beschäftigungslose Poet in ihrem Haus ein und aus, falls ihr Ehemann nicht zu Besuch war. Auch ihr Ohr gab sie ihm hin, denn ihr zuerst las er die Szenen des Carlos vor, an dem er verzweifelt weiterdichtete. Als sie im September 1784 ihrem fernen Offizier einen Sohn gebar – sie nannte ihn Fritz –, saß Friedrich – Fritz – Schiller ihr bei, und als sie zwei Tage später in eine halluzinatorische Ohnmacht fiel, holte er eilig einen Arzt. Sie war es dann auch, die ihm am Ende des Jahres, das einen glanzvollen Triumph mit den Aufführungen von »Kabale und Liebe« gesehen hatte und aber auch alle Demütigungen, die der Dichter erleiden musste, den Weg in eine Zukunft ebnete.

Am 23. Dezember 1784 setzt Charlotte von Kalb den Dichter in eine Kutsche nach Darmstadt, gibt ihm ein Empfehlungsschreiben an ein Fräulein von Wolzogen mit, Hofdame der Prinzessin Luise von Mecklenburg, der späteren Königin Luise. In Darmstadt angekommen quartiert sich Schiller im »Gasthof zur Sonne« ein, lässt den Brief von Frau von Kalb bei Hofe abgeben. Schiller wartet, wartet zwei Tage, erhält dann eine Einladung, den ersten Akt des »Don Carlos« der versammelten Hofgesellschaft und ihren Gästen aus verschiedenen deutschen Fürstentümern vorzulesen. Frau von Kalb hat seine Deklamation verbessert, hat ihm die hoch theatralische karikaturhafte Art, seine Theaterszenen sprechend zu spielen, ausgetrieben. Und so beginnt Schiller ruhig sprechend:

Die schönen Tage in Aranjuez
Sind nun zu Ende. Eure königliche Hoheit
Verlassen es nicht heiterer. Wir sind
Vergebens hier gewesen. Brechen Sie
Dies rätselhafte Schweigen. Öffnen Sie
Ihr Herz dem Vaterherzen, Prinz. Zu teuer
Kann der Monarch die Ruhe seines Sohns –
Des einzgen Sohns – zu teuer nie erkaufen.

Ein Beginn ganz nach dem Geschmack des höfischen Publikums. Und auch der letzte Satz des ersten Akts, den Schiller ihm als Carlos entgegenschleudert, »So fordr' ich mein Jahrhundert in die Schranken«, kann es nicht erschrecken, denn man ist ja aufgeklärt und kunstsinnig gegen Ende des Jahrhunderts. Lob und Zustimmung erntet Schiller. Das kennt er seit Monaten nicht mehr, das lässt sein Herz hüpfen, hellt sein Gemüt auf. Da tritt ein Mann ungefähr seines Alters auf ihn zu. Es ist Carl August, Herzog zu Weimar und Eisenach, der am Darmstädter Hof zu Gast ist, und beglückwünscht ihn, lädt ihn für den folgenden Tag zu einem Gespräch ein. Schiller weiß natürlich um die Bedeutung des Weimarer Hofs für die Künste, weiß um den »Musenhof«, den die Mutter des Herzogs Anna Amalia dort gegründet hat, und weiß ebenso um die Rolle, die ein anderer Dichter, Goethe, dort spielt. Als Schiller dem Herzog gegenübersteht, findet er den Mut, eine »leise Bitte« aus-zusprechen, er möge ihm doch ein Zeichen seiner Wertschätzung geben, ihm den Titel eines weimarischen Rats verleihen. »Mit vielem Vergnügen, mein lieber Doktor Schiller, erteile ich Ihnen den Charakter als Rat in meinen Diensten, ich wünsche Ihnen dadurch ein Zeichen meiner Achtung geben zu können, leben Sie wohl«, diktiert der Herzog seinem Schreiber. »Unvergeßlich bleibt mir der Abend, wo Eure Her-zogliche Durchlaucht sich gnädigst herabließen, dem unvollkomme-nen Versuch meiner dramatischen Muse, diesem ersten Akt des Dom Karlos, einige unschätzbare Augenblicke zu schenken … ein Wink Ihres gnädigsten Beifalls, einige Blicke Ihres Geistes, Ihrer Empfin-dung, die ich verstanden zu haben mir schmeichelte, haben mich ange-feuert, es der Vollendung näherzubringen«, wird der Dichter drei Monate später in einer Widmung an den »gefühlvollen Freund der Musen«, schreiben, als dieser erste Akt in der Zeitschrift »Rheinische Thalia« erscheinen wird.

Am 29. Dezember reist Schiller mit dem herzoglichen Schreiben in der Tasche und durch einen Titel ausgezeichnet nach Mannheim zurück. Das turbulente Jahr von Glanz und Elend scheint doch noch gut zu Ende zu gehen.

Schon zu Beginn des Monats Dezember hatte sich Schiller an eine Briefsendung erinnert, die er Anfang Juni erhalten hatte, aus Leipzig, von vier ihm unbekannten Menschen. Die Porträts von zwei Frauen und zwei Männern waren darin enthalten, eine bestickte Brieftasche, die Komposition des Liedes der Amalia aus den »Räubern« und zwei Briefe an ihn, die ihm Verehrung bezeugten. Jetzt erst antwortete er, »mit Schamröte« wegen der Verspätung.

»Ein wehmütiger Abend erinnerte mich wieder plötzlich an Sie«, schrieb er an Ludwig Ferdinand Huber, einen der vier Bewunderer von Leipzig, deren Anonymität von dem Mannheimer Buchhändler Georg

Christian Götz enthüllt worden war. »Wenn ich Ihnen bekenne, daß Ihre Briefe und Geschenke das angenehmste waren, was mir in der ganzen Zeit meiner Schriftstellerei widerfahren ist … daß Sie, meine Teuersten, es sich zuzuschreiben haben, wenn ich die Verwünschung meines Dichterberufs, die mein widriges Verhängnis mir schon aus der Seele preßte, zurücknahm, und mich endlich wieder glücklich fühlte.« Tut sich hier ein Ausweg auf für Schiller, aus der aussichtlosen Lage in Mannheim? Sucht er einen neuen Wirkungsort und könnte der Leipzig sein? Und so kündigte Schiller Huber an, im Frühjahr nach Leipzig zu kommen. Denn was sollte ihn noch in Mannheim halten? Eine Frau? Margaretha Schwan, die Tochter des Verlegers, die er im Auge für eine Heirat hat, was er gar schon seinem Vater ankündigte, der darauf antwortete: »Im Durchschnitt möchte doch diese Partie immer besser gewesen sein, als ein gewisses Fräulein, um die er angesucht haben soll«, und meinte die Schauspielerin Katharina Baumann. Oder doch sie? Sie hatte er nach einer Vorstellung von »Kabale und Liebe«, in der sie die Luise spielte, nach Hause begleitet, ihr dann sein Miniaturporträt, das Scharffenstein ihm gegeben hatte, das in ein Amulett eingefasst war und das sie zwischen ihren Brüsten tragen sollte, geschenkt. Doch sie erwiderte die Dichterliebe nicht auf Dauer. Oder doch Charlotte von Kalb? Sie hatte ihn eingefangen, ihr war der Dichter ergeben, um sie litt er, war sie doch nicht zu heiraten.

> Glückselig, wer, in Wonnetrunkenheit begraben,
> So leicht wie ich den tiefen Fall verschmerzt.

Diese zwei Zeilen finden sich in dem Gedicht »Freigeisterei der Leidenschaft«, dem Schiller auch den Titel »Der Kampf« gegeben hat, da der Glückselige zuvor im »Riesenkampf der Pflicht« stand, »laß mich sündigen« rief und schließlich erreicht hat:

> Jetzt schlug sie laut, die heißerflehte Schäferstunde
> jetzt dämmerte mein Glück –
> Erhörung zitterte auf deinem brennenden Munde,
> Erhörung schwamm in deinem feuchten Blick,
>
> Mir schauerte vor dem so nahen Glücke,
> und ich errang es nicht.
> Vor deiner Gottheit taumelte mein Mut zurücke,
> Ich Rasender! und ich errang es nicht!

Findet sich wenige Zeilen später des Rätsels Lösung? »Das Herz war *mein*, das Du vor dem Altar verloren«, heißt es in dem Gedicht, das camouflierend mit dem Untertitel »Als Laura vermählt war im Jahr 1782« eine falsche Fährte legt, mit Laura nicht seine ehemalige Stuttgarter Wirtin Dorothea Vischer meint, sondern eher Charlotte von Kalb, die Ende jenes Jahres geheiratet hatte, eine Hochzeit, die das Gedicht »Des Zufalls schwere Missetat« nennt. »Das Herz war *mein*, das Du vor dem Altar verloren.«

In den ersten Wochen des Jahres 1785 ging Schiller weiterhin im Haus der Charlotte von Kalb ein und aus, aber die Spannungen zwischen ihr und ihm wuchsen, und im Februar muss es zu einer entscheidenden Auseinandersetzung zwischen dem Paar gekommen sein, das keins sein durfte und konnte. »Diese zwölf Tage ist eine Revolution mit mir und in mir vorgegangen … die Epoche in meinem Leben macht. Ich kann nicht mehr in Mannheim bleiben«, schrieb Schiller an Huber. »In einer unnennbaren Bedrängnis meines Herzens schreibe ich Ihnen. Ich kann nicht mehr hierbleiben. Zwölf Tage habe ichs in meinem Herzen herumgetragen, wie den Entschluß aus der Welt zu gehen«, fügte Schiller dramatisierend hinzu.

Was war geschehen? Genaues weißt man nicht, doch: »Menschen, Verhältnisse, Erdreich und Himmel sind mir zuwider. Ich habe keine Seele hier, keine einzige, die die Leere meines Herzens füllte, keine Freundin, keinen Freund; Und was mir *vielleicht* noch teurer sein könnte, davon scheiden mich Konvenienz und Situationen.« Es ist also die Konvenienz, sprich Herkunft und Schicklichkeit, die verhindern, dass er diejenige, die »teuerste«, die ihn »vielleicht« binden könnte, nicht erlangen kann, nämlich eine adlige Frau, verheiratet mit einem Adligen, Charlotte von Kalb, die aus ihrem Ehebund nicht austreten, keine »Freigeisterei der Leidenschaft« dauerhaft leben kann.

Von nun an betrieb Schiller seine Abreise aus Mannheim an den möglichen neuen Wirkungsort Leipzig in Eile. »Ich muß zu Ihnen«, schrieb er an Gottfried Körner, den zweiten Mann im Leipziger Quartett. »Meine poetische Ader stockt, wie mein Herz für meine bisherigen Zirkel vertrocknete. *Sie* müssen sie wieder erwärmen. Bei Ihnen will ich, werd ich alles doppelt, dreifach wieder sein, was ich ehemals gewesen bin, und mehr als alles das, o meine Besten, ich werde *glücklich* sein.«

Schiller projizierte aus der erbärmlichen Lage in Mannheim eine glänzende Zukunft an der Seite der beiden Frauen und Männer, fügte sich in einer lebhaften regen Korrespondenz schon vorab in einen

Freundschaftsbund ein, dessen Grundlage allein die Bewunderung war, die diese für seine Dichtung und auch seine Person besaßen. »Wir sind Freunde«, schrieb er ihnen am 3. März, ja er rief ihnen zu: »So haben sich denn also unsere Seelen trotz aller Entfernung gefunden, und bald wird der erste Blick und Händedruck den Bund unserer Herzen besiegeln.«

Bevor Schiller sich aber auf den Weg machte, handelte er noch mit den neuen Freunden, bat sie um einen Vorschuss, um seine bisherigen Verbindlichkeiten begleichen und um eine Zeitschrift gründen zu können, mit der er hoffte, auch eine ökonomische Zukunft zu finden, und die sogleich ein Forum für die eigenen Veröffentlichungen sein sollte. Körner zahlte, und Schiller konnte den Großteil seiner bisherigen Schulden tilgen. Mitte März erschien bei Schwan in Mannheim dann das erste und indes einzige Heft der »Rheinischen Thalia«, herausgegeben von Schiller und dessen Inhalt Werke Schillers waren, der erste Akt des »Don Carlos«, die Schrift »Was kann einen gut stehende Schaubühne eigentlich wirken?«, eine Erzählung »Merkwürdiges Beispiel einer weiblichen Rache« nach Diderot und Kritiken zu den Mannheimer Theateraufführungen. Diese erbosten die Schauspieler des Nationaltheaters derart, dass sie in heftigen Streit mit Schiller gerieten.

Die »Rheinische Thalia« war sozusagen Schillers Abschiedsgeschenk an Mannheim. In ihrer Vorankündigung hatte er schon eine öffentliche, pathetische Bilanz seines bisherigen Lebens und Werks gezogen: »Ich schreibe als Weltbürger, der keinem Fürsten dient. Früh verlor ich mein Vaterland, um es gegen die große Welt einzutauschen, die ich nur eben durch die Fernröhre kannte. Ein seltsamer Mißstand der Natur hat mich in meinem Geburtsort zum Dichter verurteilt. Neigung zur Poesie beleidigte die Gesetze des Instituts, worin ich erzogen war.« Dem Rückblick auf sein erstes Schauspiel, das ihm Familie und Vaterland gekostet habe, folgt der Ausblick: »Nunmehr sind alle meine Verbindungen aufgelöst. Das Publikum ist mir jetzt alles, mein Studium, mein Souverän, mein Vertrauter. Ihm allein gehöre ich jetzt an … Etwas Großes wandelt mich an bei der Vorstellung, keine andere Fessel zu tragen als den Anspruch der Welt.«

So hochgemut besteigt Friedrich Schiller am Morgen des 9. April die Kutsche, die ihn in eine glänzende Zukunft bringen soll. Die Verlegertochter Margaretha Schwan hätte ihn gern bei sich behalten, aber ihr Vater hatte ein bessere Partie für sie in Aussicht. Sie schenkt ihm zum Abschied eine bestickte Brieftasche. Noch im Laufe des April wird er von Leipzig aus beim Vater um ihre Hand anhalten, vergeblich. Mit seinem Freund Andreas Streicher hat Schiller die Nacht vor der Abreise noch zusammengesessen, über die gemeinsame Vergangenheit gesprochen. Streicher bleibt zurück. Sie werden sich nicht wiedersehen. Auch Charlotte von Kalb bleibt in Mannheim zurück. Sie werden sich wiedersehen.

Sechstes Kapitel

Der Freundschaftsbund von Leipzig und Dresden

»Endlich bin ich hier«, schreibt Friedrich Schiller an Ludwig Ferdinand Huber. Kurz zuvor ist er nach einer beschwerlichen Reise eingetroffen in der Stadt, die sein Glück machen soll. Es ist schon Abend an diesem 17. April 1785. Der Dichter steigt im »Blauen Engel« in der Petersstraße ab. »Wenige Augenblicke noch und ich eile in Ihre Arme«, schreibt er weiter, hofft und zögert das neue Glück noch hinaus. Der Umzug nach Leipzig ist ein Wagnis, kennt man sich ja nur aus Briefen und hat dennoch schon Freundschaft geschlossen. Bitter wäre es, sähe man sich und fände kein Gefallen aneinander, Huber, Körner und die Schwestern Stock. Neun Tage hat die Reise gedauert, durch Schneeschauer und morastische Straßen, sodass die Kutschen oft anhalten, Umwege nehmen mussten.

»Zerstört und zerschlagen, von einer Reise, die mir ohne Beispiel ist, bin ich, trotz meines inneren Wunsches nicht fähig, jetzt schon bei Ihnen zu sein.« Schiller zögert weiter, die Freunde zu sehen. Die Furcht vor Enttäuschung, die er in den letzten Mannheimer Monaten so oft erlebt hat, diktiert das Zögern. Und doch: »Ich bin voll Ungeduld.«

Kurze Zeit später steht Huber vor Schiller und die Furcht ist besänftigt, man isst zu Abend und bestätigt die Freundschaft. Es ist Messezeit in Leipzig, und am nächsten Morgen lernt der Dichter die Stadt kennen, die ihn für einige Monate beherbergen soll. Leipzig ist Metropole, keine verschlafene Residenzstadt, ist freie Bürgerstadt, in der kein Fürst wie in Stuttgart oder Mannheim den Rhythmus des öffentlichen Lebens bestimmt.

Schiller erfährt, Körner ist in Dresden aufgehalten, er wird ihn noch nicht kennen lernen. Mittags stellt Huber dem Dichter aber die beiden Frauen des Quartetts vor, Minna und Dora Stock. Man trifft sich im »Silbernen Bären«. So haben sich die beiden jungen Frauen den Dichter der »Räuber« nicht vorgestellt, sie haben davon geträumt, ein Karl Moor in Stiefeln und Sporen und mit einem Säbel an der Seite würde in ihr Leben treten. »Wie sehr waren wir überrascht, als uns Huber einen blonden, blauäugigen schüchternen jungen Mann vorstellte, dem die Tränen in den Augen standen und der kaum wagte uns anzureden.« So wird sich Minna Stock an den ersten Augenblick mit Schiller erinnern. Der ist glücklich, wirklich angekommen zu sein, in einem Bund von

Freunden, die ihn bewundern und die den armen Schiller, dem in letzter Zeit so viele Demütigungen zugefügt worden waren, in ihn aufnehmen.

»Wir sind Freunde«, hatte Schiller schon aus Mannheim geschrieben und: »In meinem Leben erinner ich mich keiner so innigen prophetischen Gewißheit, wie diese ist, daß ich in Leipzig glücklich sein werde.« Schiller will das Glück zwingen, will sich selbst seine Glücksfähigkeit beweisen. Nun haben die Freunde den Dichter in ihre Mitte genommen. Glückliche Zeiten können beginnen. Doch wie lange werden sie dauern?

Ludwig Ferdinand Huber zählt gerade einmal zwanzig Jahre, ein Schwärmer, der auch Dichter werden will. Die Mutter ist Französin, der Vater viel gereist, Literaturexperte. Die Eltern haben ihm eine weit reichende Bildung und Sprachkenntnisse vermittelt, sodass er sowohl aus dem Englischen als auch aus dem Französischen übersetzt, zudem selbst Gedichte und Dramen verfasst. Schiller wird sich ihm sehr nah verbinden und dieser ihm auch, ja sie werden bald unter einem Dach leben.

Dora Stock, Hubers Verlobte, ist vier Jahre älter als er. Sie ist eine lebendige, selbstbewusste, scharfwitzige Frau, die behände zeichnet und die Kunst des Kupferdrucks beherrscht. Das hat sie bei ihrem Vater Johann Michael gelernt, einem bekannten Kupferstecher. Von ihr stammen auch die Porträts, die Schiller in Mannheim von den vier unbekannten Bewunderern erhalten hat.

Ihre Schwester Anna Maria Jacobine, genannt Minna, ist die Verlobte Körners. Sie steht ein wenig im Schatten ihrer zwei Jahre älteren Schwester, ist künstlerisch weniger begabt, eher häuslich, beherrscht aber das Klavier und wird den Dichter mit ihrem Spiel erfreuen und animieren.

Huber besorgte Schiller eine einfache möblierte Kammer im Gasthof »Kleines Joachimsthal« in der Hainstraße. Dort war der Dichter aber selten zu finden, denn er genoss in »Klein-Paris« das Großstadtleben, das er ja so ausgeprägt lebendig nicht kannte. In den ersten Wochen lebte er ein Kaffeehausleben, war doch Leipzig Deutschlands Mokkahauptstadt, wo nicht nur Bach die Kaffeekantate komponiert hatte, wo die Kaffeesachsen, wie man die Leipziger auch nannte, in unzähligen Häusern ihr »Schälchen Heeßen« schlürfen konnten. Neben dem »Cofebaum« war »Richters Caffee Haus 33« an der Ecke Brühl-/Katharinenstraße der beliebteste Ort der Kaffeemania. »Meine angenehmste Erholung ist bisher gewesen, Richters Kaffeehaus zu besuchen, wo ich immer die halbe Welt Leipzigs beisammen finde«, meldete Schiller seinem Noch-Verleger Schwan. Hier fühlte er sich wohl, hier kannte man ihn schon, hatte doch das nahe Schauspielhaus an der Ranstädter Bastei »Die Räuber« gegeben und spielte nun auch »Kabale und Liebe«. Man scharte sich um den berühmten Dichter, und das gefiel diesem. Zu den neuen Freunden gehörten der Maler Adam Friedrich Oeser, der Schriftsteller Christian Felix Weiße, der städtische Kapellmeister Johann Adam Hiller, der berühmte Schauspieler Johann Friedrich Reinecke, der Maler Johann Christian Reinhart und ein junger Mann, der Verleger werden will, Georg Joachim Göschen. Unter diesen lebte Schiller auf, spielte Karten, trank Kaffee, Wein und Bier, rauchte und schnupfte. Er genoss ein ungebändigtes Leben unter Menschen, die ihm wohlgesinnt waren, in ihm den Dichter bewunderten.

Doch Schiller glaubte, zu allem Glück fehle ihm noch eine Frau, vor allem dann, wenn er in seine schmale Gasthaus-Kammer zurückkehrte. Die Schwestern Stock waren vergeben, die Schauspielerin Sophie Albrecht, die er aus Frankfurt kannte und die jetzt mit ihrem Mann in Leipzig lebte und am Theater der Stadt spielte, ja nun auch. Schiller erinnerte sich und versuchte es noch einmal. Er warb beim Verleger Schwan um die Hand seiner Tochter Margaretha: »Jetzt oder nie muß es gesagt sein. Nur meine Entfernung von Ihnen gibt mir den Mut, den Wunsch meines Herzens zu gestehen.« Aber der Heiratsversuch verlief im Sande. Von einer Antwort Schwans ist nichts bekannt. Es war eine letzte Reminiszenz an die Mannheimer Zeit. Schiller ist schon längst woanders angekommen. Und Charlotte von Kalb? »Sie glauben wohl, für Ihre Kunst noch viel zu gewinnen, o da irren Sie«, hatte sie ihn ironisch spitz wissen lassen, als er Mannheim für Leipzig verlassen hatte. »Gütiger Gott, was sind sich unsere Herzen gewesen«, schickte sie ihm einen vorläufigen Abschiedgruß hinterher und wünschte ihm: »Guter Schiller! Wie sehr freu ich mich Ihrer jetzigen Existenz – Ihr Dasein fließt unter der Sorge Ihrer Freunde dahin. Sie erleichtern Ihnen die Ökonomie Ihrer Bedürfnisse. Verschwenden Sie …« Damit brach der Brief Charlotte von Kalbs an Schiller ab. Und der verschwendet sein neues Glück, denn so lange es dauert, kann man verschwenderisch sein.

Der Winter wich. »Die schönen Tage von Gohlis« begannen, wie der Malerfreund Reinhart den Sommer 1785 nannte, dessen Mittelpunkt der Dichter war. Anfang Mai war er in das Gassendorf Gohlis gezogen. Es war die Sommerfrische der Leipziger Künstler und lag nur eine halbe Stunde Fußwegs von der Stadt entfernt. Man lief in nordwestliche Richtung über die hölzerne Rosenthalbrücke, am Pleißenmühlgraben entlang durch das Rosenthal, eine Auenwaldlandschaft, und war auf dem Lande oder man nahm eine Gondelauf der Pleiße, um dorthin zu gelangen. Schiller bezog in Gohlis zusammen mit Huber eine Dachstube in einem zweistöckigen Bauernhaus. »Hier bin ich willens, sehr fleißig zu sein, an dem Karlos und der Thalia zu arbeiten«, schrieb er an Schwan. Doch die Geselligkeit nahm ihm viel Zeit und ließ ihm wenig zur Dichtung übrig, zumal die drei Schenken des Dorfs ihn häufig als Gast begrüßen konnten. Oder die Sommerfreunde trafen sich im Gohliser Haus des Malers Johann Christian Reinhart oder dem der Sophie Albrecht, wo die Schauspielerin, die auch Dichterin war, einen Sommersalon führte. Gelegentlich soll der Dichter auch Gast im Schloss gewesen sein, dessen Festsaal sein neuer Freund Oeser ausgemalt hatte. Aber der größte Magnet war für all diese Männerfreunde die Schauspielerin. Die »geistreiche Sophie« nannte Reinhart sie. Die einen setzten sich um sie in einen Kreis und versuchten sich im gewitzten Gespräch, um ihre Aufmerksamkeit und Zuneigung zu gewinnen. Die anderen scharten sich um einen Spieltisch, dem der Herr des Hauses präsidierte. »Schiller hielt sich bald zu der einen, bald zu der anderen Gruppe, denn so sehr er geistvolle Konversation liebte, so sehr er für Sophie Albrecht, dieses Herz, ganz zur Teilnahme geschaffen … noch immer schwärmte, so war er doch dem Kartenspiele hold«, erzählte Reinhart, der das indes »als eine Vergeudung der edlen Zeit ganz schmähte«, berichtete er über sich selbst und Schiller, schloss aber: »Ihn hielt die anmutige junge Frau ganz in ihrem Zauberkreis gebannt.«

Am 24. Juli kommt es zu einem besonderen beglückenden Ereignis. Es ist Sonntag. Schiller bricht am Nachmittag mit seinen Freunden nach Leipzig auf. Sie eilen durch das Rosenthal, denn um sechs Uhr abends wird im Schauspielhaus am Ranstädter Tor eine Vorstellung von »Kabale und Liebe« gegeben. »Ein Original-Trauerspiel in fünf Akten von Herrn Schiller«, weist der Theaterzettel aus, gespielt von den »Churfürstlich-sächsischen Privilegierten Deutschen Schauspielern«. Herr Reinecke gibt den Ferdinand, Madame Albrecht die Luise. Drei Stunden dauert für Schiller das Freudenfest. Seinen Freunden wird von seinen Freunden vorgeführt, was er gedichtet hat. Auch Huber und die beiden Stock-Schwestern sind zugegen. Und Schiller weiß um neun Uhr abends, der Beifall gilt nicht nur den Schauspielern, er gehört auch ihm. Nur Körner fehlt.

Ihn hatte er am ersten Tag desselben Monats Juli endlich kennen gelernt, und das war das zweite große Ereignis des Sommers. Zuvor hatten sie schon ihre ferne Freundschaft vertieft. Im Mai schrieb Schiller ihm aus Gohlis nach Dresden: »Einzeln können wir nichts. Wenn auch der verwegene Flug unsers Denkens uns bis in die unbefahrenste fernste Himmelstriche der Wahrheit geführt hat, so erschrecken wir mitten in dem entdeckten Klima über uns selbst und unsere tote Einsamkeit.« Um dieser kalten Einsamkeit des Denkens zu entgehen, seien Verbrüderung und Freundschaft der »unfehlbarste Schlüssel zur Weisheit«, und deswegen freut sich Schiller auch darüber, »daß unsere Freundschaft das Glück hatte, da anzufangen, wo die gewöhnlichen Bande unter den Menschen zerreißen.« Schiller setzt in diese Freundschaft mit Korner, den er ja immer noch nur aus einem Bildnis und den Briefen kennt, dessen finanzielle Generosität er indes schon genießt, nicht nur eine Hoffnung auf Dauer, er sieht sie an als ein Grundmuster erfüllten Lebens, das über die Gewöhnlichkeit siegen muss. »Das Leben von tausend Menschen ist meistens nur Zirkulation der Säfte, Einsaugung durch die Wurzel, Destillation durch die Röhren und Ausdünstung durch die Blätter ... Sehen Sie bester Freund – unsre Seele ist für etwas Höheres da, als bloß den uniformen Takt der Maschine zu halten.«

Wenn der Mensch nicht wie eine Taschenuhr bleiben wolle, die die Materie aufziehe, dann bedürfe es, da man einzeln ja eben nichts sei, einer zweiten Seele. »Über den *Bau* unserer Freundschaft habe ich tausend Ideen ... Kalte Philosophie muß die Gesetzgeberin unsrer Freundschaft sein, aber ein warmes Herz und ein warmes Blut muss sie *formen*.«

Körner antwortete: »*Licht* und *Wärme* ist das höchste Ideal der Menschheit ... Das *Sie* in unseren Briefen ist mir zuwider. Wir sind *Brüder* durch Wahl, mehr, als wir es durch Geburt sein könnten.« Eine Wahlverwandtschaft also. Die bleibt. Bis zu Schillers Tod, nur ein einziges Mal ein wenig getrübt in den kommenden zwanzig Jahren, die der fünfundzwanzigjährige Dichter noch zu leben hat.

Am 1. Juli 1785 ist es endlich soweit. Zusammen mit Huber, Göschen und den Schwestern Stock steigt Schiller in eine Kutsche. Sie bringt ihn auf das Rittergut Kahnsdorf bei Borna, das auf halbem Weg zwischen Leipzig und Dresden liegt und das dem Theologen Johann Christian Gottlieb Ernesti, einem Verwandten Körners, gehört. Körner begrüßt den bisher ungesehenen Freund gar mit einem Gedicht: »Willkommen, Freund,/ in meinen Armen!/ Ich drücke fest Dich an mein Herz!/ An Deiner Brust will ich erwarmen/ und mit Dir fliegen sternenwärts!/ Umschlungen von der Freundschaft Band,/ Schaun wir des Geistes Vaterland.«

Doch die große Gesellschaft auf dem Gut verhindert, dass die beiden »der Freundschaft Band« an diesem Tag leben können. Und am frühen Morgen des nächsten Tags verlässt die Leipziger Reisegesellschaft Kahnsdorf wieder, kehrt aber auf dem Rückweg in einem Gasthof ein und trinkt Wein auf Körners Wohl. Schiller wird für diesen Augenblick biblische Worte finden, wenn er dazu schreibt, er denke an die »Einsetzung des Abendmahls. Dies tut, so oft ihrs trinket, zu meinem Gedächtnis.«

Man sitzt in der Runde, hat feuchte Augen, begeht Körners 30. Geburtstag, und Schiller macht Verse auf den Freund, den man gerade verlassen hat: »Dieses Tages holder Genius/ Der den Vielgeliebten uns geboren.« Und Schiller scheut dabei keine weiteren Vers-Peinlichkeiten: »Schimmernd tritt er aus der Nacht/ Wie der Erdensöhne keiner/ Groß und trefflich, wie der Sieben einer/ Die am Throne dienen/ schwebt er her.« Das Lobgedicht schließt: »Wir fühlen, daß du unser bist.« Göschen, der mitfeiert, wird es als Einzeldruck herausgeben. Der Freundschaftskult der Zeit bringt seltsame, pathetische Blüten hervor.

Zurück in Gohlis holte der Dichter das Versäumte von Kahnsdorf nach: »Die Zeit vorgestern war für meine Wünsche zu kurz, und ich hätte eine Injuria gegen meine Kameraden begangen, wenn ich Dich als mein Eigentum hätte behandeln wollen.« Schiller entwarf Zukunftspläne, nicht aber ohne sich vorher selbst zu strafen: »Mit weicher Beschämung sah ich rückwärts in die Vergangenheit, die ich durch die unglücklichste Verschwendung mißbrauchte. Ich fühlte die kühne Anlage meiner Kräfte, das mißlungene (vielleicht große) Vorhaben der Natur mit mir.« Und er ging weiter mit sich in Gericht: »Eine Hälfte wurde durch die wahnsinnige Methode meiner Erziehung und die Mißlaune meines Schicksals, die zweite und größere aber durch mich selber zernichtet.« Wieder einmal geißelt Schiller sich selbst, macht sich klein. Aber nun will er ein neues Leben beginnen, legt ein »herkulisches Gelübde« ab, das Versäumte nachzuholen und das eben in diesem Freundschaftsbund. Körner und er sollen den inneren Kern des Bundes bilden, den eine Verschmelzungsphantasie Schillers begleitet. »Ohne mich selbst sollst Du eben so wenig Deine Glückseligkeit vollendet sehen können, als ich die meinige ohne Dich.« Huber und die beiden Schwestern sollen den Bund ergänzen, in einer Art Wohngemeinschaft, die in Dresden ihren Platz haben soll: »Wie schön liegt die Dresdener Zukunft vor meinen Augen.«

Aber noch war Gegenwart in Gohlis, und der Sommer näherte sich seinem Ende. Die Leipziger Sommergefährten zogen allmählich wieder in die Stadt, und Schiller blieb in seinem Bauernhaus allein zurück.

Körner hatte am 7. August Minna Stock geheiratet und Schiller fürchtete, der Freund hätte von nun an weniger Herz und Zeit für ihn. »Aber ich mute Dir auch jetzt nicht zu, Deine Sympathie an mich zu verschwenden«, schrieb er in einem Anflug von Eifersucht, verfasste dennoch ein Hochzeitsgedicht »An Körner«, aber eben nur an ihn: »Heil Dir, edler deutscher Mann.« Auch Frauenkritik fehlt in den Versen des Frauenlosen nicht:

Weiberherzen sind so gern
Kästchen zum Vexieren,
Manchen lockt der goldne Stern,
Perlen, die nur zieren;
Hundert werden aufgetan,
Neunundneunzig trügen,
Aber nur in einem kann
Die Juwele liegen.

Wie aber soll diese eine nicht sein?

Glücklich macht die Gattin nicht,
Die sich selbst nur liebet,
Ewig mit dem Spiegel spricht,
Sich in Blicken übet,
Geizig nach dem Ruhm der Welt
In der neuen Robe,
Stolzer, schöner sich gefällt
Als in Deinem Lobe.

Keine witz'ge Spötterin,
Keiner Gauklertruppe
Zugestutzte Schülerin,
Keine Modepuppe,
Keine, die mit Bücherkram
Ihre Liebe pinselt,
Was nicht aus dem Herzen kam
Aus Romanen winselt.

Glücklich macht die Gattin nicht,
Die nach Siegen trachtet,
Männerherzen Netze flicht,
Deines nur verachtet,
Die bei Spiel und bunten Reihn,
Assembleen und Bällen,
Freuden suchet, die allein
Aus dem Herzen quellen.

Wie aber soll sie nun sein, die Frau an der Seite des Manns?

Glücklich macht die Gattin nur,
Die für dich nur lebet
Und mit herzlicher Natur
Liebend an Dir klebet;
Die um Deiner wert zu sein,
Für die Welt erblindet
Und in Deinem Arm allein
Ihren Himmel findet;
…

Das frisch vermählte Paar blieb nach der Hochzeit noch einige Tage in Leipzig. Am 12. August reiste es nach Dresden zurück, Dora Stock war auch dabei. Huber und Schiller begleiteten die Kutsche zu Pferd bis Hubertusburg. Dann verabschiedete Schiller den Freund. Beim Rückritt stürzte der Dichter, quetschte sich die rechte Hand, sodass er mehrere Wochen lang nicht schreiben konnte. Die literarische Ernte der Leipziger und Gohliser Zeit fiel ohnehin gering aus. Einige Szenen des Don Carlos waren neu entstanden, einige Gelegenheitsgedichte, aber auch das wohl populärste Gedicht Schiller wurde hier angefangen, »An die Freude«, das zu einer Hymne auf die Freundschaft werden sollte, die die kommenden zwei Jahre von Dresden prägen sollte.

Gefährliche Liebschaften

»Ich muß zu Euch!«, beschwor Schiller seinen Körner ins sowohl nahe als auch ferne Dresden. Die letzten Tage von Gohlis waren für ihn »einsiedlerisch, traurig und leer … düstere, feindselige Herbsttage … Ich gehe an den vorigen Tummelplätzen meiner Freunde schwermütig und still vorüber.« Allein dort zurückgeblieben, wartete er nur noch darauf, dem Freund nach Dresden folgen zu können. »Was soll ich denn auch hier?«, rief er verzweifelt in der neuerlichen Einsamkeit, bat, flehte: »Schreibe mir, bester Körner, mit dem ersten Posttag, ob ich kommen kann und darf.« Schiller durfte.

Postwendend besteigt er am 11. September um vier Uhr in der Frühe die Postkutsche in Richtung Dresden. Sie rollt dahin mit einem erwartungsvollen Dichter. Als Schiller plötzlich die Elbe zwischen zwei Bergen erblickt, schreit er vor Freude laut auf. Es ist schon gegen Mitternacht, als er über die Elbbrücke in Dresden einfährt, die Dunkelheit bedauert, zum »Goldenen Engel« in der Wilsdruffergasse gelangt, wo er übernachtet. Am Morgen lässt er sich, da es stark regnet, in einer Portechaise, einer geschlossenen Sänfte also, in Körners Haus Auf dem Kohlenmarkt tragen. Nur dessen Frau Minna ist zugegen. Um dreizehn Uhr kommt endlich der Freund. Man fällt sich in die Arme. Nach dem Mittagessen bei gutem Rheinwein bricht man nach Loschwitz auf, wo Körner ein Haus am Elbknie mit Blick über den Fluss besitzt. Dahinter liegt noch ein Weinberghaus. Dort zieht Schiller ein, ist wieder einmal angekommen. Für wie lange dieses Mal?

»Das sollen göttliche Tage werden«, schreibt er an Huber, der noch in Leipzig zurückbleiben und mit den Eltern seine Zukunft beraten muss, sodass das Quintett noch nicht komplett ist. Schiller kennt inzwischen die Fragilität eines jeden Glücks, fügt an, »mir ist wohl, und in der jetzigen Fassung meines Gemüts kenne ich keine andere Besorgnis mehr als die Furcht vor dem allgemeinen Los der zerstörenden Zeit« und schließt gegenüber Huber »die kurze Geschichte meines Hierseins.«

Diese hatte begonnen mit einem kleinen Zwischenfall. Am ersten Morgen von Loschwitz, so erzählt Minna Körner, trank man zum Frühstück nicht nur schon Rotwein, man stieß auf das neue gemeinsame Glück auch an, der Dichter aber so heftig, dass Minnas Glas zerbrach und die erstmals aufgelegte Damasttischdecke befleckt wurde. Schiller goss sein Glas aus, die anderen taten es ihm nach. »Er nahm die geleerten Gläser und warf sie, daß sie sämtlich in Stücke sprangen, über die Gartenmauer auf das Steinpflaster mit dem leidenschaftlichen Ausrufe: ›Keine Trennung! Keiner allein! Sei uns ein gemeinsamer Untergang beschieden.‹« Kein Zeichen also die Scherben, indes enthusiastische Beschwörung, bis dass der Tod sie alle scheide.

Schiller genoss den späten Sommer. »Ich bin hier im Schoße unsrer Lieben, aufgehoben wie im Himmel«, berichtete er Huber, erkundete mit den Körners die Umgebung, fuhr die Elbe aufwärts und nach Blasewitz, das er mit der Gustel von Blasewitz im »Wallenstein« in Erinnerung bringen wird. Vor allem aber setzte er sich mit neuer Lust wieder an den »Carlos«, gestaltete die Eboliszenen und gewann nach und nach mehr Interesse an der Gestalt des Posa als an Carlos selbst. Doch die schönen Tage waren gezählt, und als der kurze Sommer ausklang, es am Weinberg unwirtlich wurde, zog die Familie Körner zurück in die Stadt, und Schiller zog mit. Körner mietete eine Wohnung gegenüber seinem Stadthaus Am Kohlenmarkt für den Dichter an. Huber war inzwischen auch in Dresden angekommen und bildete mit Schiller eine Wohngemeinschaft. Nun war man komplett, und nur wenige Meter, die schnell zu überwinden waren, trennten den Freundschaftsbund, den der Dichter in seinem wohl populärsten Gedicht gleich zu einem Menschenbund idealisierte, in dem derer Fünf gleich zu Millionen wurden, die umschlungen werden sollten. »An die Freude«. Und die war ein Geschenk der Götter.

Freude, schöner Götterfunken,
Tochter aus Elysium,
Wir betreten feuertrunken,
Himmlische, dein Heiligtum.
Deine Zauber binden wieder,
Was die Mode streng geteilt;
Alle Menschen werden Brüder,
Wo dein sanfter Flügel weilt.

Seid umschlungen, Millionen!
Diesen Kuß der ganzen Welt!
Brüder – überm Sternenzelt
Muß ein lieber Vater wohnen.

Wem der große Wurf gelungen,
Eines Freundes Freund zu sein,
Wer ein holdes Weib errungen,
Mische seinen Jubel ein!
Ja – wer auch nur *eine* Seele
Sein nennt auf dem Erdenrund!
Und wers nie gekonnt, der stehle
Weinend sich aus diesem Bund!

Und der Schöpfer dieses Gedichts? Schiller selbst? Nimmt man das Gedicht, das ja im Überschwang der Freundschaft geschrieben ist, wörtlich im Vergleich zu seiner Lebenssituation, fragt: Ist ihm der große Wurf gelungen? Eines Freundes Freund ist er, Körners. Ein holdes Weib errungen? Nein. Körner hat seine Frau Minna, Huber seine Verlobte Dora. Und er? Und wer's nie gekonnt? Stiehlt er sich aus diesem Bund? Weinend? Schiller blieb erst einmal. Körner war zu seinem einzigen, seinem besten Freund geworden. Zu Huber besaß er ein zwiespältiges Verhältnis. Zum einen fühlte er sich ihm gegenüber oft wie ein älterer Bruder, versuchte, obwohl er doch der Leitung immer selbst bedurfte, ihn durchs Leben zu führen, schalt ihn aber auch als »zu blöde und zu mutlos«. Zum anderen waren Konkurrenzsituationen häufig unausweichlich, wollte Huber doch auch dichten, tat es auch, war aber noch wesentlich unbeständiger darin als Schiller selbst. Sie lebten nun in einer Wohnung, was nicht ohne Spannungen zwischen ihnen einherging, Schiller, der fahrige, aufbrausende Mensch schneller, kurzer Leidenschaft und folgendem tiefem Abfall in Melancholie, Huber, der phlegmatische, lethargische weiche Mann, der sich nicht entscheiden und auch nicht dazu durchringen konnte, seine Verlobte Dora zu heiraten, was dann auch nie geschehen sollte.

Und die Frauen im Bund der Freundschaft? »Aus Leipzig wurden mir von vier unbekannten Personen Pakete und Brief geschickt … Sie waren von vier Portraits begleitet, worunter zwei schöne Frauenzimmer sind«, hatte er schon in Mannheim festgestellt, seine Augen den beiden Frauen genähert. Und nun? Tagtäglich war er von ihnen umgeben. »Jede Kokette hat eine unfehlbare Macht auf mich, durch meine Eitelkeit und Sinnlichkeit. Entzünden kann mich keine, aber beunruhigen genug.« Meinte Schiller damit auch die Schwestern Stock, vor allem Dora, die ihn mehrfach zeichnete? Obwohl oder gerade auch weil sie vergeben waren? Ziehen ihn vielleicht vor allem jene Frauen an, die aus unterschiedlichen Gründen nicht zu haben sind, wie schon Charlotte Kalb, wie Sophie Albrecht, wie Henriette von Wolzogen?

Zwar sieht ein Freundschaftsbund vor, Leidenschaften auszuschalten, einander in Offenheit und Vertrauen zu begegnen, geheime Wünsche erst gar nicht zu haben, und doch beunruhigte Schiller die Nähe der beiden Frauen, die sich ihm ja zugewandt hatten, dem Dichter, der sich auch zaghaft in Dora verliebte, die Huber ja nicht wirklich befriedigte. Minna wird ihm in Anspielung auf eine durchaus gefährliche Situation, die den Freundschaftsbund untergraben würde, einige Zeit später einen Roman zur Lektüre geben, »Les Liaisons dangereuses« von Choderlos de Laclos, der wenige Jahre zuvor in Paris erschienen, nun in Europa Furore machte als Erzählung über die Freigeisterei der Leidenschaft. »Treffende wahre Bemerkungen über Menschen und Sentiments«, meinte Schiller dazu, aber: »Es ist in der Tat schade, daß ein großer Teil der Schönheit des Buchs in dem lieget, was man mit gutem Gewissen nicht allgemein machen kann.« Und so tat er es auch nicht, ließ alle Versuchung letztlich an sich vorübergehen, und der Freundschaftsbund, die tugendhafte deutsche Version französischer Libertinage, nahm keinen Schaden.

In Dresden hatte er erneut statt eines Mädchens den »Carlos«, widmete sich dem Schauspiel, das ihn schon so lange beschäftigte, ja quälte. »Noch sehe ich die chaotische Masse des Carlos mit Kleinmut und Schrecken an«, hatte er Huber Anfang Oktober noch aus Loschwitz mitgeteilt und schwindelnd zu seinem unerreichbaren Vorbild Shakespeare emporgeschaut. Oft verzagte Schiller, glaubte nicht mehr daran, das Schauspiel vollenden zu können. »Ich habe kaum eine Seite an Karlos gearbeitet. War mir schlechterdings unmöglich, hervorzubringen«, schrieb er an Körner. Da dieser Zustand andauerte, sollten noch anderthalb Jahre dahingehen, bis das Schauspiel in Druck gehen kann. Die komfortable Situation, in der Schiller nun lebte, erstmals dank der Unterstützung Körners ohne Geldsorgen und geborgen im Schoß einer Freundschaft, die ihm eine Familie ersetzte, führte dazu, dass der Dichter lieber nicht dichtete, sondern im Hause Körners auf dem Sofa lag und zuhörte, wenn Minna und ihr Mann von ihm selbst komponierte Lieder sangen, wozu Schiller Wein, Bier oder Likör trank, schnupfte oder sich in Gespräche mit seinem Gönner vertiefte, die indes auch Niederschlag fanden in den »Philosophischen Briefen«, die sie gemeinsam verfassen wollten, die aber wegen der Passivität Körners vor allem Schillers Werk wurden und die in der Zeitschrift »Thalia« nach und nach erschienen.

Ablenkung war Schiller stets willkommen, um den Carlos nicht weiterdichten zu müssen, dem er sich nicht gewachsen fühlte, und so verzettelte er sich mit Vergnügen, schrieb die Erzählung »Verbrecher aus Infamie«, begann mit »Der Geisterseher« einen Fortsetzungsroman, plante und verfasste Szenen zu einem anderen Drama »Der versöhnte Menschenfeind« und meinte womöglich sich selbst damit, widmete sich historischen Studien und stellte fest: »Täglich wird mir die Geschichte teurer.« Das Manuskript des »Don Carlos« indes blieb immer wieder für längere Zeit unbeachtet in einer Ecke seiner Wohnung liegen, bis man ihn drängte, das Schauspiel zu beenden, bis ihn sein schlechtes Gewissen zwang, es erneut hervorzuholen.

Das große Glück hatte sich mit dem Freundschaftsbund angekündigt, wie auch eine komfortable Situation. Beides hätte ihn ganz Dichter sein lassen können. Doch die Probe auf das große Glück bestand Schiller auch dieses Mal nicht. Es kam zur Krise.

»Ich bin jetzt fast untätig. Warum? wird mir schwer zu sagen. Ich bin mürrisch und sehr unzufrieden. Kein Pulsschlag der vorigen Begeisterung«, schrieb er am 1. Mai 1786 an Huber, der wie Körner sich jetzt wieder öfter in Leipzig aufhielt. Knapp acht Monate war Schiller nun in Dresden und der Freundschaftsbund wurde brüchig. Das rührte nicht nur daher, dass Störungen im Verhältnis zu Huber und zwischen diesem und seiner Dauerverlobten Dora Stock vermehrt auftraten, zu der ja auch der Dichter eine Neigung gefasst hatte, sondern auch von Schillers eigener Gemütsverfassung, die ein dauerndes Glück nicht aushalten konnte. »Mein Herz ist zusammengezogen und die Lichter meiner Phantasie sind ausgelöscht … Ich bedarf einer Krisis«, führte er weiter aus und deutete wie schon in Mannheim mit dem Wort »Revolution« eine radikale Veränderung an, die bedeutete, er würde den Freundschaftsbund verlassen, und wunderte sich dabei selbst über die eigene Natur: »Sonderbar«, stellte er fest, »fast jedes Erwachen und jedes Niederlegen nähert mich einer Revolution, einem Entschlusse, um einen Schritt mehr, den ich beinahe als ausgemacht vorhersehe … Die Natur bereitet eine Zerstörung, um neu zu gebären. Kann wohl sein, daß Du mich nicht verstehst, aber ich verstehe mich schon. Ich könnte des Lebens müde sein, wenn es der Mühe verlohnte zu sterben.« Das war sowohl Selbsterkenntnis seiner unverrückbaren Natur, war indes auch Hilferuf an die Freunde, dem Freund zu helfen: »Doch warum dringe ich Dir meine Hypochondrie auf?«, endigte Schiller den Brief an Huber.

In diesen Tagen des dunklen Zweifelns saß der Dichter dem Maler Anton Graff Modell. »Das war ein unruhiger Geist, der hatte, wie wir sagen, kein Sitzfleisch«, schilderte Graff seine Schwierigkeit, Schiller in eine Stellung »festzubannen, in welcher er, wie er versicherte, sein Lebtag nicht gesessen, die aber von den Körnerschen Damen für sehr ausdrucksvoll erklärt wurde«. In diesem Porträt eines in sich ruhenden Menschen finden wir freilich den Schiller dieser Krisentage von Dresden nicht wieder, nistete doch in ihm eine Unrast, da er wieder einmal meinte, eine veränderte äußere Situation würde auch ihn verändern.

Doch noch blieb Schiller in Dresden. Die folgenden Monate des Jahres waren ein steter Wechsel von kurzen Momenten einstiger Euphorie, in denen er sich auch weiter seinem Werk widmen konnte, und längeren Phasen von Niedergeschlagenheit und Untätigkeit. Besonders dann, wenn Körner wieder einmal für längere Zeit in Leipzig war, überfiel den Selbstzweifler Schiller »der schwarze Genius meiner Hypochondrie«, der nicht nur sein Gemüt angriff, sondern zudem den Körper mit tagelangem Unwohlsein. Auch Ärger über sich selbst stellte sich ein, über seine Unfähigkeit, Glück zu genießen: »Eines Teils verdrüßt michs, daß ich Freuden meines Lebens so sehr von euch abhängig gemacht habe und nicht einmal einen Monat mehr durch mich allein ganz glücklich existieren kann.« Fast immer war Schillers Glück und Wohlbefinden von der wohlwollenden, ja liebenden Gegenwart eines anderen abhängig gewesen, sodass es ihm unmöglich war, allein zu existieren, was ihn auch zu einer niederschmetternden Erkenntnis führte, in der er sich klein und nichtsnutzig fühlte. »Zu meinem Weben und Wirken seid ihr mir unentbehrlich worden. Ich bin sehr wenig oder nichts.«

»Lieber Gott, wie wird das noch werden.« Schiller stellte diese unbeantwortbare Frage, die daher ohne Fragezeichen mit einem Punkt endete, in den letzten Tagen des Jahres 1786 an Körner, der indes auch keine Antwort mehr wusste. Dem folgte in den ersten Tagen des neuen Jahres eine Woche der Krankheit, die ihn ans Bett fesselte. Mitte Februar ereignete sich aber eine »Revolution« ganz anderer unvorhergesehener Art, die ihn in den Folgemonaten der-art an Dresden fesselte, dass man ihn eines Tages mit verhaltener Gewalt aus der Stadt entfernen musste.

Ein Maskenball im sächsischen Fasching ist die Kulisse eines Blicks mit Folgen. Eine Zigeunerin tritt vor Schiller hin. Durch die Maske hindurch treffen ihn zwei Augen mitten ins Herz. Sie nimmt seine Hand, sagt ihm eine Zukunft voraus, die glänzend sein soll. Er folgt ihr, weicht den ganzen Abend nicht mehr von der Seite dieser Frau, die, wie Dr. Albrecht, der mit seiner Frau der Schauspielerin Sophie auch zugegen ist, feststellt, einen »üppigen schönen Körperbau« besitzt. Gegen Ende der Ballnacht lüftet die Frau ihre Larve und Schiller erkennt in ihr Henriette von Arnim, die er wenige Tage zuvor schon im Salon der Sophie Albrecht entdeckt hat. Die Neunzehnjährige gilt als die schönste Frau im Elbflorenz. »Er stand da im Anschauen verloren«, so Dr. Albrecht. Tags drauf sitzt der Dichter ihr gegenüber, beim Tee, im Haus ihrer Mutter. Er ist wirklich verloren. Sie hat ihn in ihren Bann gezogen. Doch er ist nicht der Einzige, der ihrer koketten Beauté verfallen ist. Kaum ein Nachmittag vergeht, ohne dass der Dichter, der nicht mehr ans Dichten denkt, beim Tee seine Blicke auf sie werfen kann.

»Schillers Augen brannten, wenn er sie sahe, und man sahe ihn in dieser Zeit oft in einer Begeisterung, die man vorher nicht an ihm bemerkte.«

Minna Körner sah die »Revolution« anders, kühler, sicher auch mit einem Schuss von Eifersucht auf die schöne Gespielin, die in ihren Bund eingedrungen war und den Dichter nun von ihnen entfernte: »Er machte kein Geheimnis daraus, gestand mir sogar zu, daß er sich in allem Ernste um die Hand der Tochter, der schönen Henriette, bewerbe. Da mir die Leichtfertigkeit der Mutter bekannt war«, sie verdächtigte diese gar, es auf den berühmten Dichter abgesehen und ihre Tochter zu ihm gedrängt zu haben, »ließ ich es an Warnungen nicht fehlen; es war vergeblich. Unser Freund war ganz toll und blind verliebt und selbst nachdem ich ihm die Überzeugung verschafft hatte, daß er nicht der Alleinbegünstigte war, ließ er sich nicht abwegig machen.«

Schiller lief wie ein Hund hinter der Schönheit her, wartete vor ihrer Tür. Stellte sie ein Licht in ihr Fenster, konnte er nicht zu ihr, denn dann, so gab sie vor, sei sie in Familie. Doch es war ein anderer »Begünstigter« in ihrem Haus, der Baron von Waldstein oder ein stadtbekannter Bankier. Der Dichter litt Qualen der Eifersucht und doch stellte er ihr weiter nach, stürzte sich erneut in Schulden, um Henriette von Arnim kostbare Geschenke zu machen.

Da griff Körner Mitte April ein und verbrachte den Dichter nach Tharandt zum Entzug, quartierte ihn im »Gasthof zum Hirsch« ein, schickte ihm seine Bücher und Manuskripte, ließ gar den Briefwechsel mit Henriette von Arnim über ihn laufen. In dem kleinen Tharandt, südwestlich von Dresden an der Wilden Weißeritz gelegen, litt Schiller weiter, zumal scheußliches Schneeregenwetter ihn in diesem Abseits nicht mal ins Freie gehen ließ. »Eine reizende Landpartie weiß Gott«, teilte er Körner verbittert ironisch mit, indes: »Doch will ich mir einbilden, daß ich für die begangenen Sünden büße.« Und er büßte sie mit Einsamkeit und englischem Bier, das der Freundschaftsbund ihm nachschickte. Zu Buße, Entsagung, Missmut und Alkohol gesellte sich wie so oft Krankheit: »Diese paar Tage auf dem Zimmer zugebracht haben mir, nebst dem Biertrinken, das ich aus wirklicher Desperation angefangen habe, dumme Geschichten im Unterleib zugezogen.« Die Verzweiflung war in den Körper gekrochen und hatte das Band zwischen Seele und Körpermaschine, von dem Schiller früher so eindringlich geschrieben hatte, wieder einmal gestört.

Erst als Wetterbesserung eintrat, konnte der Wetterfühlige wieder an literarische Arbeit denken. Körner und Göschen hatten ihm aufgetragen, den Carlos nun endlich zu beenden. Sechs Wochen später konnte er das Manuskript des Schauspiels aus Tharandt an Göschen schicken. Er hatte es vollendet, die Liaison mit Henriette von Arnim beendet, die Entziehungskur war gelungen. Doch das Bild der Schönen von Dresden sollte er noch lange mit sich herumtragen.

Don Carlos

»Für meinen Karlos – das Werk dreijähriger Anstrengung bin ich mit Unlust belohnt worden«, wird Schiller ein Jahr nach der Vollendung des Dramas an Körner schreiben. In der Tat hatte der Dichter gut vier Jahre vom ersten Entwurf bis zum letzten Federzug im Mai 1787 gebraucht und dabei immer wieder geklagt und geflucht über die Arbeit daran. Ja, der »Carlos« hatte ihm die Theaterdichtung so verleidet, das er von nun an über Jahre hinaus kein Drama mehr schreiben würde und erst 1794 wieder wagte, mit dem »Wallenstein« an ein neuerliches Schauspiel zu denken. »Was ich je im Dramatischen zur Welt gebracht, ist nicht sehr geschickt, mir Mut zu machen, und ein Machwerk wie der Karlos ekelte mich nunmehr an.«

Schiller verzieh sich den »Carlos« nicht, der ihm so viel Lebenszeit gekostet hatte, dabei hatte er ihn doch im Bauerbacher Exil noch statt eines Mädchens so gern gehabt, dass er die Dichtung dem weiblichen Geschlecht vorzog. Aber im Laufe der Zeit zweifelte er immer wieder an seiner Fähigkeit, dem Stoff, dem er sich auf Anraten Dalbergs zugewandt hatte, als Dichter gewachsen zu sein, sodass er später diesen außerdem noch als historische Studie bearbeitete. Er sah mit »Kleinmut und Schrecken« an, wie sich »die chaotische Masse« des Stoffs vor ihm auftürmte, sodass er keine »Wärme und Laune« mehr für ihn aufbringen konnte, wie er den Freunden Huber und Körner schrieb.

»Der Hauptfehler war, ich hatte mich zu lange mit dem Stück getragen«, erkannte der Dichter selbst, »ein dramatisches Werk aber kann und soll nur die Blüte eines einzigen Sommers sein.« Das Drama wechselte in den vier Jahren der Arbeit oft die Gestalt, und Schiller konnte sich auch nicht so recht entscheiden, welche der Figuren er statt eines Mädchens nun ans Herz nehmen sollte, er Wärme geben könnte. Don Carlos oder Marquis Posa? Oder doch König Philipp oder der Königin?

Oder keiner? Oder nur dem Dichter selbst? Oder einer der Figuren als seinem Spiegelbild? »Während der Zeit nämlich, die ich es ausarbeitete … hat sich in mir selbst vieles verändert … Carlos selbst war in meiner Gunst gefallen, vielleicht aus keinem anderen Grund, als weil ich ihm in Jahren zu weit vorausgesprungen war und aus der entgegengesetzten Ursache hatte Marquis Posa seinen Platz eingenommen«, schrieb Schiller in »Briefe über Don Carlos«, die er nach dem Vorabdruck einiger Szenen in der »Thalia«, aufgrund zum Teil harscher Kritik daran, veröffentlichte.

Ein Jahrzehnt später dann urteilte er wieder anders, wenn er Wilhelm von Humboldt schreiben sollte, er habe »im Posa und Karlos die fehlende Wahrheit durch schöne Idealität zu ersetzen gesucht«.

Was aber wäre Wahrheit gewesen und was war Idealität in diesem dramatischen Gedicht, wie Schiller sein Schauspiel nannte? Auch der »Don Carlos« war ein Vater-Sohn-Drama, ein mehrfaches Liebesdrama mit inzestuösen Zutaten, die Tragödie eines Freundschaftsbunds, und Schiller nutzte wie schon im »Fiesco« ein Ereignis der Historie aus der Mitte des 16. Jahrhunderts, als sich die Niederlande von Spanien lösen wollten, als Anlass für Dichtung.

Der Infant Don Carlos liebt immer noch seine Stiefmutter Elisabeth von Valois, mit der er gar verlobt war, die aber nun die Frau seines Vaters Philipp II., König von Spanien, ist. Doch sie liebt nicht den fast gleichaltrigen jungen Mann, sondern seinen alten Vater. Die Fäden des Dramas sind schon in der ersten Szene gesponnen:

Und meine neue Mutter – hat sie mir
Nicht meines Vaters Liebe schon gekostet?
Mein Vater hat mich kaum geliebt. Mein ganzes
Verdienst war noch, sein einziger zu sein.

Doch in diese innere Trostlosigkeit des Carlos kehrt sein Freund Posa aus den Niederlanden zurück, und sie erneuern »in sprachloser Rührung« indes beredt den Freundschaftsbund. Und: Der Marquis hat einen Plan. Zuvor aber versucht Prinzessin Eboli, den scheuen Carlos zu verführen, zieht ihn auf ein Sofa, »schnellt seine Hemdkrause weg«, so Schillers Regieanweisung, und will das Hemd ihm schon öffnen, als Carlos vom Sofa hochschnellt, »mit Befremdung zurücktretend«: »Prinzessin – Nein das geht zu weit«, schleudert er ihr entgegen, versagt sich ihr. Und da, wo keine Liebe ist, blüht die Kabale. Sie täuscht ihren Verkauf an einen anderen Mann vor, und schon nimmt Carlos sie in die Arme, »voll Zärtlichkeit« gar, und er gesteht ihr Liebe, aber nicht zu ihr. »Sie also, sie war gemeint, wo ich so grenzenlos, so warm, so wahr mich angebetet glaubte«, erkennt sie in seiner Stiefmutter Carlos Geliebte. »Das fordert Rache! Der König wisse den Betrug«, und schon eilt sie hin, die Ohrenbläserin, wie Schiller früher Zuträger genannt hat, der wieder einmal auf eine Dramaturgie der Kabale und der daraus folgenden Verdächtigungen und Verwirrungen durch Missverständnisse baut.

Aber auch die politische Dimension des Konflikts vergisst Schiller nicht. Marquis Posa, der in Flandern den Kampf zwischen den spanischen Besatzern des Landes und den Rebellen erlebt hat, will Freiheit für die unterdrückte Nation und dadurch auch für die Kolonialmacht, für die Spanier selbst. In einem großen Disput zwischen ihm und dem König kommt es zum Eklat. Der König schwärmt von den blühenden Landschaften, die er in Spanien seinem Volk »in nie umwölkten Frieden« errichtet habe. »Und *diese Ruhe* gönn ich den Flamändern.« Doch Posa entgegnet:

> Die Ruhe eines Kirchhofs! Und Sie hoffen,
> Zu endigen, was Sie begannen? hoffen,
> Der Christenheit gezeitigte Verwandlung,
> Den allgemeinen Frühling aufzuhalten,
> Der die Gestalt der Welt verjüngt? *Sie* wollen
> Allein in ganz Europa – sich dem Rade
> Des Weltverhängnisses, das unaufhaltsam
> In vollem Laufe rollt, entgegenwerfen?
> Mit Menschenarm in seine Speichen fallen?
> Sie werden nicht! (…)
> Sie wollen pflanzen für die Ewigkeit,
> Und säen Tod? Ein so erzwungnes Werk
> Wird seines Schöpfers Geist nicht überdauern.

Und »mit Feuer«, so Schillers Regieanweisung, treibt der Marquis seine gewaltige Rede zu jenem sprichwörtlich gewordenen Schluss: »Geben Sie Gedankenfreiheit!« Woraufhin der König nur antwortet: »Sonderbarer Schwärmer!« Es ist die Tragik des Herrschenden, die Schiller hier auch erzählt, der in seiner Macht gefangen ist, dass er so handeln muss, wie sie ihm aufgibt, unfrei handelt, obwohl er weiß. Und so spricht der Gefangene seiner selbst »nach einem großen Stillschweigen«.

Ich ließ Euch bis zu Ende reden – Anders,
Begreif ich wohl, als sonst in Menschenköpfen,
Malt sich in diesem Kopf die Welt – auch will
Ich fremdem Maßstab Euch nicht unterwerfen
Ich bin der Erste, dem Ihr Euer Innerstes
Enthüllt. Ich glaub es, weil ich's weiß. (…)
(…) Ich habe
Solch einen Menschen nie gesehen. – Nein!
Nein, Marquis! Ihr tut mir zu viel. Ich will
Nicht Nero sein. Ich will es nicht sein – will
Es gegen Euch nicht sein. Nicht alle
Glückseligkeit soll unter mir verdorren.

Und so rät der König Posa, sich vor der Staatssicherheit, der Inquisiti-on, zu hüten, die ja das ganze Land und damit ihn selbst auch in der Hand hat. Wegen seiner freiheitsliebenden Meinung wird er Posa nicht verfolgen lassen, aber wegen den Kabalen der Liebe bald.

In Posa, den Schiller in den Briefen einen Weltbürger nennt, wie er sich selbst auch einmal einen Weltbürger genannt hat, und in seiner Idealität, die er ihm andichtet, erkennt und bildet sich Schiller auch selbst ab in einer Zeit, als er noch an republikanische Ideale glaubte.

Posa versucht nun, Carlos für seinen Plan und seine Ideale zu gewin-nen, auch im Namen ihres Freundschaftsbunds. Er soll anstelle von Alba nach Flandern mit den Truppen ziehen, aber um die dortige Frei-heitsbewegung zu unterstützen, indem er die Kolonie aus der Herr-schaftsgewalt Spaniens entlässt. Doch selbst dem Verlangen seines Sohns, das Kommando der dortigen Truppen zu übernehmen, ohne dass er natürlich sagt warum, widersetzt sich der Vater. Da schnürt Posa eine Kabale. Um Carlos vom Verdacht zu befreien, er liebe die Frau seines Vaters, spielt er dem König einen Brief zu, in dem er behauptet, er selbst liebe die Königin. Das ist für König Philipp ein Ver-gehen, das schwerer wiegt als Hochverrat, und so lässt er Posa töten. Als er zudem erfährt, dass sein Sohn Carlos in Flandern einen Aufstand anzetteln soll, übergibt er ihn in einem hochdramatischen Finale zwi-schen Carlos und der von diesem geliebten Stiefmutter dem Großin-quisitor, worauf sie ohnmächtig in die Arme ihres Stiefsohns sinkt. Der König aber gehorcht der eigenen Staatsraison, »kalt und still« übergibt er: »Kardinal! ich habe/ Das Meinige getan. Tun Sie das Ihre!«

Wieder einmal hat Schiller effekt- und affektvoll ein Drama beendet, eine Tragödie um Liebe, um Macht, um Trug und Lug und innere Verzweiflung aller, der Guten und der Bösen, der machtlosen Mächtigen und der machtlosen Idealisten.

Lockruf aus Weimar

Es nahte das Ende der Lebensepisode von Leipzig und Dresden, denn mitten in die Liebesquarantäne von Tharandt hinein war im April 1787 ein Lockruf aus Weimar an Schiller ergangen, von einer Frau, die ihn einmal in ihren Bann gezogen und ihn dem Herzog von Weimar-Eisenach nahe gebracht hatte, Charlotte von Kalb. Weimar und sie waren das neue Ziel.

Inzwischen war die Buchausgabe des »Dom Karlos Infant von Spanien« in Leipzig erschienen. Das Hamburger Schauspielhaus kündigte die Uraufführung seines neuen Schauspiels an, und selbst das Theater in Riga zeigte Interesse. Schiller indes deutete dem Hamburger Intendanten an, er werde nach Hamburg kommen, um mit ihm eine Uraufführung des Schauspiels dort zu besprechen. Um die Reise zu finanzieren, machte er erneut Schulden, denn Körner will den Rückzug des Freunds aus dem Freundschaftsbund nicht alimentieren, und so unterzeichnete er bei einem Geldverleiher einen Wechsel. All das bedeutete ein Ende und einen Neuanfang, zu dem der Dichter der Freunde nicht mehr bedurfte.

»Trennen Sie sich nicht von uns, wir können uns nicht von Ihnen trennen«, flehte Dora Stock im Namen des Freundschaftsbundes, aber auch aus eigenem Bedarf, den flüchtenden Freund an. Im Bund war Schiller immer der Fünfte gewesen, der Überzählige und Frauenlose, denn Dora Stock und Schiller kamen nicht zueinander. Auch Körner leide schon »unaussprechlich«, sei ganz unglücklich, flehte sie weiter. »Von mir spreche ich nicht, und doch leide ich um desto mehr, wenn der Gedanke an Körners Kummer nichts vermag; Dann sollen Sie nichts von meinen Tränen erfahren … Teurer Freund sagen Sie mir, wie ich es anfangen muß, um Ihr Herz zu rühren … ach wenn doch Ihr Herz sich von meinem rühren ließe.«

Schiller Herz lässt sich nicht rühren. Es ist schon auf einer anderen Spur. Am 19. Juli machen Schiller und Körner mit Minna einen langen Spaziergang nach Loschwitz, wo alles so glücklich begonnen hat, nun mit der Beschwörung, sich nie zu trennen, obwohl man sich wenige Stunden später trennen würde. Am Morgen danach folgt der Abschied, und Schiller nimmt die Kutsche, die ihn über die Elbbrücke aus der

Stadt herausbringt, nach Leipzig, wo der Dichter seinen Verleger trifft. Der überreicht ihm die Buchausgabe des »Dom Karlos, Infant von Spanien«, mit 6.282 Versen die längste Fassung des Schauspiels, die wir heute besitzen.

Am Abend des folgenden Tags trifft Schiller in Weimar ein. Goethe ist noch auf seiner italienischen Reise, der Herzog in Potsdam am preußischen Hof. Aber Charlotte von Kalb wird zugegen sein, kann ihn wieder in ihre Arme nehmen.

Siebtes Kapitel

Warten in Weimar

Es ist schon Abend, als Schiller am 21. Juli 1787 in Weimar eintrifft und ein Zimmer im Gasthaus »Zum Erbprinzen« Am Markt bezieht. Er will nur wenige Wochen bleiben, so gibt er vor, und dann weiter nach Hamburg reisen, wo sein »Carlos« uraufgeführt werden wird und man ihm eine Position als Dramaturg angeboten hat. Doch alles wird anders kommen. Sofort nach der Ankunft eilt er die wenigen Meter hinüber zu Charlotte von Kalb. Mehr als zwei Jahre haben sie sich nicht gesehen und auch nur wenige Briefe getauscht. Doch Befremdendes tritt in diesem Augenblick nicht zwischen sie, und das überrascht Schiller: »Sonderbar war es, daß ich mich schon in der ersten Stunde unsres Beisammenseins nicht anders fühlte, als hätte ich sie gestern verlassen«, berichtet er Körner am nächsten Tag. Und doch, es krampft ihm das Herz, als er sie, die er vor gut zwei Jahren verlassen hat, vor sich sieht: »Charlotte ist sich gleich geblieben, bis auf wenige Spuren der Kränklichkeit.« Sie verbringen Schillers zweiten Tag in Weimar, einen Sonntag, gemeinsam in ihrem Haus. Er erzählt von seinem Leben, das er in den vergangenen Jahren geführt hat, und erwähnt auch Henriette von Arnim, schwärmt gegenüber seiner alten Freundin von dem Dresdener Mädchen, zeigt ihr gar ein Bild. »Und es erwies, wie schön sie, wie sehr sie dieses Lobes wert sei«, wird sich Charlotte von Kalb später erinnern. Man spricht auch von gemeinsamer Zukunft, erwägt ein Arrangement zwischen dem Dichter und ihr, das sie mit ihrem Mann in einigen Wochen besprechen will. Seit gut einem Monat lebt sie zwar mit Sohn Fritz, aber ohne den Ehemann in Weimar, der sie äußerst selten nur besucht: »Herr von Kalb und sein Bruder werden im September eintreffen und Charlotte hat alle Hoffnung, daß unsre Vereinigung im Oktober zustande kommt«, meldet er Körner. Bis dahin geht er zweimal am Tag zu ihr, doch die Freundin irritiert ihn auch, denn nach kurzer Zeit fällt sie in eine kaum erklärbare stumpfe Stimmung: »Sie hat mich mit einer bangen Ungeduld erwartet … Ihre Seele hing nur noch an diesem Gedanken – und als sie mich hatte, war ihre Empfänglichkeit für Freude dahin. Ein langes Harren hatte sie erschöpft und Freude wirkte bei ihr Lähmung … Nur die Empfindung dieser Ohnmacht blieb und machte sie elend. Ihr Dasein war nur noch durch konvulsive Spannungen des Augenblicks hingehalten.« Schiller kannte noch aus der Mannheimer Zeit ihr empfindsames Gemüt, ihre seelischen Capricen, die ihn nun aber erschreckten, da diese ihm galten. Erst nach Tagen legt sich diese Ohnmacht der Gefühle, sodass Schiller Körner meldet: »Jetzt erst können wir einander etwas sein.« Gemeinsame Spaziergänge führen sie an die Ufer der Ilm und in den »Stern«, den Park zwischen Floß- und Sternbrücke. »Mit jedem Fortschritt unseres Umgangs entdecke ich neue Erscheinungen in ihr, die mich, wie schöne Partien in einer weiten Landschaft, überraschen und entzücken.«

Eine Woche nach seiner Ankunft zog Schiller in die vormalige, möblierte Wohnung der Frau von Kalb in der Frauentorstraße, in unmittelbare Nachbarschaft zu Goethe, der sich jedoch in Italien aufhielt. Sie wohnte nun in der Windischengasse, wo sie ihre Wohnung in einem Provisorium beließ, damit ihr Mann nicht gern dorthin kam. »Aus einer kleinen Bosheit vermeidet sie, in Weimar die geringste Einrichtung für häusliche Bequemlichkeit zu machen, daß ihn die Armseligkeit nach Dresden treiben soll.«

Nur wenige Schritte waren sie noch voneinander getrennt. Schnell galten sie in Weimar als ein Paar, denn sie lebten ihre wunderliche Liebe vor aller Augen. »Alles ist nur Zurüstung für die Zukunft«, schrieb Schiller wieder an Körner. »Jetzt erwarte ich mit Ungeduld eine Antwort von ihrem Mann auf einen wichtigen Brief, den ich ihm geschrieben habe.« Schiller wartete auf das Einverständnis ihres Ehemanns Major Heinrich von Kalb zu einer Zukunft mit dessen Frau. Er wird lange warten und vergeblich.

Die »Weimarischen Riesen«

Da Charlotte von Kalb die Weimarer Gesellschaft nicht nur gut kannte, sondern seit ihrer Ankunft in der Stadt zu einem Magnet in ihr geworden war, führte sie Schiller sofort in sie ein. Zwei Tage war Schiller erst in Weimar, da brachte sie ihn zu Wieland, tags drauf zu Herder, und nach einer Woche stellte sie ihn der Herzoginmutter Anna Amalia anlässlich eines Konzerts, Tees und Abendessens auf Schloss Tiefurt vor. Anna Amalia, die schon mit 19 Jahren Witwe geworden war, hatte zusammen mit ihrem Sohn Carl August viele Dichter, Maler und Musiker nach Weimar gelockt, sodass die kleine Residenzstadt mit ihren gerade einmal 6.000 Einwohnern einen Musenhof beherbergte, der in Deutschland einzigartig war.

Schiller fühlte sich betäubt von den vielen neuen Eindrücken und verspürte zugleich einen Mangel an Wissen und Bildung in den Gesprächen
mit den Größen von Weimar, konstatierte eine Beschränktheit, der er
aber »mit Fleiß und Applikation begegnen« will. »Dann werde ich das
glückliche Selbstgefühl meines Wesens rein und vollständig haben.«
Charlotte von Kalb hatte Schiller den Zutritt zum Hof und den bedeutenden Personen der Stadt leicht gemacht und ihm die ihm eigene Scheu
genommen. Mit Christoph Martin Wieland entspann sich sofort ein
äußerst herzliches Verhältnis. »Unser erstes Zusammentreffen war wie
eine vorausgesetzte Bekanntschaft«, wunderte sich Schiller. »Ein Augenblick machte alles.« Wieland schmiedete sofort literarische Pläne mit
ihm, obwohl er »Die Räuber« nicht mochte, aber: »So viel seh ich offenbar, daß er mich von den meisten schriftstellerischen Menschen unseres
Deutschlands auszeichnet und hohe Erwartungen von mir hegt«, vermerkte der Weimarer Neuankömmling, der mit seinen 27 Jahren 26 Jahre
jünger war als er. Der aus dem oberschwäbischen Biberach stammende
Christoph Martin Wieland war ein Erfolgsschriftsteller, der durch seine
Romane »Die Abderiten«, »Agathon« und »Der goldne Spiegel« sowie
sein Versepos »Oberon« berühmt geworden war. Er hatte Shakespeares
Dramen übersetzt und gab mit »Der Teutsche Merkur« eine angesehene
und bis dahin auch gewinnabwerfende Zeitschrift heraus.

Mit Gottfried Herder, fünfzehn Jahre älter als Schiller, kam es indes
nicht zu einem derart herzlichen Verhältnis. Der Generalsuperinten-
dent, von Goethe nach Weimar geholt, lebte im Schatten der Stadtkirche St. Peter und Paul und hatte kurz zuvor die beiden ersten Teile seiner »Ideen zur Philosophie der Geschichte der Menschheit« veröffentlicht, war aber mit seiner Situation in Weimar unzufrieden, fühlte sich
missachtet und eingezwängt zwischen den Amtgeschäften und den
schriftstellerischen Ambitionen. »Er fühlt sich als einen überlegenen
Kopf, von lauter untergeordneten Geschöpfen umgeben«, erkannte
Schiller nach wenigen Tagen. Herder kannte Schillers Werke nicht, aber
er empfing ihn selbst mit großer Höflichkeit. »Seine Unterhaltung ist
voll Geist, voll Stärke und Feuer, aber seine Empfindungen bestehen in
Haß oder Liebe.« Sie sprachen auch über Schillers schwäbische Vergangenheit und seine Erlebnisse mit Herzog Carl Eugen: »Er haßt ihn mit
Tyrannenhaß«, stellte Schiller befriedigt fest, aber: »Ich muß ihm
erstaunlich fremd sein, denn er fragte mich, ob ich verheiratet wäre.
Überhaupt ging er mit mir um, wie mit einem Menschen, von dem er
nichts weiter weiß, als daß er für etwas gehalten wird. Ich glaubte, er
hat selbst nichts von mir gelesen«, notierte er enttäuscht.

Der Zugang zum Hof war Schiller nicht leicht gefallen. Zum einen hatte er aus der Stuttgarter Zeit ein äußerst zwiepältiges Verhältnis zur adligen Macht. Zum anderen fühlte er sich als bürgerlicher Emporkömmling immer minderwertig, und seine Scheu im Umgang mit dem Adel bei gleichzeitiger Suche nach Anerkennung durch ihn behinderte ihn ständig. Nun also war er zu Anna Amalia nach Tiefurt geladen. Wieland versuchte ihn auf dem Weg zur Herzoginmutter tolerant gegen sie zu stimmen. »Es ging alles nach Wunsch«, konnte Schiller Körner berichten. »Wir waren zwei Stunden dort, es wurde Tee gegeben und von allem möglichem viel schales Zeug geschwatzt ... Sie selbst hat *mich* nicht erobert. Ihre Physiognomie will mir nicht gefallen. Ihr Geist ist äußerst borniert, nichts interessiert sie, als was mit Sinnlichkeit zusammenhängt, diese gibt ihr den Geschmack, den sie für Musik und Malerei und dgl. hat oder haben will.« Das behagte Schiller nicht, Sinnlichkeit als Motor von Kunst war ihm inzwischen verdächtig, auch dass sie komponierte, war ihm zuwider. Vor allem aber wunderte sich Schiller über sich selbst: »Ich weiß nicht, wie ich zu der Sicherheit meines Wesens, zu dem Anstand kam, den ich hier behauptete.« Auch Charlotte von Kalb, die den unsicheren Dichter in den ersten Weimarer Wochen nicht von ihrer Hand ließ, bestätigte ihn: »Charlotte versichert mir auch, daß ich es hier überall mit meinen Manieren wagen dürfe. Bis jetzt habe ich mich, wo ich mich zeigte, nirgends verloren«, was für Schiller viel heißt. »Charlottes Idee von mir hat mir Zuversicht gegeben, und die nähere Bekanntschaft mit diesen Weimarischen Riesen ... hat meine Meinung von mir selbst verbessert.«

Doch den Hof wird Schiller wann immer möglich meiden. Er hielt sich lieber an seine Freundin und an den neuen Freund, Wieland. Der führte ihn denn auch in den »Club« ein, den »Montagsclub«, wo Bürgerliche und Adlige miteinander disputierten, Karten spielten und Punsch tranken. Das war schon eher Schillers Welt. Zum Montagsclub traten bald noch der »Freitagsclub der Ledigen« und der Mittwochsclub für Nichtadlige, die Schiller ebenso als ständigen Gast sahen.

Aber noch war Schillers Zeit in Weimar eine des Wartens, des Wartens auf eine sichere Verbindung mit Charlotte von Kalb, auch eines Wartens auf Goethe, der immer noch in Italien weilte, und eines Wartens auf sich selbst, dass seine Zeit kommen werde. Was aber tun in der Zwischenzeit? Schiller dichtete kaum noch, kein Schauspiel war zu schreiben, auch die poetische Eingebung stockte. Nur die Historie interessierte ihn zunehmend, und so schrieb er an »Der Abfall der Niederlande«, einer Studie zur niederländischen Erhebung um die Unabhän-

gigkeit von Spanien, die durch das eigene Schauspiel des »Don Carlos«
angeregt worden war. Dieser »Carlos« war inzwischen in Hamburg am
29. August uraufgeführt worden, in Abwesenheit des Dichters. Dem
war das Theater gleichgültig geworden, litt er doch noch immer an den
unerfreulichen Ereignissen von Mannheim. Zwar hatte er dem Hamburger Intendanten Friedrich Ludwig Schröder mehrfach sein Kommen angekündigt und von ihm »die Aussöhnung meiner Muse mit der
Bühne« erhofft, doch schließlich hatte Schiller seine Neigung zum
Theater für lange Jahre verloren. Er kam nicht. Das Theater war zu
einer enttäuschten Liebe geworden.

Das Warten auf Goethe fand an dessen Geburtstag am 28. August ein
konkretes Bild, denn mit einem Feuerwerk wurde er von seinen Freunden und Bewunderern in dessen Gartenhaus gefeiert. Karl Ludwig von
Knebel, ein Intimus Goethes, hatte dazu eingeladen, denn er versuchte,
dessen Abwesenheit für sich zu füllen, indem er das Gartenhaus derweil bewohnte. Auch Charlotte von Kalb gehörte zu den Gästen, und
sie zog Schiller mit. »Wir fraßen herzhaft und Goethens Gesundheit
wurde von mir in Rheinwein getrunken«, berichtete er Körner, der ein
großer Goetheverehrer war, am folgenden Tag. Die Abwesenheit Goethes von Weimar lag als eine chimärische Gegenwart über der Residenzstadt. Und je länger Goethe im fernen Italien blieb, umso mehr
wurde er Kult. Knebel war Schiller für die quasireligiöse Verehrung das
extreme und abschreckende Beispiel: »Goethes Geist hat alle Menschen, die sich zu seinem Zirkel zählen, gemodelt. Eine stolze philosophische Verachtung aller Spekulation und Untersuchung, mit einem
zur Affektion getriebenen Attachement an die Natur und einer Resignation in seine fünf Sinne, kurz eine gewisse kindliche Einfalt der Vernunft, bezeichnet ihn und seine ganze hiesige Sekte.« Abneigung gegen
den, dessen abwesende Gegenwart er gerade mitgefeiert hat, spricht
aus Schillers Worten, auch Neid und eine Kritik an dem »Riesen von
Weimar«, dem er sich dennoch so gern nähern würde, wenn er dessen
Verachtung philosophischer Gedanken anspricht und vor allem seine
Resignation, was hier so viel wie Beschränkung auf die fünf Sinne
meint, aus denen nach Schillers Meinung auch Goethes Dichtung entsteht.
 Kurz vor Goethes Geburtstag hatte Schiller aber ein einschneidendes
Erlebnis gehabt. Er war mit Charlotte von Kalb ins nahe Jena gereist. In
den dortigen sechs Tagen war Schiller zum Kantianer geworden. Schon
Körner hatte ihn auf die Schriften des Königsberger Philosophen hin-

gewiesen, mit wenig Resonanz. Doch nun hatte ihm der Philosophieprofessor Karl Leonhard Reinhold, der den katholischen geistlichen Stand wegen einer Affäre mit einem Mädchen hatte aufgeben müssen, Kants Philosophie nahe gebracht. Schiller wohnte im Haus Reinholds, und gemeinsam las man dort einige kleinere Schriften Kants, so »Idee zu einer allgemeinen Geschichte in weltbürgerlicher Absicht«. – »Gegen Reinhold bist Du ein Verächter Kants«, schrieb Schiller an Körner, »denn er behauptet, daß dieser nach 100 Jahren die Reputation von Jesus Christus haben müsse.« Die Begegnung mit Reinhold und Kant war eine mit Folgen. Schiller wurde nicht nur ein Kantianer, der Jenaer Philosophieprofessor machte dem ehemaligen Dichter Hoffnung, er könne »noch vor dem Frühjahr« einen Ruf an die Universität erhalten. Das schmeichelte Schiller, der sich mehr und mehr als Historiker denn als Dichter verstehen wollte, doch zugleich der Dichterexistenz nicht gänzlich absagte, wenn sie ihm nur »ein angenehmes Dasein«, will sagen finanziell gesichertes, gestatte. Daran aber war nicht zu denken. »Das verfluchte Geld«, schrieb er Anfang Oktober an Huber. »Zu Ende des Monats muß ich Geld haben, weil ich da ganz auf dem Sande bin.«

Zwar hatte sich Schillers mentale Situation in den Weimarer Monaten stabilisiert, da er eine gewisse Anerkennung genoss, doch wie je konnte dem ein baldiger Absturz folgen, denn Schillers dünne psychische Haut war jederzeit verletzbar, was auch Folgen für seine physische Gesundheit hatte. »Jetzt bin ich ruhig durch die Versicherung meiner selbst, durch den Glauben an die zureichende Kraft meines Wesens«, schrieb er zwar an Huber, fügte aber hinzu: »der heftigen Erschütterung, die meine Seele ausgestanden hat, die all ihre Kräfte in ihren Tiefen bewegte, konnte mein Körper nicht ganz gewachsen sein. Ich fühle meine Gesundheit angegriffen, und mein zerrütteter Kopf schreibt meinem guten Willen eine sehr enge Grenze vor.« Hier deckte Schiller einen Grundzug des eigenen Wesens seinem intimen Freund aus der Leipziger Wohngemeinschaft auf. Die Sorge der Seele machte den Körper krank. Und der Wille, auf den Schiller so sehr setzte, um das Leben bestehen zu können, hatte nur eine begrenzte Macht. Noch aber bestand er seine Prüfung. »Aber hier prüfe ich zugleich die gründliche Stärke meines neuen Glaubens, denn selbst in dieser hypochondrischen Verfinsterung verläßt mich mein Mut nicht.«

Was war geschehen? Zwar genoss Schiller die gewisse Anerkennung, den Umgang mit den neuen Freunde und die Abende mit ihnen in den Weimarer Clubs, aber die Zukunft blieb trotz vieler Möglichkeiten ungewiss. Auch die mit Charlotte von Kalb, denn ihr Mann war noch nicht nach Weimar gekommen, um über das geplante Arrangement zu sprechen. Erhoffte Schiller gar die Scheidung des Paares und eine mögliche Heirat mit Charlotte, die ihn ja nach Weimar gelockt hatte? »Charlottes Verfassung ist dieselbe wie ich hierherkam – warum wär ich also hier gewesen?« fragte Schiller, so als ob er allein wegen ihr nach Weimar gekommen wäre. »Ich bin der Reflexionen darüber so müde geworden, daß ich dieser Materie aus dem Weg gehe«, schrieb er am 6. Oktober an Körner. Also schaute er sich auch anderweitig um, so im Mittwochsclub für Nichtadlige, wo Frauen und Männer einander zwanglos begegnen konnten, wo Schiller zwischen der berühmten Schauspielerin Corona Schröter und Carolina Christina Schmidt, Tochter eines Wirklichen Geheimen Assistenzrats, beide ledig, saß. Man spielte Whist, ein englisches Kartenspiel mit französischen Karten, »wo wir sehr lustig waren«, so Schiller an Körner, »weil man unter vielerlei Menschen von Sinn so ganz zu Hause sein kann.«

Als Charlotte von Kalb auf ihr Gut Kalbsrieth im Unstruttal gefahren war, um dort ihren Mann zu treffen, verfiel der zurückgebliebene Schiller, der sich in einem »Interims-Witwenstand« wähnte, tags drauf auf den Gedanken, eine der Töchter Wielands zu heiraten. »Das Mädchen kenne ich gar nicht, gar nicht, aber ich würde sie ihm heute abfordern, wenn ich glaubte, daß ich sie verdiene.« Schiller kennt seine Kränklichkeit, seine Schwermut, seine Empfindlichkeit, seine üblen Launen, sodass er sich nicht wirklich traut, eine Frau an sich zu binden, die ja nach Schillers Ansicht über Ehe und Häuslichkeit an ihm »kleben«, gänzlich für ihn da sein müsste. Doch welcher Frau könnte er sich zumuten? So folgerte er an Körner: »Ich werde ewig isoliert bleiben in der Welt, ich werde von allen Glückseligkeiten naschen, ohne sie zu genießen.«

Auch aus dieser Resignation spricht Schillers protestantisch pietistische Erziehung, die Verzicht predigt, und man fühlt sich erinnert an den Vater, wie er während des Essens aufstand, wenn er gerade einmal genascht hatte, es ihm gut schmeckte, und er sich den Genuss genau in diesem Moment verweigerte.

Im Herbst des Jahres reist Schiller an den Ort einstiger Einsamkeit und auch Leidenschaft zurück, nach Bauerbach. Er macht Halt in Meiningen, wo inzwischen seine Schwester Christophine lebt, die gegen den Willen des Bruders den Bibliothekar Reinwald geheiratet hat. Er bleibt einen ganzen Tag bei ihnen. Am 25. November trifft er mit Schwester und Schwager spätabends in Bauerbach ein, wird von Henriette von Wolzogen, seiner Gönnerin und einstigen versteckten Liebe, begrüßt. Auch ihre Tochter Charlotte, in die er ja verliebt war und der er einen Heiratsantrag gemacht hat, ist anwesend. Neben ihr steht nun ihr Bräutigam Friedrich Rühle von Lilienstern. Man feiert gerade den 25. Geburtstag Wilhelm von Wolzogens. Am folgenden Tag liest Schiller der versammelten Gesellschaft seinen »Don Carlos« vor, und alle hängen an seinen Lippen.

Schiller blieb eine Woche in Bauerbach und berichtete Körner: »Ich war also wieder in der Gegend, wo ich von 82 bis 83 als ein Einsiedler lebte. Damals war ich noch nicht in der Welt gewesen, ich stand sozusagen schwindelnd an ihrer Schwelle ... Jetzt nach fünf Jahren kam ich wieder ... Jene Magie war wie weggeblasen. Ich fühlte nichts. Keiner von allen Plätzen, die ehemals meine Einsamkeit interessant machten, sagte mir jetzt etwas mehr. Alles hatte seine Sprache an mich verloren.«

Und Schiller fuhr fort aufzuzählen, was seit dieser Zeit für ihn gezählt und ihn verändert hatte: »Eure Erscheinung, unsere ganze Freundschaft, ganz Mannheim mit seinen Freuden und Leiden, Charlotte, Weimar, eine ganz neue Epoche meines Lebens.« Doch also wieder Charlotte von Kalb? Aber, wie ungewiss war alles mit ihr, und keine Freundschaft? »Ein weiblicher Freund ist keiner«, stellte Schiller enttäuscht und nunmehr illusionslos fest.

Doch wie weiter? Wenige Tage später traf ihn ein unerwarteter Augen Blick im rechten Augenblick. Zwei Frauen begegneten ihm und traten in sein Leben, bis dass sein Tod sie von ihm scheiden würde.

Achtes Kapitel

Die Schwestern von Rudolstadt

Am Nachmittag des 6. Dezember 1787 reitet Schiller neben Wilhelm von Wolzogen in Rudolstadt ein. Er hat sich überreden lassen, auf seiner Rückreise nach Weimar diesen Umweg zu machen. Am frühen Morgen ist man in Ilmenau aufgebrochen, wo man von Bauerbach kommend übernachtet hat. Wolzogen hat ihm von seinen beiden »superklugen Cousinen« erzählt, die in Rudolstadt leben, die eine verheiratet, die andere nicht. Schiller ist neugierig, sie zu sehen, daher der Umweg.

Sie kommen in der Neuen Gasse unterhalb des imposanten Schlosses Heidecksburg an, nehmen Quartier in der »Güldenen Gabel«. Von hier aus sind es nur wenige Meter zu den jungen Frauen, die nicht wissen, dass ihr Cousin sie besuchen und den Dichter der »Räuber« mitbringen will. Wolzogen geht vor, hat den Mantel halb vor das Gesicht gezogen, damit man ihn nicht sofort erkennt, schlägt ihn zurück und begrüßt die überraschten Frauen, Mutter von Lengefeld, die in der Familie alle die *Chère Mère* nennen, Tochter Charlotte und die etwas ältere Caroline, die mit dem Hofrat von Beulwitz verheiratet ist. Man wohnt gemeinsam am Ende der Neuen Gasse in einem Doppelhaus mit Garten, das von Beulwitz gemietet hat. Wolzogen bittet um Erlaubnis, seinen Reisegefährten holen zu können, was ihm gewährt wird, und stellt wenige Minuten später den Damen den Dichter vor. Die sind entzückt. Vor gut drei Jahren hat man sich schon in Mannheim gesehen, indes nur flüchtig, da die drei Frauen gemeinsam mit Hofrat Beulwitz gerade im Begriff gewesen waren abzureisen, als Schiller zu ihnen trat. »Seine hohe, edle Gestalt frappierte uns, aber es fiel kein Wort, was lebhafteren Anteil erregte«, schrieb Caroline über jenen Moment. Alles ist anders jetzt. Man plaudert angeregt miteinander und am späten Abend liest Schiller, nachdem die *Chère Mère* schon zu Bett gegangen ist, seinen »Don Carlos« vor. Die beiden jungen Frauen leben im Abseits in diesem Rudolstadt an der Saale. Ihre Welt ist das Buch, ist die Literatur. Nun ist ein junger Dichter ihr Gast, ein berühmter, ein berüchtigter, doch dass er kein junger Wilder ist, haben sie schon damals in Mannheim festgestellt und sich gewundert, dass »ein so gewaltiges und ungezähmtes Genie ein so sanftes Äußeres haben könne«.

Der Abend geht zu Ende, man ist sich näher gekommen und verabredet, sich bald wiederzusehen. Wilhelm von Wolzogen liebt seine Cousine Caroline, doch da die schon verheiratet ist, hat er auch ein Auge auf Charlotte geworfen. Doch die Schwestern haben an diesem Abend nur Augen für den Dichter.

Als Schiller und von Wolzogen sich am Morgen des 7. Dezember von Rudolstadt verabschiedeten, ahnten weder sie noch die beiden jungen Frauen, was sich in den wenigen Stunden des gestrigen Tags für ihrer aller Leben angesponnen hatte. Am Abend erreichten die beiden jungen Männer Weimar. Schiller fand dort Charlotte von Kalb wieder, doch ihr Ehemann war auch zugegen.

An Körner schrieb er am folgenden Tag über seinen Besuch in Rudolstadt: »Eine Frau von Lengefeld lebt da mit einer verheirateten und einer noch ledigen Tochter. Beide Geschöpfe sind (ohne schön zu sein) anziehend und gefallen mir sehr.« Beide. Über den Besuch bei den Kalbs meldete er: »Ich weiß nicht, ob die Gegenwart des Mannes mich lassen wird wie ich bin. Ich fühle in mir schon einige Veränderung, die weitergehen kann.« Schiller wusste, eine dauernde Verbindung mit Charlotte von Kalb war unmöglich, da der Mann nicht in eine Trennung von seiner Frau einwilligte, und so nahm er innerlich Abschied von ihr, die ihn doch immer noch in der Hand hatte und von der er nicht lassen konnte. Da war die Begegnung von Rudolstadt gerade richtig gekommen, waren doch zwei andere Frauen ins Bild getreten. Und doch sprach er gegenüber Körner noch einmal von der Tochter Wielands als möglicher Braut, stellte aber resigniert fest:

»Es ist möglich, daß ein interessanteres Mädchen mir aufgehoben sein kann, aber das Schicksal lässt es mich vielleicht in 6 oder 8 Jahren finden. Nach meinem dreißigsten Jahr heurathe ich nicht mehr.«

Auf dem Pfad der Historie

So vertiefte sich Schiller in der Zwischenzeit erst einmal wieder in seine historischen Studien und seine Schrift »Abfall der Niederlande«. – »Alles macht mir hier seine Glückwünsche, daß ich mich in die Geschichte geworfen«, schrieb er weiter an Körner, fügte indes in seiner permanenten Unsicherheit hinzu, »und am Ende bin ich ein solcher Narr, es selbst für vernünftig zu halten.« Doch der Widerstreit zwischen Dichtung und Geschichte tobte in ihm, wenn er die Hinwendung zur Historie »die Idee von etwas Solidem«, die Dichtung hingegen »eine Libertinage des

Geistes« nannte. Da griff sein Freund und Mentor aus Dresden in Schillers inneren Widerstreit ein, mahnte ihn, die Dichtung nicht zu Gunsten der Geschichte aufzugeben, die für ihn eine allein interpretierende, nicht aber schaffende Aufgabe bedeute, fragte: »Willst du dich selbst zum Handlanger für die niedrigen Bedürfnisse gemeiner Menschen herabwürdigen, wenn du berufen bist über Geister zu herrschen?« Schiller reagierte ein wenig gereizt auf Körners Mahnung, »deine Geringschätzung der Geschichte kommt mir unbillig vor«, doch wohlmöglich weil er sich selbst der Gefahr bewusst war, über der Geschichte die Dichtung für immer zu verlieren. Aber die mehrjährige Qual mit dem »Carlos« hatte ihn auch zermürbt. »Für meinen Carlos – das Werk dreijähriger Anstrengung bin ich mit Unlust belohnt worden«, resümierte er, aber: »Meine Niederländische Geschichte, das Werk von 5 höchstens 6 Monaten, wird mich vielleicht zum angesehenen Mann machen.«

Schillers Hinwendung zur Geschichte war auch der Ausdruck einer inneren Krise, die zum einen von den Unwägbarkeiten seiner Gemütslage herrührt und von der seelischen Einsamkeit. »Das Abarbeiten meiner Seele macht mich müde, ich bin entkräftet durch den immerwährenden Streit meiner Empfindungen«, schrieb er in diesem sein Inneres erhellenden Antwortbrief an Körner vom 7. Januar 1788. Dabei spielte auch die Unmöglichkeit einer dauernden Bindung an Charlotte von Kalb eine Rolle und seine bis dahin vergebliche Suche nach einer Ehefrau. Diese wurde für ihn zum Inbild einer bürgerlichen Existenz, die er hoffte eher als Historiker denn als Dichter zu erlangen. »Ich muß eine Frau ernähren können«, stellte er fest, denn nun war er wieder fest entschlossen: »Noch einmal, mein Lieber, dabei bleibt es, daß ich heirate … Alle meine Triebe zu Leben und Tätigkeit sind in mir abgenutzt; diesen einzigen habe ich noch nicht versucht. Ich führe eine elende Existenz, elend durch den inneren Zustand meines Wesens. Ich muß ein Geschöpf um mich haben, das mir gehört, das ich glücklich machen kann und muß, an dessen Dasein mein eignes sich erfrischen kann«, versuchte er eine Frau als ein Remedium in seinem Leben zu beschreiben. »Ich bedarf eines Mediums, durch das ich die anderen Freuden genieße«, denn: »Du weiß nicht, wie verwüstet mein Gemüt, wie verfinstert mein Kopf ist … Eine philosophische Hypochondrie verzehrt meine Seele.«

Doch es war nicht so sehr die Verwüstung seines Gemüts aufgrund der Tatsache, dass eine Frau in Schillers Leben fehlte, die ihm ein »Medium« sein könnte, durch das er endlich das Leben genießen könne, und die so an ihm »klebe« und ihn an die Hand nehmen und durchs Leben führen könne. Grund war auch, dass Schiller als Dichter nicht mehr weiterwusste. Da erschienen ihm die Historie wie auch eine mögliche Frau als Rettungsringe im Strudel des Lebens. In demselben Brief an Körner schrieb er nämlich auch, dass die Geschichte ihm einen »Stoff« gebe, in dem »gewisse Bedingungen vorgeschrieben sind«. Hingegen mache »die uneingeschränkteste Freiheit«, die der Dichtung nämlich, alles »verwickelter«, da nämlich »die Erfindungen unserer Imagination bei weitem nicht die Autorität und den Credit bei uns gewinnen, um einen dauerhaften Grundstein zu einem solchen Gebäude abzugeben, welche uns Fakta geben«. Hieraus spricht auch eine Furcht Schillers gegenüber der Berechenbarkeit und der Abrufbarkeit der Imaginationskraft.

In den »Räubern« und auch in »Kabale und Liebe« hatte Schiller zwar auf Erzählungen und Momente wahrer Begebenheiten zurückgegriffen und dann seiner dichterischen Imaginationskraft Lauf gelassen, im »Fiesco« aber und vor allem im »Carlos« hatte er sich auf wirkliche Historie gestützt, war aber in der Fortführung der Handlung, die auf Erfindung beruhen musste, immer wieder in Schwierigkeiten und dichterische Absencen geraten. Schiller war kein Dichter, der, wie Wieland etwa, seiner Imaginationskraft vertrauen konnte, die ein Gedicht, einen Roman, ein Schauspiel heraussprudeln ließ. Er brauchte fast immer ein geschichtliches Ereignis oder eine schon vorhandene Chronik, um dichten zu können.

Vorerst hielt Schiller sich an die Sicherheit der historischen Fakta und setzte sich an die Schrift über den »Abfall der Niederlande«, die er im Laufe des Jahres 1788 beenden würde. Auch suchte er weiter eine Frau zum Heiraten, betonte gegenüber Körner aber, dass es da noch keine Fakta gäbe: »Glaube nicht, daß ich gewählt habe … Halte mich nicht im geringsten für gefesselt, aber fest entschlossen es zu werden.« Und er resümierte noch einmal seine bisherige Suche: »Ich bin jetzt, ein isolierter fremder Mensch, in der Natur umhergeirrt, und habe nichts als Eigentum besessen. Alle Wesen, an die ich mich fesselte, haben etwas gehabt, das ihnen teurer war als ich, und damit kann sich mein Herz nicht behelfen« und meinte damit nicht nur Charlotte von Kalb. »Ich sehne mich nach einer bürgerlichen und häußlichen Existenz und das ist das einzige was ich jetzt noch hoffe.«

Doch auch über Schillers Brautsuche kam es zum Streit mit dem fernen Freund und Mentor, wie auch weiterhin über seinen Abschied vom Dichter Schiller. Körner riet ihm nicht nur ab, jetzt eine Frau zum Heiraten zu suchen, vor allem erinnerte er ihn an die Berufung zum Dichter, nannte seine Einstellung zur schriftstellerischen Tätigkeit »schrecklich prosaisch« und meinte damit gewöhnlich bieder. »Also keine Spur mehr von jenen Ideen über Dichterwert und Dichterberuf, über die wir längst einverstanden waren?«, fragte er erschrocken und indigniert und versuchte dem Freund einzureden: »Als Dichter hast Du Sprache, Kunstfertigkeit, Phantasie vor Tausenden voraus. Als Geschichtsschreiber stehest Du Tausenden in allem nach, was vieljähriges Studium erfordert.« Schiller solle lieber wie beim »Carlos« Geschichte und Philosophie für die Dichtkunst nutzbar machen. Körner ging auch auf dessen Klage über seine mangelnde Erfindungsgabe ein und kam so wie er meinte zum »eigentlichen Punkte unseres Streits«, da er ihn treffend analysierte: »In den ersten Augenblicken erschöpft sich Deine Phantasie durch Idealisieren. Auf diesen Zustand folgt Erschlaffung und Leere, besonders wenn die Wirklichkeit Deinen Erwartungen nicht entspricht. Alsdann bis Du weniger empfänglich für kleinere Genüsse. Du fühlst eine Unbehaglichkeit und glaubst die Ursache davon in Deinen äußeren Verhältnissen zu finden. Aber sie ist in Dir selbst.«

Schiller war getroffen von dieser Seelen-Analyse, erkannte er sich doch darin wie in einem Spiegel. »Antworten kann ich Dir auf Deinen Brief nicht«, antwortete er Körner und verteidigte sich doch in mehreren knappen Punkten: »Ich muß von der Schriftstellerei leben, also auf das sehen, was einträgt.« Weiter fügte er an, dass er nur in entsprechender Laune dichten könne, diese aber nicht zur »Entscheiderin meiner Bedürfnisse machen« könne, und: »Meine Kenntnisse sind wenig. Was ich bin, bin ich durch eine, oft unnatürliche Spannung meiner Kraft«, er meinte damit die tägliche mühsame Arbeit. »Aber am Ende eines historischen Buchs habe ich Ideen erweitert, neue empfangen – am Ende eines verfertigten Schauspiels vielmehr verloren.« Fazit für Schiller war: »Weil aber die Welt das *Nützliche* zur höchsten Instanz macht, so wähle ich einen Gegenstand, den die Welt auch für nützlich hält. Meiner Kraft ist es eins und soll es eins sein – also entscheidet der Gewinn.« Nach dieser bedeutsamen Kontroverse war die Entscheidung für die nächsten Jahre getroffen. Schiller wollte nicht mehr Dichter sein.

Am 24. Januar 1788 übersandte Schiller den ersten Teil der »Geschichte des Abfalls der vereinigten Niederlande von der spanischen Regierung« an den Verleger Göschen nach Leipzig. Schiller war damit auch in aller Öffentlichkeit Historiker geworden.

Karneval in Weimar

Einige Tage später, man feierte Karneval in Weimar, traf er auf einem Maskenball die unverheiratete der beiden Schwestern von Rudolstadt, Charlotte von Lengefeld, bei einem Maskenball wieder. In den kommenden drei Monaten werden sie sich häufig sehen. Sie werden sich näher kommen. Charlotte war von ihrer Mutter nach Weimar geschickt worden, damit sie sich dort mit Unterstützung von Charlotte von Stein auf eine Stellung als Hofdame vorbereiten konnte.

Doch kaum begab sich Schiller in den Schatten einer Frau, so hegte er schon eine Furcht: »Bittet Gott, daß ich mich nicht ernsthaft verplempere«, schrieb er an Körner und betonte, »eine Frau habe ich noch nicht«, fühlte sich aber zu der blassen, jungen adligen Frau aus Rudolstadt hingezogen. Wann immer es möglich und schicklich war, sahen sie sich oder tauschten kleine Briefe aus: »Eben zieht mich ein Schlitten ans Fenster und wie ich hinaussehe, sind Sie's. Ich habe Sie gesehen, und das ist doch etwas für den Tag«, versuchte sich Schiller in verkappten Liebeserklärungen. Oder er gab ihr ein Buch zu lesen, wie Henry Fieldings Roman »Tom Jones«, in dem es auch um die Liebe einer Frau geht, die Standesunterschiede negiert, was nicht nur eine versteckte Anspielung auf ihre Situation war, er versteckte darin auch noch ein Billett. Und er schrieb wie in jener Zeit üblich Verse in ihr Stammbuch:

Ein blühend Kind, von Grazien und Scherzen
Umhüpft – so, Freundin, spielt um dich die Welt,
Doch so, wie sie sich malt in deinem Herzen
In deiner schönen Seele Spiegel fällt,
So ist sie nicht.

Hart fällt die letzte Zeile über die Idylle. Will er der jungen Frau damit sagen und zugleich ihre wohlmöglich naive Sicht der Welt erschüttern, wie erfahren er und wie leidgeprüft er im Gegensatz zu ihr schon ist und sich so auch als Mann von Welt erweisen?

Kunde von seiner Nähe zu Charlotte von Lengefeld drang auch zu Körner nach Dresden, der ihm in leicht vorwurfsvollem Ton schrieb: »Du scheinst uns Deine Heiratsabsichten nach und nach beibringen zu wollen. Aber sorge nicht, dass wir darüber zu sehr erstaunen.« Sicher mochte Schiller an Heirat denken, denn er sah in Charlotte von Lengefeld eine hingebungsbereite Frau, so wie Schiller sich eine Ehefrau ja vorstellte, doch noch hatte er Furcht, seine Gefühle und seine Zeit zu

»verplempern«. Auch war sie war von Adel, und einer Heirat mit einem Bürgerlichen würde ihre Mutter sicher nicht zustimmen. So konnte Schiller Körner antworten: »Du tust, als ob Du wüßtest, ich habe hier eine ernsthafte Geschichte, zu der ich Euch nach und nach vorbereiten wolle, und Du sagst, Du hättest sie aus einer guten Quelle. Glaube mir, Deine Quelle ist schlecht, und ich bin von etwas wirklichem dieser Art so weit entfernt, als nur jemals in Dresden.« Schiller vermutete Charlotte Kalb, über deren »Despotismus« er sich einmal bei Körner beklagt hatte, als »Quelle«. Eifersüchtig wachte sie über seinen Umgang mit anderen Frauen, doch Schiller meinte nun: »Charlotte selbst, die mich fein durchsieht und bewacht, hat noch gar nichts davon geahnt.«

Und doch: Als Charlotte von Lengefeld nach zwei Monaten ihren Abschied von Weimar ankündigte, gestand er ihr: »Sie werden gehen, liebstes Fräulein, und ich fühle, daß Sie mir den besten Teil meiner jetzigen Freuden mit sich hinwegnehmen.« Er äußerte den Wunsch, ihr »etwas sein zu können«, was er ihr indes schon war. Sie vereinbarten, Schiller solle sie und ihre Familie im Sommer in Rudolstadt für mehrere Tage besuchen, und sie versprach, ihm eine Unterkunft zu suchen.

Kaum war sie weg, schickte er ihr am 11. April einen Brief hinterher: »Was für schöne Träume bilde ich mir für diesen Sommer.« Eine vage Hoffnung auf eine gemeinsame Zukunft tauchte in ihm auf: »Könnte ich hoffen, daß von der Glückseligkeit Ihres Lebens ein kleiner Anteil auf meine Rechnung käme, wie gern entsagte ich manchen Entwürfen für die Zukunft, um des Vergnügens willen, Ihnen näher zu sein.«

Noch war allerdings Gegenwart, und in der trieb Schiller seine Geschichtsstudien weiter. Doch auch ein Rückfall in die Dichtkunst hatte ihn überrascht, und so schrieb er das Gedicht »Die Götter Griechenlands«, nachdem Wieland ihn dringlich um einen Beitrag für den »Merkur« gebeten hatte, sodass er das Gedicht »in Angst« innerhalb weniger Tage verfasste. Immerhin konnte er seinem Mentor Körner vermelden: »Angenehm wird's Dir zu hören sein, daß ich mich aus dem Schulstaub meines Geschichtswerks auf etliche Tage losgerüttelt und mich ins Gebiet der Dichtkunst wieder hineingeschwungen habe.« Dabei entdeckte Schiller, der ja inzwischen an seiner poetischen Begabung zweifelte, erleichtert, »daß meine Muse noch nicht mit mir schmollt.«

Das Gedicht stellte die Frage nach der Autonomie der Kunst und fragte weiter: Gibt es auch in der Gegenwart für die reine Schönheit eine Möglichkeit zu existieren oder war das nur im Zeitalter der Griechen gegeben? Kaum war das Gedicht im »Merkur« erschienen, löste es eine Literaturdebatte aus, die teilweise zu einem Literaturstreit eskalierte. Knebel meinte in einem Beitrag für die nächste Nummer des Merkur, nur die Antike selbst habe derlei hervorgebracht und jede Wiederbelebung des antiken Geists sei ein anachronistischer Versuch. Friedrich Leopold Graf zu Stolberg, wie Knebel selbst ernannter Experte antiker Dichtung, schrieb in »Gedanken über Herrn Schillers Gedicht« in der Zeitschrift »Deutsches Museum«: »Ich sehe wohl das poetische Verdienst dieses Gedichts ein, aber der wahren Poesie letzter Zweck ist nicht sie selbst.« Schiller antwortete Stolberg nicht öffentlich, aber meinte zu Körner: »Ich bin überzeugt, daß jedes Kunstwerk nur sich selbst, d. h. seiner eigenen Schönheitsregel Rechenschaft geben darf, und keiner anderen Forderung unterworfen ist.«

Doch dieser »Rückfall« Schillers in die Poesie wird zunächst nur Episode bleiben. Schiller bestand auch gegenüber Körner auf seinem Bestreben, Historiker zu werden: »Die Geschichte ist ein Feld, wo alle meine Kräfte ins Spiel kommen, und wo ich doch nicht immer aus mir selbst schöpfen muß«, was ihn erleichterte. Weiter führte er an, »daß kein Fach so gut dazu taugt, meine *ökonomische Schriftstellerei* darauf zu gründen, sowie auch eine gewisse Art von Reputation, denn es gibt auch einen *ökonomischen Ruhm*«.

Erst einmal aber nahm Schiller Mitte Mai Urlaub von sich selbst, von seiner Einsamkeit und von den Surrogaten des Glücks. Im Januar hatte er an Huber geschrieben: »Was ist jetzt mein Zustand oder was war er? Eine fatale Kette von Spannung und Ermattung, Opiumschlummer und Champagnerrausch.«

Er würde das Glück in der Wirklichkeit von Rudolstadt suchen im Schatten junger Frauen.

Neuntes Kapitel

Langer Sommer in Rudolstadt

Manche Sommer dauern sechs Monate. Schillers Zeit in Rudolstadt zwischen Mai und November 1788 gehörte zu den raren glücklichen Phasen in seinem Leben, sodass er den Sommer bis in den späten Herbst hinein verlängerte, vielleicht gar dort geblieben wäre, hätte man ihn nicht sacht wieder hinauskomplimentiert. Doch auch hier blieb er nicht von seinen inneren Widersprüchen verschont, schleppte Krankheiten und Selbstzweifel mit. Bisher hatte er diese mithilfe allerlei Drogen besänftigt, hier aber wurden sie durch die Gegenwart zweier Frauen, die ihn liebten und die er daher auch liebte, gemildert.

In Rudolstadt deutete sich eine Zukunft an der Seite einer Frau fürs Leben an. Nur mit welcher der beiden Schwestern Lengefeld?

Schon Ende April hatte Charlotte von Lengefeld für den Dichter eine Wohnung angemietet, nicht in ihrer Nähe, sondern wegen der Schicklichkeit auf der anderen Seite der Saale, in dem Dorf Volkstedt beim Kantor Unbehaun. Schiller kündigte Körner an: »Sobald der Frühling einmal dauerhaft sein wird, zieh ich in die Einsamkeit aufs Land; mein Kopf und mein Herz sehnen sich danach«, und Körner fragte: »In deinem Sommeraufenthalt wird Dir's nicht an Vergnügungen fehlen. Ist auch ein Interesse des Herzens dabei?« Schiller konnte das nicht leugnen, antwortete aber nicht.

Charlotte von Kalb hatte mit ihrem Mann Weimar Mitte Mai verlassen und war auf ihr Gut Kalbsrieth gefahren. Wenige Tage später entschloss sich Schiller, Weimar ebenfalls zu verlassen, und zwar in südliche Richtung nach Rudolstadt. Am 19. Mai kommt er gegen 21.30 Uhr dort an, mietet sich wie ein halbes Jahr zuvor im Gasthof zur »Güldenen Gabel« ein, schickt sogleich eine Nachricht an die Familie Lengefeld, aber die empfängt ihn an diesem Abend nicht mehr. Am Morgen darauf sieht er die beiden Schwestern wieder und gegen Mittag, das Gepäck wird vorgeschickt, geht er zu Fuß die Saale aufwärts und erreicht, als er die Saale überquert hat, am Ende einer Straße sein Sommerquartier beim Kantor Unbehaun. Schräg gegenüber liegt eine Porzellanfabrik, denn Rudolstadt mit seiner Umgebung ist seit kurzem ein Zentrum dieser neuartigen Manufakturen.

Nach einer Woche, in der er nachmittags Gast der Familie Lengefeld war, zwischen Caroline und Charlotte gesessen und mit Caroline über

Literatur und Philosophie, bisweilen auch über das Leben geplaudert hatte, meldete er Körner: »Seit acht Tagen bin ich hier nun in einer sehr angenehmen Gegend, eine kleine halbe Stunde von der Stadt entfernt und in einer sehr bequemen, heitern und reinlichen Wohnung.« Zugleich zerstreute er Körners Befürchtungen vorsorglich, nachdem er von den beiden Frauen berichtet hatte: »Doch werde ich eine Anhänglichkeit an irgend eine einzelne Person sehr ernstlich zu vermeiden suchen.« Und Schiller wüsste auch nicht, welche von beiden er sich näher fühlte. Oder doch? An demselben Tag schrieb er nämlich einen Brief an eine einzelne Person, an Caroline: »Es war ein gar lieblicher, vertraulicher Abend, der mir für diesen Sommer die schönsten Hoffnungen gibt.«

Hatte er gewählt, welcher der beiden jungen Frauen er sich zuneigen würde? Caroline, die mit Hofrat von Beulwitz per Konvenienz und unglücklich verheiratet war, die herzlichere, geistvollere und nahbarere der Schwestern, oder Charlotte, die scheu, dezent und zurückhaltend kühl war, schweigend den Gesprächen zwischen ihrer Schwester und dem Dichter folgte? Oder lag die Hinwendung zu der einen auch daran, dass um Charlotte ein anderer Gast der Familie buhlte? Karl Ludwig von Knebel war auch aus Weimar hinübergekommen. Er liebte junge Frauen, die aber selten ihn, und doch machte er ihnen wie nun Charlotte den Hof. »Heute früh ist Knebel fort«, schrieb Charlotte Schiller nach Volkstedt, nachdem er am Tag zuvor in einem Anflug von Eifersucht nicht in ihr Haus gekommen war. Nun konnte der Sommer zu dritt beginnen.

Man machte gemeinsame Spaziergänge durch die Saaleauen oder nach Cumbach, wo sich die fürstliche Orangerie mit Gewächshaus und Park befand, unternahm gar einen Ausflug zur Schwarzburg, wo einst die Fürsten von Schwarzburg-Rudolstadt residierten, bis sie in die Burg Heidecksburg übersiedelten, die hoch über Rudolstadt liegt. Oder man zog zur Ruine der Burg Greifenstein, von der Schiller schwärmte: »Ich wünschte nur einen Tag hier zuzubringen und mich ganz in die alte Ritterzeit hineinzuträumen.« Und man besichtigte die Glockengießerei des Johannes Mayer, wo der Dichter die Anschauung hatte, die ihn zehn Jahre später das »Lied von der Glocke« dichten ließ.

Es waren glückliche Tage zwischen den beiden Frauen, wenn sich nicht mehrfach Schillers Anfälligkeit für Krankheiten eingemischt hätte. Schon nach zehn Tagen lag er mit Fieber und Schüttelfrost darnieder: »Ich kann sie heute wieder nicht sehen, und die Ursache ist fast so schlimm wie die Folgen«, schrieb er an die Schwestern: »Mein Kopf ist ganz hin. Ein heilloser Zustand.« Doch Schiller genoss auch, dass man sich um ihn kümmerte. Die beiden Frauen ließen dem Kranken Aprikosen und Lektüre schicken, ein Besuch schickte sich zwar nicht, doch sie umsorgten ihn dennoch. Zwei Wochen war er krank und Anfang August erneut, als er vom frühen Tod seiner Freundin und Gönnerin Henriette von Wolzogen erfuhr, die an Brustkrebs gestorben war. Um sich die langen Wege in der abendlichen Kühle zu ersparen und keine Erkältung zu riskieren, verließ Schiller das Haus in Volkstedt, zog in der Schwestern Nähe. »Wir sind einander hier notwendig geworden, und keine Freude wird mehr allein genossen«, berichtete er dem fernen Freund nach Dresden.

Doch Schiller nutzte die Ruhe und Geborgenheit von Rudolstadt auch zur täglichen Arbeit. Morgens schrieb er am zweiten Teil seiner »Geschichte des Abfalls der vereinigten Niederlande« oder an einer der Rezensionen, die er für eine Gothaer Zeitung zu verfassen hatte, so über Goethes »Egmont« und über die Memoiren des italienischen Theaterdichters Carlo Goldoni. Doch er berichtete Körner auch: »Ich arbeite fleißig an dem Plan zum Menschenfeind«, der ein neues Schauspiel werden sollte, aber über den Plan und einige Szenen nie hinauskommen wird. Weniger fleißig, eher widerwillig schrieb er an der Erzählung »Der Geisterseher« weiter, deren erster Teil ein großer Erfolg bei den Lesern war und die auf eine Fortsetzung hofften. Eine andere Erzählung ist hingegen die Frucht dieser Tage, »Herzog von Alba bei einem Frühstück auf dem Schlosse zu Rudolstadt im Jahr 1547«, in der er ein lokales geschichtliches Ereignis zu Literatur machte, indes nur dessen Ausgang anders gestaltete, als die Historie es vorgab. Der Historie völlig verpflichtet fühlte sich der selbst ernannte Historiker Schiller in der Anekdote »Die Jesuitenregierung von Paraguay«, die er in einem Buch aus der Bibliothek eines Freundes der Familie Lengefeld gefunden und fast wörtlich daraus übernommen hatte.

Doch zugleich störte die konzentrierte Arbeit an Dichtung und Historie Schiller, hinderte sie ihn doch daran, den Sommer wirklich zu genießen. »Ich fange an, diese Arbeit satt zu werden ... Überhaupt ist es keine Arbeit für die schöne Jahreszeit«, gestand er Körner, dem er regelmäßig zu berichten hatte. Schiller wäre nicht Schiller, überwältigte ihn nicht auch in der schönen Jahreszeit und in der schönen Gegend von Rudolstadt wie auch in der Gegenwart zweier anziehender Frauen eine Krise. »Mein unruhiger Geist ist der Darstellung nicht empfänglich«, schrieb er und meinte die Dichtung. »Ich bin mir selbst zu gegenwärtig ... Die Zeiten sind nicht mehr, wo ich auf ein einziges

Objekt alle meine Kräfte zusammenhäufe.« Und er gab Gründe an für die innere Zerstreuung: »Herz und Kopf jagen sich bei mir immer und ewig, ich kann keinen Moment sagen, daß ich glücklich bin, daß ich mich meines Lebens freue«, und freute sich dessen doch und war doch in Rudolstadt glücklich wie selten, aber er gönnte sich das Glück nicht und verfiel darob in Unglück. »Du wirst fragen, was ich denn eigentlich will«, fragte er Körner und gab Antwort: »Das weiß ich selbst nicht.«

Was er aber wusste, war, dass er immer noch unfähig zum Genuss von Glück war. »Hier habe ich viele gesellige Freuden schon genossen; aber da ich mich wieder losreißen muß, so verdirbt mir ein Gedanke an die Zukunft den augenblicklichen Genuß.«

Selten in seinem bisherigen Leben war Schiller so sehr Mittelpunkt des gesellschaftlichen Treibens wie in dieser Kleinstadt an der Saale. Alle kannten ihn als Dichter, und das Haus von Beulwitz war ein offenes Haus, in dem man ein und aus ging, die Bürger der Stadt, der Adel und selbst der Erbprinz, die alle auch kamen, um den »Räuber-Dichter« zu sehen. Bei gutem Wetter saß man im Garten oder in dem grün bedachten Pavillon, amüsierte sich, plauderte, stritt, spielte Karten, spielte Theater, so ein Schauspiel Voltaires, und man sang und trank gern. »Es wurden fröhliche Lieder gesungen und Punsch getrunken«, ist im Tagebuch des Prinzen zu lesen. Schiller berichtete Körner: »Die Prinzen sehe ich oft bei Lengefelds; der Erbprinz, der zwanzig Jahre ist, hat viel Gutes und ist sehr bescheiden … Der junge Erbprinz hat eine Zeichnung aus dem ›Geisterseher‹ gemacht, die nicht übel geraten ist. Er zeichnet für einen Prinzen ganz gut.« Der Dichter hatte seine Erzählung vorgelesen, jeden Tag ein anderes Kapitel, und der Prinz hatte eine Szene daraus gezeichnet. Oder man sang gemeinsam Schillers »Ode an die Freude« in der Vertonung Körners. Im August erhielt der Dichter eine besondere Auszeichnung. Er besuchte mit den beiden Schwestern das Rudolstädter Vogelschießen, ein vierwöchiges Volksfest, das auf dem Saaledamm mit Trinkgelagen, Bratwurstbuden, Tanz, Musik und eben einem Vogelschießen stattfand. Dort wurde er von Fürst Ludwig Günther II. zum Ehrenmitglied der Rudolstädter Schützengilde ernannt.

Unerhörte Ereignisse:
Zwei Frauen, die Antike und Goethe

In Weimar war man verdutzt, dass Schiller länger als vorgesehen weg-
blieb und keine Absicht äußerte zurückzukehren. Es kam zu Gerüch-
ten. So schrieb Wieland an ihn: »Man glaubt hier, Sie amüsierten sich
sehr gut in Ihrer Retraite und legt einen Teil des Verdiensts, Ihnen dieses Secessum angenehm gemacht zu haben, auf die schönen oder doch
auf eine schöne Rudolstädterin.«

Nein, entscheiden konnte er sich nicht, für die eine oder die andere.
So schrieb er an Charlotte, als er in ihre Nähe gezogen war: »Mein
Logis hätte gar keinen Fehler, wenn es Ihnen gegenüber wäre. Ich
brächte den Spiegel in meinem Zimmer an, daß mir Ihr Bild gerade vor
meinem Schreibtisch zu stehen käme, und dann könnte ich mit Ihnen
sprechen, ohne dass es ein Mensch wüßte.« War Schiller aber mit Caroline allein im Haus, so offenbarte sie ihm ihre Zuneigung, und er
genoss sie. »Sie haben mir gestern viel Freude gemacht ... Wir können
einander das bißchen Leben und Dasein recht angenehm durchbringen
helfen, das finde ich mit jedem Tag mehr ... Wie glücklich bin ich durch
Ihren Umgang, und wie viel wird er mir jeden Tag«, schrieb er ihr nach
einem solchen intimen Abend und schloss diese beinahe Brautwerbung
an eine verheiratete Frau: »Es ist eine notwendige Bedingung meiner
Glückseligkeit, mich als den Teil eines andern ganzen zu fühlen ... Ich
wollte, daß ich Ihnen meine ganze Seele übertragen könnte.«

Mal war es Caroline, mal war es Charlotte, der er sich näher fühlte,
sodass Schiller mit Recht an Körner schreiben konnte, dabei aber seine
wirkliche Gefühlslage camouflierte: »Es war recht gut getan, daß ich
mich gleich auf einen vernünftigen Fuß gesetzt habe, und einem aus-
schließlichen Verhältnis so glücklich ausgewichen bin.« So konnte er es
auch sagen, denn, da er sich nicht entscheiden konnte zugunsten einer
der beiden Schwestern, wuchs die Idee heran, ein Leben zu dritt zu
führen, zwei Frauen und er in ihrer Mitte, gut aufgehoben und behütet,
zwischen der praktischen, stillen Charlotte und der geistreichen, erotischen Caroline. Das war das eine Ereignis dieses Sommers, der nicht
enden sollte.

Das zweite Ereignis dieser Sommermonate war für Schiller die vertiefte Hinwendung zur klassischen antiken Dichtung, woran auch die
beiden Frauen Anteil nahmen. Gemeinsam las man Homer, die Odys-
see in der Versübersetzung von Johann Heinrich Voß, die Ilias in der
Prosaübertragung von Friedrich Leopold zu Stolberg. »Ich lese jetzt

fast nichts als Homer … In den nächsten zwei Jahren, habe ich mir vorgenommen, lese ich keine modernen Schriftsteller mehr«, verkündete Schiller seinem Freund Körner, hoffte, die Lektüre der Alten gebe ihm selbst »vielleicht Classicität«. Auch die Doppelbiographien antiker Gestalten des Plutarch, die ihn schon in der Jugend begeistert hatten, nahm er erneut zur Hand. Dazu trat noch die Lektüre der Dialoge und Burlesken Lukians in der Übertragung Wielands und der »Iphigenie in Aulis« des Euripides, die das Trio im Vergleich mit der Iphigenie Goethes las und besprach. Schon in seinem Gedicht »Die Götter Griechenlands«, das im Märzheft des »Merkur« nun erschienen war, hatte sich Schiller der Antike zugewandt, diese als ein Sehnsuchtsziel besungen.

Da ihr noch die schöne Welt regieret,
An der Freude leichtem Gängelband
Glücklichere Menschenalter führtet
Schöne Wesen aus dem Fabelland!
Ach! da euer Wonnedienst noch glänzte,
Wie ganz anders, anders war es da!

Diese Zeile des »Ach« als eine trauernde Rückbesinnung auf eine Zeit, in der alles besser schien, ist eine typische Idealisierung Schillers, aus einer unbestimmten Sehnsucht geboren, einer Sehnsucht, die nicht nur Schiller eigen war. Pure Schönheit als Ideal des Lebens war seit den Schriften Johann Joachim Winckelmanns über die Antike vielen Künstlern und Dichtern des ausgehenden 18. Jahrhunderts zum eigenen Lebens- und Schaffensideal geworden und begründete jenen Klassizismus, der bald alle Künste prägen sollte.

»Schöne Welt, wo bist du? Kehre wieder«, heißt es zu Beginn einer der letzten Strophen des Gedichts. Für Augenblicke war sie wiedergekehrt in dem »Feenland der Lieder«, in der Lektüre der alten Dichter inmitten der Frauen, in einer Landschaft, die Schiller in diesen Wochen und Monaten zuweilen wie ein antiker Paradiesgarten, wie eine Arcadia, vorgekommen sein musste.

Am 7. September 1788 kam es dann in der Rudolstädter Idylle zu einem weiteren, einem unerhörten Ereignis, auf das Schiller und mit ihm sein ferner Freund Körner schon lange gewartet hatten, das dann aber enttäuschend verlief. Schillers Begegnung mit Goethe.

Charlotte von Lengefeld hatte alles eingefädelt. Sie war in Kochberg unweit von Rudolstadt gewesen, wo Charlotte von Stein, ihre Patentante, ein Landschloss ihr Eigen nannte. Dort hatte sich Goethe vor seiner Reise nach Italien oft mit Frau von Stein aufgehalten und jetzt nach seiner Rückkehr wieder einmal. Charlotte von Lengefeld war schon seit fünf Tagen Gast auf Kochberg, als Goethe zusammen mit Caroline Herder, Charlotte von Schardt, Fritz von Stein und dessen Vater dort auftauchte. Goethe erzählte von seinen Italienerlebnissen, Frau von Lengefeld aber dachte an ihren Schiller und hatte einen Plan. Sie lud Goethe für den folgenden Sonntag in ihr Haus nach Rudolstadt ein, woraufhin sie vorab dorthin zurückkehrte, von Schiller das Märzheft des »Merkur« mit dem Gedicht von den Göttern Griechenlands erbat, um es bei Goethes Besuch sichtbar zu platzieren.

Am Sonntagmorgen trifft Goethe mit Charlotte von Stein, deren Mann und Sohn, den Damen Herder und von Schardt in der Neuen Gasse von Rudolstadt ein und wird von der *Chère Mère*, Hofrat von Beulwitz mit Frau Caroline und von Charlotte begrüßt. Zum Mittagessen lädt man noch die Familien von Ketelhodt und von Gleichen ein. Auch Friedrich Schiller bittet man dazu, stellt ihn Goethe vor. Man sitzt bei Tische, lauscht Goethes Erzählungen aus Italien und seiner Schwärmerei für die Malerin Angelika Kauffmann, die ihm in Rom ein naher Halt war. Nach dem Essen begibt sich die Gesellschaft in den Garten. Dort liegt das Merkurheft mit Schillers Gedicht wie zufällig, aber gut sichtbar auf einem Tisch. Goethe blättert darin, stößt auf das Gedicht, bittet darum, das Heft ausleihen zu können, wird es nach Weimar mitnehmen. Mehr nicht. Weniger auch nicht. Goethe reist wieder ab.

»Unsere Bekanntschaft war bald gemacht und ohne mindesten Zwang; freilich war die Gesellschaft zu groß und alles auf seinen Umgang zu eifersüchtig, als daß ich viel allein mit ihm hätte sein können«, berichtete Schiller Körner, der dessen Bekanntschaft mit Goethe fast mehr entgegengefiebert hatte als dieser selbst. Daher hatte er den Brief auch so begonnen: »Endlich kann ich dir von *Göthen* erzählen, worauf Du wie ich weiß sehr begierig wartest.«

Schiller aber war wie die Schwestern Lengefeld enttäuscht darüber, nicht näher und zukunftsträchtiger mit dem »Riesen von Weimar« bekannt geworden zu sein. Goethe aber sah in Schiller nur den Dichter der »Räuber« und der war ihm fast so verhasst wie der Dichter Wilhelm Heinse, den er einmal in einem Atemzug mit Schiller nannte und deren beider Literatur ihn »äußerst anwiderte«. Für ihn war Schiller ein Dichter, der »die ethischen und theatralischen Paradoxien, von denen ich mich zu reinigen gestrebt, recht in vollem hinreißenden Strome über das Vaterland ausgegossen hatte.« Es sollte noch einige Jahre dauern, bis Goethe Schiller als Dichter und Menschen akzeptieren würde.

»Sein erster Anblick stimmte die hohe Meinung ziemlich tief herunter, die man mir von dieser anziehenden schönen Figur beigebracht hatte«, schilderte der etwas indignierte Schiller seinerseits den berühmten Kollegen in seinem Brief an Körner: »Er ist von mittlerer Größe, trägt sich steif und geht auch so, sein Gesicht ist verschlossen, aber sein Auge sehr ausdrucksvoll, lebhaft, und man hängt mit Vergnügen an seinem Blick.« Schiller sprach zwar weiter von Goethes lebendiger und anschaulicher Art zu erzählen, besonders von seiner Schilderung Italiens, wo man in »*gegenwärtigen Genüssen*« lebe, was Schiller besonders beeindruckt zu haben schien, da er selbst dazu ja kaum fähig war, resümierte dann aber: »Im ganzen genommen ist meine in der Tat große Idee von ihm nach dieser persönlichen Bekanntschaft nicht vermindert worden, aber ich zweifle, ob wir einander je sehr nahe rücken werden.« Und Schiller legte sich dafür auch einen Grund zurecht: »Sein ganzes Wesen ist schon von anfangs her anders angelegt als das meinige, seine Welt ist nicht die meinige.« Indes ließ er noch einen Funken Hoffnung zu, es komme vielleicht doch noch zu einer Nähe. »Die Zeit wird das weitere lehren.«

Die Zeit des langen Rudolstädter Sommers indes neigte sich dem Ende zu, so sehr Schiller auch versuchte, ihren Lauf zu ignorieren, sie am liebsten angehalten hätte, um die beiden Schwestern und ihre Obhut nicht verlassen zu müssen. Zudem erkrankte Schiller nach Goethes Besuch. Ende September litt er gut 14 Tage an einem rheumatischen Fieber, gerade als Charlotte erneut in Kochberg weilte. Immer wieder wurde sie von ihrer Mutter dorthin geschickt, denn dieser war natürlich die Neigung ihrer unverheirateten Tochter zu dem Dichter nicht entgangen, der aber trotz seiner Erfolge eben nur ein mittelloser Poet und ohne Adelstitel war, während sie für ihre Tochter eine gute Partie suchte. Auch die verheiratete Tochter, der ihr Mann dann am liebsten war, wenn er nicht zugegen war, suchte gegen Ende des Sommers immer heftiger die Nähe zu Schiller, auch weil sie wusste, bald werde er wieder in Weimar sein. So schwelte in den letzten Wochen des Rudolstädter Sommers ein Kampf der beiden Frauen, die bislang immer in schwesterlicher Eintracht gelebt hatten, um die Zuneigung des Dichters. Die *Chère Mère*, die ihre jüngere Tochter schon mehrfach aus der Gefahrenzone gebracht hatte, wollte dem stillen Drama ein Ende machen und plante, beide Töchter Mitte November nach Erfurt zu Karoline von Dacheröden zu schicken, einer Freundin ihrer Töchter, die später Wilhelm von Humboldt heiraten sollte. Ein Wink an Schiller, endlich die Heimreise anzutreten.

Der verlängerte Sommer fand schließlich doch ein Ende. Man feierte noch Schillers Geburtstag am 10. November, den neunundzwanzigsten. Am Abend zuvor hatte er den beiden jungen Frauen das noch nicht vollendete Gedicht »Die Künstler«, das er in den letzten beiden Wochen zu schreiben begonnen hatte, vorgelesen. »Er wollte auf uns wirken«, wird Caroline viel später über Schiller schreiben. Und er wirkte vor allem auf sie, wenn er Dichter war, und der Mensch, der Künstler, der Dichter, so sagt das Gedicht, drang »durch das Morgentor des Schönen« ein »in der Erkenntnis Land«. Das hörten die beiden Frauen gern, und so wird er ihnen in Erinnerung bleiben: als das »schaffende Genie«.

Doch zwei Tage nach Schillers Eintritt in sein dreißigstes Jahr, in dem er ja endgültig heiraten will und wo man, wie Ingeborg Bachmann sagt, aufhört, jemanden jung zu nennen, verließ Schiller die Schwestern und kehrte nach Weimar zurück. Doch sie hatten einander versprochen, sich wiederzusehen, alle drei.

Zehntes Kapitel

Intermezzo in Weimar

Es war gegen 17 Uhr am Mittwoch des 12. November 1788, als Friedrich Schiller wieder in Weimar einfuhr, das er ein halbes Jahr zuvor verlassen hatte. Er betritt seine Wohnung in der Frauentorstraße, Leere empfängt ihn, er findet sich nach all den Tagen in Gesellschaft der beiden Frauen allein in seinen vier Wänden. Noch in der Nacht vor der Abreise aus Rudolstadt hat Charlotte von Lengefeld ihrem Dichter ein Billet zukommen und keinen Zweifel an ihrer Liebe zu ihm aufkommen lassen: »So sind wir denn wirklich getrennt! Kaum ist's denkbar, dass der lang gefürchtete Moment nun vorbei ist … Und morgen soll dies alles nicht mehr so sein?«

Es ist so gewesen. Auch wenn Schiller am Morgen geschrieben hatte: »Eben sehe ich Ihren Wagen herauffahren. Es ist mir als reisten wir miteinander«, denn auch die beiden Schwestern nahmen eine Kutsche, die sie nach Erfurt bringen sollte. »Die Anstalten zur Reise betäuben mich, und ich werde erst, wenn ich unterwegs bin, zu mir selbst kommen.« Unterwegs, als er einigermaßen wieder bei sich war, setzte er den Brief an die beiden Frauen fort: »Ja meine Lieben, Sie gehören zu meiner Seele und nie werde ich Sie verlieren, als wenn ich mir selber fremd werde.« Fremd ist sich Schiller oft, und als er jetzt wieder in Weimar ist, fühlt er sich fremd in dieser »einstweiligen Heimat«, wie er sein Zuhause an der Ilm nennt.

Doch das ändert sich schnell. Am nächsten Tag sucht er Charlotte von Kalb in der Windischengasse auf, die ihn trotz der beiden Frauen von Rudolstadt weiterhin magnetisch anzieht, auch wenn sein Verhältnis zu ihr abgekühlt ist. »Es ist eine Verstimmung unter uns«, hat Schiller Körner schon einen Monat zuvor noch aus Rudolstadt geschrieben, aber den Grund dafür verschwiegen. Am ersten Tag von Weimar trifft Schiller auch Wieland, mit dem er über die Weiterführung des »Merkur«, der in »Todesnöte« geraten ist, verhandelt. Es entsteht der Plan, ihn ab 1790 gemeinsam mit »einem dritten Mann mit einigem Namen« herauszugeben. »Ich dachte Goethe könnte der dritte Mann werden«, schreibt Schiller an Körner, »Wieland setzt aber kein großes Vertrauen in seine Beharrlichkeit.« Schiller erhofft sich Vorteile von einer Mitherausgeberschaft, sieht er doch das Journal sogleich als ein Medium für sein eigenes Werk an, »wenn ich jedes Heft mit 2 Bogen guter Arbeit versehe ... 1) Dramen 2) Erzählungen wie z. B. Verbrecher aus Infamie, Geisterseher 3) Historische Tableaux, Caracteristiken, Biographien, 4) Gedichte 5) auch philosophische Materie und 6) Critische Briefe wie über den Carlos.«

Schiller, der nun plante, sowohl Historiker als auch Dichter zu sein, entwarf hier einen allumfassenden Werkplan seiner bisherigen und zukünftigen Arbeit. Wie immer beflügelte es Schiller, einen Plan gemacht zu haben, und so nahm er sich für die nächsten Monate vor, fleißig zu arbeiten, was er Körner am Schluss des Briefes verriet: »Ich werde diesen Winter gar einsam hier leben, weil ich alle meine Kraft und Zeit zusammen leben will. Es ist viel stilles Vergnügen in dieser Existenz«, und fügte noch an: »Besonders die Abende sind mir lieb, die ich sonst sündlich in Gesellschaft verloren habe.« Sündlich, denn für Schiller trägt gesellschaftliches Vergnügen leicht den Hauch von Sünde in sich, im Gegensatz zu Goethe, der wusste, dass Dichter nie schwer sündigen, und der nur wenige Meter von Schiller entfernt häufig »privatisierte«, wie der nun arbeitsame Dichter an Körner in einem Anflug von Neid meldete. Schillers und Goethes paralleles Leben wird sich bis zu Schillers Tod 1805 erst nebeneinanderher und dann auch miteinander bewegen. Doch wieder einmal kam alles anders, als Schillers Plan es wollte. Und daran war auch Goethe nicht unschuldig.

In den Nach-Rudolstädter Monaten stritten zwei Dinge in Schillers Kopf miteinander, Dichtung und Geschichtsschreibung. Erst wandte er sich wieder verstärkt der Dichtung zu, schrieb an der Fortsetzung des ungeliebten »Geisterseher«, verfasste die Erzählung »Spiel des Schicksals«, widmete sich der Übersetzung der »Phönizierinnen« des Euripides, und vor allem rang er mit dem in Rudolstadt begonnenen Gedicht »Der Künstler«.

Doch mitten in die neue dichterische Hochstimmung platzte eine Anfrage aus Jena, ob Schiller bereit sei, eine frei gewordene Professorenstelle für Geschichte zu übernehmen. Und dann ging alles ganz schnell. »Man hat mich hier übertölpelt«, berichtete er Körner am 15. Dezember 1788 in einem Anfall von Panik. Denn schon einen Tag nach der Jenaer Anfrage, zu der Schiller nicht nein und nicht ja gesagt hatte, schickte Goethe eine Empfehlung an diejenigen Herzöge, die gemeinsam die Jenaer Universität alimentierten. Schiller tat daraufhin die zehn Schritte zu seinem Nachbarn und besuchte Goethe, sagte ihm Dank, äußerte aber auch sein Bedenken, er sei doch noch zu wenig Historiker, um Professor der Historie werden zu können, worauf dieser antwortete, man lerne doch lehrend.

Schiller hegte nicht nur Selbstzweifel, ob er der Aufgabe gewachsen sei, »die Herren wissen alle nicht, wie wenig Gelehrsamkeit bei mir vorauszusetzen ist«, plötzlich bangte er auch um seine Freiheit des unabhängigen Schriftstellers, war aber andererseits angezogen von der Aussicht, eine Stelle gefunden zu haben, die ihm Ruhm und letztlich auch Geld einbringen könnte. »Rate mir. Hilf mir«, rief Schiller verzweifelt nach Dresden hinüber zu seinem Freund und Mentor, von dem er oft wie ferngesteuert wirkte: »Ich wollte mich prügeln lassen, wenn ich dich auf vierundzwanzig Stunden hier haben könnte.«

Auch gegenüber den Schwestern Lengefeld äußerte er seinen Unmut über die bevorstehende Berufung nach Jena: »Also die schönen paar Jahre von Unabhängigkeit, die ich mir träumte sind dahin … und dies soll mir ein heilloser Catheder ersetzen.« Gleich zu Beginn des Jahres 1789 setzte Schiller dennoch alles daran, sein geringes Wissen über Geschichte eilig zu erweitern. Kaum noch verließ er seine Wohnung, las und las, die Geschichte der Deutschen, die des Römischen Reichs von Edward Gibbon, die der christlichen Kirche, allgemeine Weltgeschichte und konnte doch immer noch nicht ganz von der Dichtung lassen, arbeitete mehrmals nach Kritik von Körner und Wieland das Gedicht »Der Künstler« um, man drängte ihn zudem, den »Geisterseher« zu vollenden, wurde zwischenzeitlich wieder einmal krank, weil sein Körper der Tag- und Nachtarbeit kaum gewachsen war, fuhr auch noch nach Jena, fand eine Wohnung in der »Schrammei«, eilte nach Weimar zurück und bereitete seine Antrittsvorlesung vor, die Ende Mai stattfinden sollte. Ein Leben ohne Atemholen.

»Um mich meines neuen Faches zu bemächtigen«, schrieb er an Charlotte von Lengefeld, »muß ich zwei, drei Jahre alle andern Tätigkeiten absterben und in einem Schwall von mehr als 1.000 geist- und herzlosen alten Schriften herumwühlen – das ist doch in der Tat traurig für mich!« Sein Resümee: »In der Tat ist es für mich nichts andres als eine heroische Resignation.« Doch die gehörte schon seit langem zu Schillers Leben.

Gegenüber Körner wurde Schiller noch deutlicher: »Diese Professur soll der Teufel holen.« Doch der Weg war beschritten, es gab kein Zurück mehr. Und im Grunde schmeichelte die ihm angetragene Professur auch seiner Eitelkeit, denn schließlich war er, der aus kleinen Verhältnissen stammte, bald etwas, auch in den Augen seines Vaters, der ihn immer wieder gedrängt hatte, einen Beruf zu wählen. Auch gegenüber Goethe gab es kein Zurück mehr. Der hatte den Konkurrenten, der Schiller für ihn hätte werden können, in einem Eilverfahren aus der Dichtung in die Historie und von Weimar nach Jena abgeschoben, so hoffte er zumindest zu dieser Zeit. Und auch Schiller verspürte eine Konkurrenz: »Dieser Mensch, dieser Goethe ist mir einmal im Wege«, schrieb er im März an Körner. »Und er erinnert mich so oft, daß das Schicksal mich hart behandelt hat. Wie leicht ward sein Genie von seinem Schicksal getragen, und wie muß ich bis auf diese Minute noch kämpfen.« Und wenige Wochen zuvor schon: »Oefters um Goethe zu sein, würde mich unglücklich machen ... ich glaube in der Tat, er ist ein Egoist in ungewöhnlichem Grade. Er besitzt das Talent, die Menschen zu fesseln, und durch kleine sowohl als große Attentionen verbindlich zu machen; aber sich selbst weiß er immer frei zu behalten.« Ganz so wie er Schiller durch die Attention, seine Aufmerksamkeit, seinen Einfluss, zum Professor gemacht und zu Dank verpflichtet, sich gleichzeitig eben den Konkurrenten vom Leibe geschafft hat, der aber so sehr seine Nähe und Anerkennung sucht. »Er macht seine Existenz wohltätig kund, aber nur wie ein Gott, ohne sich selbst zu geben – dies scheint mir eine consequente und planmäßige Handlungsart, die ganz auf den höchsten Genuß der Eigenliebe calculiert ist.« Und Schiller folgerte: »Mir ist er dadurch verhaßt, ob ich gleich seinen Geist von ganzem Herzen liebe und groß von ihm denke ... Eine ganz sonderbare Mischung von Haß und Liebe ist es, die er in mir erweckt hat, eine Empfindung, die derjenigen nicht ganz unähnlich ist, die Brutus und Cassius gegen Caesar gehabt haben müssen; ich könnte seinen Geist umbringen und ihn wieder von Herzen lieben.« Schiller baute nämlich zugleich auf ihn, wollte sich von seinem Urteil abhängig machen, zu seinem neuen Gedicht »Der Künstler«, wie der auch schon »Die Götter Griechenlands« günstig beurteilt haben sollte. Doch Goethe interessierte sich für Schiller nicht. Noch nicht. Schiller indes wollte sich mit ihm messen, auch wenn er in einem Brief an Körner das Gegenteil behauptete. Doch nun musste er sich, unterbrochen durch zweiwöchiges Unwohlsein, auf seine Antrittsvorlesung in Jena vorbereiten, und für einen Wettstreit mit Goethe um die Dichterkrone war gar keine Zeit mehr. Schiller konnte noch, bevor er sich ganz der Historie zuwenden musste, sein Gedicht »Die Künstler« vollenden. Es erschien im März-Heft des »Merkur« und war zugleich für längere Zeit der Abschied von der Dichtung.

Das Gedicht beschreibt, während sich in Frankreich die Revolution mit ihrer Leidenschaft zu Freiheit und nachfolgendem Terror ankündigt, nahezu im Kontrast dazu, eine ideale Welt:

Wie schön, o Mensch, mit deinem Palmenzweige
Stehst du an des Jahrhunderts Neige,
In edler stolzer Männlichkeit,
Mit aufgeschloßnem Sinn, mit Geistesfülle,
Voll milden Ernsts, in tatenreicher Stille,
Der reifste Sohn der Zeit,
Frei durch Vernunft, stark durch Gesetze
Durch Sanftmut groß, und reich durch Schätze,
Die lange Zeit dein Busen dir verschwieg,
Herr der Natur, die deine Fesseln liebet,
Die deine Kraft in tausend Kämpfen übet,
Und prangend unter dir aus der Verwildrung stieg!

Dieses Ideal von Welt und Mensch war tatsächlich nur mit diesem Aus-
rufezeichen zu bestätigen gegen die wirkliche Welt. Und es sollte der
Künstler, meint Schiller, vor allem der Dichter sein, der beide Ideale zur
großen Harmonie vereint.

Der Menschheit Würde ist in eure Hand gegeben,
Bewahret sie!
Sie sinkt mit euch! Mit euch wird sie sich heben!
Der Dichtung heilige Magie
Dient einem weisen Weltenplane,
Still lenke sie zum Ozeane
Der großen Harmonie!

Es ist ein Traum, der Traum, der Künstler könne die Welt vollenden, sie
vor Schrecken, Terror, Mord, Untergang bewahren und den Menschen in
ihr mittels der Dichtung ans Gute binden. Schiller konnte sich vor der
Wirklichkeit der Welt noch ins Ideal einer Welt retten. Bald jedoch wird
das nicht mehr möglich sein, nicht für Kleist, Büchner, Grabbe, Lenau
und Nerval. Ihnen ist die Krankheit nicht nur eine im Körper und im
Leben, ihnen wird die innere Verzweiflung an Ich und Welt zu einer
Krankheit zum Tode. Der Dichter wird zum Schmerzensmann, und
daraus wird Dichtung ohne jedes Ideal. Schiller konnte seine innere Verzweiflung, von der er Körner noch im März 1789 gesprochen hatte, subli-
mieren, indem er eine höhere Idee walten ließ und sich als Dichter in
ihren Dienst stellte und somit sein Selbst an eine Idee abgab. Auch ein
Verzicht, eine Entsagung.
Erst einmal aber entsagte Schiller dem Dichter zugunsten des Histo-

rikers. Zugleich nannte er diesen Entschluss jedoch einen auf Zeit, betrachtete ihn als Übergang, weil eine bürgerliche Existenz ihm für einige Zeit die nötige Ruhe gebe, um schließlich doch wieder Dichter sein zu können. »Ich bin in Jena zum ersten Male eigentlicher bürgerlicher Mensch, der gewisse Verhältnisse außer sich zu beobachten hat«, schrieb Schiller an Körner. »Ich habe auf dieser Welt keine wichtigere Angelegenheit, als die Beruhigung meines Geists – aus der alle meine edleren Freuden fließen«, und diese sollen später wieder die der Dichtung werden. »Ich muß ganz Künstler sein können, oder ich will nicht mehr sein.«

In der zweiten Maiwoche des Jahres 1789 zog Friedrich Schiller von Weimar nach Jena, um seine Professur der Historie anzutreten.

Elftes Kapitel

Professor der Geschichte in Jena

Am Montag dem 11. Mai 1789 trifft Friedrich Schiller in Jena ein und bezieht eine Drei-Zimmer-Wohnung bei den Fräulein Schramm in der Jenergasse, die in ihrem Drei-Etagen-Mietshaus an Studenten und junge Professoren vermieten. »Die Schrammei« wird das Haus kurzerhand genannt. Schillers Wohnung ist reichlich und geschmackvoll möbliert, zudem hat er sich einen Schreibtisch anfertigen lassen, ein Möbel, das ihm bisher gefehlt hat. So großzügig und angenehm hat er bisher nirgends gewohnt, allein 18 Sessel füllen die Wohnung, auch ein Spieltisch fehlt nicht. Das alles verspricht ein kommodes bürgerliches Leben. Das Essen wird ihm in die Wohnung gebracht, die Wäsche besorgt, und selbst ein Friseur sucht ihn dort auf. Und doch, so berichtet er Körner, koste ihn das neue Leben weniger als in Weimar.

Auch das gesellige Treiben in der Studentenstadt, wo auf 4.300 Einwohner immerhin 860 Studenten kamen, gefiel ihm sogleich. Vor allem das Haus des Theologieprofessors Johann Jacob Griesbach und seiner Frau wurde ihm schnell zu einem zweiten Zuhause, wo er auch andere Gelehrte der Universität kennen lernte. Man machte gemeinsame Ausflüge in die Umgebung und entlang der Saale, man besuchte einen Ball. Auf ihm tanzte Schiller indes nicht, sondern spielte mit Griesbach und dem Universitätsdekan Johann Daniel Succow L'Hombre, jenes ursprünglich spanische Kartenspiel, das Schiller seit der Stuttgarter Zeit besonders liebte, dem er fast verfallen war. Nach zwei Wochen musste Schiller indes schon seine Antrittsvorlesung halten, in der er eine Einführung in die Universalgeschichte geben wollte. »Eigentlich sollten Kirchengeschichte, Geschichte der Philosophie, Geschichte der Kunst, der Sitten und die Geschichte des Handelns mit der politischen in Eins zusammen gefaßt werden und dies erst kann Universalhistorie sein«, konzipierte er gegenüber Körner sein ehrgeiziges Programm. Doch vorerst blieb Schiller bescheiden und las noch nicht über den Gesamtablauf der bis dahin bekannten Geschichte, sondern über den Unterschied zwischen dem Brotgelehrten und dem philosophischen Kopf.

Es ist Dienstag, der 26. Mai, und später Nachmittag. Für die Vorlesung ist das Auditorium des Professors Reinhold ausgesucht, das etwa 100 Hörer fassen kann. Schiller steht am Fenster des Hörsaals, schaut die Straße hinab und sieht die Studenten kommen. Sie werden mehr und mehr, und schon eine halbe Stunde vor Vorlesungsbeginn, um sechs Uhr, ist der Saal voll, und der Strom der Studenten will kein Ende nehmen, sodass selbst das Foyer und die Treppen überfüllt sind. Griesbachs Schwager schlägt daraufhin vor, die Vorlesung in einen größeren Hörsaal zu verlegen, in den Griesbachs, was mit Beifall aufgenommen wird. Und schon laufen die Studenten los, um den besten Platz in dem anderen Auditorium zu ergattern. »So kam die Straße in Alarme und alles an den Fenstern in Bewegung. Man glaubte anfangs, es wäre Feueralarm und am Schloß kam die Wache in Bewegung. Was ist's denn? Was gibts denn? hieß es überall. Da rief man denn: Der neue Professor wird lesen«, wird Schiller stolz seinem Freund Körner, der ihm doch die Hinwendung zur Historie hatte ausreden wollen, berichten. Obwohl das Auditorium Griesbachs das größte der Stadt ist, ist es schnell mit 500 Studenten überfüllt, gar das Foyer und ein Nebenraum. Schiller geht zwischen den erwartungsvollen Studenten hindurch, muss sich den Weg zum Katheder freikämpfen und unter lautem Pochen der Hörer erreicht er es, beginnt die Vorlesung.

»Meine Vorlesung machte Eindruck, den ganzen Abend hörte man in der Stadt davon reden und mir widerfuhr eine Aufmerksamkeit von den Studenten, die bei einem neuen Professor das erste Beispiel war. Ich bekam eine Nachtmusik und Vivat wurde dreimal gerufen.«

Der Studentenauflauf galt aber eigentlich nicht einem Schiller als Historiker, sondern einer Legende, der des Dichters der »Räuber«. Ein Augenzeuge sah den Grund dafür in der »Begierde, einen berühmten theatralischen Dichter nun auf dem Katheder in einer ganz neuen Situation zu hören«. Schiller genoss die Begeisterung für seine Person, und so konnte er den Schwestern Lengefeld bald mitteilen: »Ich schöpfe Vergnügen aus dem Gedanken, daß ich hier zu Hause bin, und hänge auch mehr mit der Welt zusammen, die mich umgibt, weil ich hier zu einem Ganzen gehöre.« Schiller glaubte, endlich einen Platz in der Welt gefunden und eine bürgerliche Existenz begründet zu haben. Nun war er also Professor und doch fehlte etwas zu dieser Existenz, eine Frau an seiner Seite, eine Professorengattin. Doch welche Frau könnte es werden?

Brautschau und Verlobung

Körner hatte ihm in einem Brief vom 6. Mai mit der Tochter eines Weimarer Rats eine durchaus vermögende Braut anempfohlen, »daß du jetzt die Mamsell Schmidt holen könntest.« Doch Schiller erwiderte: »Das Mädchen würde mir auch ohne Geld gerade nicht mißfallen, in Weimar hat sie mir immer am besten unter allen gefallen, und es ging mir nicht allein so. Aber an sie zu denken ist keine Möglichkeit, weil Vater, Mutter und Tochter aufs Geld vorzüglich sehen.« Das aber hatte Schiller nun einmal nicht, auch jetzt noch nicht, da er nur auf das Kolleggeld rechnen konnte, das ihm die Studenten zahlen mussten, und die wurden nach den beiden ersten noch kostenfreien Vorlesungen immer weniger. Bei der Brautausschau erwähnte er gegenüber Körner noch eine unverheiratete Tochter eines Jenaer Rats, die ihm aber nicht gefalle, ferner eine Johanna Seydler, die habe »ohne viel Geist viel Gefälliges, ohne grad hübsch zu sein.« Sie gefiel ihm »gar nicht übel«, mehr aber nicht. Wer also blieb noch? Die Kalb? Die Schwestern von Rudolstadt? Oder doch eine andere? »Weißt Du mir übrigens eine reiche Partie, so schreibe mir immer«, forderte Schiller Körner auf und verlangte eine Braut mit »entweder sehr viel Geld, oder lieber gar keines und desto mehr Vergnügen im Umgang.«

Mitte Juni hatte er für drei Tage die Schwestern Lengefeld in Rudolstadt besucht und viel Vergnügen in ihrer Nähe gehabt. »Haben Sie Dank, denn Sie haben mich in einer so glücklichen Stimmung zurückgeschickt.« Eine Woche später suchte Charlotte von Kalb ihn in Jena auf, war aber nach nur einem Tag wieder nach Weimar zurückgereist. Das alte vertraulich intime Verhältnis zwischen ihnen konnte sich nicht mehr einstellen, ja Schiller entfernte sich immer weiter von ihr, je näher sie nun ihm kommen wollte, bald gar eine Scheidung von ihrem Mann betrieb. Zu spät, denn Schiller hatte sich inzwischen für die beiden Schwestern entschieden. Ihnen gegenüber schilderte er Charlotte von Kalb, der er so viel zu verdanken hatte, in einer nicht gerade taktvollen Art, so als müsste er sich für irgendetwas an ihr rächen: »Sie ist durchaus keiner Herzlichkeit fähig. Sonst hat man doch in Verhältnissen wie meins gegen sie war, Momente der Wärme, die sie auch wirklich hatte; aber ich zweifle, ob sie Wärme geben kann.« Im Grunde ist das eine Klage um eine verlorene, versagte Liebe, und Schiller nahm die Schwestern in einer geradezu schäbig zu nennenden Art gegen die Kalb ein, fürchtete zudem, dass die drei Frauen miteinander bekannt würden und sie dann vertrauliche Details aus ihrem Verhältnis ausplauderte: »Ihr lauernder Verstand, ihre prüfende kalte Klugheit, die auch die zärtesten Gefühle, ihre eigne sowohl als fremde, zerschneidet, fordert einen immer auf, auf seiner Hut zu sein.« Immerhin fügte er einsichtig hinzu: »Ich kann nicht gerecht gegen sie sein«, und ahnte doch zugleich seine Schwäche ihr gegenüber: »Überhaupt *ihr* Bild neben dem eurigen gestellt, würde mir gar nicht gut tun«, was man so oder so verstehen kann.

Also doch die Schwestern? Sie hielten sich ab Mitte Juli für eine mehrwöchige Sommerkur in dem unweit von Leipzig gelegenen Bad Lauchstädt auf, hatten Schiller auf der Fahrt dorthin kurz in Jena besucht, wobei es zu einem vertrauten Gespräch zwischen den dreien indes keine Gelegenheit gab. So schrieb Schiller zwei Briefe an die Schwestern, getrennte Briefe. Charlotte sprach er von Freundschaft und dass sie einander »so nah und doch so ferne« seien. An die verheiratete Caroline sandte er wieder einmal eine verkappte Liebeserklärung, die aber, da eine Heirat mit ihr ja nicht möglich war, eine Andeutung eines Lebens zu dritt enthielt, dessen Plan sie ihm per Brief schon mitgeteilt hatte. Sehnsucht, ihr nahe zu sein, spricht aus diesem Brief: »Mein Bild in Ihrer Seele ist doch immer noch nicht *ich* selbst, und während dem das mein Schatten unter Ihnen wandelt, muß ich selbst hier in Jena ein desto elenderes Leben führen. Je lebendiger Sie vor meiner Phantasie da stehen, desto mehr erschöpft sich meine Toleranz gegen die, die mich *hier* umgebenden Geschöpfe ... Alles ist so alltägliche Ware und die Frauen besonders sind ein trauriges Geschlecht. Sie wissen, glaube ich, oder Sie wissen es nicht, daß der weibliche Charakter zu meiner Glückseligkeit so notwendig ist. Hier haben mich alle Götter und Göttinnen der Schönheit verlassen, denn die grimmigen Gesichter der Gelehrten verscheuchen alles, was Freiheit und Freude atmet.« Dieser eher allgemein gehaltenen Ausführung über die fehlende Frau an seiner Seite folgte der Appell an Caroline und an Charlotte: »Kommen Sie ja bald zurück, kommen Sie mich wieder zum Menschen zu machen, zum Dichter.« Nach einem Gedankenstrich fügte er aber hinzu: »Das ist vorbei«, denn: »Es sind Funken der Glut, die *Sie* beide mir gegeben haben, und die jetzt wieder erloschen sind, da Ihr Atem sie nicht mehr belebt.« Schiller hoffte für sich auch, dass ein Leben zwischen den beiden Frauen, die er als seine »Musen« betrachtete, ihm wieder die Inspiration zur Dichtkunst geben werde, denn der Geschichtsprofessor war sich insgeheim weiterhin seiner eigentlichen Berufung zum Dichter bewusst. Gab es aber überhaupt eine Möglichkeit, ein Leben in dauernder Nähe zu den beiden Schwestern zu verwirklichen? »Aber wie?«, fragte er resignierend. »Wie glücklich wollte ich sein, wenn die schönen Hoffnungen in Erfüllung gingen, von denen Sie schreiben«, eben einem Leben zu dritt. »Aber wie? Wie sollen sie in Erfüllung gehen, so lange die armseligen Nichtigkeiten in einer gewissen Waage mehr gelten, als die entschiedenste Gewißheit eines glücklichen Lebens?« Schiller wusste, was dem entgegenstand. »Bei allem unseren gerühmten Freiheitssinn sind wir doch wahrlich nur Sklaven und Opfer der Umstände und der Meinungen«, war doch die Freiheit im Deutschland des Jahres 1789 nur eine Idee, ein »Freiheitssinn« und die Libertinage eines Lebens zu dritt nur ein vager Traum, der keine Wirklichkeit finden konnte.

»Was für klägliche Rücksichten waren es, die mir schon einige Male die Freude verdorben haben, mich in Ihrem Umgang zu genießen«, konstatierte er verdrossen. »Sie verweisen mich an die Zukunft«, aber: »Wie viel größre Opfer müssten da gebracht werden können«, stellte Schiller Caroline von Beulwitz gegenüber fest. Sie würde bald ein solches Opfer bringen, das aber auch Teil ihres Plans sein wird, doch ein Leben zu dritt zu ermöglichen.

Anfang August trifft Friedrich Schiller in Bad Lauchstädt ein, um die Schwestern zu sprechen. Er bleibt nur einen Tag und eine Nacht, eine für sein Leben entscheidende Nacht. Denn in ihr kommt es zu einem Gespräch mit Caroline von Beulwitz, die ja weiterhin durch Konvenienz an ihren Mann gebunden ist, aber den Dichter auf Dauer in ihrer Nähe haben will, ja haben muss, denn sie liebt ihn. Also fädelt sie ein, was ihre einzige Möglichkeit sein wird, ihm weiterhin nah zu sein, und vertraut ihm an, dass ihre Schwester ihn liebe und er sich ihr doch erklären solle. So, und nur so, könnten sie zu dritt miteinander leben. Durch Caroline gelangt Schiller zu Charlotte. Sie hat sie ihm zugeführt. Doch am folgenden Morgen kann Schiller nicht oder traut sich nicht, Charlotte die Liebe zu erklären, um ihre Hand zu bitten. Er reist ab. Ohne das Wort zu sagen. Aber schon unterwegs in der Kutsche, die ihn nach Leipzig bringen wird, schreibt er einen Werbebrief, als hätte ihn Caroline diktiert: »Ist es wahr teuerste Lotte? Darf ich hoffen, daß Caroline in Ihrer Seele gelesen hat und aus Ihrem Herzen mir beantwortet hat, was ich mir nicht getraute, zu gestehen? … Ich gebe alle Freuden meines Lebens in Ihre Hände.« Als er in Leipzig ankommt, eilt er zu seinem Freund Körner, den er seit zwei Jahren nicht gesehen hat, und erzählt ihm von seiner bevorstehenden Verlobung. Es hatte Verstimmungen zwischen den Freunden gegeben, wegen Schillers Entscheidung gegen die Dichtung zugunsten der Historie, wegen seiner möglichen Wahl der Charlotte von Lengefeld als Braut, die in Körners Augen weder eine gute Partie ist noch eine ihn animierende Kraft. Schiller will ihm die Verlobte und Caroline vorstellen, denn die Schwestern werden in ein paar Tagen nach Leipzig kommen, und dann soll eine Freundschaft entstehen zwischen Körner und seiner Minna, zwischen Charlotte und ihm – und Caroline. »Ich habe ihm gesagt, daß ich hoffe, bis zur Gewißheit hoffe, von Ihnen unzertrennlich zu bleiben«, schreibt er an die Schwestern nach Bad Lauchstädt am Abend seiner Ankunft bei Körner, und meint mit »Ihnen« in der Tat beide, so wie Caroline es ausgeheckt hat. Und Schiller will auch, wenn er mit den beiden Frauen in Jena vereint sein wird, Körner dorthin locken. »Welch himmlische Aussicht liegt vor mir! Welche göttliche Tage werden wir einander schenken! Wie selig wird sich mein Wesen in diesem Zirkel entfalten!«, schwärmt Schiller. Doch die Wirklichkeit einige Tage später, sie ist nicht so.

Zwar erhielt Schiller Charlottes Jawort zwei Tage später nach Leipzig, doch als die beiden Frauen selbst in die Stadt an der Pleiße kamen und mit Körner bekannt wurden, stellte sich nicht die von Schiller so herbeigesehnte Freundschaft zwischen allen her. Körner blieb reserviert. Schiller brachte seine Verlobte und seine Freundin nach Bad Lauchstädt zurück, traf sich am folgenden Tag mit dem Ehepaar Körner auf halbem Weg zwischen Leipzig und Jena, wohin man zu dritt daraufhin weiterreiste. Die alten Freunde wohnten ebenfalls in der Schrammei, Schiller hielt seine Vorlesungen und man fuhr gemeinsam nach Weimar, um für Körner eine Stellung im Herzogtum zu finden, da Schiller ihn in seiner Nähe wissen wollte. Die Freunde näherten sich wieder einander an, die Verstimmung zwischen ihnen wich allmählich. Nur, Schiller begann auch an seiner Entscheidung für Charlotte von Lengefeld zu zweifeln. Es sollte in den kommenden Wochen zu einer Krise zwischen den Verlobten und zu einem verhaltenen Kampf der beiden Frauen um den Dichter und Professor kommen, und zwar in Rudolstadt selbst. Dorthin war Schiller nach dem Ende der Vorlesungen Mitte September, am 18. des Monats, gereist und wohnte wieder im Haus des Kantors Unbehaun in Volkstedt.

Eine Liaison à trois?

»Wieviel werden wir in diesem Herbst noch miteinander zu berichtigen haben?«, hatte Schiller Charlotte zwei Wochen zuvor geschrieben. Und an die Schwester: »Wohl mir, Karoline, daß Du die Quelle in mir aufsuchst und Deine Forderungen, Deine Erwartungen an mein Wesen und nicht an wandelbare Erscheinungen in mir rich-test ... Meine Liebe wirst Du in mir lieben«, und man fragt sich, mit welcher der beiden Frauen er denn nun verlobt sei. Die Herbstwochen von 1789 in Rudolstadt werden auch die Probe auf ein Leben zu dritt sein. »Ach wenn es erst so weit sein wird«, schrieb er noch aus Jena, kurz bevor er zu den Schwestern aufgebrochen war und vorab pathetisch schmachtend: »Wie eine Glorie schwebt Eure Liebe um mich ... Möchte Euch im Traum wieder antreffen.«

Doch das Leben ist kein Traum. Morgens und abends hatte Schiller zu arbeiten, wie er den beiden Frauen schon angekündigt hatte, zum einen an einer weiteren Fortsetzung des »Geistersehers«, zum anderen an einer »Universalhistorischen Übersicht« für eine »Sammlung historischer Memoiren«. Diese hatten eine entsprechende Sammlung, die in Frankreich herausgekommen war, zum Vorbild. Zum Ende des Jahrhunderts waren historische Romane zu einer äußerst beliebten Lektüre geworden. Dem standen wissenschaftliche Geschichtswerke gegenüber. Schiller aber wollte mit diesen historischen Memoiren ein Genre schaffen, das »die gefälligen Eigenschaften der einen«, also der Romane, mit »den gründlichen Vorteilen der andern verbindet«, also der Wissenschaften. Schiller hatte sich vorgenommen, eine populäre Geschichtsschreibung zu begründen, die, wie er im Vorwort schrieb, für diejenigen gedacht war, »die der historischen Lektüre nur ihre Erholungsstunden widmen können.« In dieser Absicht zeigte Schiller sich eher als Schriftsteller, der ein Publikum suchte, denn als Geschichtsprofessor, der nur kommende Gelehrte seines Fachs ansprach.

Waren die Vormittage und die Abende fast ausschließlich der Arbeit vorbehalten, so verbrachte Schiller die Nachmittage im Hause Beulwitz zwischen den Schwestern. Carolines Ehemann war schon seit Mai auf Reisen, da er den Rudolstädter Erbprinzen auf einer Kavaliersstour begleitete. Die *Chère Mère* war inzwischen Erzieherin am Hof geworden und wohnte im Schloss über der Stadt. So verbrachte man die Nachmittage in vertrautem Umgang zu dritt im Haus, an denen die Frauen um Schillers Zuneigung kämpften, während sie abends bei der Mutter im Schloss weilten, die zudem noch nichts wissen durfte von der Verlobung ihrer ledigen Tochter mit Schiller. Man verheimlichte sie ihr, umso mehr, als sie für Charlotte eine Partie mit einem adligen Herrn aus Rudolstadt in Aussicht genommen hatte. Die Leichtigkeit und Heiterkeit des vergangenen Jahres stellten sich indes nicht ein. Zum einen hatte Schiller zu arbeiten, zum anderen war er abends allein, und die launigen Soirées des langen Sommers 1788 fehlten ihm. Vor allem aber entstanden Spannungen zwischen den beiden Frauen und zwischen ihnen und ihm. Er fühlte sich Caroline näher als Charlotte, da sie die herzlichere, anziehendere und im Umgang geistreichere war. Sie umgarnte ihn, während Charlotte eher stumm dabeisaß. Die begann schließlich daran zu zweifeln, ob Schiller wirklich sie liebte, und in ihr wuchs der Verdacht, er nehme sie als Ehefrau nur, weil ihre Schwester nicht mehr zu haben war.

Dieses Mal verlängerte Schiller den Aufenthalt in Rudolstadt nicht und kehrte am 22. Oktober nach Jena zurück, doch die Krise zwischen den dreien zog sich bis in den Winter hinein. Wenige Tage später reagierte er in zwei getrennten Briefen an die Schwestern auf die Spannungen der letzten Wochen. Charlotte hatte ihm geschrieben: »Meine Anhänglichkeit für Dich konnte ich Dir nie so wie ich wünschte fühlen machen.« Er ging auf ihre Zurückhaltung ein: »Du hast gegen mich nicht anders sein können als Du warst«, fügte indes hinzu: »Ich hielt Dich nicht mehr für ganz frei. Eine frühere Neigung, fürchtete ich, hätte Dich gebunden, und ihr Eindruck würde durch einen neuen nicht mehr ganz zu verlöschen sein«, und meinte damit die Neigung Charlottes zu einem Engländer, Henry Heron, dem sie sich nahe gefühlt hatte, der dann aber Deutschland verlassen hatte und nach Indien gegangen war. Sie hatte ihn in der Tat lange Zeit nicht vergessen können. So verlangte Schiller nun: »Deine Seele muß sich in allen ihren Gestalten vor mir verklären, und daß ich Dir nahe bin, daß Du mich denkst, dies kannst Du mir nicht zu oft wiederholen.« Caroline hatte ihm hingegen oft genug ihre Liebe gestanden. Ihr schrieb er nun: »Dein ganzes Wesen bringen mir Deine Briefe. Deine ganze liebe Gegenwart strahlt mir darin, und ich glaube in Deine Augen zu blicken, aus denen mir so oft deine Seele glänzte.«

Schiller hielt an dem von Caroline entworfenen Plan einer Liaison zu dritt fest, wenn er wenige Tage später an beide Frauen schrieb: »Meine Seele besitzt Euch.« Zugleich entwarf er einen Plan: »Wenn ich mir denke, daß wir drei zusammen an mehr als einem auserlesenen Platz mit 1000 Thalern vortrefflich leben könnten.« Nur wo könnte das sein und wie zu den 1000 Talern kommen? Schiller spielte verschiedene Möglichkeiten einer solchen, auch materiell gesicherten Existenz zu dritt durch, wollte mit Berlin oder gar mit Wien, mit Heidelberg oder doch wieder mit Mannheim diesen Platz »auserlesen«. Schließlich fand er zurück: »Ich durchsuchte alle Winkel der Erde, um den Platz zu finden, den das Schicksal unsrer Liebe bereitet haben könnte«, doch eben nur könnte. »Jena bleibt mir immer gewiß, und wenn mir der Herzog 200 Rth. Pension bezahlt, so würden wir uns ganz bequem auf 1000 stehen.«

Alle diese Gedankenspiele beruhigten Charlotte indes nicht, die einem Leben zu dritt nicht aufgeschlossen war. Sie wollte Schiller für sich allein. So sah er sich gezwungen, ihr eindeutig zu antworten: »Du kannst fürchten liebe Lotte, daß Du mir aufhören könntest zu sein, was Du mir bist. So müßtest Du aufhören mich zu lieben. Deine Liebe ist alles was Du brauchst … Unsere Liebe braucht keiner Ängstlichkeit, keiner Wachsamkeit«, beruhigte er sie, bestand aber nach einem Gedankenstrich auf der Liebe zu dritt: » – wie könnte ich mich zwischen euch beiden meines Daseins freuen, wie könnte ich meiner eigenen Seele immer mächtig genug bleiben, wenn meine Gefühle für euch beide, für jedes von euch, nicht die süße Sicherheit hätten, daß ich dem anderen nicht entziehe, was ich dem einen bin. Frei und sicher bewegt sich meine Seele unter euch.« Wie in einem Manifest für eine Ehe zu dritt zeichnete er die Unterschiede zwischen zwei Frauen, mit denen er leben wollte: »Caroline ist mir näher im Alter und darum auch gleicher in der Form unserer Gefühle und Gedanken. Sie hat mehr Empfindungen in mir zur Sprache gebracht als Du meine Lotte … Was Caroline vor dir voraushat, mußt Du von mir empfangen; Deine Seele muß sich in meiner Liebe entfalten, und *mein* Geschöpf mußt Du sein.«

Sodann wandte er sich in diesem Brief der Schwester Caroline zu: »Nur *Dein* Schicksal, meine Caroline, ist es, was mir Unruhe macht.« So sprach er ihr von der Notwendigkeit, sich von Beulwitz zu trennen, ja von einer Scheidung, damit sie zu dritt in aller Freiheit zusammenleben könnten, in einer Übergangszeit von einem Jahr erst mal nur in der Hälfte des Jahres, dann aber müsse sie aus ihrem »verwirrten Verhältnis«, das sie nur krank mache – sie bekam in der Tat, wenn sie an Beulwitz dachte, Gesichtszuckungen –, »herauskommen«.

Zwar hatte Caroline von Beulwitz selbst mit kühlem Kalkül die Heirat Schillers mit ihrer Schwester in die Wege geleitet, weil das ihr die sicherste Möglichkeit erschien, ihn weiterhin in ihrer Nähe zu haben. Doch hatte sie nicht damit gerechnet, dass die ihr bis dahin bedingungslos ergebene Charlotte den Dichter für sich allein haben wollte und die intime Nähe der älteren Schwester zu ihrem Verlobten mit Eifersucht sah und nicht dulden wollte.

Anfang Dezember brachen die Schwestern zu einem Winteraufenthalt nach Weimar auf, machten einen Umweg über Jena, blieben vier

Stunden bei Schiller, stiegen wieder in die Kutsche, und er begleitete sie eine Strecke Wegs zu Pferd. Schiller schickte Caroline einen Brief nach Weimar hinterher: »Habe ich Dich erraten, meine Liebe? Ich war Dir diesmal zu wenig. Gesteh es immer, denn dies ist ein Vorwurf, den ich so leicht widerlegen kann. Ach wenn Du erfahren wolltest, wie sehr ich Dich liebe, so müßtest Du mir eine neue Sprache und ein unsterbliches Leben geben.« Das ist die Sprache heftiger Liebe. War sich Schiller bewusst geworden, dass er im Begriff war, die falsche Frau zu heiraten oder zumindest diejenige der Schwestern, die er weniger liebte? In demselben Brief Schillers an Caroline vom 5. Dezember ist zudem zu lesen: »Wenn der Zwang außer uns erst hinweg sein wird, wenn unser Leben endlich unser ist, dann kann auch die Liebe alle ihre Reichtümer zeigen und sich mit immer neuen und immer schöneren Blüten überraschen.« Hoffte Schiller und hoffte auch Caroline von Beulwitz, der äußere Zwang, der ihre Liebe behinderte, würde wegzuräumen sein, wenn es doch bald zu der von ihr so heftig gewünschten Trennung von dem ungeliebten Ehemann käme und dann der Weg für ihre Liebe frei werde? In den Dezembertagen und Anfang Januar 1790 weilte Schiller so oft er konnte in Weimar. »Es waren heitere Tage«, schrieb Caroline in ihren späten Erinnerungen. Man verbrachte lange Abende in Gesellschaft, wobei zu Schiller und den Schwestern deren beste Freundin Karoline von Dacheröden mit ihrem Verlobten Wilhelm von Humboldt traten. Man ging gemeinsam ins Theater, feierte Silvester und Neujahr zu fünft.

Humboldt wurde wie seine Verlobte Augenzeuge des Dreierbunds der Schwestern und Schiller, und sie machten sich darüber ihre Gedanken: »Wenn ich Karoline ansah, über ihn hinweggelehnt, das Augen schwimmend in Tränen, der Ausdruck der höchsten Liebe in jedem Zug«, schrieb er wenig später an die Verlobte, und dann: »Lotte, sie war an seiner Seite wie fern von ihm. Er gegen beide? Hast du ihn nie Karoline küssen sehn und dann Lotten?« Seine Verlobte fügte dem noch hinzu: »Ich bin sehr traurig um Karolinen … Ich fürchte sie geht bei diesem Verhältnis zugrunde. Eine Unerklärlichkeit bleibt mir in Schiller. Hat er nie Karolines Liebe empfunden, wie konnte er mit Lotte leben wollen? Hat er sie gefühlt, so nahm er die Verbindung mit Lotte nur als Mittel an, mit jener zu leben.« Also genauso wie Caroline es ursprünglich ausgeheckt hatte. Und um Schiller auf jeden Fall immer nahe sein zu können, hatte sie ihm im November noch einen anderen Vorschlag gemacht. Er solle nach Rudolstadt kommen und dort als freier Schriftsteller leben, da die Professur in Jena eh kaum Einkünfte ergebe. So könnten sie alle unter einem Dach leben. Schiller war nicht abgeneigt, diesem Vorschlag zu folgen, zumal er die Professur mehr und mehr als Belastung empfand und inzwischen nichts lieber als ein freier Schriftsteller sein wollte.

Dann ging alles ziemlich schnell. Doch es sollte anders enden, als Caroline es eingefädelt hatte. Sie wird im Laufe eines Jahres an dem Verhältnis zugrunde gehen, so wie ihre Freundin Karoline von Dacheröden es befürchtet hatte. Im Dezember hielt Schiller bei der *Chère Mère* um die Hand ihrer Tochter Charlotte an, erhielt auch deren Zustimmung, wenn auch mit Bedenken ob der ungewissen finanziellen Situation des Professors. Als aber Herzog Carl August von Weimar-Eisenach durch Charlotte von Stein von der bevorstehenden Ehe Schillers erfuhr, gewährte er ihm am 1. Januar 1790 ein jährliches Gehalt von 200 Talern, und Schiller entschloss sich dazu, weiter in Jena als Professor zu bleiben. Zudem hatte er, nachdem er den Herzog von Meiningen um die Erteilung eines »anständigen Rangs« gebeten hatte, das Diplom eines Hofrats erhalten, sodass er seine adlige Braut nicht völlig nackt an Titeln heimführen konnte. Zugleich schlug er der Schwester der Braut vor, mit ihnen unter einem Dach zu wohnen, in der Jenaer Schrammei. Nachdem auch die Verstimmung mit Körner wegen seiner Heirat Anfang Februar endgültig beseitigt worden war und er ihm geschworen hatte, bald wieder zur Dichtung zurückzukehren, stand der Hochzeit nichts mehr im Wege. Es wird indes eine heimliche Hochzeit sein.

Zwölftes Kapitel

Ehemann und Historiker in Jena

Nach seinem dreißigsten Jahr wolle er nicht mehr heiraten, hatte Friedrich Schiller seinem Freund Körner vor zwei Jahren geschrieben. Als das feierliche Aufgebot am 14. Februar 1790 in der Jenaer Hauptkirche ausgehängt wurde, war er seit drei Monaten 30 Jahre alt, stand also noch in der selbst bestimmten Frist. »Mir ist jetzt nur bange, daß sich niemand meldet, den ich zu heiraten versprochen habe«, scherzte Schiller in einem Brief an die Verlobte und an die Geliebte, »oder daß Knebel auftritt und mir Lottchens Hand streitig macht.« Der Weimarer Hofrat und Goethefreund hatte seit mehreren Jahren vergeblich um Charlotte von Lengefeld geworben. Schiller schrieb weiter: »Gewisse Leute sollen wirklich, damit die Geschichte eine tragische Entwicklung bekäme, dieses Ressort gespielt haben«, und meinte damit Charlotte von Kalb, die er gar verdächtigt hatte, einen Brief an seine Verlobte in Weimar abgefangen zu haben. Kaum aber bestand nun die Aussicht auf ein eheliches Leben, erkrankte Schiller einmal mehr, sodass er den Schwestern schrieb: »Ich werde den Schnupfen wohl aus dem ledigen Stand in den Ehestand mit hineinnehmen, wie der Anschein ist. Jetzt plagt mich ein böser Hals und ein Husten.« Schiller hatte deshalb seine letzten Vorlesungen absagen müssen, während die Schwestern in Weimar eine Aufführung der »Kabale und Liebe« ihres Dichters sahen, deren heftiger jugendlicher Ton die Verlobte einigermaßen verstört hatte: »Fast erkennt mich Dein Herz nicht, in der Sprache, die darin herrscht, und jetzt könntest Du nichts mehr so schreiben, schönere sanftere Bilder erfüllen Deine Seele jetzt.« Erleichtert schloss sie: »Der Ton Deiner Farben ist milder geworden.«

Als Charlotte von Lengefeld und Charlotte von Kalb am 10. Februar in einer Weimarer Gesellschaft aufeinander trafen, soll es zu einer Szene zwischen ihnen gekommen sein. »Sie sah aus wie ein rasender Mensch, bei dem der Paroxysmus vorüber ist, so erschöpft, so zerstört … Ich fürchtete wirklich um ihren Verstand«, meldete die Verlobte nach Jena. Schiller hatte der ehemaligen Geliebten wenige Tage zuvor seine baldige Hochzeit angekündigt, worauf Charlotte von Kalb ihre Briefe an ihn zurückforderte. Er brachte ihr diese vier Tage vor seiner Hochzeit. Sie verbrannte sie.

Schiller und die Familie von Lengefeld hatten für die Hochzeitszere-
monie eine abgelegene Dorfkiche in Wenigenjena ausgesucht, auf der
anderen Saaleseite, einige Kilometer von Jena entfernt. »Ganz ohne
fremde Zeugen« sollte die Hochzeit stattfinden, wie Schiller Körner
schon mitgeteilt hatte. Selbst seinen besten und einzigen Freund hatte
er nicht eingeladen. Man fürchtete nicht so sehr das Aufsehen unter
den Studenten und Professoren Jenas, vielmehr konnte man sich keine
aufwendige Hochzeit leisten. Zudem wollte die *Chère Mère* keine
öffentliche Bühne für die Heirat ihrer adligen Tochter mit einem Bürgerlichen.

Schiller hatte die beiden Schwestern in Erfurt abgeholt, wo sie
bei ihrer Freundin Karoline von Dacheröden weilten, nach Jena
gebracht und sie in einem der Schrammei benachbarten Haus einquar-
tiert. Es war die letzte Nacht Haus an Haus für das Brautpaar, und die
Schwester war dabei.

Am folgenden Morgen, einem Montag, bricht man früh nach Kahla
auf, einem Saaledorf etwas südlich von Jena, erwartet dort die *Chère
Mère*, die aus Rudolstadt kommt. Nach einem gemeinsamen Mittagessen fährt man um 14 Uhr nach Wenigenjena, wo man drei Stunden später eintrifft. Eine halbe Stunde später ist Schiller endlich Ehemann. Es
ist der 22. Februar 1790, 17.30 Uhr. »Ein sehr kurzweiliger Auftritt«, so
wird er die Hochzeit gegenüber Körner nennen. Als Charlotte Schiller
mit Ehemann, Mutter und Schwester die Dorfkirche verlässt, ist es
schon dunkel. »Friedrich Schiller, öffentlicher Lehrer der Weltweisheit
in Jena ist mit Fräulein Louise Charlotte Antoinette von Lengefeld in
aller Stille getraut worden«, wird das Kirchenbuch vermerken. Man
fährt die wenigen Kilometer, überquert die Saale und ist zu Hause
angelangt, in der Schrammei. Für die Schwiegermutter und die Schwägerin hat Schiller eine zweite Wohnung bei Fräulein von Seegner in der
Nachbarschaft gemietet. Am Abend sitzt man in aller Ruhe beim Tee
zusammen, bevor die Hochzeitsnacht beginnt.

Am Tag darauf traf Besuch aus Weimar ein, um zu gratulieren, Charlotte von Stein, ihre Schwester Luise von Imhoff und Schillers Konkurrent um die Hand seiner jetzigen Frau, Karl Ludwig von Knebel. Die
Chère Mère fuhr wenige Tage später nach Rudolstadt heim. Caroline
blieb bei dem Ehepaar. Sie richtete sich im Nachbarhaus ein. Noch war
sie immer dabei, nicht lange mehr.

Häusliches Leben – Ende der Jugend

»Wir gaben schon die ersten Tage ein volles schönes Bild des häußlichen Lebens«, meldete Schiller Körner. »Mein Dasein ist in eine harmonische Gleichheit gerückt. Nicht leidenschaftlich gespannt«, fügte er hinzu, denn leidenschaftlich liebte Schiller seine Frau nicht, ihre Schwester hingegen schon. Aber, die Leidenschaft für sie sollte bald erkühlen, denn die neue Situation würde ihn trotz beider Wunsch einer Liebe zu dritt bald von Caroline entfernen.

Eine Woche lang genoss Schiller das neue häusliche Leben, dann hielt er wieder seine Vorlesungen, die ihm zunehmend zur Qual wurden. »Gegenwärtig fehlt es mir sehr an einer angenehmen und befriedigenden Geistesarbeit«, schrieb er Körner, »die Memoires, die Collegien, die Beiträge zur Thalia nehmen meine ganze Zeit in Anspruch und mein Kopf ist überladen, ohne Genuß dabei zu haben. Wie sehne ich mich nach einer ruhigen und selbstgewählten Beschäftigung«, und meinte damit eine schriftstellerische Tätigkeit, vor allem die des Dichters. »Es wird mir eben nicht eher wohl werden, bis ich wieder Verse machen kann.« Der Dichter der »Räuber«, des »Fiesco«, von »Kabale und Liebe« und Gedichten wie »Die Götter Griechenlands« oder »Die Künstler« war völlig verschwunden in einer bürgerlichen Existenz als Professor und Ehemann. Die beruflichen und ehelichen Pflichten ließen ihn nicht zu jener Ruhe kommen, die er brauchte, um Dichter zu sein, nicht einmal gelegentlich. Selbst in den vier Wochen Osterferien, die Schiller sich im April in Rudolstadt gönnte, erlaubte er sich indes nicht jene Muße, in der die Musen wie in den vergangenen Jahren ihn dort zu einem Gedicht verführen konnten. Er musste sich auf die Sommervorlesungen vorbereiten, welche die Universalgeschichte bis zur Gründung der fränkischen Monarchie behandeln würden. Immerhin hielt er nach der Rückkehr aus Rudolstadt ab Mitte Mai in Jena Vorlesungen zur »Theorie der Tragödie«, kehrte also schon einmal in der Theorie zum Theater zurück. Er hielt diese frei aufgrund seiner eigenen Theatererfahrungen und der Lektüre vor allem antiker Dramen. Im Sommer schloss sich daran eine Vorlesung an, die nach der eingehenden Beschäftigung mit der Poetik des Aristoteles entstand. Sie ging ein in die spätere Schriften: »Über den Grund des Vergnügens an tragischen Gegenständen« und »Über die tragische Kunst«. Hier legte Schiller eher noch zweckungebunden einen Fundus an für seine spätere eigene Dramatik. In einem Brief am Körner schrieb er gegen Ende des Jahres 1790: »Die Arbeiten im dramatischen Fache dürften überhaupt noch auf eine ziemlich lange Zeit hinausgerückt werden«, und gab dafür zwei Gründe an. »Ehe ich der griechischen Tragödie durchaus mächtig bin und meine dunklen Ahnungen von Regel und Kunst in klare Begriffe verwandelt habe, lasse ich mich auf keine dramatische Ausarbeitung ein.« Die Unbändigkeit und Unbekümmertheit der Jugend, als Schiller noch aus diesen heraus gedichtet hatte, ohne sich viel um klassische Regeln zu kümmern, waren verloren. Dabei zählen diese frühen Dramen heute für viele eher zu den bewegenden, großen literarischen Würfen Schillers als jene Schauspiele, die er später noch schreiben wird.

Als zweiten Grund dafür, warum seine eigene Theaterdichtung noch warten müsse, gab Schiller in dem Brief an Körner an: »Außerdem muß ich noch die historische Wirksamkeit so weit treiben, als ich kann, wärs auch nur deswegen, um meine Existenz bestmöglichst zu verbessern.« Die vorrangige Sorge um die bürgerliche Existenz, die ihn nun umtreibt, ist auch ein Zeichen für das Ende der Jugend Schiller. Ein Ehrgeiz trieb ihn zudem an: »Ich sehe nicht ein, warum ich nicht, wenn ich ernstlich will, der erste Geschichtsschreiber in Deutschland werden kann.« Da blieb in der Tat keine Zeit mehr für ›nutzlose‹ Dichtung.

Und so verfasste der vom Dichter zum Geschichtsschreiber gewendete Schiller in diesem Gründungsjahr seiner bürgerlichen Existenz eine »Geschichte des Dreißigjährigen Kriegs«, schrieb daran oft täglich bis zu vierzehn Stunden. Im September schloss er den ersten Teil ab, der einen Monat später im »Historischen Calender für Damen« bei Göschen in Leipzig in einer Auflage von 7.000 Exemplaren erschien, die bald verkauft war, sodass 3.000 nachgedruckt werden mussten, ein wahrer Publikumserfolg also. Warum dann nicht auch weiter auf diesem Weg als populärer Geschichtschreiber? Zumal erschienen in demselben Monat noch bei Johann Michael Mauke in Jena »Die Allgemeine Sammlung historischer Memoiren«, in der Schillers »Universalhistorische Übersicht der merkwürdigen Staatsbegebenheiten zu den Zeiten Kaiser Friedrichs I.« abgedruckt war. Und in demselben Tempo ging es weiter, als im Novemberheft der »Thalia« Schillers Schrift »Etwas über die erste Menschengesellschaft nach dem Leitfaden der mosaischen Urkunde« zu lesen war. Aber es enthielt auch ein vorläufig letztes Dokument seiner dichterischen Tätigkeit, nämlich das Fragment seines Schauspiels »Der versöhnte Menschenfeind«, das er nicht beenden wollte.

Schiller hatte sich mit der Geschichte der vergangenen Jahrhunderte, ja Jahrtausende befasst. Und die Gegenwart? Die Französische Revolution? Sie interessierte ihn nur in Maßen, obwohl sie seit einem Jahr die Gemüter in Europa bewegte, ja erhitzte. Doch Schiller, der einstige Rebell gegen Tyrannenherrschaft, die er ja auch am eigenen Leibe unter seinem Herzog Carl Eugen erfahren hatte, blieb erstaunlich gleichgültig gegenüber den Umwälzungen in Frankreich. Sie fanden ihre Höhepunkte genau in jenen Monaten und Jahren, da Schiller sich in eine bürgerliche Existenz begeben hatte. Seine nunmehrige Schwägerin Caroline von Beulwitz wird später davon schreiben, wie die Revolution »in jedes einzelne Leben« eingriff und »wie diese Zertrümmerung eines Monumentes finsterer Despotie unserm jugendlichen Sinne als Vorbote des Siegs der Freiheit über die Tyrannei erschien«. Doch es war mehr die Idee der Revolution, als deren Praxis, die den jungen Adligen einen Kitzel versetzte und sie schwärmen ließ, zu denen aber Schiller nicht gehörte. Als aber die Praxis der Revolution immer radikaler und somit gewalttätiger wurde, rückte man von ihr ab. Carolines Mann war zufällig mit dem Rudolstädter Prinzen zwischen die Aufständischen geraten und schilderte hautnah Pariser Szenen. Auch Wilhelm von Wolzogen hielt sich seit gut einem Jahr in Paris auf. Einen Bericht über die Erstürmung der Bastille, den er übersetzt hatte, ließ Schiller im Septemberheft der »Thalia« abdrucken. In demselben Heft war seine Schrift »Die Sendung Moses« zu lesen. Seine vage Sympathie für die Französische Revolution war schnell verflogen, und als einige Zeit später die Köpfe in Paris rollten, ekelte ihn der Terror an, dessen Auswüchse er verabscheute und gegen den er kurzzeitig gar schriftlich Stellung nehmen wollte, nachdem die neue Französische Republik ihn zum Ehrenbürger Frankreichs ernannt hatte.

Schon zu Ostern 1790, als Schiller in Rudolstadt Ferientage verbrachte, hatte er an Körner geschrieben. »Die politische Welt interessiert mich. Ich zittre vor dem Kriege, denn wir werden ihn an allen Enden Deutschlands fühlen.« Wenige Sätze zuvor hatte er die Idylle von Rudolstadt dagegen beschworen: »Wir leben hier jetzt gar angenehme Tage, ich in der Reminiszenz der vorigen Zeiten ... Meine Schwiegermutter freut sich unsres Glücks und teilt es mit uns.«

Schiller war ganz abgetaucht in die Behaglichkeit familiären Lebens, fühlte dieses indes bedroht durch die politischen Ereignisse, von denen in Jena und Weimar kaum etwas zu spüren war, obwohl dort mit Herder und Wieland zu dieser Zeit noch glühende Anhänger der Französischen Revolution zu finden waren.

»Wir leben in einem engen Zirkel zusammen«, schrieb Schiller im Mai 1790 an seine Schwester Christophine, »und halten so viel möglich die Schwelle von den übrigen Menschen rein … Ein Glück für mich und meine Frau, daß wir nicht nötig haben unsere Glückseligkeit irgendwo anders zu suchen als in unserem eigenen Haus.« Der stille Winkel war Schillers Ort geworden, wo er Ruhe finden konnte vor den Gefahren der Welt, wo er sich seiner Arbeit widmen konnte im Schutz einer Frau, die keine andere Aufgabe suchte, als diesen Ort behaglich zu gestalten und ihrem Mann Stütze zu sein.

»Die glückliche Existenz eines holden Wesens um mich herum, dessen ganze Glückseligkeit sich in die meinige verliert, verbreitet ein sanftes Licht über mein Dasein«, teilte Schiller im August dem alten Freund aus Dresdener Tagen, Ludwig Ferdinand Huber, mit, der jetzt als Sekretär und Theaterautor in Mainz lebte. Aber noch immer fehlte ihm ein Quäntchen zum vollkommenen häuslichen Glück. Die ersten beiden Ehemonate hatte seine Schwägerin noch mit ihm und seiner Frau in Jena nah zusammengelebt, nach den Osterferien in Rudolstadt aber hatte die *Chère Mère* bestimmt, dass Caroline dort zu bleiben habe. Im September schrieb er ihr: »Jetzt erst fühle ich, daß Du schon lange von uns bist«, aber: »Die liebe Lolo«, seine Ehefrau, ihre Schwester also, »half mir diese beschwerliche Periode leicht zu überstehen … Wenn Du nun erst wieder um mich lebst und es ununterbrochen bleibst, liebste Seele –« der Gedankenstrich gibt Raum für Phantasie, »ja, es werden schöne Tage sein.« Schiller gab ihr noch einen Hinweis: »Du bist in diesem Punkt vielleicht freier, als Du selbst denkst«, und meinte eine mögliche Trennung von ihrem Ehemann.

Aber das Leben zu dritt beschränkte sich im Oktober auf kurze Herbstferien in Rudolstadt, die Schiller versuchte zu genießen: »Zwölf Tage brachte ich mit Essen, Trinken und Schachspielen oder Blindekuhspielen zu. Ich wollte ganz feiern, und diese Erholung hat mir gut getan, obgleich sie mir gegen Ende unerträglich wurde.« Bald musste er sich diesem Genuss versagen, sich wieder in die Pflicht nehmen: »Lange kann ich den Müßiggang nicht ertragen.«

Und so begannen wieder Wochen unerschöpflicher, aber ihn erschöpfender Arbeit zu den drei Vorlesungen, die er im Winter halten wollte, aber bald nicht mehr halten konnte, und zu denen noch seine schriftstellerischen Arbeiten zur Geschichte traten. »Wie ein Pferd von Morgen bis Abend« musste Schiller arbeiten, schrieb der dänische Dichter Jens Baggesen nach einem Besuch bei ihm in sein Tagebuch, schilderte ihn so: »Lang, hehr, bleich, mit unfrisierten gelben Haaren und durchschneidenden Blicken in den fast starren Augen. Er hatte erschreckende Zahnschmerzen, geschwollene Backen und mußte das

Schnupftuch immer für den Mund halten, so daß er mit Mühe sprach ... tiefer Gram guckte durch seine gezwungene Munterkeit.« Immer wieder brachen Zahnschmerzen, Katarrhfieber und andere Malaisen in Schillers Arbeitszwang ein, denen er sich indes mit eisernem Willen zu widersetzten suchte und dabei den Körper weiter herausforderte. »Schiller ist ein feuerspeiender Berg, dessen Gipfel mit Schnee bedeckt ist«, notierte Baggesen weiter in seinem Tagebuch.

Das Jahr 1790, Schillers Hochzeitsjahr ging dem Ende zu. Am 29. Dezember schrieb Schiller mit dem Wunsch an seine Eltern und seine Schwestern, »daß dieses 91. Jahr ein Segensjahr für uns alle sein möchte.«

In dieses neue Jahr hinein feierte Schiller mit seiner Frau und ihrer Schwester in Erfurt, zu denen noch Karoline von Dacheröden und Karl von Dalberg hinzustießen. Ein »Segensjahr« wird es jedoch nicht sein.

Dreizehntes Kapitel

Krankheit – ein Tod im Leben

Vergnügt war Schiller in das neue Jahr gegangen, hatte mit Frau, Schwägerin und deren Freundin eine Liebhaberaufführung der Tragödie »Graf Monaldeschi oder Männerbund und Weibertreue« gesehen. Am späten Nachmittag des 3. Januar 1791 griff dann die Krankheit Tod in Schillers Leben ein. Wenige Stunden zuvor war er in die »Kurfürstliche Akademie nützlicher Wissenschaften« aufgenommen worden.

Im Anschluss daran sitzt die Festgesellschaft um Karl Theodor von Dalberg zusammen und hört einem Konzert der Pianistin Sophie Häßler zu. Plötzlich überfällt Schiller ein heftiges katarralisches Fieber. Er bricht zusammen, hat Todesangst. Man holt eine Sänfte, bettet ihn darauf und trägt ihn aus dem Redoutensaal in sein Gastzimmer. Einen ganzen Tag lang muss er im Bett verbringen, erholt sich nur langsam, kann das Haus in den folgenden Tagen nicht verlassen. Seine Frau und die Schwägerin sind um ihn, pflegen ihn. Die Atemwege und die Lunge sind angegriffen. Der Körper hat Schiller gewarnt. Gesund wird er nie mehr werden.

Schiller war lebenskrank, doch woran? Die Krankheit hatte schon seit langem in seinem Körper genistet. Von Kindheit an hatte sie ihn immer wieder einmal angegriffen. Besonders das wüste Leben seiner Jugend in Stuttgart und Mannheim hatte den Körper beschädigt, die Malariainfektion ihn auf Dauer geschwächt. Auch erträgt ein Körper nicht lange die melancholisch-hypochondrische Seele und wehrt sich gegen den Menschen, dessen Motor er sein soll, dessen Maschine, wie Schiller selbst gesagt hat. Schließlich wusste er seit früher Jugend um die enge Verbindung, die »Sympathie« von Gemüt und Körper, wusste, dass ein gesunder Geist einen gesunden Körper benötigt und umgekehrt. Geschont hatte Schiller seinen Körper nie wie auch sein Gemüt nicht. Er hatte den Körper seit Jahren mit allen möglichen Mitteln aufgeputscht, um das Leben auszuhalten und um seinen Geist anzuspornen, dem er mit starkem Willen und unendlicher Mühe sein Werk abringen wollte. Gleichzeitig hatte er sowohl Seele und Körper leiden lassen, weil er beiden durch Verzicht Nahrung verweigerte.

Seit seiner Heirat vor knapp einem Jahr hatte er so viel und intensiv gearbeitet wie kaum je zuvor. Nun antwortete der Körper mit Verweigerung. Das Jahr 1791 sollte wie die folgenden bis zu seinem Tod vierzehn Jahre später vom Rhythmus der Krankheit und ihrer Anfälle bestimmt werden. Ein Leben auf Abruf.

Doch jeder Krankheitsanfall löst auch ein Innehalten aus, eine Prüfung bisherigen Lebens. In den Januartagen von Erfurt, in denen Schiller das Bett hüten musste, besuchte ihn mehrfach Karl Theodor von Dalberg. Er war der Repräsentant des Mainzer Kurfürsten in Erfurt und Bruder des Mannheimer Intendanten, dem Schiller immer noch grollte. Er war Schiller äußerst wohlgesonnen, war ein Liebhaber der schönen Künste und der Frauen. So soll er auch mit Schillers Schwägerin Caroline eine Affäre gehabt haben. Er stellte Schiller nunmehr eine akademische Stelle in Mainz in Aussicht, tauschte sich mit ihm über Literatur aus, regte ihn an, die Dichtung nicht aufzugeben, wobei der vage Plan eines Wallenstein-Dramas entstand.

Schillers Gesundheitszustand verbesserte sich auch aufgrund dieser Gespräche, die ihm neue Lebensaussichten eröffneten. Und so fuhr das Ehepaar Schiller am 9. Januar nach Weimar, wo man bei Frau von Stein zu Gast war. Man suchte die Herzoginmutter Anna Amalia auf, die Zeichnungen zeigte, die sie aus Italien mitgebracht hatte, wo sie sich lange aufgehalten und ein libertines Leben gelebt hatte. Schiller traf auch den Mannheimer Schauspieler Heinrich Beck, der sich gerade zu einem Gastspiel in Weimar aufhielt. Guten Mutes fuhr Schiller nach Jena weiter, ließ seine »Lolo« für einige Tage bei Charlotte von Stein zurück und nahm die Vorlesungen wieder auf. »Es ist mir ganz wohl, und ich huste auch nicht mehr. Die ordentlichere Lebensart und Ruhe werden mich in wenigen Tagen wieder völlig gesund machen«, schrieb er an seine Frau nach Weimar und, »ich sehne mich schon herzlich danach meine kleine Maus wiederzuhaben und vermisse sie überall«, und meinte mit dem kleinen Tier seine Ehefrau.

Doch der Schein trog. Vier Tage später schickte Schiller einen Eilbrief nach Weimar. Am Tag zuvor war das Fieber heftig zurückgekehrt, starke Beklemmungen auf der Brust stürzten Schiller in Angst, er spuckte Blut, sodass man ihn gegen die Atemnot mehrfach zur Ader ließ, ihm Zugpflaster anlegte und nach Mitternacht Wein verabreichte. Er hat seine Frau eindringlich, sofort nach Jena zurückzukommen. In den folgenden Tagen stürzten ihn kleinste Bewegungen mehrfach in kurze Ohnmachten.

Einen Monat später schilderte Schiller seine Krankheit Freund Körner. Dabei analysierte sich der gelernte Arzt selbst: »Dieser noch fortdauernde Schmerz auf einer bestimmten Stelle meiner Brust, den ich beim starkem Einatmen, Husten oder Gähnen empfinde, beunruhigt mich in manchen Stunden, da er durchaus nicht weichen will, und lässt mich zweifeln, ob meine Krankheit durch eine vollkommene Krise gehoben ist.« Er konstatierte, dass sie durch den Rückfall gefährlicher sei, als er zuerst angenommen hatte. In Fieber und Brustschmerzen mischte sich noch der Unterleib ein, sodass man ihm Abführ- und Brechmittel geben musste. »Nach dem siebenten Tag wurden meine Umstände sehr bedenklich, daß mir der Mut ganz entfiel«, und es dauerte noch eine Woche, bis er »am Stocke rumkriechen konnte«. Als der Weimarer Herzog ihm ein halbes Dutzend Flaschen Madeira schickte, die Schiller neben ungarischem Wein trank, kam es zur vorläufigen Genesung. Doch ein Augenzeuge schrieb einen Monat später: »Sein Körper schien den Anstrengungen des Geistes damals schon zu unterliegen, sein Gesicht war bleich und verfallen.«

Schiller ahnte, dass die Krankheit ihn nicht mehr verlassen würde, und deutete gegenüber Körner vertraulich gar ein mögliches baldiges Ende an: »Ich mag es hier niemandem sagen, aber mir ist, als ob ich diese Beschwerden behalten müßte … Mein Gemüt ist übrigens heiter, und es soll mir nicht an Mut fehlen, wenn auch das schlimmste über mich kommen wird.« Schiller zog die Konsequenzen aus seiner Krankheit, sagte seine Vorlesungen vorerst ab, setzte gar beim Herzog darauf, »daß mir die völlige Freiheit zu lesen und nicht zu lesen auch für die Zukunft gelassen wird.«

Eine andere Folge hatte die Krankheit. Schiller las in den Tagen der langsamen Genesung Kant, die »Kritik der Urteilskraft«, der auf die eigenen Schriften einen entscheidenden Einfluss haben sollte.

Im April fuhr Schiller mit seiner Frau zur Erholung nach Rudolstadt, verzichtete auch darauf, in den kommenden Wochen zu arbeiten. Er las, erhielt Besuch aus Jena und Erfurt, ritt häufig aus, weil er hoffte, diese Bewegung würde seinen Körper lockern, verbrachte vergnügliche Abende in Gesellschaft, übersetzte zum Vergnügen Verse des Vergil aus der »Aeneis«. Das ruhige, heitere Leben ließ auch wieder Ideen für Gedichte in ihm reifen. Doch nach einem Monat warf ihn plötzlich ein neuerlicher Anfall der Krankheit, der bisher heftigste, nieder.

Es ist Sonntagabend, der Atem wird schwer, Schiller bekommt kaum noch Luft und bei jedem Atemzug glaubt er, seine Lunge zerplatze. Plötzliches Fieber mit Schüttelfrost tritt auf, Hände und Füße werden eiskalt, der Pulsschlag verschwindet fast. Nur mit Mühe kann eine Ohnmacht verhindert werden. Man gibt ihm Opium in starken Dosen, Kampfer mit Moschus, setzt Klistiere und Blasenpflaster an, Aderlässe an den Füßen besänftigen die Gefahr des Erstickens. Sprechen kann er nicht mehr, und so schreibt er auf, was er noch sagen will, den Seinen und dem fernen Körner. Caroline sitzt am Krankenbett, muss ihm vorlesen, was Kant über die Unsterblichkeit geäußert hat.

Der Anfall ging nach etwa fünf Stunden vorüber, doch schon zwei Tage später suchte Schiller ein weiterer heim. Man holte Johann Christian Stark aus Jena nach Rudolstadt, einen Medizinprofessor, der ihn schon zuvor ärztlich betreut hatte. Er diagnostizierte, Krämpfe im Unterleib und Zwerchfell seien Ursache für die Anfälle, die Lunge selbst sei aber nicht angegriffen. Schiller offenbarte sich darüber an Körner: »Was daraus werden soll, weiß ich nicht, doch habe ich jetzt weniger Furcht. Überhaupt hat dieser schreckliche Anfall mir innerlich sehr gut getan. Ich habe dabei mehr als einmal dem Tod ins Gesicht gesehen.«

Schiller wusste nun, sein Leben war immer in Gefahr. Fortan würde er unter dem Schatten des Todes leben. Die Krankheit würde sein Leben bestimmen, alles ihrem Rhythmus unterliegen. Und er wusste nun auch, er hatte zu kalkulieren, was er dem restlichen Leben noch abringen konnte.

Totenfeier mit Rekonvaleszenz

Ende Mai teilte er Körner mit: »Endlich bin ich so ziemlich wieder hergestellt.« Da verbreitete die »Oberdeutsche Allgemeine Literaturzeitung« die Meldung von Schillers Tod. »Nicht Jena, ganz Deutschland hat eins seiner Genies verloren«, war da zu lesen, und der Nachruf strich auch seine Einzigartigkeit in der damaligen literarischen Welt heraus. »Schiller ist gestorben, ein Mann, dessen Geist sich schnell brausend erhob, sich ganz aus sich selbst entwickelte … Er entlehnte keine Regel, nach der er sich modelte, keine fremde Form, um sich drein zu bilden, den Ausbrüchen seines Genies Grenzen zu geben. Er war ganz er selbst.«

Diese Todesnachricht erreichte auch Jens Baggesen, den dänischen Dichter und Verehrer Schillers. Gerade wollte er nahe Kopenhagen eine kleine Schillerfeier durchführen. »Ists möglich? Unser Schiller ist gestorben?« schrieb darüber Baggesen an den Jenaer Philosophieprofessor Karl Leonhard Reinhold und schilderte, wie drei »einander liebende Paare« am Meeresstrand lagerten, Champagner tranken und Schillers Ode »An die Freude« zu Musik deklamierten, zu der Baggesen eine Schlussstrophe über des Dichters Tod dichtete: »Schwört bei diesem freien Wein:/ Seinem Geiste treu zu sein/ Bis zum Wiedersehn dort oben.« Baggesen schloss: »So feierten wir Schillers Tod.« Reinhold antwortete: »Wenn Schiller völlig hergestellt sein wird, dann soll er Ihre Briefe lesen, und ich weiß, daß ihm sein gefristetes Leben dann noch einmal so lieb sein wird.«

Der Arzt schickte Schiller zur Kur ins böhmische Karlsbad, wo er mit Charlotte und Caroline einen Monat lang blieb, heilenden Sprudel trank und auf Herder und seinen Verleger Göschen traf. Danach kehrte man nicht nach Jena zurück, sondern reiste zur weiteren Erholung nach Erfurt, wo man eine Wohnung an der Langebrücke mietete und Schiller fast allabendlich mit Dalberg plauderte und sich beriet. »Noch immer bleiben die Krampfzufälle nicht ganz aus«, musste er an Körner schreiben und an Wieland: »Manches hat sich eingefunden, was auf ein langwieriges Übel zu deuten scheint.« Wie aber soll das Leben nun weitergehen und wie soll Schiller seinen Unterhalt bestreiten? Dalberg riet ihm, bei Herzog Carl August um eine fortdauernde Besoldung zu bitten, damit er nicht mehr von den Collegiengeldern und den schriftstellerischen Einkünften abhängig sei, zumal an Schreiben derzeit kaum zu denken war. Der gewährte aber nur einen einmaligen Zuschuss zum Lebensunterhalt.

Erst Ende September war Schiller wieder in der Lage, gemächlich an der Fortsetzung der Geschichte des Dreißigjährigen Kriegs zu schreiben, musste allerdings diktieren. Zudem erlebte er in Erfurt Aufführungen des »Don Carlos« und des »Fiesco« zu seinen Ehren, was ihm vor Augen führte, dass er einmal Dichter gewesen war und seinen Wunsch schürte, es wieder zu sein. Einen möglichen Stoff hatte er mit dem »Wallenstein« ja schon gefunden. »Und wenn ich mir ein rechtes Fest machen will«, hatte er an Körner geschrieben, »so denke ich dem Plan zu meinem Trauerspiel nach.«

Am 1. Oktober 1791 kehrte Schiller mit Charlotte nach Jena zurück, und es begann für einige Zeit ein ruhigeres und auch finanziell sorgenfreieres Leben. Mitte Dezember konnte Schiller Körner mitteilen: »Ich bin auf lange, vielleicht auf immer aller Sorgen los; ich habe die längst gewünschte Unabhängigkeit des Geistes.« Was hatte sich ereignet? Seit der Stuttgarter Zeit lebte Schiller immer in finanziellen Nöten, hatte Schulden, die er kaum einmal zurückzahlen konnte. Körner hatte ihn eine Zeitlang alimentiert und gelegentlich stillschweigend Schulden beglichen. Woher kam nun die Rettung?

Schillers Krankheit und die Meldung von seinem Tod waren der Auslöser dafür, dass sich Mäzene fanden, die dem Dichter das Leben erleichtern wollten. Im September hatte Karl Leonhard Reinhold dem dänischen Dichter Jens Baggesen von Schillers Lage berichtet: »Wie schlimm es noch immer mit seinen Gesundheitsumständen stehen müsse, können Sie daraus ersehen, daß er sowohl als sein Arzt damit zufrieden sind, daß er durchs Bad nicht schlimmer geworden ist. Seine Eingeweide sind, ich befürchte fast, unheilbar zerrüttet. Doch arbeitet er, aus geistigen nicht weniger als vielleicht auch ökonomischen Bedürfnissen.«

Das ließ Baggesen nicht ruhen, und im Dezember konnte er Schiller einen Brief schicken, dem ein zweiter Brief des Prinzen Friedrich Christian von Augustenburg und des dänischen Finanzministers Graf Ernst von Schimmelmann beigelegt war. »Zwei Freunde durch Weltbürgersinn miteinander verbunden, erlassen dieses Schreiben an Sie, edler Mann! Beide sind Ihnen unbekannt, aber beide verehren Sie, bewundern den hohen Flug Ihres Genius.« Um Schiller die notwendige Ruhe zu ermöglichen, damit seine Gesundheit wiederhergestellt werde und er sich seinem Werk widmen könne, boten sie ihm auf drei Jahre ein jährliches Geschenk von 1.000 Talern an. Schiller nahm es an. »Rein und edel wie Sie *geben*, glaube ich, *empfangen* zu können«, antwortete er seinen adligen Verehrern und fügte pathetisch hinzu: »Nicht an Sie, sondern an die Menschheit habe ich meine Schuld abzutragen. *Diese* ist der gemeinschaftliche Altar, wo Sie Ihr Geschenk und ich meinen Dank niederlege.«

Körner mahnte Schiller ob der guten Nachricht: »Wirf alle Buchhändlerarbeit beiseite, die Dir nicht Genuß gibt. *Lebe* für Dich und für die Zukunft.« Aber kann Schiller das?

Das Jahr 1791 hatte schrecklich begonnen, nun endete es versöhnlich. Zum Neujahr 1792 konnte Schiller an Körner schreiben: »Bin ich auch noch nicht gesund, so hat mein Kopf doch seine ganze Freiheit.« Diese nutzte Schiller, um eifrig und gründlich Kant zu studieren, »wenn mich dieses auch drei Jahre kosten könnte.« Wieder also kostet etwas in seinem Leben. Und die Dichtung musste weiter warten. Immerhin teilte er Körner Ende Februar voller Ungeduld mit: »Ich bin und bleibe bloß Poet, und als Poet werde ich auch noch sterben.«

Warum aber wandte sich Schiller nicht wieder der Poesie und der Theaterdichtung zu, sondern widmete sich weiterhin der Geschichte, der Philosophie und Studien zur Ästhetik?

Im Mai des Jahres 1792 erklärte Schiller sich gegenüber Körner dazu, bezeichnete den Widerstreit, der in ihm lebte, ihn hinderte, sich wieder völlig der Dichtung hinzugeben. »Ich bin jetzt voll Ungeduld, etwas Poetisches vor die Hand zu nehmen, besonders juckt mir die Feder nach dem *Wallenstein*.« Was hinderte ihn, wo er doch noch hinzufügte: »Eigentlich ist es doch nur die Kunst selbst, wo ich meine Kräfte fühle, in der Theorie muß ich mich immer mit Prinzipien plagen«? Warum aber plagte Schiller sich, wenn er dem auch noch hinzufügte: »Da bin ich bloß ein Dilettant.« So wie Schiller kaum jemals zum Leben kommen konnte, da er sich ihm nicht anvertrauen konnte, es sich nicht erlaubte, es zu genießen, sich nicht Wert genug dafür fühlte, so kam er lange Zeit auch nicht zur Dichtung, da er nicht genügend Vertrauen in seine poetische Potenz, in seine Einbildungkraft besaß. »Oft widerfährt es mir, daß ich mich der *Entstehungsart* meiner Produkte, auch der gelungensten schäme.«

Beklagte Schiller sich wegen seiner fehlenden Kenntnis und Fertigkeit in der Theorie der Dichtung und der Ästhetik, so jammerte er auch darüber, dass ihre einmal gewonnene Kenntnis ihm Schaden zugefügt habe. »Geschadet hat sie mir in der Tat, denn die Kühnheit, die lebendige Glut, die ich hatte, ehe mir noch eine Regel bekannt war, vermisse ich schon seit mehreren Jahren.« Die Unmittelbarkeit und Unbefangenheit, die Dichtung aus dem Dichter hervorsprudeln lässt, war ihm abhanden gekommen. So stand sich Schiller nicht nur selbst im Wege, sondern die neu erworbene und weiter erstrebte Kenntnis eines ästhetischen Regelwerks stellte sich seiner Dichtung in den Weg: »Meine Einbildungskraft beträgt sich mit minder Freiheit, seitdem sie sich nicht mehr ohne Zeugen weiß.« Ein Dilemma, das ihn weiter zögern ließ, sich der Dichtung zuzuwenden, und so wich Schiller wieder in die Historie aus, führtedie »Geschichte des Dreißigjährigen Krieges« fort, las weiter Kants ästhetische Schriften, bereitete erneut eine Vorlesung privatissime vor, obwohl ihn seine finanzielle Situation nicht mehr dazu zwang. »Ich wollte Poesie treiben, aber die nahe Ankunft der Kollegienzeit zwingt mich, Ästhetik vorzunehmen. Jetzt stecke ich bis an die Ohren in Kants ›Urteilskraft‹.«

Das Jahr 1792 war ein Jahr der Verhinderung von Dichtung, von Schiller freiwillig und unfreiwillig selbst herbeigeführt, und so konnte er Ende Dezember dafür sowohl mangelnde Zeit als auch Krankheit verantwortlich machen: »Zu etwas Poetischem fehlt es mir mehr an Zeit, als es mir an Begeisterung fehlen würde.« Es ist ein Jahr der Flucht vor der Poesie, da Schiller kein Vertrauen mehr in sich hat, »wiewohl ich gestehen muß, daß der noch so zweifelhafte Zustand meiner Gesundheit mein Gemüt zwar nicht niederdrückt, aber doch auch nicht unbefangen genug sein läßt.«

In der Tat hatte sein Körper ihn das ganze Jahr über geplagt, sodass Schiller im Juli feststellte: »So weiß ich oft kaum, wo aus noch ein.«

Dabei hatte er versucht, sich ein heiteres Leben zu schaffen, um seinen Zustand auch vergessen zu können. In der Schrammei richtete er mit guten Freunden einen gemeinsamen Mittagstisch ein, mit Professoren der Universität, einigen schwäbischen Studenten und dem Sohn Charlotte von Steins, Fritz. Nach dem Essen spielte man L'Hombre, was ihn alle Sorgen kurze Zeit vergessen ließ. Studenten kümmerten sich um ihren berühmten Professor, saßen an seinem Bett, wenn er krank war. Unter ihnen war auch der angehende Dichter Novalis, der ihn anschwärmte, ihm enthusiastische Briefe schrieb und gegenüber Reinhold beteuerte: »Eine Geliebte hätte ich für ihn weinend aus dem Herzen gerissen, wenn die Vorsehung ein so hartes Opfer verlangt hätte.«

An Zuneigung und Zuwendung fehlte es Schiller in den Tagen der Krankheit nicht. Seine Frau kümmerte sich bis zur Selbstaufgabe um ihn, wurde darob selbst krank. Seine geliebte Schwägerin Caroline kam immer und immer wieder nach Jena, schenkte ihm ihre Hinwendung, wollte dabei ihre Schwester gar ausstechen, wenn sie an Karoline von Dacheröden schrieb: »Ich fühle ihn einsam, denn so innig gut Lotte ist, so ists doch ein toter Umgang.« Ihren eigenen Umgang mit ihm sah sie indes als einen lebendigen an und meinte, wäre sie an Stelle ihrer Schwester getreten: »Torheit ists, das Vergangene nicht vergangen sein zu lassen, aber ich fürchte, der Samen allen Unheils liegt doch darin, und die Welt der Empfindung ist ihm für immer verstummt.«

Im Juni 1792 war Schiller nach Dresden zu seinem Freund Körner gereist, auch mit der Hoffnung, in Erinnerung an einstige glückliche Zeiten mit ihm seinen Gemüts- und Gesundheitszustand zu bessern. Doch auch hier überfielen ihn immer wieder Unterleibskrämpfe, die auch die Stunden mit dem Freund beeinträchtigten. Wie früher machten sie Pläne, zu »Ästhetischen Briefen«, die sie öffentlich wechseln wollten, und zu einer Zeitschrift, die tatsächlich Jahre später als »Die Horen« erscheinen würde.

Alle Fürsorge, die um Schiller war, konnte aber die Sorgen um die Krankheit und die Zukunft nicht völlig besänftigen, sodass er sich im Frühjahr 1793, als die Krankheit sich verschlimmerte und »die ganze Litanei der fatalen Zufälle« wieder eintrat, den Entschluss fasste, seine alte Heimat Schwaben zu besuchen, voll Hoffnung, er könne sein Leben dort in neue Bahnen lenken. Zuvor hatte er die Wohnung in der Schrammei aufgegeben, war für Frühling und Sommer in ein Gartenhaus vor den Toren Jenas in die Zwätzengasse gezogen, wo er sich in Ruhe seinen ästhetischen Schriften zuwenden konnte.

Aber im April war Schiller auch in die Berliner Generalwitwenkasse eingetreten, damit seine Frau im Falle seines Todes eine Pension erhalte.

Vierzehntes Kapitel

Elf Jahre danach – Reise in die verlorene Jugend

Als Friedrich Schiller mit seiner hochschwangeren Frau am 1. August 1793 in Jena die Postkutsche bestieg, um seine alte Heimat aufzusuchen, war er 33 Jahre alt. Die Reise nach Württemberg wurde auch eine Fahrt in die verlorene Jugend und zu einer Verjüngungskur für Körper und Geist.

»Die Liebe zum Vaterland ist sehr lebhaft in mir geworden, und der Schwabe, den ich ganz abgelegt zu haben glaubte, regt sich mächtig. Ich bin aber auch elf Jahre davon getrennt gewesen und Thüringen ist das Land nicht, worin man Schwaben vergessen kann«, hatte er Körner den Grund seiner Reise verraten.

Auch hoffte Schiller, in der milderen »vaterländischen Luft« Erholung zu finden, alte Freunde zu besuchen und seine Eltern wieder zu sehen, vor allem den Vater, der bald siebzig Jahre alt werden sollte.

Nur wie sollte der ehemalige Deserteur aus schwäbischen Diensten gefahrlos »vaterländischen« Boden betreten? Von Jena aus hatte Schiller auf Anregung des Vaters schon Herzog Carl Eugen um Erlaubnis ersucht, dessen Herrschaftsgebiet betreten zu können, war aber ohne Antwort geblieben. Trotzdem machte er sich auf den Weg, gelangte nach Nürnberg, wo er seinen dänischen Verehrer Jens Baggesen traf, fuhr weiter über Ansbach und Feuchtwangen, machte aber vorerst an der schwäbischen Landesgrenze in der Freien Reichsstadt Heilbronn Halt. Hier wollte er auf die Erlaubnis des württembergischen Herzogs warten, die alte Heimat betreten zu dürfen. Für einige Tage bezog Schiller Quartier im Gasthaus »Zur Sonne«, mietete aber wenige Tage später eine Wohnung, da die schwangere Lotte durch die Strapazen der sechstägigen Reise geschwächt war. Sie erwartete ihr Kind in wenigen Tagen, er wartete weiter auf Antwort des Herzogs, an den er erneut ein Gesuch stellte.

Schon einen Tag nach der Ankunft in Heilbronn kam Schillers Vater in Begleitung der beiden jüngeren Töchter zu Besuch. Es war ein herzliches Wiedersehen mit ihm, der ihm zwar lange Zeit wegen seines Lebenswandels gegrollt, ihn dennoch immer unterstützt hatte, so gut das seine Möglichkeiten erlaubten. »Ich muß zu meiner Demütigung bekennen, daß ich für meinen Sohn immer mehr Furcht als Hoffnung genährt habe«, hatte er zum 32. Geburtstag seines Sohns geschrieben. Inzwischen aber war er stolz auf ihn, nannte ihn einen »Genie-Gelehrten«. Vier Jahre zuvor, 1789, hatte Vater Schiller seine Memoiren verfasst. In »Meine Lebensgeschichte« schilderte er, wie er aus ärmlichen Verhältnissen herausgetreten war, seine Unbildung durch Fleiß korrigiert und letztlich Anerkennung und Rang in einem Beruf erlangt hatte. Seit 1775 war er durch Ernennung Carl Eugens Intendant der herzoglichen Gärten. Um Schloss Solitude herum legte er nicht nur Mustergärten an, er verfasste auch sein Lebenswerk, die Schrift »Die Baumzucht im Großen«, die ihm den Ruf verschaffen wird, der erste Pomologe zu sein. Schon vor der Fahrt seines Sohnes in die alte Heimat hatte er ihm stolz berichtet: »Die neue Anlage zu einer Baumschul liegt am Berg, und da mußte ich gegen 700 Schritte lang, Terrassen machen. Überhaupt ist jetzt meine Baumzucht mehr als hundert Stücke stark.«

Der Vater kehrte heim, ließ aber Tochter Louise in Heilbronn zurück, damit sie den Haushalt führe, wozu Charlotte ja nicht mehr in der Lage war, da sie bald entbinden würde. Friedrich Schiller langweilte sich, hielt sich meistens zu Hause auf, holte in einer kleinen Lesebibliothek und einer »schwach vegetierenden Buchhandlung … einige literarische Nahrung«, wie er Körner berichtete, besorgte aber auch andere Nahrung: »Der Neckarwein schmeckt mir desto besser, und das ist etwas, was ich auch Dir gönnen möchte.« Zwar war wegen des drohenden Kriegs mit der französischen Revolutionsarmee die Lebenshaltung teurer geworden, aber immer noch günstiger als in Jena: »So trinke ich doch für dasselbe Geld noch einmal so viel, als in Thüringen, und zwar vortrefflich.«

Da andere Abwechslung als Lesen und Trinken in Heilbronn kaum gegeben war, wagte Schiller, ohne Erlaubnis bei dem »Schwabenkönig« zu erfragen, seine Eltern auf Schloss Solitude zu besuchen. Er ließ seine Frau in Heilbronn zurück und machte sich auf den Weg.

Schon von der Chaussee aus, die auf das Schloss zuführt, sieht Friedrich Schiller den mächtigen Kuppelbau auf der Anhöhe liegen. Dort ist er vor vielen Jahren von seinem Vater abgeliefert worden, in der militärischen Pflanzschule. Von dort hat er mit so viel Heimweh die schnurgerade Straße nach Ludwigsburg zu seinem damaligen Elternhaus entlanggeschaut. Es geht den Berg hinauf, man biegt nach der kurvenreichen Auffahrt in den Schlossweg ein, gelangt zu dem kleinen Halbrondell, um das zweistöckige Bürgerhäuser aufgereiht sind. Hier findet Schiller das Haus seiner Eltern in der Mitte liegen, hinter dem sich ein Garten auftut. Herzlich wird er von der Mutter, der jüngsten Schwester

Nanette und dem Vater begrüßt. Schiller ist wieder zu Hause, ist zurück auf Solitude, dem einstigen Ort der Gefangenschaft, seiner beginnenden Jugend. Da steht jetzt sein Elternhaus.

Zurück in Heilbronn erfuhr Schiller, dass Herzog Carl Eugen ihm zwar keine Erlaubnis gebe, sein Reich zu betreten, ihn aber ignorieren werde. Sofort siedelte Schiller nach Ludwigsburg über, wo er sechs Jahre seiner Kindheit verbracht hatte. Damals war die Stadt mit dem Lustschloss, dem Theater und der großen Garnison ein lebhafter, prunkvoller Ort gewesen. Nun, da der Herzog sich nicht mehr dort, sondern auf Schloss Hohenheim aufhielt, war sie verschlafen und vernachlässigt. Und doch gefiel es Schiller hier. »Die Stadt ist überaus schön und lachend, und ob sie gleich eine Residenz ist, so lebt man darin auf dem Lande.«

Die Familie nahm Wohnung in der Poststraße, nahe dem Haus seines Kinder- und Jugendfreunds Friedrich Wilhelm von Hoven, der als Arzt dort praktizierte und auch dabei war, als Schiller am 14. September 1793 Vater eines Sohns wird. Der verschlief indes die Geburtsstunde.

Die Schillers waren jetzt eine richtige Familie. Zu der gesellte sich aber neben Friedrichs Schwester Louise auch wieder Schwägerin Caroline, die mit in der Wohnung lebte, nachdem sie im nahen Bad Canstatt eine längere Kur gegen ihr Nervenleiden absolviert hatte. Doch eine völlig andere Liaison zu dritt trat jetzt an die Stelle der einstigen. Mit der Geburt des Sohns ihrer Schwester und ihres Geliebten war sie ausgeschlossen, und so zog sie sich bald für längere Zeit von den Schillers zurück, führte ein separates Leben.

Gut einen Monat nach der Geburt seines Sohns kam es für Schiller zu einem weiteren, aber völlig entgegengesetzten Ereignis, dessen Folgen mehr freudige Gefühle als Trauer auslösten. Herzog Carl Eugen war nach kurzer Krankheit auf Schloss Hohenheim verstorben. Der verhasste und auch ein wenig geliebte Übervater aller Württemberger, auch Schillers, hatte seine Landeskinder verlassen. »Der Tod des alten Herodes hat weder auf mich noch auf meine Familie Einfluß, außer daß es allen Menschen, die unmittelbar mit dem Herrn zu tun hatten, sehr wohl ist, jetzt einen Menschen vor sich zu haben«, schrieb Schiller an Körner und meinte mit dem »Menschen« den älteren Bruder Carl Eugens, Ludwig Eugen, dessen Güte allseits geschätzt wurde und der bald auch die militärische Carlsschule auflösen sollte.

Triumphzug und empfindsame Reise

Kurz davor besuchte Schiller aber noch die Stätte seiner Jugend, die ihm so viel Unbill verursacht, aber auch seinen Geist geformt hatte. Man feierte dort den ehemaligen, nun berühmten Schüler, darunter auch ein Christian Friedrich Mayer: »Als Schiller, die ihm so teure Akademie besuchte, war ich Zeuge des Enthusiasmus, mit dem er in dem Speisesaal von uns vierhundert Jünglingen empfangen wurde. Vor jeder Tafel, zu fünfzig Kuverts jede, empfing er mit Huld und sichtbarer Rührung unser laut klingendes Hoch.«

Schillers Reise in die eigene verflossene Jugend war mehrfach zu einer sentimentalen geworden. Auch die Begegnung mit seinem alten Lehrer Johann Friedrich Jahn versetzte ihn in Rührung. Er begab sich in dessen Unterricht, setzte sich wie einer seiner Schüler auf eine Bank oder sprang auf und übernahm für kurze Zeit den Unterricht. »Da lehrte er bald Logik und Rhetorik, bald Geschichte und da konnte der seltene Lehrer, sonst still und ruhig, sich oft plötzlich bewegt und lebendig in die Höhe richten«, sollte sich ein Schüler erinnern.

In Tübingen besuchte Schiller gemeinsam mit von Hoven seinen einstigen Lehrer Jakob Friedrich Abel, dem er so unendlich viel zu verdanken hatte, dass er ihm den »Fiesco« gewidmet hatte. Er wohnte bei dem Philosophieprofessor in der Bursa, lernte dort weitere Gelehrte kennen. Abel versuchte, Schiller nach Tübingen zu locken, und wollte ihm den Weg für einen Lehrstuhl an der Universität ebnen, was er bald auch eifrig betrieb. Als dann aber zwei Jahre später diese Möglichkeit konkret werden sollte, sollte Schiller das Angebot aus Tübingen ablehnen.

Kurz nach dem Besuch in Tübingen verließ Schiller mit seiner Familie Mitte März 1794 Ludwigsburg und siedelte über an die Stätte seiner wüsten Jugendzeit, nach Stuttgart, bezog ein Gartenhaus in der Augustenstraße. In der Schulstraße lag »die Geistliche Herberge«. Hier traf er sich des Abends oft mit den Kumpanen einer vergangenen Zeit, mit Haug, Petersen und Hoven.

Man spielte noch einmal die Bohemezeit der Jugend nach, wie Hoven erzählen würde: »Wir waren höchst vergnügt untereinander. Schiller hatte sich vorgenommen, Petersen, der ein großer Liebhaber des Weines war, betrunken zu machen. Wir tranken ihm daher fleißig zu, wer aber betrunken wurde, war nicht Petersen, sondern Schiller, der zwar glücklicherweise frei von seinen Brustkrämpfen blieb, aber so ausgelassen lustig wurde, daß er sich auf den Tisch legte und sich darauf herumwälzte.«

Doch wie traf Schiller die Freunde der Jugend an? »Manche, die ich als helle aufstrebende Köpfe verließ, sind materiell geworden und verbauert«, berichtete er Körner, fügte hinzu, kaum einer von ihnen interessiere ihn noch und in einem Anflug von Hochmut: »Bei einigen fand ich noch manche der Ideen in Gang, die ich selbst ehmals in ihnen niederlegte: ein Beweis, daß sie bloße Gefäße sind.« Selbst sein einstmals engster Freund, von Hoven, sei zwar ein »brauchbarer Arzt« geworden, sowohl seine Begabung zum Dichter als auch die Neigung zur Philosophie seien verkümmert. Schiller resümierte: »Es ist hier in Schwaben nicht so viel Stoff und Gehalt als Du Dir einbildest«, und er ahnte, dass er nicht wieder in der früheren Heimat leben könnte. Allein einen neuen Freund gewann er, der ihm völlig zugetan sein würde, den Bildhauer Johann Heinrich Dannecker. Ein Jahr älter als Schiller, war er 1780 Hofskulpteur geworden, dann nach Paris und Rom zu Studienzwecken gezogen, nun Professor an der Carlsschule. Ein »wahres Kunstgenie« nannte Schiller ihn und saß ihm Modell. »Er modelliert jetzt meine Büste, die ganz vortrefflich wird«, meldete er voller Stolz an Körner. »Das Haupt erhoben, das Antlitz voll von Begeisterung und Liebe und lichter Hoffnung«, so bildete Dannecker sein Modell nach. Diese Büste ist bis heute das wohl bekannteste und zugleich hehrste, idealisierendste Bild, das wir von Schiller besitzen. Auch eine Frau zeichnete ihn in diesen schwäbischen Monaten. Kunigunde Sophie Ludovica Simanowicz, geborene Reichenbach, Frau eines Leutnants in Ludwigsburg, hatte schon Schillers Eltern und Schwestern pastelliert und porträtierte nun den berühmten Sohn und auch dessen Frau Charlotte. So kunstvoll wie Dannecker zeichnete sie Schiller, aber sie idealisierte das Ehepaar nicht, sondern gab ihm wahrhafte Züge. Charlotte Schiller schaut traurig, ernst, ein wenig leidend aus dem Bild heraus, ihr Mann hingegen ernsthaft, sinnend, wissend um sein Los.

So wohl sich Schiller in Schwaben fühlte, so hingebungsvoll und voller Freude er sich seinem gerade geborenen »Goldsohn« widmete – die Krankheit hatte sich zwar gemildert, und deren Anfälle wurden immer seltener gegen Ende des schwäbischen Aufenthalts – aber auch hier konnte Schiller nicht glücklich sein. Er beklagte sich über »die Dürre« um ihn herum, die nur in den raren Momenten mit den alten oder den neuen Freunden scheinbar verschwand.

»Es gibt viele Tage, wo ich Feder und Schreibtisch hasse«, bekannte er Körner und gab seinem »hartnäckigen Übel«, der Krankheit, die Schuld, doch: »Nie war ich reicher an Entwürfen zu schriftstellerischen Arbeiten.« Warum aber diese Hemmung, die Entwürfe auch auszuführen? In einem Brief vom 10. Dezember 1793 gab Schiller Körner darüber Auskunft, nannte den »Zweifel an meinem eigenen Genius« als Hauptgrund, der durch sein »Nervenleiden« noch verstärkt werde. Schillers Eigendiagnose: »Ich könnte mich nie mit mir selbst versöhnen.«

Auch die versuchte Rückkehr in die alte Heimat war kein Remedium für Schillers innere Krankheit, seine Hypochondrie und seine Selbstzweifel, sodass er nur auf außerirdische Kräfte gegen den Tod im Leben hoffte: »Gebe nur der Himmel, daß meine Geduld nicht reiße, und ein Leben, das so oft von einem wahren Tod unterbrochen wird, noch einigen Wert bei mir behalte.«

Im Frühjahr 1794 aber verbesserte sich Schillers Stimmung, und auch der Körper rebellierte seltener. Was war geschehen? Zum einen genoss er, wetterfühlig wie er war, in seinem Stuttgarter Gartenhaus den Beginn der schönen Jahreszeit. Zum anderen hatte er Bekanntschaft mit dem Verleger Johann Friedrich Cotta geschlossen, ein Zeitschriftenprojekt ausgedacht, woraus die »Horen« entstehen sollten, und eine Ausgabe antiker Dramen in eigener Übersetzung mit ihm ins Auge gefasst. Vor allem aber begann Schiller wieder zu schreiben und widmete sich intensiv seinen ästhetischen Überlegungen. Das schaffte neuen Mut. Nun wurden nämlich aus den Entwürfen, von denen er Körner vor drei Monaten gesprochen hatte, Schriften. »Über Anmut und Würde« entstand, »Über die notwendigen Grenzen beim Gebrauch schöner Formen« legte wie eine Studie über das Naive und eine über die ästhetische Erziehung der Menschheit den Grundstein für Schillers Theorie des Schönen, der er sich er nun begeistert widmete, auch wenn er gar einige Szenen zu einem Wallenstein-Drama in diesen letzten schwäbischen Monaten entwarf.

Schließlich hatte die Reise in die schwäbische Luft doch noch sowohl Schillers Körper als auch seinem Gemüt Erholung und neue Nahrung gegeben. Aber zur neuen Heimat wurde Schiller die alte Heimat nicht. Dazu erschien ihm Schwaben zu sehr als geistige Provinz. Eine vage Hoffnung war erloschen. Zugleich glaubte er, in Jena und Weimar günstigere Umstände für sein weiteres Lebenswerk zu finden, hoffte auch auf Unterstützung des Herzogs und wusste mit Johann Gottlob Fichte, den er in Stuttgart kennen gelernt hatte und der in Jena zum Professor ernannt worden war, und mit Wilhelm von Humboldt, der sich dort niederlassen wollte, Menschen, die ihm Anregung für sein eigenes Werk geben könnten. »Herzlich sehne ich mich nach einer ruhigen und gleichförmigen Lebensart und dieser Wunsch ist so mächtig, daß ich mein Vaterland mit erleichtertem Herzen verlassen werde«, schrieb Schiller an Körner.

Am 6. Mai 1794 verabschiedete sich Friedrich Schiller auf Solitude von seinen Eltern und den beiden Schwestern und trat mit seiner neuen Familie die Heimfahrt über Würzburg und Meiningen an. »Unsere Reise haben wir in neun Tagen glücklich und bei ziemlich guter Gesundheit vollendet«, konnte Schiller frohgemut an von Hoven schreiben. In Jena wurde er von Wilhelm von Humboldt empfangen, der schrieb: »Schiller kehrte mit dem doppelt regen Streben nach Tätigkeit zurück ... Es war ein Wendepunkt.«

Fünfzehntes Kapitel

Jena – zwischen Philosophie und Dichtung

Als Friedrich Schiller am 14. Mai 1794 nach Jena zurückgekehrt war, bezog er mit seiner nun dreiköpfigen Familie nicht nur eine neue Wohnung, gegenüber dem Rathaus gelegen, Unterm Markt Nr. 1, es begann auch eine neue Lebensphase für ihn. Bald würde er sich wieder der Dichtung zuwenden, sich mit Goethe versöhnen, gar mit ihm zusammenarbeiten, und er würde seine bürgerliche Existenz festigen.

Erst einmal aber war nur Vorlauf zu bedeutenden Entwicklungen in seinem zweiten Leben, das mit dieser Rückkunft begann. »Ich bin zwar an wirklichen Ausarbeitungen ziemlich unfruchtbar, aber an Projekten desto ergiebiger gewesen«, meldete er Körner nach einem Monat und schilderte emphatisch sogleich sein wichtigstes Projekt, die Herausgabe einer Zeitschrift: »Unser Journal soll ein epochenmachendes Werk sein.« Die Begeisterung dafür trug ihn fort: »Alles was Geschmack haben will muß uns kaufen und lesen.«

Den Plan dafür hatte er schon mit dem Verleger Cotta in Schwaben besprochen, und nun ging es dem Herausgeber Schiller darum, auch die großen Geister der Epoche dafür zu gewinnen. Er zählte sie gegenüber Körner auf, vergaß dabei sich selbst auch nicht: »Fichte, Humboldt und ich ... Goethe, Kant, Jacobi, Herder, Klopstock, Voß, Garbe, Jacobi ... Lichtenberg«, vergaß aber ganz bewusst Wieland, gegen dessen »Thalia« die Zeitschrift Konkurrent und Nachfolger sein sollte. Sie wird den Titel »Horen« tragen, bezieht sich so auf die Töchter des Zeus, die Zeitgöttinen, die durch Tag und Nacht und Jahr und Tag führen, den Zeitenwechsel darstellen, dadurch zugleich für die Ordnung, auch des Schönen, sorgen. Der Titel also war schon Programm und folgte Schillers Studien zur Ästhetik, in denen er die Schönheit als die Töchter der Freiheit bezeichnet hatte.

Wilhelm von Humboldt, der vor allem nach Jena gezogen war, um Schiller nah zu sein und in der Tat schräg gegenüber wenige Schritte entfernt Unterm Markt Nummer 4 wohnte, wurde der engste Vertraute. Täglich trafen sie sich, wobei Schiller den um acht Jahre jüngeren, der inzwischen mit Karoline von Dacheröden verheiratet war, vor allem als Stichwortgeber für die eigenen Gedanken nutzte. »Der Gedanke war das Element seines Lebens«, erinnert sich Humboldt später und: »Er suchte nie nach einem bedeutenden Stoff der Unterredung, er überließ es mehr dem Zufall, den Gegenstand herbei-zuführen, aber von jedem aus leitete er das Gespräch zu einem allgemeineren Gesichtspunkt, und man sah sich nach wenigen Zwischenreden in den Mittelpunkt einer den Geist anregenden Diskussion versetzt.« Kein Zweifel, Schiller war im letzten Jahr gereift, und seine Selbstzweifel waren durch die intensive Beschäftigung mit der Philosophie und der Ästhetik, angeregt durch Kants Schriften, zwar nicht verschwunden, aber verdeckt worden. »Er behandelte«, so Humboldt weiter, »den Gedanken immer als ein gemeinschaftlich zu gewinnendes Resultat«, doch: »Er schien des Mitredenden zu bedürfen, wenn dieser sich auch bewußt blieb, die Idee allein von ihm zu empfangen.« Das heißt, der Gesprächspartner war vor allem Katalysator für Schillers eigene Idee, seinen eigenen Gedankenschluss.

Drei Jahre blieb Humboldt in Jena und war eben dieser Katalysator für Schillers Ideen und Werk. Dann musste er nach Tegel bei Berlin zurück in das elterliche Haus. Nun aber blieb man oft bis spät in der Nacht zusammen, redete, disputierte und schmiedete Pläne.

Doch auch Goethe wollte Schiller für die Mitarbeit an den »Horen« gewinnen. Bisher gingen sie sich allerdings aus dem Weg. Man ignorierte sich. Goethe hatte Schiller nach Jena empfohlen, ihn dort als Geschichtsprofessor installiert, denn als Dichter schätzte er ihn so wenig, so sehr er ihn als jüngeren Konkurrenten im Staate Weimar fürchtete. »Schiller zog nach Jena, wo ich ihn ebenfalls nicht sah«, sollte sich Goethe später erinnern. Doch in der gegenseitigen Nichtbeachtung belauerte man einander auch. Vor allem Schiller hatte es kaum verwinden können, dass Goethe ihn nicht beachtete, ihn gar von oben herab gnädig behandelte, sodass er einen Groll gegen ihn hegte und schrieb, Goethe stehe ihm im Wege. Nun aber hatte er den Plan für das Journal der Zeit, das alle großen Geister vereinigen sollte, und er, Schiller, war dessen Herausgeber. Zudem wusste er, dass sich Goethe seit seiner Rückkehr aus Italien in Weimar isoliert fühlte. Aus dieser eigenen, gefestigten Position heraus konnte er ihn nun bitten, für die »Horen« Beiträge zu liefern.

Die ersten Briefe Schillers und Goethes verraten auch einen taktischen Zug. Die Distanz wird wie bei sich beäugenden Raubkatzen nicht sofort aufgehoben. Zuerst wählte Schiller den hehren Ton eines »gehorsamsten Dieners«, der beteuerte, ein Beitrag Goethes würde für den Erfolg der Zeitschrift »entscheidend« sein. Goethes dankende Antwort: »Ich werde mit Freuden und von ganzem Herzen von der Gesellschaft sein.« Er wollte sich nicht versagen und seine Isolation nicht noch vergrößern, zumal bei ihm »manches ins Stocken geraten« sei, gab aber zugleich nichts an, was er den »Horen« zum Druck überlassen könnte.

Goethe hatte inzwischen Schillers Schrift über »Anmut und Würde« gelesen und sich über dessen Kritik an denen, die zu sehr auf die sinnliche Erfahrung der Natur bauen, geärgert, und meinte damit auch eine Kritik an sich herauszulesen.

Andererseits teilte er Charlotte von Kalb kurz nach dem Erhalt von Schillers Brief mit: »Noch muß ich sagen, daß seit der neuen Epoche auch Schiller freundlicher und zutraulicher gegen uns Weimaraner wird«, und meinte mit »uns« vor allem sich selbst.

Ein glückliches Ereignis

Das Eis zwischen Goethe und Schiller brach indes erst, als sie sich am 20. Juli bei der Tagung der Naturforschenden Gesellschaft in Jena fast unbeabsichtigt trafen. Dieser Augenblick sollte für die deutsche Literatur, für das Leben und Werk Goethes und Schillers bedeutend sein, ein Zündpunkt. »Ein glückliches Ereignis« wird Goethe ihn rückblickend nennen.

Goethe und Schiller verlassen an diesem Sonntagnachmittag zufällig gleichzeitig die Tagung. Es kommt zu einem Gespräch über das, was sie gerade erlebt haben, und Schiller meint, dass eine »so zerstückelte Art«, über die Natur zu sprechen, ihr weder angemessen noch dem Laien verständlich sei. Goethe stimmt zu, indem er die Kritik an den Einzelwissenschaften teilt und fragt, ob es nicht eine andere Art gebe, sie als lebende, ja wirkende Kraft darzustellen. Das Gespräch spinnt sich weiter, da man durch die Straßen Jenas geht, und Goethe behauptet, alles und somit auch jede Untersuchung der Natur gehe aus der Erfahrung hervor, was Schiller hingegen anzweifelt. Und schon sind sie am Kern ihrer Differenzen. Schiller schöpft aus der Idee einer Welt, Goethe aus ihrer Beobachtung. Sie gelangen vor dem Haus Nr. 1 des Markts an und Schiller bittet Goethe hinein. »Das Gespräch lockte mich hinein«, wird sich der erinnern. Goethe wird von Schillers Frau Charlotte begrüßt, die er ja schon seit ihrer Kindheit kennt. Man setzt sich, man redet weiter. Und Goethe ist bei seinem derzeitigen Lieblingsthema angelangt, der Metamorphose der Pflanzen, die für seine eigene These Beweise genug sei. Schiller hört aufmerksam zu, bald aber schüttelt er den Kopf, erwidert: »Das ist keine Erfahrung, das ist eine Idee.«

Und Goethe weiß, sie sind genau an dem Punkt angelangt, der sie trennt und worüber er bei der Lektüre von »Anmut und Würde« schon in Groll verfallen ist. Doch er schürt den Streit nicht, nimmt sich zurück und folgert leicht ironisch: »Das kann mir sehr lieb sein, daß ich Ideen habe ohne es zu wissen und sie sogar vor Augen sehe.« Man beendet das Gespräch, verabschiedet, verabredet sich aber für den übernächsten Tag. Ein Anfang ist gemacht, der kein Ende nehmen wird. Erst mit Schillers Tod knapp elf Jahre später wird das Gespräch zwischen Schiller und Goethe verstummen.

Am Tag darauf wechselt Schiller mit seiner Frau die wenigen Schritte über den Marktplatz hinüber, um beim Ehepaar Humboldt zu Mittag zu essen. Schillers Unterredung mit Goethe wird das Thema des Tischgesprächs gewesen sein. Am folgenden Tag ist Goethe mit Schiller Gast zum Abendessen bei Humboldts. Und man disputiert leidenschaftlich über Kunst und Ästhetik, wobei Schiller Goethe von seinem Kalliasbrief vom 23. Februar an Körner erzählt, in dem er dargelegt hat, wie die Freiheit in der Erscheinung eins sei mit der Schönheit, und er bittet ihn, dazu eine Meinung zu äußern. Am Mittwoch reist Goethe dann nach Weimar zurück, und die Humboldts sind bei Schiller zum Mittagstisch eingeladen.

Wenige Tage später traf bei Schiller ein Dankesbrief Goethes ein: »Erhalten Sie mir ein freundschaftliches Andenken und seien Sie versichert, daß ich mich auf eine öftere Auswechslung der Ideen mit Ihnen recht lebhaft freue. Empfehlen Sie mich Ihrem Zirkel.« Zugleich kündigte er aber an, ein baldiges Wiedersehen »entbehren« zu müssen. Goethe brauchte dieses Ritardando, um sich seiner und der Position Schillers zu vergewissern. Erst in zwei Monaten werden sie sich wiedersehen. Beide waren indes einer tief greifenden Auseinandersetzung bedürftig. Schiller wollte der grundsätzlichen Kälte der Einsamkeit des Denkens, die er beklagte, entrinnen, Goethe seiner Vereinsamung im Denken, da er in Weimar nur noch wenig neue Anregung erhielt.

In dieses Ritardando hinein schrieb Schiller Goethe einen wagemutigen Brief, in dem er dessen bisherige Existenz zu resümieren suchte und der so einsetzte: »Lange schon habe ich, obgleich aus ziemlicher Ferne, dem Gang Ihres Geistes zugesehen und den Weg, den Sie vorgezeichnet haben, mit immer neuer Bewunderung bemerkt.«

Schiller gab zu, dass Goethes beobachtende stille Anschauung der Dinge diesen immerhin nicht in Gefahr bringe, spekulativ zu irren, wie es ihm selbst geschehen könne. Nur wisse er, Goethe, dadurch auch nie, wie weit er in die Materie eingedrungen sei, da er nicht von der Philosophie »borge«. Er versuche hingegen, durch anschauende Nacherschaffung der Natur auch in die »verborgene Technik« des Menschen einzudringen, ein Begriff, der Goethe zuwider gewesen sein muss. Zwar lobte Schiller – taktisch vielleicht? – Goethes Demarche: »Sie hatten also eine Arbeit mehr, denn so wie Sie von der Anschauung zur Abstraktion übergingen, so mußten Sie nun rückwärts Begriffe wieder in Intuitionen umsetzen und Gedanken in Gefühle umwandeln«, was er guterdings für kaum möglich hielt. »Was Sie aber schwerlich wissen können«, und damit machte Schiller Goethe ein Angebot einer gemeinsamen Gedankenplattform, »ist die schönste Übereinstimmung Ihres philosophischen Instinkts mit den reinsten Resultaten der spekulierenden Vernunft.«

Goethe nahm diesen Brief dankbar auf. Nun war der Weg endgültig geebnet. Er rechnete von jenem Tag des ersten Gesprächs gar schon »eine Epoche«, da es nun scheine, »als wenn wir, nach einem so unvermuteten Begegnen, miteinander fortwandern müssten.« Später bezeichnete er diesen Moment so: »Es ward Stillstand gemacht«, Stillstand wie bei einem Duell, zwischen dem »gebildeten Kantianer« und ihm mit seinem »hartnäckigen Realismus«, auch da Goethe wusste, dass er sich der spekulativen Philosophie, die er eigentlich verachtete, nicht ganz, und damit einem Zeitgeist, entziehen konnte. Zudem gestand er Schiller, er werde bei näherer Bekanntschaft eine Unsicherheit in ihm, »eine Art Dunkelheit und Zaudern« entdecken, »über die ich nicht Herr werden kann.«

Schiller antwortete erfreut, hatte er doch das lange gehegte Ziel der Nähe zu Goethe endlich erreicht: »Nun kann ich hoffen, daß wir«, und da zögerte der um seine heikle Gesundheit wissende, »so viel von dem Wege noch übrig sein mag, in Gemeinschaft durchwandeln werden«, fügte noch hinzu, »da die letzten Gefährten auf einer langen Reise sich immer am meisten zu sagen haben.« Weiter gab er zu bedenken: »Eine große und allgemeine Geistesrevolution werde ich schwerlich Zeit haben zu vollenden, aber ich werde tun, was ich kann.« Noch zehn Jahre lang.

Fünf Tage später lud Goethe Schiller nach Weimar ein. »Wollten Sie mich nicht besuchen, bei mir wohnen und bleiben?« Und Schiller kam, wohnte in Goethes Haus, blieb vierzehn Tage, hatte aber zuvor »um die leidige Freiheit gebeten, bei Ihnen krank sein zu dürfen.« Denn immer noch plagten Schiller jene Unterleibskrämpfe, die ihn nachts nicht schlafen und den Morgen verschlafen ließen. Goethe war einverstanden. »Eine völlige Freiheit, nach Ihrer Weise zu leben, werden Sie finden.«

Und so schlief Schiller des Morgens, des Nachmittags und Abends tauschte er mit Goethe Gedanken aus, wozu sich häufig Humboldt gesellte, der mit Schiller nach Weimar gereist war. Die folgenden zwei Wochen im Weimarer Frühherbst 1794 waren eine Probe auf diese neue Gemeinschaft, eine Probe, die beide bestanden.

Goethe drängte in dieser Zeit Schiller auch, zur Bühne zurückzukehren, bat ihn, den »Fiesco« und »Kabale und Liebe« für das Weimarer Theater umzuarbeiten und auch den »Egmont«, sein eigenes Schauspiel. Doch Schiller schreckte noch vor der Bühne zurück, widmete sich stattdessen der Vorbereitung der »Horen« und weiterhin seinen ästhetischen Schriften, die in der Zeitschrift erscheinen sollten. Die gemeinsame Diskussion über das Schöne und die Kunst brach Goethe indes Mitte Oktober ab, da Schillers Position ihm zu viele Rätsel aufgebe. Er fragte sich, warum etwa sich »Bestimmtheit nicht mit Schönheit vertrage« und warum »Freiheit und Bestimmtheit nicht notwendige Bedingungen der Schönheit, sondern notwendige Bedingungen unseres Wohlgefallens an der Schönheit seien«. Er selbst wolle hingegen lieber bei der eher praktischen Frage verbleiben, »was denn der Künstler zu tun habe, damit, nach seinen vielfältigen einzelnen Bemühungen, der Zuschauer endlich doch das Ganze sehe und ausrufe: Es ist schön!«

Das indes schien Schiller zu einfach. Dennoch oder gerade deswegen schickte er seine Abhandlung »Über die ästhetische Erziehung des Menschen« an Goethe, um ein Urteil von ihm zu erhalten, bevor er sie in den »Horen« zum Druck gab.

Die Horen

Die erste Ausgabe der »Horen« erschien mit 93 Seiten am 15. Januar 1795 und war ein großer Erfolg, sodass bald 1.500 weitere Exemplare nachgedruckt werden mussten. Sie enthielt die ersten neun Briefe Schillers »Über die ästhetische Erziehung des Menschen«, Fichtes Aufsatz »Über Belebung und Erhöhung des reinen Interesses für Wahrheit« und von Goethe den Beginn von »Unterhaltungen deutscher Ausgewanderten«, eine Erzählung, die sich mittelbar mit Ereignissen um die Revolution und ihre Folgen befasste. Damit verstieß sie streng genommen gegen den von Schiller geprägten Grundsatz, »sich über das Lieblingsthema des Tages strenges Stillschweigen aufzuerlegen«, womit die Politik und insbesondere die französischen Ereignisse und der Krieg gemeint waren. »Die Horen« sollten bewusst »durch etwas anderes gefallen als wodurch jetzt alles gefällt«, schrieb Schiller in der Ankündigung des Journals, da »das nahe Geräusch des Krieges ... nur allzu oft Musen und Grazien verscheucht« habe. Schiller scheute die Politik und die Tagesaktualität, hatte sich ja auch zur Französischen Revolution erst abwartend verhalten, dann als die *terreur* um sich griff und den Kopf des Königs forderte, entschieden dagegen verwandt, ja wollte gar nach Paris fahren, um den königlichen Kopf zu retten, der aber fiel, bevor er fahren konnte. Das war das einzige und letzte Mal, dass sich Schiller in die Gegenwart einmischen wollte, denn das Interesse für diese berge die Gefahr, dass sie »die Gemüter in Spannung setzt, einengt und unterjocht«. Die »Horen« indes sollten sich dem widmen, was »*rein menschlich* und über allen Einfluß der Zeiten erhaben ist«, nämlich der Wahrheit und Schönheit, denn beide garantierten Freiheit.

Die Herausgabe und Redaktion der »Horen« band viel Energie und Mühe Schillers, sodass er wenig Zeit für seine eigene schriftstellerische Tätigkeit und die Idee eines Wallensteindramas fand. Vor der Rückkehr aus Schwaben nach Jena hatte Schiller geschrieben, er sehne sich nach einer ruhigen und gleichförmigen Lebensart. Die Ruhe hatte er nicht gefunden, die Gleichförmigkeit schon. Das häusliche Leben in der Kleinfamilie lief in der Obhut von Charlotte in immer gleichen Bahnen, war nur einmal gestört worden durch seine Schwägerin. Caroline hatte, nachdem Schillers Ehe und die Geburt des Sohnes sie aus dem Dreierbund ausgeschlossen hatten, ein neues Leben gesucht, sich von ihrem Mann von Beulwitz scheiden lassen und ihren Vetter Wilhelm von Wolzogen in Bauerbach geheiratet, den sie zwar nicht liebte, der ihr aber im Dezember vor sieben Jahren den Dichter zugeführt hatte. Dieser hatte ihr zwar zur Scheidung geraten, war dann aber empört über die Ehe mit Wolzogen. Dies trug er aber nicht so sehr ihm als ihr nach, sodass er ihn bald für eine Stelle als Kammerherr bei Herzog Carl August empfahl, die dieser dann auch erhielt.

Selbst in den Krankheitsanfällen war Schillers Leben gleichförmig geworden, da er sich ihnen nun fast gleichmütig resignierend ergab, in ihrem Rhythmus lebte, in den Intervallen schrieb er nach jedem überstandenen Anfall mit neuer Lebenskraft, denn »die Kränklichkeit ist zu etwas gut, ich habe ihr viel zu verdanken«, erkannte er bald. Er war sich dabei immer der Frist bewusst, die das Leben ihm gesetzt hatte.

Im Frühjahr zog Schiller, nachdem der Herzog ihm für den Notfall eine Verdopplung des Gehalts zugesichert hatte, mit der Familie in das Griesbachsche Haus in der Schlossgasse nahe dem Stadtgraben um, das mehr Annehmlichkeiten bot. In dem danebenliegendem Auditorium hatte er vor sechs Jahren seine turbulente Antrittsvorlesung als Geschichtsprofessor gehalten. Der Historie wandte er sich in diesem Frühjahr ein letztes Mal zu, als er für die »Horen« die »Merkwürdige Belagerung von Antwerpen in den Jahren 1584 und 1585« schilderte. Von da an sollte die Geschichte allein Fundus für seine Schauspiele werden. Das weitere Jahr 1795 war geprägt durch Schillers forgesetzte Beschäftigung mit der Ästhetik und einer überraschenden erneuten Hinwendung zur Dichtung.

Für die »Horen« verfasste er die Abhandlungen »Die schmelzende Schönheit«, »Über die Gefahr ästhetischer Sitten«, »Von der notwendigen Grenze des Schönen«, »Über das Naive« und »Die sentimentalischen Dichter«. In der Abhandlung »Über die Schamhaftigkeit der Dichter« verteidigte er Goethes »Römische Elegien«, denen dieser ursprünglich den Titel »Erotica Romana« gegeben hatte. Die Elegien, von denen einige nun in den »Horen« abgedruckt waren, hatten in einigen Kreisen Weimars und Jenas in ihrer erotischen Freizügigkeit und lyrischen Lust Skandal und Empörung verursacht. Herder empfahl gar spöttisch, deshalb die »Horen« in »Huren« umzubenennen. Schiller gab zu, »daß ich zwar eine konventionelle, aber nicht die wahre oder natürliche Dezenz dadurch verletzt glaube«, fuhr indes fort: »Die Gesetze des Anstands sind der unschuldigen Natur fremd; nur die Erfahrung der Verderbnis hat ihnen den Ursprung gegeben.« Ein Dichter sündige nie schwer, hatte Goethe in einem venezianischen Gedicht gemeint, und Schiller assistierte: »Aber eben das macht den Dichter aus, daß er … die Natur in ihrer ursprünglichen Einfalt wieder in sich herzustellen weiß. Hat er aber dies getan, so ist er eben dadurch von allen Gesetzen losgesprochen, durch die ein verführtes Herz sich gegen sich selbst sicherstellt. Er ist rein, er ist unschuldig, und was der unschuldigen Natur erlaubt ist, ist es auch ihm.«

Was aber ist mit dem Dichter Schiller? Der war er doch auch einmal. Noch war er ganz seinen ästhetisch-philosophischen Versuchen als Kant-Adept erlegen, doch er fühlte sowohl seine poetische Ader sich in ihm neu rühren als auch zugleich eine melancholisch-resignierende Haltung gegenüber der Poesie und dem Leben. Anfang Januar 1795 schrieb er an Goethe: »Aber dennoch fühle ich nicht weniger lebhaft den unendlichen Abstand zwischen dem Leben und dem Raisonnement und kann mich nicht enthalten, in einem solchen melancholischen Augenblick nur für einen Mangel in meiner Natur auszulegen, was ich in einer heitern Stunde bloß für eine natürlich Eigenschaft der Sache ansehen muss.« Auch Schiller will leben, will genießen, will dichten, doch seine Natur hindert ihn, zum Leben zu kommen, und Leben heißt für Schiller Poet sein, denn, so schloss der Brief an Goethe: »Soviel ist gewiß, der Dichter ist der einzige wahre *Mensch*, und der beste Philosoph ist nur eine Karikatur gegen ihn.«

Noch aber blieb Schiller in seinen eigenen Augen jene Karikatur und hielt sich hartnäckig an seinen Studien fest, die er indes um die Jahreswende 1795/96 mit der Schrift »Über naive und sentimentalische Dichtung« abschloss.

Das künstliche Paradies der Dichtung

»Ich bin begierig zu sehen, wie Sie den Übergang von der Metaphysik zur Poesie gemacht haben«, schrieb Wilhelm von Humboldt, der Jena hatte verlassen müssen, an Schiller im August 1795. Der wusste das zwar auch nicht genau, konnte immerhin schreiben: »Ich habe mich zwar nicht auf das weite Meer gewagt, sondern bin am Ufer der Philosophie herum gefahren; doch ist dadurch wenigstens der Übergang zu einer freiern Erfindung gemacht«. Er schickte Humboldt sein neuestes Gedicht »Das Reich der Schatten« und antwortete ihm: »Hätte ich nicht den sauren Weg durch meine Ästhetik geendigt, so würde dieses Gedicht nimmermehr zu der Klarheit und Leichtigkeit … gelangt sein, die es wirklich hat.« Das Reich der Schatten bedeutete nicht, wie oft verstanden das Reich der Toten, sondern das der Schönheit. Es ist, wie Schiller selbst in seinen Briefen zur ästhetischen Erziehung des Menschen dargelegt hat, jener Ort, wo der Mensch eins wird zwischen seinen sinnlichen und vernunftgeführten Impulsen, es ist der Ort, wo ihm »die Fesseln aller Verhältnisse« gelöst werden.

Aber dringt bis in der Schönheit Sphäre,
Und im Staube bleibt die Schwere
Mit dem Stoff, den sie beherrscht, zurück.
Nicht der Masse qualvoll abgerungen,
Schlank und leicht, wie aus dem Nichts gesprungen,
Steht das Bild vor dem entzückten Blick.

Alle Zweifel, alle Kämpfe schweigen
In des Sieges hoher Sicherheit,
Ausgestoßen hat es jeden Zeugen
Menschlicher Bedürftigkeit.

Feiert schon diese Strophe des Gedichts das ideale Leben im Reich der Schönheit, so preist die 13. das Paradies der Schatten, wo der Mensch von allen Übeln erlöst wird.

Aber in den heitern Regionen,
Wo die Schatten selig wohnen,
Rauscht des Jammers trüber Sturm nicht mehr.
Hier darf Schmerz die Seele nicht durchschneiden,
Keine Träne fließt hier mehr dem Leiden,
Nur des Geistes tapfrer Gegenwehr.
Lieblich wie der Iris Farbenfeuer
Auf der Donnerwolke duft'gem Tau,
Schimmert durch der Wehmut düstern Schleier
Hier der Ruhe heitres Blau.

Schiller verlagerte mit diesen Gedichten auch sein eigenes qualvolles Leben, das dauerhaft durch Krankheit und »den Schmerz der Seele« durchschnitten ist, in ein künstliches Paradies, das nicht durch Drogen, sondern durch Poesie und Schönheit berauschen soll.

Mit den Gedichten »Das Reich der Schatten« und »Die Macht der Gesanges« kehrte Schiller urplötzlich und mit enormer Schaffensfreude und gesteigertem Eifer in wenigen Wochen des Sommers 1795 zur Poesie zurück, obwohl er eben diesen ganzen Sommer lang aufgrund anhaltender Anfälle das Haus nicht verlassen konnte. Vielleicht aber drängte ihn gerade die Krankheit auch zur Poesie, weil er doch postulierte, dass nur der Dichter ein wahrer Mensch sei, und der Mensch Schiller wusste, ihm blieb kaum noch Zeit, Dichter zu sein.

Anfang Januar 1796 schickte Schiller den Schluss seiner Abhandlung »Über naive und sentimentalische Dichtung« an den Verleger Cotta für das erste Horenheft des Jahres und schloss damit seine »philososophische Bude«.

Im »Musenalmanach für das Jahr 1796«, den Schiller beim Hofbuchhändler Michaelis in Neustrelitz herausgab, finden sich vierundzwanzig eigene Gedichte. Nun wusste auch die Welt, dass er wieder Dichter war.

Als im April des Jahres seine Bearbeitung von Goethes »Egmont« in seiner Anwesenheit über die Weimarer Bühne ging, hatte Schiller auch das Theater wieder.

So konnte ein neues Kapitel seines Lebens beginnen, das indes zugleich das letzte ankündigte.

Sechzehntes Kapitel

Goethe und Schiller – keine Freundschaft

»Gegen Goethe bin ich und bleib ich eben ein poetischer Lump«, stellte Schiller Mitte 1796 fest. Da hatten sie schon einige Epigrammgedichte gemeinsam geschrieben. »Xenien« nannten sie diese, was ursprünglich »Gastgeschenke«, aber auch Sinngedichte meinte.

An Schwätzer und Schmierer

Treibet das Handwerk nur fort, wir könnens euch freilich nicht legen,
Aber ruhig, das glaubt, treibt ihr es künftig nicht mehr.

Schiller nannte die Xenien »wilde gottlose Satire, besonders auf Schriftsteller und schriftstellerische Produkte, untermischt mit einzelnen poetischen, auch philosophischen Gedankenblitzen«. Er wollte mit ihnen einen »kritischen Fechtplatz« eröffnen, Goethe wurde noch deutlicher, bezeichnete sie als eine »Kriegserklärung gegen die Halbheit« anderer Schriftsteller. Sie waren eine Aufforderung zum Kampf:

Guerre Ouverte

Lange neckt ihr uns schon, doch immer heimlich und tückisch,
Krieg verlangtet ihr ja, führt ihn nun offen, den Krieg.

Vor allem einen Spaß wollten die beiden Dichter sich machen, zur »eigenen Ergötzung« dichten, woraufhin Körner die Xenien ein »Spiel im höheren Sinn« nannte. In der Tat reagierten Goethe und Schiller heiter und mit unhörbarem Lachen auf Zeitgenossen, so auf Philosophen wie Fichte und Schelling, die in Kants Philosophie zum einen die Buchstaben zählten und diese dann umschrieben.

An gewisse Umschöpfer

Nichts soll werden das Etwas, daß nichts sich zu Etwas gestalte,
Laß das Etwas nur sein! nie wird zu Etwas das Nichts.

Goethe hatte schon bei seinem Aufenthalt in Venedig im Frühjahr 1790
eine Reihe von Epigrammen geschrieben, die teilweise von derart
erotischer und politischer Frechheit waren, dass er sich selbst zügeln
musste: »Epigramme seid nicht so frech!« Sie waren lebenslustiger, fri-
voler und lebensnaher als alles, was er zuvor gedichtet hatte. Als Vorbild galten ihm dabei die Epigramme des römischen Dichters Martial,
deren 14. Buch auch »Xenia« heißt. Schon diesem waren sie Waffe
gegen die Sitten und Unsitten der Römer gewesen, wovon er in ihnen
ironisch und obszön erzählt. Epigrammdichtung ist untergründige,
bisweilen subversive Dichtung, die sich erlaubt, alles zu sagen, was
man immer schon einmal sagen wollte, sich zu sagen aber bisher nicht
traute.

Auslöser der Epigramme Goethes und Schillers, der Xenien, die anonym erschienen, waren häufige und heftige Angriffe auf »Die Horen«
und ihre eigenen Werke, besonders auf Goethes »Römische Elegien«
und eben jene »Venezianischen Epigramme« sowie gegen Schillers
ästhetische Schriften und die Gedichte im »Musenalmanach«. Es
war vor allem Friedrich Schlegel, ein Protagonist der jüngeren Dichter-
generation, der sich über Schillers hehre Gedichte lustig machte, etwa
über das Gedicht »Würde der Frauen«. Dessen beide letzten Strophen
lauten:

Aus der Unschuld Schoß gerissen
Klimmt zum Ideal der Mann
Durch ein ewig streitend Wissen,
Wo sein Herz nicht ruhen kann,
Schwankt mit ungewissem Schritte,
Zwischen Glück und Recht geteilt,
Und verliert die schöne Mitte,
Wo die Menschheit fröhlich weilt.

Aber in kindlich unschuldiger Hülle
Birgt sich der hohe geläuterte Wille
In des Weibes verklärter Gestalt.

Aus der bezaubernden Einfalt der Züge
Leuchtet der Menschheit Vollendung und Wiege,
Herrschet des Kindes, des Engels Gewalt.

Schlegel meinte spottend, man solle das Ganze doch strophenweise rückwärts lesen und weiter: »Auch ist die Darstellung idealisiert, nur in verkehrter Richtung, nicht aufwärts, sondern abwärts, ziemlich tief unter die Wahrheit hinab. Männer, wie diese, müßten an Händen und Beinen gebunden werden, solchen Frauen ziemte Gängelband und Fallhut.«

Gegen solche sich belustigende Kritik Schlegels fuhren Goethe/ Schiller das Geschütz von 20 Xenien zum Gegenangriff auf. Eins davon galt diesem als jungem Dichter:

Geschwindschreiber

Was sie gestern gelernt, das wollen sie heute schon lehren,
Ach! Was haben die Herrn doch ein kurzes Gedärm!

Diese Xenien gegen Schlegel sind auch Vorläufer des Literaturstreits, der sich bald zwischen den klassischen Dichtern Goethe und Schiller und den Jenaer Romantikern entzünden wird, der mit voller Schärfe in wenigen Jahren ausbrechen und einen Generationenbruch bedeuten wird.

Die Sonntagskinder

Jahre lang bildet der Meister und kann sich nimmer genug tun,
Dem genialen Geschlecht wird es im Traume beschert!

Die Xenien sind zumeist Angriff und Gegenangriff im Literaturbetrieb der Zeit, die auch Antwort erhielten, gelegentlich in Epigrammen, so von Klopstock oder Gleim, in harschen Kritiken wie von Wieland, der sich von seinem Weimar/Jenaer Dichter-Nachbarn distanzierte und die Xenien ein »widerliches Gemisch von Witz, Laune, Galle, Gift und Unrat« nannte. Sie ernteten Empörung allerorten, hatten aber damit auch den Sinn erreicht, den Goethe/Schiller intendierten. Der heute vergessene Literaturkritiker und Gymnasialprofessor Johann Caspar Friedrich Manso in Breslau bezeichnete Goethe und Schiller gar als »Sudelköche von Jena und Weimar«. Die hatten indes auch an solchen Beschimpfungen ihren Spaß. Für sie waren die Xenien jedoch nicht nur Angriff auf einzelne Personen, sondern auch Ausdruck allgemeiner Kritik, vor allem an den Anhängern der Französischen Revolution, die sowohl für Goethe als auch für Schiller zum Schrecken ohne Ende geworden war. Zielscheibe war ihnen vor allem Johann Friedrich Reichhardt, der kurz zuvor wegen seiner »jakobinischen« Gesinnung als Berliner Hofkapellmeister entlassen worden war.

Revolutionen

> Was das Luthertum war ist jetzt das Franztum in diesen
> Letzten Tagen, es drängt ruhige Bildung zurück.

Einst waren sie einander im Weg, gingen sich aus dem Weg, verbauten dem anderen den Weg und suchten einander doch, Goethe und Schiller. Der maß sich seit Beginn der eigenen Dichterzeit insgeheim und manchmal nicht geheim mit dem zehn Jahre älteren und in diesem Jahr 1796 eben auch noch, wenn er sich gegenüber Goethe als poetischen Lump bezeichnete, nachdem er dessen »Wilhelm Meisters Lehrjahre« in den ersten Kapiteln gelesen hatte.

Nun dichteten sie gemeinsam und verrieten nicht, war das Epigramm von jenem oder diesem oder von beiden gemeinsam gedichtet. Selbst bis heute besteht darüber keine völlige Gewissheit. Aber die »Xenien« waren nicht nur verschlüsselte Botschaften im Literaturstreit, sie waren wahre Rätsel, sodass selbst Verleger Cotta um einen Kommentar bat, schrieb: »Ich möchte alle verstehen.«

Goethe und Schiller waren zu einer Produktionsgemeinschaft geworden, wobei der eine den anderen anregte. Freunde wurden sie jedoch nicht. Sie pflegten weiterhin das distanzierte und distanzierende Sie, bis zu Schillers Lebensende, obwohl beide mit anderen Vertrauten durchaus zum freundschaftlichen Du übergegangen waren. Und doch ging man gemeinsam durch die nächsten neun Jahre, und der eine konnte den anderen bald nicht mehr entbehren. Sie wurden einander zur Hälfte des eigenen Daseins, wie Goethe kurz nach Schillers Tod für sich feststellen sollte.

Warum aber war es urplötzlich zu dieser Gemeinsamkeit gekommen? Warum verbrachten sie nun Wochen miteinander, ob in Weimar oder in Jena?

Schiller nannte die Begegnung mit Goethe ein Ereignis in seinem Leben, das eine »Läuterung« in ihm bewirkt habe. Es gab ihm die Dichtung wieder zurück. Goethe verschaffte die Gemeinsamkeit einen zweiten Frühling, eine »zweite Jugend«, die Begegnung mit Schiller animierte ihn, den »Wilhelm Meister« weiterzuschreiben.

Sie waren unterschiedlich in Herkunft und Gemüt, in Lebensart und Weltsicht, aber sie hatten sich in einem Moment getroffen, da ein jeder einen neuen Aufbruch erhoffte und da beide in eine neue Epoche ihres Werks treten wollten. Deutsche Klassik wird man es später nennen, was seit jenem Julitag 1794 von Jena seinen Ausgang nahm.

Nachdem sie gemeinsam etwa 900 Xenien erdichtet hatten, wollten sich beide erneut »ernsthafter« Dichtung zuwenden. Sie hatten sich gefreut wie zwei Lausbuben, wenn sie wieder einmal die Pointe eines Epigramms gefunden und damit einen ihrer ungeliebten Zeitgenossen aufgespießt hatten. »Nach dem tollen Wagestück mit den ›Xenien‹ müssen wir uns bloß großer und würdiger Kunstwerke befleißigen und unsere proteische Natur, zur Beschämung aller Gegner, in die Gestalten des Edlen und Guten umwandeln«, forderte Goethe im November 1796 mit maßvoller Ironie. Und so taten sie es auch, Goethe verfasste sein episches Gedicht »Hermann und Dorothea«, Schiller sein Schauspiel »Wallenstein«, zu dem Goethe ihn immer wieder drängte: »Das Angenehmste, was Sie mir aber melden können«, schrieb er in demselben Novemberbrief, »ist Ihre Beharrlichkeit an ›Wallenstein‹ und Ihr Glaube an die Möglichkeit einer Vollendung.« Oft hatte Schiller mit dem Projekt gehadert, sich überfordert gefühlt, das gewaltige Drama in eine Form bringen zu können. Doch Goethe ermutigte ihn, schlug auch vor, dem »Wallenstein« die Gestalt einer Trilogie zu geben. Schiller hingegen nahm lebhaft Anteil an Goethes »Wilhelm Meister«. Hatte der ihm die gerade geschriebenen Kapitel geschickt, so machte Schiller postwendend Vorschläge, übte Kritik, die Goethe dankbar annahm.

Sie akzeptierten sich inzwischen auf gleicher Höhe, ein Glücksfall in der deutschen Literatur.

Schiller pathetisierte dieses vertrauliche Miteinander, steigerte es ins quasireligiöse: »Das schöne Verhältnis, das unter uns ist, macht es mir zu einer gewissen Religion.« Zugleich war Schiller stolz darauf, sich auf Goethes Höhe hinaufgearbeitet zu haben. Und nach seiner Bearbeitung des »Egmont« meldete er seinem Freund Körner, der schon früher die Nähe zu dem Weimaraner gesucht hatte, es als »gewissermaßen Goethes und mein gemeinschaftliches Werk«, nannte es zugleich »eine rechte Kuriosität«. Als Goethe Schillers Fassung des »Egmont« dann mit Iffland in der Titelrolle auf der Weimarer Bühne sah, war er aufgrund der Rigorosität, mit der Schiller eigene Szenen hinzugefügt, andere umgeschrieben oder gestrichen hatte, erschrocken, nahm sie auch bald wieder vom Spielplan, nannte sie »grausam, aber konsequent«, grollte ihm jedoch nicht.

Mitternachtsgespräche

In den Jahren 1796 und 1797 hockten die beiden oft wochenlang zusammen, zumeist in Jena, wohin sich Goethe so häufig begab, dass man sich in Weimar fragte, wo er denn nun wieder hin sei. Gelegentlich, und so oft es die Kränklichkeit erlaubte, hielt sich Schiller bei Goethe auf, wohnte dann auch in dessen Haus, obwohl er die wilde Ehe mit Christiane Vulpius heftig missbilligte und sie selbst ignorierte, möglicherweise überhaupt nie wahrgenommen hatte.

Von vier Uhr nachmittags bis in die tiefe Nacht hinein redeten die Dichter miteinander, oft in »Mitternachtsgesprächen«, ließen sich dabei vom dem guten Wein anspornen, den Dalberg aus Mainz regelmäßig in großen Mengen an Schiller schickte, oder sie tranken Punsch.

»Kommen Sie ja, so bald Sie können«, schrieb Schiller, wenn Goethe einige Wochen lang nicht nach Jena gekommen war. Der Ideenaustausch mit ihm war ihm so zwingend geworden, dass seine Arbeit in dessen Abwesenheit zu stocken drohte. Zum anderen verließ er kaum noch das Haus, war oft ans Bett gefesselt, sodass ihm jeder Umgang fehlte, denn andere Menschen als Goethe ließ er, wie Karl Ferdinand von Funck an Körner schrieb, kaum vor. »Ganz abgesondert von aller Gesellschaft lebt er in seiner eigenen Welt. Er kommt oft in mehreren Monaten nicht aus dem Zimmer, natürlich macht ihm schon die bloße Luft einen unangenehmen Eindruck.« Aber er konstatierte auch: »Ausgemacht scheint es mir indessen, daß gerade diese Art von Existenz ihm nötig war, um das zu leisten, was er in den drei letzten Jahren geleistet hat, aber ich fürchte, er wird dabei zugrunde gehen.« Doch Funck machte auch weitere Beobachtungen, was den Rhythmus von

Krankheit und Dichtung und deren gegenseitige Bedingung betraf, stellte er doch fest, dass Schillers Krämpfe und Erstickungsanfälle immer dann aufhörten, wenn man ihm einen Satz hinwarf, den er »auffaßt, zerlegt, und wieder zusammensetzt, so verläßt ihn sein Übel, um sogleich wiederzukommen, wenn an dem Satz nichts mehr zu erörtern übrig ist.« Funcks überaus erhellender Schluß ist: »Überhaupt sind ihm anstrengende Arbeiten das sicherste Mittel für den Augenblick. Man sieht, in welcher ununterbrochener Spannung er lebt und wie sehr der Geist bei ihm den Körper tyrannisiert, weil jeder Moment geistiger Erschlaffung bei ihm körperliche Krankheit hervorbringt.« So war auch Goethes Gegenwart das beste Mittel gegen einen aktuellen Ausbruch der Krankheit, konnte Schiller doch dann in jedem Moment den Geist fordern. Nur, da der Anfall der Krankheit allein in Momenten höchster geistiger Anspannung verhindert werden konnte, schwächte Schiller genau dadurch wiederum seinen Körper immer weiter und ging so auch den Weg zum baldigen Tod.

Doch könnte man auch behaupten, dass die Begegnung mit Goethe und das andauernde anspornende Gespräch miteinander Schillers Leben verlängert und ihm so die Möglichkeit gegeben hatten, noch einige seiner Werke zu vollenden, bis der Körper völlig ruiniert war und sich nicht mehr am Leben halten konnte.

Im Juli 1796 war Schiller zum zweiten Mal Vater eines Jungen, Ernst, geworden. Unter den Paten war neben Minna Körner und Graf und Gräfin Schimmelmann auch Charlotte von Kalb, die sich inzwischen mit Schiller ausgesöhnt hatte und der er den jungen Friedrich Hölderlin für ihren Sohn Fritz als Hauslehrer empfohlen hatte, nachdem er ihn schon zur Mitarbeit bei den »Horen« aufgefordert hatte. Gelegentlich kam auch Charlottes Schwester Caroline mit ihrem Mann Wilhelm von Wolzogen aus Weimar nach Jena zu Besuch. Sie hatte inzwischen einen Roman geschrieben, »Agnes von Lilien«, der bei Unger in Berlin erschienen war, nachdem Schiller schon Passagen daraus in den »Horen« abgedruckt hatte.

Im März 1796 war Schillers Schwester Nanette an den Folgen einer Seuche gestorben, die sich ausgebreitet hatte, nachdem französische Truppen Stuttgart besetzt und auf Solitude ein Quartier errichtet hatten. »Wir gehen alle zugrunde«, schrieb die Mutter an den Sohn, nachdem auch die Schwester Louise erkrankt war und der Vater schon seit langem das Bett nicht mehr verlassen konnte, entsetzliche Schmerzen litt. Er starb ein halbes Jahr nach der Tochter.

Schillers Leben in Jena veränderte sich, als er im Frühjahr 1797 nahe der Leutra ein Gartenhaus kaufte. »Eine schöne Landschaft umgibt mich, die Sonne geht freundlich unter und die Nachtigallen schlagen. Alles um mich herum erheitert mich und mein erster Abend auf eigenem Grund und Boden ist von der fröhlichsten Vorbedeutung«, schrieb er Anfang Mai an Goethe. Hier wollte er den Sommer über die »poetische Fabel meines Wallensteins« niederschreiben, denn »in der Stadt kann ich gar nichts mehr arbeiten.«

Im Gartenhaus dichtete Schiller »Wallensteins Lager« und hier wagte er sich, nachdem er im letzten Jahr schon eine große Anzahl von Gedichten verfasst hatte, an die Ballade, mit »Der Taucher«, »Der Handschuh« und »Der Ring des Polykrates«. War Goethe in Jena, so eilte er hinüber in das Gartenhaus vor den Toren der Stadt, das er später aus der Erinnerung zeichnen sollte, und ließ sich die Balladen vorlesen. Im Gegenzug ermunterte Schiller Goethe, am »Faust« weiterzuarbeiten.

»Sie haben mich wieder zum Dichter gemacht, welches zu sein ich so gut als aufgehört hatte«, schrieb Goethe an Schiller. Aber Goethe hatte auch Schiller der Dichtkunst und dem Theater zurückgegeben.

Siebzehntes Kapitel

Wieder Dichter

Aus dem Leben heraus sind der Wege *zwei* dir geöffnet,
Zum *Ideale* führt einer, der andre zum *Tod*.
Siehe, wie du bei Zeit noch frei auf dem ersten entspringest,
Ehe die Parze mit Zwang dich auf dem andern entführt.

»Ausgang aus dem Leben« nannte Schiller das im Oktober 1795 verfasste Gedicht. Wenige Monate zuvor hatte er wieder zur Dichtung zurückgefunden, seine »philosophische Bude« geschlossen. Die Zeit drängte ihn, der eigentlich immer nur Dichter sein wollte, sein musste und wollte, aber viele Umwege gegangen war, den Umweg der Historie, den der Ästhetik, um endlich wieder anzukommen im Reich der Poesie. Sie war das Ideal, in ihr sah er gar das Ideal des Lebens. Doch Schiller wusste um die ihm verbleibende begrenzte Lebenszeit, die er tagtäglich im Körper verspürte, die mahnte. Er musste Versäumtes nachholen, und da nur die Dichtung die enteilende Zeit einfangen, ihr »Fesseln« anlegen kann, verfasste er in diesen und den folgenden Monaten eine Vielzahl von Gedichten, wie »Das Unwandelbare«, das er an Wilhelm von Humboldt schickte:

»Unaufhaltsam enteilet die Zeit.« – Sie sucht das Beständ'ge.
Sei getreu, und Du legst ew'ge Fesseln ihr an.

Hat da die eigene Stimme ihn gewarnt? Er nimmt die Warnung an, ist entschlossen, sich treu zu bleiben, also Dichter zu sein und mit den Gedichten Beständiges zu schaffen, da nur das Werk die Zeit überlisten kann. Schiller schrieb von nun an im Wettlauf mit dem Tod, schrieb gegen den Tod an, suchte der verrinnenden Zeit zu entkommen, schuf in den folgenden Jahren ein immenses lyrisches und theatralisches Werk, bevor ihn die Parze, gemeint ist im Gedicht »Ausweg aus dem Leben« Atropos, die Hesiod die Unabwendbare nennt, auf den Weg des Todes führen wird.

»Der arme Schiller, der keine Zeit hatte und keine Zeit ließ«, wird Nietzsche schreiben. Schiller suchte also die ihm verbleibende Zeit zu nutzen, sodass sich Zeiten der Krankheit, der häufigen Schlaflosigkeit, der Erschöpfung mit immer neuen Phasen des Sich-Aufbäumens, des Neubeginns und sodann heftigsten Anfällen des Dichtens abwechselten.

Dichtungskraft

Daß dein Leben Gestalt, dein Gedanke Leben gewinne,
Laß die belebende Kraft stets auch die bildende sein.

1796 war das Gedichtjahr, 1797 das Balladenjahr, die Schauspieljahre folgten von 1798 bis 1805. Der Wettlauf mit dem drohenden Tod hatte begonnen.

»Was ich ohne dich wäre, ich weiß es nicht«, hatte Schiller in dem Zweizeiler »An die Muse« geschrieben und in einem weiteren an sie:

Nimm dem Prometheus die Fackel, o Muse, belebe die Menschen,
Nimm sie dem Amor und rasch quäl und beglücke, wie er.

Das Leben soll für Schiller nicht mehr ein Erkennen und irdisches Lieben sein, nur noch der Dichtung soll es genügen. Sie allein wäre in der Lage, alle Schranken des Lebens, zu denen ja auch der Tod gehörte, zu überwinden, in Schillers Diktion: auszulöschen. In einem Brief an Humboldt hatte Schiller sein eigenes Ziel des Dichtens schon im November 1795 formuliert: »Denken Sie sich aber den Genuß, lieber Freund, in einer poetischen Darstellung alles Sterbliche ausgelöscht, lauter Licht, lauter Freiheit, lauter Vermögen – keinen Schatten, keine Schranke, nichts von dem allen mehr zu sehen – Mir schwindelt ordentlich, wenn ich an diese Aufgabe – wenn ich an die Möglichkeit ihrer Auflösung denke. Eine Szene im Olymp darzustellen, welcher höchster aller Genüsse.« Da Schiller sich aber noch nicht weit genug in seiner »Dichtungskraft« glaubte, fügte er doch an: »Ich verzweifle nicht ganz daran, wenn mein Gemüt nur erst ganz frei und von allem Unrat der Wirklichkeit recht rein gewaschen ist. Ich nehme dann meine ganze Kraft und den ganzen ätherischen Anteil meiner Natur noch auf einmal zusammen, wenn er auch bei dieser Gelegenheit rein sollte aufgebraucht werden.«

Im Geist der Griechen

Schiller ahnte, dass den Griechen das, was ihm vorschwebte, in Vollendung gelungen war, und so fragte er in dem Gedicht »Die Sänger der Vorwelt«:

Sagt, wo sind die Vortrefflichen hin, wo find ich die Sänger,
Die mit dem lebenden Wort horchende Völker entzückt,
Die vom Himmel den Gott, zum Himmel den Menschen gesungen,
Und getragen den Geist hoch auf den Flügeln des Lieds?

Seit langem schon war Schiller auf die Suche nach den griechischen Dichtern und ihrer Welt gegangen und zwar nun in endlosen Gesprächen mit Humboldt und Goethe. Er war überzeugt, nur bei den Griechen das Ideal seiner Dichtung finden zu können, sodass er Humboldt mitteilte: »Ich habe mich dieser Tage ernstlich zu etwas entschlossen, nämlich das Griechische zu treiben.« Doch nahm er sich keine Zeit mehr, die griechische Sprache gründlicher zu erlernen, dafür las er wieder verstärkt Homer. Schon in seiner Abhandlung über das Naive hatte er die Frage gestellt: »Inwiefern kann ich bei dieser Entfernung von dem Geist der griechischen Poesie noch Dichter sein, und zwar besserer Dichter als der Grad jener Entfernung zu erlauben scheint?« Und wieder in einem Brief an Humboldt erklärte er, gesetzt den Fall, die Natur habe ihn wirklich – so artikuliert er scheinbar, aber nur scheinbar einen Zweifel an seiner Berufung – zum Dichter bestimmt, wie komme es dann, dass er sich in einer Zeit, wo das Gemüt womöglich für das ganze Leben bestimmt werde, »von 14 bis 24 ausschließend nur aus modernen Quellen genährt, die griechische Literatur völlig verabsäumt habe.« Und er fragte Humboldt, der sich hingegen von Jugend an mit griechischer Literatur befasst hatte und das Griechische völlig beherrschte, wie sich die eigene »ungriechische Form bei einem wirklich unverkennbaren Dichtergeist« erkläre, fragte weiter, wieso er gerade jetzt, wo er doch »durch Krankheit, Lebensweise, selbst durch das Alter, durch jahrelang getriebene Spekulation«, und meinte damit seine Philosophie, von der Dichtung hätte abkommen müssen, »nicht desto weniger ihr näher gekommen« sei.

Die Antwort gab er sich selbst: »Mir däucht, daß nicht eine ursprüngliche Differenz, sondern bloß der Zufall zwischen mich und die Griechen getreten sein könnte. Ja, ich bilde mir in gewissen Augenblicken ein, daß ich eine größere Affinität zu den Griechen haben muß als viele andere, weil ich sie, ohne einen unmittelbaren Zugang zu ihnen, doch noch immer in meinen Kreis ziehen und mit meinen Füllhörnern erfassen kann.« Man muss also nicht unbedingt das Land der Griechen mit der Seele suchen, in der Seele selbst – und da eben besonders in der eigenen, wie Schiller meinte – lebe schon das Griechische. Und so kündigte er Humboldt an: »So sollen Sie Produkte von mir sehen, die nicht ungriechischer sein sollen, als die Produkte derer, welche den Homer an der Quelle studierten.«

Und so dichtete Schiller im Geist der Griechen. Die Elegie »Der Spaziergang« entstand in den Tagen nach diesem Brief an Humboldt als Beispiel eines »nicht ungriechischen« Produkts. Nimmt man Elegie als ein betrachtendes kontemplatives Sehnsuchtslied, in dem sich eine aus Wehmut und Wonne gemischte Empfindung ausdrückt, so verband hier Schiller die Idee von Natur mit dem konkreten Wohlgefallen an ihr, indem er die äußere Bewegung des Spaziergangs eins werden ließ mit der inneren Bewegtheit. »Natur, ach!«, lässt ihn diese wehmütig-wonniglich sagen:

… und es war nur ein Traum,
Der mich schaudernd ergriff, mit des Lebens furchtbarem Bilde,
Mit dem stürzenden Tal stürzte der finstre hinab.
Reiner nehm ich mein Leben von deinem reinen Altare,
Nehme den fröhlichen Mut hoffender Jugend zurück!
Ewig wechselt der Wille den Zweck und die Regel, in ewig
Wiederholter Gestalt wälzen die Taten sich um.
Aber jugendlich immer, in immer veränderter Schöne
Ehrst du, fromme Natur, züchtig das alte Gesetz,
Immer dieselbe, bewahrst du in treuen Händen dem Manne,
Was dir das gaukelnde Kind, was dir der Jüngling vertraut,
Nährest an gleicher Brust die vielfach wechselnden Alter;

Und Schiller schloss die Elegie:

Unter demselben Blau, über dem nämlichen Grün
Wandeln die nahen und wandeln vereint die fernen Geschlechter,
Und die Sonne Homers, siehe! sie lächelt auch uns.

Über die Zeiten hinweg konnte die »Sonne Homers« den Menschen von 1795 also zu lächeln, und Schiller lächelte Homer zu und seinen Zeitgenossen, war ihm doch mit dieser Elegie ein »griechisches Produkt« gelungen. Begeistert meldete er Körner: »Unter allen meinen Sachen halte ich sie für diejenige, welche die meiste poetische Bewegung hat« und an Humboldt fügte er noch hinzu: »Mein eigenes Dichtertalent hat sich, wie Sie gewiß gefunden haben werden, in diesem Gedicht erweitert: noch in keinem ist der *Gedanke* selbst so poetisch gewesen und geblieben, in keinem hat das Gemüt so sehr als *Eine* Kraft gewirkt.« Aber nicht nur Schiller selbst fand sein »Produkt« gelungen, er zählte sie alle auf: »Herders, Goethe, Meyer, die Kalb, hier in Jena Hederich sind alle ganz ungewöhnlich davon ergriffen worden«, und vergaß nicht, selbst die Schwiegermutter zu erwähnen.

Balladendichtung

Aus der Werkstatt des Dichters erschienen im Musenalmanach für das Jahr 1796 vierundzwanzig Gedichte Schillers, die er in Hast in den letzten Monaten verfasst hatte, und im folgenden Jahr noch einmal etwa vierzig. Im Almanach für 1798 fanden sich dann neben Gedichten vor allem die Balladen, wie »Der Handschuh«, »Der Taucher« und »Der Ring des Polykrates«.

Als Goethe im Frühsommer 1797 einige Wochen in Jena weilte und Schiller fast jeden Nachmittag besuchte, entstanden die Ideen zur Balladendichtung. Sie wollten damit auch den »Xenien« ein völlig anderes Genre entgegensetzen. Und so dichteten sie sozusagen parallel und nahezu im Wettstreit, tagsüber jeder für sich, am Nachmittag lasen sie einander die neuen Strophen vor, kritisierten und verbesserten einander. Goethe schrieb »Die Braut von Korinth«, »Der Gott und die Bajadere«, im Mai hatte er schon den »Schatzgräber« beendet. Schiller begann den »Taucher« und versuchte Goethe in der Anzahl der Strophen zu übertrumpfen, sodass der mahnte: »Lassen Sie Ihren ›Taucher‹ je eher je lieber ersaufen.«

Für beide war die episch-dramatische Form der Ballade ein Übergang zur Theaterdichtung, zum Drama. So regte Schiller seinen Mitdichter in einem Gespräch über seine Ballade »Der Taucher« an, sich wieder dem »Faust« zuzuwenden, was auch wenige Tage später geschah und was Goethe ihm dann auch dankte. Für Schiller waren die Balladen dieses Jahres eine Vorarbeit für den »Wallenstein«, dem er sich im Winter nahezu ausschließlich zuwenden sollte. Wenige Tage nach der Abreise Goethes aus Jena nach Weimar am 16. Juni folgten innerhalb weniger Tage »Der Handschuh«, »Der Ring des Polykrates«,

»Ritter Toggenburg« und im September »Die Kraniche des Ibykus« und erste Strophen zu »Die Glocke«.

Im Wechsel mit dieser Balladendichtung hatte Schiller aber schon Szenen seines Schauspiels geschrieben und »Wallensteins Lager« beendet. Die episch-dramatische Dichtung der Balladen ging einher mit der dramatisch-epischen Theaterdichtung.

Zu Anfang dieses produktiven Jahres hatte Schiller noch gegenüber Goethe eingestehen müssen: »Mit der Arbeit geht's aber jetzt langsam, weil ich gerade in der schwersten Krise bin.« War es eine Krise des kranken Körpers, eine des Gemüts oder eine des Dichtens? Wenige Wochen zuvor hatte er noch geschrieben, »wir sind alle wohl«, sodass es dieses Mal offenbar nicht die Krankheit war, die ihn behinderte, es war die Arbeit selbst, das Projekt des »Wallenstein«, das ihn in die Krise stürzte, »denn des Stoffes ist gar zu viel.« Schiller bedurfte des Rats und der Gegenwart Goethes, um aus der Schaffenskrise herauszukommen. »Diese Zeit der Abwesenheit währt mir unbeschreiblich lang«, jammerte Schiller und gab zugleich zu: »Das sehe ich jetzt klar, daß ich Ihnen nicht eher etwas zeigen kann, als bis ich über alles *mit mir selbst* im Reinen bin.« Also doch eine Krise des Gemüts? Hat ihn die Hypochondrie und die schwarze Galle wieder einmal erreicht? An Goethe weiter: »Mit mir selbst können Sie mich nicht einig machen, aber mein Selbst sollen Sie mir helfen, mit dem Objekte übereinstimmend zu machen«, und meinte damit den Stoff der Dichtung, also den Wallenstein. Schiller stellte sich immer noch in einen Wettbewerb mit Goethe, denn er fürchtete, ihm zu wenig oder kaum Gelungenes vorlegen zu können: »Im Einzelnen werde ich *Sie* zwar nicht irre machen können weil Sie fester auf sich selbst ruhen als ich, aber Sie würden mich leicht über den Haufen rennen können.«

Schiller war bewusst, dass er nicht in sich selbst ruhte, dass er immer und überall zu verunsichern war, sich schnell unterlegen fühlte und versucht war, mit ungeheurer Mühe diese vermeintliche Unterlegenheit wettzumachen. Darin lag auch ein Grund seiner üblen Laune, seiner Niedergeschlagenheit, die er mit vermehrter verzweifelter Arbeitswut und mit allerlei Stimulantien zu verscheuchen suchte, mit Schnupftabak, Alkohol, Morphinen, unendlich viel Kaffee, mit Schnüffeldrogen, und wenn es nur die faulen Äpfel waren, die er zuweilen in seinem Schreibtisch hortete und deren Geruch er in die Nase einzog, um sich in Schwung zu bringen.

Aber genau all das, Arbeitswut und Stimulantien, zerstörte auch seinen Körper. Lang anhaltende Schlaflosigkeit marterte ihn, die er wiederum auch mit allen erdenklichen Mitteln zu bekämpfen suchte. Erst der Sommer mit Goethe im Gartenhaus an der Leutra gab Schiller neuen Mut und auch leidliche Gesundheit. Die Krankheit meldete sich erst wieder, als Goethe Jena verlassen und über Weimar in die Schweiz gefahren war, er also weit entfernt war und ihm nicht zur Verfügung stand. Die Einsamkeit ertrug Schiller schwer, und Katarrhfieber, Husten, Krämpfe und gar ein Choleraanfall im Dezember plagten ihn.

Das Familienleben ging seinen ruhigen Gang, obwohl Charlotte für einige Zeit zu ihrer Schwester nach Weimar gegangen war. Caroline aber kam entweder allein oder mit ihrem Ehemann oft nach Jena, sodass aus der Beziehung zu den beiden Schwestern allmählich die ursprüngliche Spannung wich, vor allem seitdem Caroline von Wolzogen sich auch als durchaus erfolgreiche Schriftstellerin betätigt hatte und sie so dem einst so geliebten Schiller anderes als nur ihre sie verzehrende Liebe entgegensetzen konnte. Schillers Sorge galt seinen zwei Söhnen, von denen Ernst im Frühjahr ernsthaft an Blatternfieber erkrankt war. Mit beiden Söhnen verbrachte Schiller, zumeist im sommerlichen Garten, auch jene heiteren Stunden, die so selten in seinem Leben geworden waren.

Ab Dezember 1797 widmete sich Schiller so gut wie ausschließlich dem »Wallenstein«. Die »Horen«, deren Herausgabe ihm zur Last geworden war, stellte er im Anfang 1798 ein. »Eben habe ich das Todesurteil der drei Göttinnen Eumonia, Dike und Irene, der Horen förmlich unterschrieben«, meldete er am 26. Januar an Körner, nachdem er zwei Tage zuvor ihm zum »Wallenstein« geschrieben hatte: »Es ist ein Meer auszutrinken, und ich sehe manchmal das Ende nicht. Hätte ich zehn Wochen ununterbrochener Gesundheit, so wäre er fertig.« Doch das Schauspiel wuchs unter Schillers Feder immer weiter an, sodass es noch länger als ein Jahr dauern sollte, bis er das Werk vollenden konnte. Es hatte sich schon in Deutschland herumgesprochen, dass Schiller ein neues Schauspiel schrieb. Friedrich Ludwig Schröder, der Hamburger Theaterdirektor, wollte sich die Uraufführung sichern und selbst den Wallenstein spielen, und auch Iffland, der seit knapp zwei Jahren Theaterdirektor in Berlin war, war nach Angaben des Verlegers Unger bereit, jedes beliebige Honorar zu zahlen, wenn er das Manuskript erhielte, bevor es in den Druck gehe, damit er die Hauptfigur geben könne. »Da ich das Ende noch nicht absehen kann, so ängstigen mich die Nachfragen nach dem Wallenstein«, vertraute Schiller Goethe an. »Wäre ich nur erst fertig!«

Aber immer neue Krankheitsphasen unterbrachen die Arbeit an dem Schauspiel, sodass er an Körner schreiben musste: »Es hat diesen Winter ein rechter Unglücksstern über mir gewaltet, denn seit dem Oktober bin ich schon das vierte Mal durch Krankheiten unterbrochen worden. Jetzt war ich ganze vierzehn Tage an einem Katarrhfieber krank … es hat mich sehr angegriffen, besonders ist mir der Kopf ganz verwüstet.« Und so musste er auch die Aussicht begraben, das Schauspiel bald auf der Hamburger Bühne zu sehen, wenn er Goethe wenige Tage später schrieb: »Ich weiß kaum, wie ich es mit Schröder halten soll und ich bin beinahe entschlossen, die ganze Idee der Repräsentation des Wallensteins fallen zu lassen.«

Als Goethe Schiller im Sommer 1798 wieder im Jenaer Gartenhaus besuchte, sprachen sie auch über den Wallenstein. Jedoch erst im September, als Schiller für vier Tage erneut Goethes Gast in Weimar war, las er ihm die bisher fertig gestellten Akte des gesamten Wallenstein vor. Danach berieten sie, wie das Schauspiel auf die Bühne zu bringen sei, und beschlossen auf Goethes Rat hin eine Dreiteilung des immensen Werks. Der wünschte, mit dem ersten Teil »Wallensteins Lager« das umgebaute Weimarer Hoftheater in Kürze zu eröffnen. Beglückt kehrte Schiller am 15. September nach Jena zurück und begab sich sofort daran, den ersten Teil im Hinblick auf das Weimarer Theater und seine Schauspieler zu bearbeiten. In Weimar sollte Schillers neue Bühne stehen, nicht in Hamburg oder Berlin. Das hatte Goethe erreicht.

Am Morgen des 11. Oktober 1798 sitzen Charlotte Schiller und ihre Schwester Caroline in einer Kutsche, die sie nach Weimar bringen wird. Zwischen ihnen ihr Dichter. Sie fahren zur Uraufführung seines neuen Schauspiels, dessen erster Teil am Abend des folgenden Tages das Licht der Bühne erblicken soll und ihn nach elf Jahren endlich wieder zum Theaterdichter machen wird. Kaum sind sie in Weimar angekommen, eilt Schiller ins Theater, um der Endprobe beizuwohnen. Er hört und sieht, was er in seiner Einsamkeit geschrieben hat.

Erst wenige Tage zuvor hat Schiller Goethe und den Schauspielern den »Prolog« in seiner endgültigen Form zugesandt, den Goethe dann eingestrichen hat, sowie das »Soldatenlied« des siebten Auftritts und die in derber Sprache gestaltete Predigt des Kapuzinermönchs, die mit »Heisa, juchheia! Dudeldumdei. Das geht ja hoch her. Bin auch dabei.« einsetzt. Die Schauspieler, die gerade zuvor noch in Bad Lauchstädt gespielt haben, sind jedenfalls mit Begeisterung dabei, so etwas haben sie noch nicht gespielt, und sie freuen sich auf das von Nikolaus Friedrich Thouret erbaute neue Theater so sehr, dass sie in den letzten

Wochen selbst Hammer, Pinsel und Farbtopf genommen haben, um die Ausstattung des Theaters zu verschönern. Der Architekt, die Bauleute stehen mit auf der Bühne und verstärken den Chor des »Reiterlieds«. Schiller fühlt sich mächtig getragen von der Welle der allgemeinen Begeisterung, die dem neuen Theater, aber auch seinem Schauspiel gilt. So kehrt er nach der Generalprobe gut gelaunt in sein Quartier zurück und kann die Premiere am folgenden Abend kaum erwarten.

Neben »Wallensteins Lager« gibt man noch Kotzebues »Die Korsen« als eine Konzession an den allgemeinen Geschmack des Publikums. Schiller hat mit seiner Frau und Caroline in seiner eigenen Loge Platz genommen, als der Schauspieler Heinrich Voß im Kostüm des Max Piccolomini vor den Vorhang tritt und den Prolog spricht:

Der scherzenden, der ernsten Maske Spiel,
Dem ihr so oft ein willig Ohr und Auge
Geliehn, die weiche Seele hingegeben,
Vereinigt uns aufs neu in diesem Saal –
Und sieh! er hat sich neu verjüngt, ihn hat
Die Kunst zum heitern Tempel ausgeschmückt,
Und ein harmonisch hoher Geist spricht uns
Aus dieser edeln Säulenordnung an,
Und regt den Sinn zu festlichen Gefühlen.

Schillers weiche Seele ist von sich selbst entzückt, und in festlicher Hochstimmung hört er sich an, was er geschrieben hat von der neuen Theaterära, von dem kühnen Dichter, der die alte Bahn verlassen:

Und jetzt an des Jahrhunderts ernstem Ende,
Wo selbst die Wirklichkeit zu Dichtung wird,
Wo wir den Kampf gewaltiger Naturen
Und ein bedeutend Ziel vor Augen sehn,
Und um der Menschheit große Gegenstände
Um Herrschaft und um Freiheit wird gerungen,
Jetzt darf die Kunst auf ihrer Schattenbühne
Auch höhern Flug versuchen, ja sie muß,
Soll nicht des Lebens Bühne sie beschämen.

Schon ist das Publikum ergriffen und Schiller mit ihm, da endet der Prolog: »Ernst ist das Leben, heiter ist die Kunst.« Der Vorhang öffnet sich über einem Marketenderplatz, auf dem alle durcheinander laufen und gar zwei Hunde über die Bühne streunen. Das Schauspiel beginnt und ist nach nicht langer Zeit auch schon beendet, ist es ja nur die Einstimmung auf den gesamten Wallenstein. »Und setzet ihr nicht das Leben ein,/ Nie wird euch das Leben gewonnen sein«, singt der Chor und der Vorhang fällt.

Nach der Vorstellung geht man hinüber in den »Elephant«. Dort sind die Tische gedeckt, das Bankett mit den Schauspielern, mit Goethe und vielen Weimaranern beginnt, und nach einiger Zeit und einigem Wein lässt sich Schiller dazu hinreißen, aufzustehen, und er hält in bestem Schwäbisch noch einmal die Kapuzinerpredigt: »Heisa, juchheia, Duddeldumdei!/ Das geht ja hoch her. Bin auch dabei.«

So eine Stunde im Kreis der Schauspieler, die sein Stück gespielt haben, hat er lange vermisst. Nun ist sie da.

Zwei Tage später verließ Schiller Weimar wieder, nachdem er am Abend zuvor zusammen mit Goethe die zweite Aufführung von »Wallensteins Lager« gesehen hatte, kehrte zurück nach Jena. Er war wieder Dichter, wieder Theaterdichter.

Achtzehntes Kapitel

Wieder Theaterdichter

Der Weg zum Theater war nun wieder geebnet, und Schiller begab sich, nach Jena zurückgekehrt, sofort an den Schreibtisch, um den »Wallenstein« zu vollenden. Der Schreibtisch stand, obwohl es schon Herbst war, immer noch in seinem Gartenhaus, da in diesem goldenen Oktober ungewöhnlich schönes und warmes Wetter herrschte. Goethe reiste Schiller noch an demselben Tag nach und besuchte ihn abends im Garten, wo man den Erfolg von »Wallensteins Lager« bei gutem Wein feierte.

»Die große Masse staunte und gaffte das dramatische Monstrum an, einzelne wunderbar ergriffen«, berichtete Schiller Körner von seinem Theatererfolg, »die Neuerung mit den gereimten Versen fiel nicht auf, die Schauspieler sprachen die Verse mit vieler Freiheit, und das Publikum ergötzte sich.«

Goethe blieb zehn Tage in Jena, wohnte im Schloss und besuchte Schiller tagtäglich, erörterte die weitere Arbeit am Wallenstein und die Notwendigkeit, ihn schauspielergerecht für das Ensemble von Weimar zu machen, – »maulgerecht« nannte Schiller das. Dort sollten in wenigen Monaten die weiteren Teile des Schauspiels auf die Bühne kommen. »In der Tat habe ich absolut keinen Begriff davon, wie ich in diesem Zeitraum fertig werden soll«, klagte Schiller gegenüber Körner. Er hatte nämlich, wie damals durchaus üblich, nicht direkt für die Bühne geschrieben, sondern für den Abdruck des Schauspiels in einem Buch. Also musste er jede Szene »retuschieren« im Hinblick auf die Aufführung und die Fähigkeiten der Schauspieler, die er ja im »Lager« auf der Bühne hatte sehen können und die, wie er Körner anvertraute, »freilich mittelmäßig genug« waren.

Kaum war Goethe unterwegs zurück nach Weimar, begab sich Schiller in aller Hast an diese Überarbeitung. Am 6. November musste er wegen der Kühle doch zurück in die Stadtwohnung ziehen, in sein »Kastell«, wo ihm die Arbeit aber wie immer zu Winterzeit schwerer fiel, sodass er Anfang Dezember Goethe melden musste: »Das jetzige fatale Wetter setzt mir sehr zu, und ich habe durch Krämpfe und Schlaflosigkeiten wieder einige Tage für meine Arbeit verloren … Ich muß viel Kraft anwenden, mich mit der nötigen Klarheit und Stimmung zu erhalten.« Doch am letzten Tag des Jahres 1798 konnte er, auch dank vieler Einwürfe und Ideen Goethes, den zweiten Teil, »Die Piccolomini«, beenden. Die Arbeitsgemeinschaft Schiller – Goethe war in all den Monaten des Jahres 1798 noch enger und fruchtbarer geworden, wovon besonders Schiller profitierte, denn Goethe hatte in diesem Jahr nur wenig gedichtet. Zwar hatte er sich an die Fortführung des »Faust« gesetzt, doch kaum weitergeführt, hatte Entwürfe zur Farbenlehre angefertigt, für die »Propyläen« kunsttheoretische Aufsätze wie »Diderots Versuch über die Malerei« verfasst, doch vor allem kümmerte er sich um den Theaterumbau in Weimar und um sein gerade gepachtetes Gut in Oberroßla. Intensive Lektüre antiker Dichtung hatte ihn zwar animiert, aber kaum zu eigener Dichtung.

Schiller indes setzte sich in seiner unbändigen Arbeitswut und Selbstdisziplin gleich am Neujahrstag 1799 an die Erarbeitung des dritten Teil des »Monstrums«, an »Wallensteins Tod« und fuhr wenige Tage später mit der Familie nach Weimar. Er wohnte diesmal nicht in Goethes Haus am Frauenplan, sondern im Schloss, wo Goethe ihm die ehemalige Wohnung des Architekten Nikolaus Friedrich Thouret hatte herrichten lassen. Die Nähe zu Goethe und die neuen Aussichten, in Weimar als Theaterdichter zu reüssieren, führten dazu, dass Schillers Gesundheit sich derart besserte, dass er sich gar traute, Schlitten zu fahren.

Die Abende von Weimar waren zumeist Leseproben des »Piccolomini« vorbehalten, morgens saß Schiller am Schreibtisch, mittags war er bei Goethe zu Gast. Erneut nahm er am gesellschaftlichen Leben der Residenzstadt teil, bei Hofe als Gast des Erbprinzen Karl Friedrich, im Hause Goethes, wo er Herder, Wieland und Jean Paul traf, im Hause Kalbs oder in dem seiner Schwägerin und ihrem Mann, wo die geistige Elite Weimars ebenfalls ein und aus ging.

Mitten in die Endproben zu den »Piccolomini« fiel im Salon der Charlotte von Kalb ein heftiger Streit mit Jean Paul. Schillers ehemalige Geliebte hatte den Dichter, der mit seinem Roman »Hesperus« bekannt geworden war, drei Jahre zuvor nach Weimar gelockt, ihm einen Heiratsantrag gemacht, obwohl sie selbst noch verheiratet war, wozu er aber nein gesagt hatte, denn es waren nicht wenige Frauen, die ihn ihrem Leben einverleiben wollten.

»Seine Gestalt ist verworren, hartkräftig, voll Ecksteine, voll scharfer schneidender Kräfte, aber ohne Liebe.« Mit diesen Worten hatte Jean Paul Richter Schiller nach einem Besuch in Jena schon charakterisiert und dann hinzugefügt: »Schiller ist Eis, er ist ein Gletscher.« Der hingegen nannte Jean Paul gegenüber Goethe: »Fremd wie einer, der aus dem Mond gefallen ist.« Hier waren zwei Menschen, zwei Dichter aufeinander getroffen, die sich sowohl menschlich als auch dichterisch nichts zu sagen hatten, obwohl nur gut drei Lebensjahre sie voneinander trennten. An diesem Abend im Haus Charlotte von Kalbs leugnete Jean Paul im Beisein Goethes gegenüber Schiller die Möglichkeit, überhaupt echte poetische Gestalten auf die Bühne bringen zu können, was zu einem erregten Streit führte, bei dem die Gastgeberin zwischen ihrem ehemaligen und jetzigen Liebling saß und zugleich Goethe glühend verehrte.

Schon in den »Xenien« hatten Goethe/Schiller Jean Paul zwei Jahre zuvor satirisch angegriffen: »Nicht an Reiz noch an Kraft fehlts deinem Pinsel, das Schöne/ Schön uns zu malen, du hast leider nur Fratzen gesehen.« In einem Brief an Charlotte von Kalb hatte Jean Paul kurz darauf geschrieben: »Doch habe ich gegen Goethe und Schiller eben so viele Liebe als eigentliches Mitleid mit ihren eingeäscherten Herzen.«

Wenige Tage nach dem Streit mit Jean Paul über Möglichkeiten und Unmöglichkeiten des Theaters begannen die Endproben zu »Piccolomini«, die Goethe und Schiller gemeinsam leiteten, sodass der Dichter des Schauspiels noch Änderungen an den Szenen und Dialogen anbringen konnte.

Am 29. Januar geht Schiller vom Schloss hinüber zum Frauenplan, um bei Goethe zu Mittag zu essen. Am späten Nachmittag wechseln sie hinüber zum Theater, wo wenig später die Generalprobe beginnt. Am Morgen danach erhält Schiller ein Billet von Goethe: »So ist denn endlich der große Tag angebrochen, auf dessen Abend ich neugierig und verlangend genug bin.« Die Premiere der »Piccolomini« ist ausverkauft, man ist aus Jena und Erfurt gekommen und Tout-Weimar ist auch zugegen, als der Vorhang sich öffnet, einen gotischen Saal des Rathauses von Pilsen zeigt. »Spät kommt Ihr – doch Ihr kommt«, fällt der erste Satz, der bis heute Bonmot geblieben ist. »Der weite Weg entschuldigt Euer Säumen«, spricht Wallensteins Vertrauter Illo zum General der Kroaten Isolani. »Wir kommen auch mit leeren Händen nicht!«, antwortet der. Fünf Aufzüge lang breitet sich die Handlung vor den 500 Zuschauern aus, bis über den Schlussworten Max Piccolominis »Und eh der Tag sich neigt, muß sich's erklären,/ Ob ich den Freund, ob ich den Vater soll entbehren« der Vorhang fällt und die Frage offen bleibt bis zum letzten Teil des Dramas.

»Das Stück hat alle Wirkung getan«, berichtete Schiller an Körner, der auch diesmal nicht von Dresden nach Weimar gekommen war, um das Schauspiel seines Freundes zu sehen. In der Tat war der Erfolg immens, und die zweite Vorstellung zwei Tage später, wozu viele keine Karten mehr bekommen hatten, war mit noch mehr Beifall aufgenommen worden. Unzweifelhaft wurde mit »Die Piccolomini« ein neues Kapitel der Theatergeschichte aufgeschlagen, denn mit diesem zweiten Teil eines Großdramas kam ein neues Theatergenre auf die Bühne, das Geschichtsdrama, das die individuellen Züge der handelnden historischen Personen aufzeigte und von ihrer Bewegtheit erzählte.

Zugleich waren die Wochen von Weimar, die als Krönung die Uraufführung der »Piccolomini« sahen, für Schiller eine für Gemüt und Körper überaus heilsame Zeit gewesen. »Mein Aufenthalt in Weimar hat mir auch in Rücksicht auf meine Gesundheit neue gute Hoffnungen erweckt. Ich bin genötigt gewesen, alle Tage in Gesellschaft zu sein, und ich habe es wirklich durchgesetzt, mir etwas zuzumuten«, schrieb er an Körner, was beweist, dass neben den tatsächlichen körperlich Gebrechen, Wille und Gemüt, dann wenn sie sich in einer beglückenden Situation befanden, die Krankheit eindämmen konnten. »Selbst an den Hof und auf die Redoute bin ich gegangen, ohne daß meine Krämpfe mich daran gehindert, und so hab ich in diesen fünf Wochen wieder als ein ordentlicher Mensch gelebt und mehr gemacht als in den letzten fünf Jahren zusammengenommen.«

Nach diesen fünf Wochen kehrte Schiller von Goethe begleitet am Vormittag des 7. Februar 1799 nach Jena zurück, und zwar im Schlitten. Tagtäglich sahen sich die beiden, die, wie Goethe es in einem Brief an Schiller nannte, einen »Bund des Ernstes und der Liebe« geschlossen hatten. Sie schmiedeten gemeinsam Pläne, Goethe brütete über seiner Farbenlehre, deren Erkenntnisse er mit Schiller erörterte. Und er befasste sich weiter mit den antiken Vorbildern, las Homer und Euripides und entwarf ein Schema für seine »Achilleis«.

Schiller hingegen war vom Theater nun völlig eingefangen, und nahezu obsessiv suchte er nach neuen Stoffen, die er auf die Bühne bringen konnte. Das Theater war vollends zu seinem zweiten Leben geworden, und wie er an Charlotte von Kalb schrieb, habe er mit den »Piccolomini« schon »im Ganzen dieses Stückes mein Wesen ausgesprochen.« Im Laufe der Tage mit Goethe schälte sich immer mehr die Geschichte der Maria Stuart als nächstes Bühnenspiel heraus, obwohl es Schiller an anderen möglichen Stoffen nicht mangelte. Inzwischen hatte Iffland auch in Berlin die »Piccolomini« aufgeführt, und Schillers Name machte in der preußischen Residenzstadt die Runde, selbst das Königspaar wurde neugierig auf den Dichter.

Als Goethe wieder zurück nach Weimar gekehrt war, setzte Schiller alles daran, so schnell wie möglich auch den letzten Teil des Dramas, »Wallensteins Tod«, zu vollenden, was ihm nach vierzehn Tagen gelang. Kaum aber war Goethe fort, da war er auch schon wieder da. Goethe brauchte in diesen Monaten Schiller mehr als dieser Goethe, befand er sich doch in einer Schaffens- und Gemütskrise. »Es hat mich diesen Winter oft geschmerzt, Sie nicht so heiter und mutvoll zu finden, als sonst, und eben darum hätte ich mir selbst etwas mehr Geistesfreiheit gewünscht, um Ihnen mehr sein zu können«, schrieb Schiller an ihn. »Die Natur hat Sie einmal bestimmt, hervorzubringen; jeder andre Zustand … streitet mit Ihrem Wesen. Eine so lange Pause, als Sie das mal in der Poesie gemacht haben, darf nicht mehr vorkommen«, forderte Schiller kategorisch und mahnte: »Sie müssen darin ein Machtwort aussprechen und ernstlich wollen.« Aber was für den Dichter-Arbeiter Schiller galt, »der Mensch ist das Wesen welches will«, wie er geschrieben hatte, galt nicht für Goethe, der nicht unter Mühe und mit Willenskraft dichtete, sondern nur nach Lust und Laune, wenn ihn die Inspiration überkam. Und so konnte Schiller auch zu dem Schluss kommen: »So begreife ich nicht, wie Ihre Tätigkeit auch nur einen Augenblick stocken konnte«, trieb doch Schiller immer allein schon der Wille zur Dichtung an.

Kaum hatte Schiller »Wallensteins Tod« beendet, fiel er aber in ein tiefes Loch. »In der Tat befinde ich mich bei meiner jetzigen Freiheit schlimmer als der bisherigen Sklaverei«, und meinte mit ihr die tägliche Mühe des Dichtens. »Mir dünkt, als wenn ich bestimmungslos im luftleeren Raume hinge«, ein furchtbarer Zustand für einen Willensmenschen wie ihn, der immer will, immer produktiv sein muss, und er kündigte Goethe an, er habe mehrere Stoffe zu einem Drama, die er aber mit ihm besprechen müsse, um keinen »Mißgriff« zu tun. Kaum erreichte Goethe dieser Brief in Weimar, machte er sich auf den Weg zu Schiller, und in den nächsten Tagen erörterte man gemeinsam, welches Drama Schiller nun schreiben könne, etwa »Die feindlichen Brüder«, woraus später »Die Braut von Messina« werden sollte, oder doch »Maria Stuart«, oder »Die Polizei«, ein Schauspiel über Argenson, den Pariser Polizeichef unter Ludwig XIV. Da Schiller ja nur wenige Orte der großen Welt aus eigener Anschauung kannte, war er auch hier bei der Recherche auf Lektüre angewiesen, diesmal auf das zwölfbändige Werk »Tableau de Paris« von Louis Sébastien Mercier, in dem dieser das Pariser Leben und seinen Untergrund vor der Revolution darstellte. Hätte Schiller dieses Drama geschrieben, so besäßen wir, wie er selbst schrieb, eine »poetische Schilderung der Nacht zu Paris, als des eigentlichen Spielraums der Polizei«, einer Nacht, die mit Agenten, Spitzeln und Verbrechern bevölkert ist und die sich alle gegenseitig am Leben halten. »Die Polizei, eine Kömödie« hat Schiller über einen seiner Entwürfe gesetzt. Es wäre sein einziges bedeutendes Lustspiel geworden, modernes Großstadt-Lustspiel eines Dichters, der die Großstadt und ihr Milieu kaum kannte. Damit wäre er womöglich einem Theaterautor wie Labiche zuvorgekommen.

»Schillers Werke gleichen am meisten von allen Dingen der Erde den großen Schiffen, deren Wucht und Schönheit und deren Dasein Bewegung ist, die immer ihr Ziel wissen, nie ins Ungewisse schweifen und vorwärts strebend den Rand der Erde ahnen«, hat Hugo von Hofmannsthal einfühlsam geurteilt. Die Ahnung der kommenden Welt besaß Schiller, aber er traute sich nicht nahe genug an den Abgrund, um solch ein Schauspiel wie »Die Polizei« wirklich zu schreiben, obwohl ein inneres Fieber ihn dazu trieb.

Im ruhigen Jena lasen Goethe und Schiller Abend für Abend die Szenen von »Wallensteins Tod«, der bald auf die Bühne kommen sollte. Am 10. April reisten sie gemeinsam nach Weimar, um die Proben für den letzten Teil der Trilogie zu leiten. Damit das Publikum einen Begriff von dem gesamten Drama erhalten konnte, hatte Goethe für die Tage vor der Premiere von »Wallensteins Tod« neuerliche Aufführungen der ersten beiden Teile angesetzt. Am Abend vor der Premiere gab Goethe in seinem Haus ein Essen, wozu er neben den Schillers Mutter Lengefeld, Caroline von Wolzogen, die Wielands, Charlotte von Stein und ihre Schwester Luise von Imhoff einlud, die sich mit dem Epos »Die Schwestern von Lesbos« gerade wie zuvor schon Schillers Schwägerin als Dichterin versuchte hatte. Alle lebten in einer heiteren Spannung vor dem morgigen Abend.

Zum dritten Mal innerhalb kurzer Zeit betritt Schiller das Weimarer Hoftheater, um die Uraufführung eines seiner Dramen zu erleben. Es ist spater Nachmittag des 20. April 1799. Er begibt sich in seine Privatloge, die ihm Goethe schon vor einiger Zeit eingerichtet hat, damit er dort ungestört und ungesehen dem Schauspiel folgen kann. Der Vorhang hebt sich, und es zeigt sich ein Zimmer, das mit astronomischen Geräten und Karten ausgestattet ist und in dem Wallenstein die Stellung der Sterne deutet:

Glückseliger Aspekt! So stellt sich endlich
Die große Drei verhängnisvoll zusammen,

Und beide Segenssterne, *Jupiter*
und *Venus*, nehmen den verderblichen,
Den tück'schen *Mars* in ihre Mitte, zwingen
Den alten Schadenstifter mir zu dienen,
Denn lange war er feindlich mir gesinnt.
…

Und so nimmt das Spiel seinen Lauf und das Schicksal Wallensteins
mit ihm, bis ihm im letzten Aufzug durch den Astrologen Seni bedeutet
wird:

Von falschen Freunden droht dir nahes Unheil,
Die Zeichen stehen grausenhaft, nah, nahe
Umgeben dich die Netze des Verderbens.

Wallenstein wird ermordet im »Haus des Mordes und Entsetzens«,
»Octavio Piccolomini erschrickt und blickt schmerzvoll zum Himmel«,
so Schillers letzte Regieanweisung. Der Vorhang fällt. Man ist bewegt.

»Der Wallenstein hat eine außerordentliche Wirkung gemacht, und
auch die Unempfindlichsten mit sich fortgerissen«, kann Schiller seinem Freund Körner einige Tage später berichten. Herzog Carl August
lässt den Theaterdichter in seine Loge rufen, beglückwünscht ihn und
äußert den Wunsch, Schiller möge seinen Wohnsitz nun in Weimar
nehmen, was zum Ende des Jahres auch Wirklichkeit werden sollte.

Wallenstein – Aufstieg und Fall

»Im Krieg ist die Welt dem Menschen bloß Schicksal, nicht Gegenstand,« schrieb Schiller in den Briefen über die ästhetische Erziehung
der Menschen. Mit dem »Wallenstein« schuf er das Drama über einen
großen europäischen Krieg, der gerade einmal gut hundert Jahre vor
seiner Geburt beendet worden und seiner Zeit gar nicht so weit entfernt war. Dieser Dreißigjährige Krieg war ein Mahlstrom gewesen, der
alles und jeden erfasste, ein Monstrum, das in der kollektiven Erinnerung präsent geblieben war. Der Krieg hatte als Religionskonflikt
begonnen, war aber bald zum Vehikel säkularer Machtpolitik geworden, es ging um die Aufteilung Europas. »Die Religion wirkte dies
alles. Aber es fehlte viel, daß es für sie unternommen worden wäre.
Hätte nicht der Privatvorteil, nicht das Staatsinteresse sich schnell

damit vereinigt«, hatte Schiller in der 1791 erschienenen »Geschichte des Dreißigjährigen Kriegs« gemeint. Diese Schrift des Historikers Schiller war sowohl Auslöser als auch Fundus für das Drama des Dichters Schiller. Das Schauspiel ist Historie wie ein Drama Shakespeares und später eins von Brecht oder Heiner Müller, erzählt wie diese vor allem aber das Schicksal der Einzelnen und der Vielen, die im Krieg zugrunde gehen, obwohl sie durch ihn ihr Leben und ihren Ruhm gewinnen wollen, wie Wallenstein, wie Piccolomini nun. Der Krieg wird zur Maschine, die alle in ihre Fänge nimmt, zerreißt. »Der Krieg ernährt den Krieg« heißt es in dem Drama, das ihn als Monstrum zeigt und selbst ein Monstrum ist.

Im Prolog zum ersten Teil »Wallensteins Lager« umriss Schiller sowohl die Fabel des Dramas als auch die Figur des Protagonisten, der aus der ja schon bekannten Historie auf die Bühne kommen sollte:

Ihr kennet ihn – den Schöpfer kühner Heere,
Des Lagers Abgott und der Länder Geißel,
Die Stütze und den Schrecken seines Kaisers,
Des Glückes abenteuerlichen Sohn,
Der von der Zeiten Gunst emporgetragen,
Der Ehre höchste Staffeln rasch erstieg,
Und ungesättigt immer weiterstrebend,
Der unbezähmten Ehrsucht Opfer fiel.

Aufstieg und Fall des Wallenstein ist hier angekündigt, »denn seine Macht ist's, die sein Herz verführt,/ Sein Lager nur erkläret sein Verbrechen.«

»Wallensteins Lager« führt den Haufen der Söldner vor, die sich ihrem »Abgott« Wallenstein angeschlossen haben, das Abenteuer Krieg leben wollen. Auch der Kapuzinermönch kann diese nicht von ihrem Idol Wallenstein abbringen. »Herr Pfaff! Uns Soldaten mag er schimpfen/ Den Feldherrn soll er uns nicht verunglimpfen.« Und so werden sie singend in die Schlachten ziehen: »Und setzet ihr nicht das Leben ein,/ Nie wird euch das Leben gewonnen sein.«

Der zweite Teil, »Die Piccolomini«, führt vom Lager der Söldner draußen vor der Stadt Pilsen in das innere der Macht, wo im Rathaus der Stadt Kriegsrat gehalten wird. Der Abgesandte des Kaisers, Questenberg, bringt Nachricht, dass die meisten Heere nicht mehr dem Kaiser, sondern dem Kriegsherrn Wallenstein ergeben sind. Generalleutnant Octavio Piccolomini indes ist dem Kaiser treu, zugleich aber Wallenstein eng verbunden. Ein innerer Konflikt, der auch zu einem äußeren wird, zumal der Kaiser ihn durch einen geheimen Erlass zum Nachfolger Wallensteins bestimmt hat. Der aber will die Königskrone Böhmens, um dann ganz Europa zu befrieden, will sagen, zu gewinnen. Durch eine Intrige wird auch Octavio Piccolomini gezwungen, eine Ergebenheitserklärung für Wallenstein zu unterschreiben. Nur sein Sohn Max unterzeichnet sie nicht, hält sie für überflüssig. Der Vater weiht Sohn Max, der Wallensteins Tochter Thekla liebt, in dessen verräterische Pläne ein. Max fleht darum, endlich Frieden zu schaffen, den er nie gesehen hat, dauert der Krieg doch schon sechzehn Jahre. »Oh das Leben, Vater, hat Reize, die wir nie gekannt«, wirft er ihm vor und fordert Krieg dem Kriege: »Denn hört der Krieg im Kriege nicht schon auf, woher soll Friede kommen?« und will mit Wallenstein ziehen, damit er dem Krieg ein Ende macht. Doch Thekla, seine Braut, ist da skeptischer, sie kennt den Vater und den Reiz der Macht. »Wo aber wäre Wahrheit hier für dich/ Wenn du sie nicht auf meinem Munde findest?« Und sie fügt noch eine Ahnung hinzu:»Laß nicht zu viel uns an die Menschen glauben«, und wird Recht behalten. In der letzten Szene des zweiten Teils kommt es zum erneuten Zusammentreffen zwischen Vater und Sohn Piccolomini, da er von den politischen Schachzügen des Vaters gegen Wallenstein erfährt, die streng geheime Sache sind, »der Staatskunst mühevolles Werk«, wie der sagt. »Oh! diese Staatskunst, wie verwünsch ich sie!«, entgegnet der Sohn und will vor Wallenstein den Verrat des Vaters entdecken. »Rein muß es bleiben zwischen mir und ihm,/ Und eh der Tag sich neigt, muß sich's erklären,/ Ob ich den Freund, ob ich den Vater soll entbehren.« Der Konflikt ist am Scheitelpunkt angelangt, als des Schauspiels zweiter Teil zu Ende ist.

»Wallensteins Tod«, ein Trauerspiel nennt Schiller den letzten Teil des gesamten »dramatischen Gedichts«.

Die Schweden tragen Wallenstein die Königskrone an, wenn er ihnen Eger und Prag überlässt. Wallenstein zögert, zwar stehen die Drei großen Sterne, wie sein Astrologe Seni sie ihm zeigt, »verhängnisvoll«, aber günstig, doch er fühlt sich nicht mehr Herr der eigenen Tat. Ein langer Monolog erzählt sein Zaudern:

Wärs möglich? Könnt ich nicht mehr, wie ich wollte?
Nicht mehr zurück, wie mirs beliebt? Ich müßte
Die Tat *vollbringen*, weil ich sie *gedacht*.

Der Höhepunkt der Macht ist auch der Scheitelpunkt, von wo aus es in den Abgrund oder weiter in die Höhe gehen kann. Doch wie?

> Wohin denn seh ich plötzlich mich geführt?
> Bahnlos liegts hinter mir, und eine Mauer
> Aus meinen eignen Werken baut sich auf,
> Die mir die Umkehr türmend hemmt!

Wallenstein hat die Freiheit der Tat verloren, muss erfahren, dass sie schon nicht mehr ihm gehört, sondern ein Räderwerk für ihn handelt. Ist es aber so weit gekommen, hat der Abstieg vom Gipfel schon begonnen. Er handelt von nun an nicht mehr frei, sondern aus Notwendigkeit.

> Wie anders! da des Mutes freier Trieb
> Zur kühnen Tat mich zog, die rauh gebietend
> Die Not jetzt, die Erhaltung von mir heischt.
> Ernst ist der Anblick der Notwendigkeit.

Jetzt gehört die Entscheidung »jenen tückischen Mächten an, die keines Menschen Kunst vertraulich macht«. Wallenstein entscheidet sich für den Pakt mit den Schweden, verliert darüber aber seinen treuen Max Piccolomini, während dessen kaisertreuer Vater das Netz um Wallenstein enger zieht, Generäle, die durch diesen einst in der Ehre gekränkt worden waren, auf seine Seite bringt.

»Du steigst durch seinen Fall, Octavio, das will mir nicht gefallen«, wirft der Sohn dem Vater vor. Der Krieg entzweit nicht nur sie, er entzweit auch Thekla und ihn, verlieren sie doch Leben und Liebe. Das Ende wird dramatisch, das Desaster nimmt seinen Lauf, alles und alle werden unentrinnbar in einen Strudel gezogen. Ein Mord jagt den anderen, schließlich wird auch Wallenstein durch gedungene Söldner beseitigt. Max fällt im Kampf, andere nehmen Gift. »Oh Haus des Mordes und Entsetzens«, resümiert der Kommandant von Eger in demselben Moment, als ein Brief des Kaisers für Octavio Piccolomini eintrifft. »Octavio erschrickt und blickt schmerzvoll zum Himmel«, lautet Schillers Regieanweisung. Er ist allein übrig geblieben, aber ist anstelle Wallensteins zum Fürsten ernannt. Im Krieg ist die Welt dem Menschen eben nur Schicksal.

Nach Weimar

Nach der zweiten Aufführung von »Wallensteins Tod«, die gleichfalls ein rauschender Erfolg war, sodass man, wie Schiller stolz an Körner berichtete, eine Woche lang in Weimar über nichts anderes sprach, kehrte er nach Jena zurück und begann, beflügelt von der Begeisterung des Publikums, mit dem Studium der Geschichte der Maria Stuart, die der Stoff für sein nächstes Schauspiel wird. Im folgenden Sommer entschloss er sich, als er schon ein Drittel der »Maria Stuart« verfasst hatte, die nächsten sechs Jahre ausschließlich dem Drama zu widmen, konnte aber da natürlich nicht wissen, dass genau diese sechs Jahre den Rest seines Lebens ausmachen würden. Das Theater wurde für ihn zur inneren Bühne dieses seines Lebens und zugleich sollte es die Menschen an sich durch Erschütterung zu edlerer Menschlichkeit führen, ganz im Sinn der alten Griechen. So schrieb er an Goethe über den Stoff der Maria Stuart: »Besonders scheint er sich zu der Euripidischen Methode, welche in der vollständigsten Darstellung des Zustandes besteht, zu qualifizieren.« Vollständige Darstellung meinte, dass der Theaterdichter in allen Handlungen, auch den politischen, das allein Menschliche auch und gerade im tragischen Verlauf eines Schicksals herauszufiltern suchte, um den Einzelnen, das heißt den Zuschauer, von den »kleinen engen Ansichten des Egoismus zu lösen«, wie Caroline von Wolzogen Schillers Methode darstellte, und um schlussendlich den Menschen zu einer höhere Gemüts- und Herzensbildung zu führen.

»Das Anschauen des Theaters wirke sehr auf seine Produktivität, sagte er oft«, teilte er seiner Schwägerin weiter mit, »die Art und Weise, wie man das Dramatische durch das Auge vor Seele, Geist und Herz bringen müsse, werde ihm immer klarer.«

Da es aber in Jena kein Theater gab, beabsichtigte Schiller, die nächsten Winter in Weimar zu verbringen, um dort die Praxis des Theaters vor Augen zu haben. »Er bekomme neue Ansichten bei jeder Vorstellung, lerne Fehler zu vermeiden, und die Lichtpunkte träten immer mehr hervor«, hatte er Caroline von Wolzogen anvertraut.

Den Sommer 1799 verbrachte Schiller mit seiner Familie noch einmal im Gartenhaus von Jena. Goethe kam, sooft er konnte, zu Besuch, und da er sich eine Kutsche zugelegt hatte, machten die beiden Dichter häufig Ausflüge in die Umgebung, nach Lobeda und zum Schloss Dornburg etwa, wo Joseph Charles Mellish zeitweise einen Sommersitz hatte, ein englischer Schriftsteller, Übersetzer und Diplomat, mit dem beide einen regen Gedankenaustausch, auch über das Theater, führten und der Schillers Schauspiele ins Englische übersetzen wird. Vor allem aber widmeten sich die beiden Dichter Gesprächen über die »Maria Stuart«, dann der französischen Dramatik Racines und Corneilles, von der Schiller zu lernen hoffte, wie die Darstellung einer inneren Bewegtheit durch Sprache, strenge Form und kalte Leidenschaft zu gewinnen sei.

Goethe unterstützte Schillers Plan, sich in Weimar niederzulassen, weil er sich davon einen noch regeren Gedankenaustausch erhoffte und auch eine Unterstützung in der Leitung des Theaters, zumal er für die Bühne dadurch einen Hausautor an Ort und Stelle hätte. Zudem fasste man ins Auge, Schiller könne Shakespeares »Macbeth« und Schauspiele Racines und Corneilles für die Weimarer Bühne bearbeiten. So nahm es nicht wunder, dass Goethe mit ihm auch die finanzielle Möglichkeit einer doppelten Haushaltsführung in Jena und Weimar erörterte und versprach, dafür beim Herzog ein Wort einzulegen. Bald war auch eine Wohnung gefunden, die bisherige der Charlotte von Kalb im zweiten Stock der Windischengasse Nummer acht, die nur etwa 250 Meter von Goethes Haus am Frauenplan entfernt lag. Charlotte von Kalb wollte Weimar vor allem aus enttäuschter Liebe zu Jean Paul verlassen und sich auf ihr Familiengut Kalbsrieth zurückziehen.

Nachdem Schiller die Wohnung besichtigt hatte, unterzeichnete er mit dem Hausbesitzer, dem Perückenmacher Müller, den Mietvertrag. Er würde also mit seiner Frau und den beiden Söhnen, zu denen bald ein drittes Kind kommen sollte, in der Wohnung seiner ehemaligen Geliebten leben. Das gefiel seiner Frau indes nicht, die in die Wohnung nicht einziehen wollte, da man die Spuren der Kalb nicht auswischen könne, auf dass »man nicht mehr an sie erinnert wird«, hatte diese doch sogar einige ihrem ehemaligen Günstling vertraute Möbel zurückgelassen.

Als Schiller im September vom Herzog Carl August eine Verdopplung des Gehalts zugestanden wurde und er von Herzogin Luise in Anerkennung des »Wallenstein« ein silbernes Kaffeeservice geschenkt bekommen hatte, stand dem Einzug in die Wohnung aus finanziellen Gründen nichts mehr entgegen. Auch Ehefrau Charlotte ergab sich in die neue Situation. Doch der Umzug zögerte sich hinaus. Charlotte wurde schwer krank. Im Oktober hatte sie eine Tochter zur Welt gebracht, die auf den Namen Karoline Henriette Luise getauft wurde. Zwölf Tage später erkrankte sie an einem Nervenfieber mit Hautausschlag, Ohrensausen, Angstphantasien, heftigen Beklemmungen, Delirien und Tobsuchtsanfällen, sodass sie häufig die Besinnung verlor. Nur ihre Mutter und gelegentlich der Ehemann durften an ihrem Bett Tag und Nacht wachen, während ihre Schwester Caroline ja selbst nervlich anfällig war und sich kaum in ihre Nähe traute. Als das Fieber dann abklang, sprach Charlotte Schiller kein Wort mehr, war geistesabwesend und zeigte kaum Regung. Die Krankheit war womöglich eine Opposition gegen ihr bisheriges Leben an der Seite eines kranken Manns, der Aufschrei einer Frau, die sich aufgeopfert hatte und vielleicht Angst vor der neuen Situation in Weimar hatte, wo sie schon als Kind häufig gewesen war und als junge Frau ihre erste Liebe mit dem Engländer Henry Heron vor aller Augen gelebt hatte. Nun sollte sie dorthin zurückkehren, dazu noch in die Wohnung der ehemaligen Geliebten ihres Manns, dem sie bis dahin uneigennützig zu Diensten war.

Ratlos hatte Schiller am 23. Oktober an Goethe geschrieben: »Meine Frau beunruhigt mich heute mehr als die ganze Zeit über. Sie ist gleichgültiger gegenüber alles, und diese Gleichgültigkeit wechselt mit ängstlichen Besorgnissen und Grillen ab, als wenn sie nicht recht bei sich wäre. Sie klagt über ein Klingen und Zischen in den Ohren«, und nach wenigen Tagen fügte er hinzu: »Gott weiß, wohin das alles noch führen soll, ich kenne keinen ähnlichen Fall.« Auch die Ärzte waren ziemlich ratlos, versuchten, mit Opium, Moschus, Bilsenkraut, Kampfer, Belladonna, Chinarinde, Salmiak- und Senfkopfumschlägen die Krankheit zu heilen. Erst Ende November besserte sich Charlottes Zustand langsam, sodass man an einen Umzug denken konnte. Am 3. Dezember bezog Friedrich Schiller die neue Wohnung in Weimar. Charlotte folgte zwei Wochen später mit den Kindern.

Schillers Leben neben Goethe und im Schatten des Theaters und für das Theater konnte einen neuen Anfang nehmen, der aber schon das Ende in sich trug.

Neunzehntes Kapitel

Theater – Bühne eines zweiten Lebens

Einen Plan hatte er gemacht, eine Liste der Dramen erstellt, die er in Zukunft schreiben wollte, und zwar schon vor einigen Jahren. Schiller führte sie seit Mitte der neunziger Jahre, ergänzte sie, erneuerte sie immer wieder. Viele historische Stoffe finden sich da, etwa »Agrippina«, Tragödie, »Charlotte Corday«, Tragödie, »Henry IV., oder Biron«, »Rudolf von Habsburg«, »Heinrich der Löwe von Braunschweig«, »Themistokles«, »Die Malteser«, aber auch alltäglicheres wie »Der Hausvater«, »Die Stiefmutter«, »Der aufgefundene Sohn« oder »Der Genius. Das Kind« und gar eine leichte Oper »Oberon«, zu der er eine Arie für die Figur des Scherasmin geschrieben hatte:

Ich wag's mit jedem andern,
Den Tigern und den Panthern
......
Das Blut von zehen Riesen
Sah meine Lanze fließen
......
Tartaren, Sarazenen
Und allen Weibersöhnen
Will ich entgegengehn.
Nur bitt ich die Dämonen
Mich günstig zu verschonen,
Die keinen Spaß verstehn.
Im Hui ist man verwandelt
Gebissen und tarandelt
Was hilft mir Schwert und Lanze
Beim wilden Hexentanze
Die haben weder Fleisch noch Bein.

Leider ist der Nachwelt der humorige Schiller als Verfasser einer komischen Oper verwehrt geblieben. Mehr als diese Arie hat das ungewöhnliche Vorhaben nicht hervorgebracht. Hatte Schiller eines der Projekte, das auf der Liste stand, aber vollendet, so strich er in der Manier eines schwäbischen Buchhalters den Titel durch. Über dreißig Projekte enthielt die Liste zeitweise.

»Ich hoffe, das Versäumte herein zu bringen, und wenn ich das fünfzigste Jahr erreichen kann, noch unter den fruchtbaren Theaterschriftstellern einen Platz zu verdienen«, schrieb der wiedergeborene Theaterdichter an Körner in den ersten Monaten des neuen Jahrhunderts. Schmerzlich empfand Schiller nun, da er zurück in Weimar war und nahe dem Theater lebte, das zu seiner Bühne geworden war, die verlorenen Jahre, in denen er keine Schauspiele geschrieben hatte, aber immer Pläne dazu im Kopf gehabt hatte. Schließlich hatten ihn sowohl der Wallenstein als auch schon in der Bauerbacher Zeit Maria Stuart seit Jahren beschäftigt, ohne dass er sich zugetraut hätte, diese Werke zu verfassen.

Nun hatte er sich also, da er kürzlich vierzig Jahre alt geworden war, das Ziel gesetzt, mit fünfzig Jahren, 1809 also, einen Platz unter den »fruchtbaren Theaterschriftstellern« zu finden, und verglich sich da nicht mit den Zeitgenossen, sondern mit seinen Dichter-Vorfahren der Antike und der Neuzeit. Viel Zeit blieb nicht, da Schiller nach aller Krankheit kaum glaubte, mehr als fünfzig Lebensjahre zu erreichen, und sich nicht einmal sicher war, ob er bis dahin das Leben gegen die Krankheit verteidigen könnte. »Wir wollen hier ein neues heitres Leben anfangen«, hatte er kurz nach dem Umzug nach Weimar zu seiner Lotte gesagt, meinte zwar auch das neue häusliche Leben in der Windischengasse, vor allem aber seine dichterische Tätigkeit. Wenn Goethe später schreiben sollte, nichts als die Tätigkeit könne uns retten, so wusste Schiller schon jetzt: »Es ist nichts als die Tätigkeit nach einem bestimmten Ziel, was das Leben erträglich macht.« Diese Tätigkeit hieß für Schiller von nun an fast ausschließlich, dem Theater seine Schauspiele zu geben, die er als sein Ureigenstes ansah. In einen Schreibrausch wird er sich in den nächsten Jahren bringen, der nur durch Fieber, Koliken, Ohnmachten, kurzzeitige Zweifel an allem Sinn und einen Fluchtversuch nach Berlin unterbrochen und erst durch den Tod beendet wird, den Tod, den er schon seit langem erahnte.

Kaum hatte er am letzten Tag des alten Jahrhunderts die Todesszene des Mortimer in »Maria Stuart« beendet und das alte Säkulum im Haus Goethe bei Punsch und einem »frugalen« Abendessen verabschiedet, da gab es schon zwei unwillkommene Unterbrechungen der eigenen Theaterdichtung. Das Weimarer Theater brauchte Stücke für einen Spielplan, durch den die Kunst erneuert werden sollte, und auf dem nicht nur die auch in Weimar beliebten Konversationsstücke à la Kotzebue stehen sollten.

Goethe hatte Voltaires »Mahomet« bearbeitet, wozu Schiller das Gedicht »An Goethe, als er den Mahomet von Voltaire auf die Bühne brachte«, verfasste:

> Du selbst, der uns von falschem Regelzwange,
> Zu Wahrheit und Natur zurückgeführt,
> Der in der Wiege schon ein Held, die Schlange
> Erstickt, die unseren Genius umschnürt,
> Du, den die Kunst, die göttliche, schon lange
> Mit ihrer reinen Priesterbinde ziert,
> Du opferst auf zertrümmerten Altären
> Der Aftermuse, die wir nicht mehr ehren?

Herzog Carl August war Anhänger des französischen Theaters, von dem er eine Verfeinerung der deutschen Kultur erhoffte, und verlangte daher von Goethe, Voltaire auf der Weimarer Bühne zu zeigen. Schiller dagegen sah in den Dramen des Franzosen die Produkte einer fremden und unwahren »Aftermuse«.

> Einheim'scher Kunst ist dieser Schauplatz eigen,
> Hier wird nicht fremden Götzen mehr gedient,
> Wir können mutig einen Lorbeer zeigen,
> Der auf dem Deutschen Pindus selbst gegrünt,
> *Selbst* in der Künste Heiligtum zu steigen
> Hat sich der deutsche Geist erkühnt,
> Und auf der Spur des Griechen und des Britten
> Ist er dem bessern Ruhme nachgeschritten.

Und Schiller setzte in eine Strophe von acht Versen noch einmal seine Theaterprogrammatik:

> Erweitert jetzt ist des Theaters Enge,
> In seinem Raume drängt sich eine Welt,
> Nicht mehr der Worte rednerisch Gepränge
> Nur der Natur getreues Bild gefällt,
> Verbannet ist der Sitten falsche Strenge,
> Und menschlich handelt, menschlich fühlt der Held
> Die Leidenschaft erhebt die freien Töne,
> Und in der Wahrheit findet man das Schöne.

Als Voltaires »Mahomet« in Goethes Bearbeitung Ende Januar 1800 über die Weimarer Bühne ging, wurde dieses Gedicht nicht wie beabsichtigt als Prolog gesprochen, wohl auf Rücksicht auf den Herzog, der sich ja von den Franzosen eine, wie er Knebel mitgeteilt hatte, »Verbesserung des deutschen Geschmacks« erhoffte. Schiller selbst sollte nun mehr, als er wollte, eben von jenem im Gedicht erwähnten Briten, von Shakespeare, »Macbeth«, in deutsche Verse setzen, ein Unternehmen, das ihm einige schlaflose Nächte bereiten würde. Aber er war nun einmal nicht nur Hausautor des Theaters, sondern auch eine Art Dramaturg geworden und hatte noch, wenn Goethe abwesend war, die Proben zu leiten. Zudem plante er, auch dessen »Iphigenie«, die bis dahin noch nie auf einem öffentlichen Theater zu sehen war, für Weimar zu bearbeiten. All das hielt Schiller von seinem eigenen so dringlichem Schaffen ab. Mitte Februar 1800 erkrankte er so schwer wie kaum je zuvor, eine Warnung des Körpers, sich doch zu beschränken. Ein Nervenfieber stellte sich ein. Es war verbunden mit heftigen, gewaltsamen Phantasien und Tobsuchtsanfällen. Diesmal setzte ihm die Krankheit so zu, ermattete ihn derart, dass die Kränklichkeit auch zu nichts mehr gut war, wie er noch zwei Jahre zuvor meinen konnte. »Meine Krankheit muß sehr hart gewesen sein, denn jetzt in der sechsten Woche fühle ich noch immer die schweren Folgen, die Kräfte sind noch sehr weit zurück, daß ich mit Mühe die Treppen steige und noch mit zitternder Hand schreibe«, musste er Körner Ende März mitteilen. In der Tat fürchtete man um Schillers Leben. Seine Frau aber schrieb an Cotta: »Die Ärzte hoffen sogar, daß eine glückliche Krisis vorübergegangen sei, die vielleicht die ältern Übel vermindern könnte.« Aber die Ärzte irrten und Charlotte Schiller somit auch. Schiller selbst behielt, wie er Goethe schrieb, von der Krankheit eine »Furchtsamkeit« zurück, nämlich die, dass das Leben früher ende, als er es in seinem Lebens- und Werkplan vorgesehen hatte.

Also beendete er in Eile die Macbeth-Bearbeitung, um sich wieder seinem eigenen Schauspiel, der »Maria Stuart«, zuwenden zu können. »Die Hauptsache ist der Fleiß, denn dieser gibt nicht nur die Mittel des Lebens, sondern er gibt ihm auch seinen alleinigen Wert«, wusste er, ermahnte sich immer wieder selbst und trieb sich damit auch an. Der Fleiß war ihm auch eine Droge. Nur dichten konnte dieser für ihn nicht.

Da Schiller in Weimar nicht die notwendige Ruhe und Inspiration fand, zog er sich Mitte Mai auf Schloss Ettersburg nördlich von Weimar zurück. Es hatte der herzoglichen Familie mal als sommerliches Landquartier gedient, war unter Herzogin Anna Amalia ein Ort ihres

Musenhofs, an dem auch 1779 erstmals Goethes »Iphigenie« mit ihm selbst als Orest und Corona Schröter als Iphigenie gespielt wurde. Inzwischen war es seit Jahren verlassen und so auch vernachlässigt worden. Doch selbst hier beklagte Schiller gegenüber seiner Frau neben der Einsamkeit und der feuchten Kühle die mangelnde Eingebung. Er ließ sich 12 Flaschen Laubtaler Wein schicken, und schließlich konnte Schiller sich selbst wieder so weit anspornen, dass er nach einem Monat mit dem fast fertigen Manuskript der »Maria Stuart« nach Weimar zurückkehren und dann in wenigen Tagen das Schauspiel beenden konnte. Sofort begann man mit den Leseproben, doch der Aufführung stand noch etwas im Wege. Herder war wohl durch die Geschwätzigkeit der Schauspieler zu Ohren gekommen, dass im letzten Akt eine Kommunionszene auf der Bühne zu erwarten war, worauf er beim Herzog intervenierte, der wiederum Goethe anwies, diese zu streichen. Der schrieb an Schiller: »Der kühne Gedanke eine Kommunion aufs Theater zu bringen, ist schon ruchbar geworden, und ich werde veranlaßt, Sie zu ersuchen, diese Funktion zu umgehen.« Und als schon geübter Selbstzensor fügte Goethe hinzu: »Ich darf jetzt bekennen, daß es mir selbst dabei nicht wohl zumute war.« Also strich Schiller die Szene und zwei Tage später konnte »Maria Stuart« das Licht der Weimarer Bühne erblicken.

Es ist Samstagabend, 14. Juni 1800, als das Publikum ins Hoftheater strömt, um das neue Schauspiel zu sehen. Schiller sitzt wie immer in seiner Loge, beobachtet ungesehen die hochgespannte Erwartung der Zuschauer im ausverkauften Haus, bis sich dann endlich der Vorhang öffnet und den Blick freigibt auf ein Zimmer im Schloss zu Fotheringhay, dem Wohnsitz der Maria Stuart. Friederike Maria Voß gibt die schottische Königin, die mit einem Kruzifix in der Hand verborgen unter einem Schleier auftritt und erfährt, dass ihr Pult aufgebrochen und der Brautschmuck gestohlen worden ist. »Man kann uns niedrig behandeln, nicht erniedrigen«, sagt sie gelassen zu ihrer Amme und lässt einen Brief an ihre »königliche Schwester von England«, schicken. Sie bittet in ihm »um eine Unterredung mit ihr selbst. Die ich mit Augen nie gesehn.« Die Neugier des Publikums ist geweckt, das Spiel nimmt seinen Lauf. Erst im zweiten Akt erblickt es die Gegenspielerin Elisabeth im Palast von Westminster, gespielt von Caroline Jagemann, der Weimarer Staraktrice, die zugleich eine Mätresse des Herzogs ist, wie fast ein jeder weiß. »Die Könige sind nur Sklaven ihres Standes,/ Dem eigenen Herzen dürfen sie nicht folgen«, spricht sie zu dem französischen Botschafter Bellievre, »Mein Wunsch war's immer, unvermählt zu sterben./ Und meinen Ruhm hätt' ich darein gesetzt,/ Daß man dereinst auf meinem Grabstein läse: ›Hier ruht die jungfräuliche Königin.‹«

Als nach über drei Stunden der Vorhang fällt, Maria Stuart hingerichtet worden ist, Elisabeth von allen verlassen zurückbleibt, das letzte Wort »Der Lord läßt sich entschuldigen, er ist zu Schiff nach Frankreich« gefallen ist, da kann Schiller auf einen weiteren Erfolg seines Daseins als Theaterdichter blicken. »Ein Sukzess, wie ich ihn nur wünschen konnte«, wird er zwei Tage später Körner berichten.

Maria Stuart

»Mich soll wundern, was das Publikum sagen wird, wenn die beiden Huren zusammenkommen und sich ihre Aventuren vorwerfen«, soll Goethe gegenüber Friedrich von Schlegel kurz vor der Premiere zu Schillers Schauspiel geäußert haben. Mit den beiden Huren meinte er Maria Stuart, die ehemalige schottische Königin, die den englischen Königsthron begehrt, und Elisabeth, die ihn schon innehat, und die beide ursprünglich derselben Familie der Tudor entstammen. Wieder einmal hatte Schiller eine an sich politische Geschichte ins Menschlich-Private gewendet, ließ beide Frauen nur so nebenbei um die politische Herrschaft kämpfen, stattdessen um Ansehen und Gunst, Liebe und Lust in Leidenschaft. Dabei kümmerte sich der ehemalige Historiker kaum um die historischen Fakten, arrangierte sie so, dass sie seinem Drama zugute kamen. Zum einen machte er beide Frauen wesentlich jünger, was einen höheren dramatischen Effekt ergibt, zum anderen fügte er Personen hinzu, so Mortimer, der Maria Stuart liebt, und Leicester, der einst Liebling Marias nun Günstling Elisabeths ist und zwischen beiden Frauen steht. Und Schiller erfindet ein Zusammentreffen der beiden Königinnen, das zum Höhepunkt des Dramas wird und zu den bewegendsten Szenen der gesamten Theaterliteratur zählt.

Maria ist Gefangene Elisabeths. Nach dem Mord an ihrem Mann aus Schottland vertrieben, hatte sie bei Elisabeth Schutz gesucht. Die aber sperrte Maria ein, um die Rivalin zu demütigen, sie klein zu halten, wobei das ihre Lust, die dem Allmachtstrieb entspringt, schürt. Der junge Mortimer, in Frankreich Katholik geworden, will Maria, deren Schönheit ihn auf einem Bild betört hat, befreien, die aber will lieber ihren ehemaligen Geliebten Leicester einschalten, durch seine Hand die Freiheit wiedergewinnen. Sie zieht ihr Bildnis aus dem Dekolletee und bittet Mortimer, es Leicester zu überbringen.

Nachdem Maria das Todesurteil überbracht worden ist, dem Leicester zugestimmt hat, versucht dieser, da er nun ihr Bildnis erhalten hat, Gnade für sie zu erreichen, indem er eine Begegnung der beiden Frauen arrangiert.

Die Rivalinnen um Macht und Glanz sind nur scheinbar unüberbrückbar verschieden. Die unterschiedliche Konfession ist nur ein Sinnbild, zumal die eine sich ja auch von der anderen trotz derselben Wurzeln gelöst hat. Die eine, Maria, eine Männerverschlingerin bis in den Mord hinein, die andere, Elisabeth, eine scheinbar keusche Männerabweisende, die in ihrer verstohlenen Lust die Männer nicht, wie sie vorgibt, verachtet, sondern untergründig umso mehr begehrt und um sich schart. Maria lebt in Gefangenschaft, die andere in Freiheit, aber welche der beiden Frauen ist nun wirklich gefangen und welche frei? Die ungerecht Gefangene oder die gerecht Freie? Jede ist ein Teil der anderen, und beide begegnen einander wie ihrem Ebenbild in einem Spiegel. Als Maria Elisabeth wahrnimmt, schaudert sie: »O Gott, aus diesen Zügen spricht kein Herz!« In stolzer Demut will sie sich ihrer »Schwester« zu Füßen werfen: »Ich will vergessen, wer ich bin, und was/ Ich litt, ich will mich vor ihr niederwerfen,/ Die mich in diese Schmach herunterstieß.«, spricht sie weiter zu sich und bittet: »Doch seid auch *Ihr* nun edelmütig, Schwester!«, bittet weiter: »Ein Wort macht alles ungeschehn.« Doch Elisabeth lässt sich nicht bitten: »Ja es ist aus, Lady Maria. Ihr verführt/ Mir keinen mehr. Die Welt hat andre Sorgen.«, und schaut laut Schillers Regieanweisung Maria mit Verachtung an, beleidigt sie: »Es kostet nichts, die *allgemeine* Schönheit/ Zu sein, als die *gemeine* sein für *alle*!« »Das ist zuviel!«, entgegnet Maria und in das höhnische Lachen ihrer Gegnerin: »Weh Euch, wenn sie«, und meint die Welt, »von Euren Taten einst/ Den Ehrenmantel zieht, womit Ihr gleißend/ Die wilde Glut verstohlner Lüste deckt.« Sprachlos über ihre Schwester in Lust und Zorn verlässt Elisabeth den Ort, die Bühne, und Maria steigert noch ihre Begier: »Der Thron von England ist durch einen Bastard/ Entweiht, der Briten edelherzig Volk/ Durch eine list'ge Gauklerin betrogen./ Regierte Recht, so läget *Ihr* vor mir / Im Staube jetzt, denn ich bin Euer König.«

Doch für Maria Stuart bleibt nur der Tod, dem sie fast lustvoll entgegengeht. Ihren Kopf mag man ihr abschlagen, aber dessen Eigensinn behält sie. Elisabeth bleibt nur die kalte Einsamkeit der Macht, denn selbst ihr Günstling Leicester hat sie verlassen, ist ausgerechnet nach

Frankreich entflohen. Die tote Schwester hat über die lebende letztendlich den Sieg errungen. Die Tragödie des Menschen, der überlebt hat, kann beginnen.

Worte des Wahns

»Ich fange endlich an, mich des dramatischen Organs zu bemächtigen und mein Handwerk zu verstehen«, hatte Schiller zwei Tage nach der Uraufführung von »Maria Stuart« an Körner geschrieben. In der Tat führte er mit diesem Schauspiel etwas weiter, was er seit dem »Wallenstein« zu beherrschen schien, zum einen die Methode, in den historischen Personen das Individuell-Mentale, die inneren Beweggründe des Handelns, zu erforschen und auf die Bühne zu bringen, was dazu führte, dass der Zuschauer über die innere Bewegtheit hinaus, die das Theater in ihm erregt hat, Fragen an das allgemein menschliche Schicksal stellen konnte. Zum anderen hatte er die Kunst weiterverfeinert, indem er, um die heutige Filmdramaturgiesprache zu bemühen, einen überzeugenden Plot gefunden hatte, um dann die Geschichte geschickt in Turning Points weiterzuerzählen.

So in Schwung geraten teilte er Körner mit, er habe sich schon einem neuen Schauspiel zugewandt. Schiller fürchtete nämlich, wie nach dem Abschluss des »Wallenstein«, in ein Loch zu fallen, denn: »Mit meiner Gesundheit ging es in den letzten zwei Monaten sehr gut ... Dies ist zum Teil das Werk meiner Tätigkeit, denn ich befinde mich nie besser, als wenn mein Interesse an einer Arbeit recht lebendig ist.«

Doch noch verschwieg er dem Freund, an welchen Stoff er sich schon gewagt hatte. Es war die Geschichte des »Mädchens von Orleans«, wie er das Projekt in seiner Dramenliste nannte. Er spürte in sich eine Fiebrigkeit, ja einen Zwang, seine Vorhaben gegen die verrinnende Zeit weiterzuführen, benannte ihn indes anders: »Mich verfolgt ein böser Geist, bis ich die zwei nächsten Stücke, die ich im Kopf habe, ausgeführt sehe«, teilte er Körner einen Monat später mit und kalkulierte: »Ich habe zur Maria Stuart nach Abrechnung der Zeit, wo ich nicht daran arbeitete, 7 und 1/2 Monate gebraucht. Ich kann also hoffen, bei zunehmender Übung und größerer Sicherheit in der Ausführung in einem halben Jahr ein Stück fertig zu bringen.« Doch für die Fertigstellung des nächsten Schauspiels verkalkulierte sich der fleißige Rechner um zwei Monate, die er mehr brauchte, um das vollständige Manuskript der »Jungfrau von Orleans« in der Hand zu haben. Schon im

Brief an Körner vom Juli 1800 hatte er aus dem neuen Dramenvorhaben kein Geheimnis mehr gemacht, aber darum gebeten, es nicht weiterzusagen. »Poetisch ist der Stoff in vorzüglichem Grade, und in hohem Grade rührend. Mir ist aber Angst vor der Ausführung, eben weil ich sehr viel darauf halte und in Furcht bin, meine eigenen Ideen nicht erreichen zu können«, stellten sich der genauen Planung doch gelegentlich immer wieder Selbstzweifel in den Weg.

Gespräche mit Goethe auf Spazierfahrten im Juli, als die »Maria Stuart« mit großem Erfolg auch in Bad Lauchstädt, wo das Weimarer Theater die Sommersaison bestritt, aufgeführt wurde, animierten Schiller indes zu der weiteren Arbeit an der »Jungfrau«. Zugleich hegten Goethe/Schiller den Plan, eine Dramensammlung des deutschen Theaters herauszugeben, in der Hoffnung, diesem eine neue Qualität zu verschaffen, und erörterten immer wieder, was das gegenwärtige Theater von der antiken Tragödie lernen könnte. Doch Schiller rang weiter mit der Form der »Jungfrau«, kam lange Zeit nicht über ihr »Schema« hinaus und stellte fest: »Man muß, wie ich bei diesem Stück sehe, sich durch keinen allgemeinen Begriff fesseln, sondern es wagen, bei einem neuen Stoff die Form neu zu erfinden, und sich den Gattungsbegriff immer beweglich halten.« Und in der Tat haben sich Schillers Schauspiele seit dem »Wallenstein« über »Maria Stuart«, der »Jungfrau von Orleans« bis zum »Wilhelm Tell«, der »Braut von Messina« und gar zum letzten Fragment gebliebenen »Demetrius« in der Form stets gewandelt. Nur im Bestreben, im Zuschauer Erregtheit und Bewegtheit, Anteilnahme und Affizierung zu erreichen, die ihm eine neue Freiheit geben sollten, ist Schiller sich treu geblieben.

»Dieser Stoff ist keiner von den leichten«, musste Schiller schließlich Goethe im September gestehen, in dem Monat, als auch sein Gedicht »Die Worte des Wahns« erstmals gedruckt im »Taschenbuch für Damen auf das Jahr 1801« erschien.

Drei Worte hört man bedeutungsschwer
Im Munde der Guten und Besten.
Sie schallen vergeblich, ihr Klang ist leer,
Sie können nicht helfen und trösten.
Verscherzt ist dem Menschen des Lebens Frucht,
Solang er die Schatten zu haschen sucht.
…
Solang er glaubt, daß das buhlende Glück
Sich dem Edeln vereinigen werde.

Dem Schlechten folgt es mit Liebesblick,
Nicht dem Guten gehöret die Erde.
Er ist ein Fremdling, er wandert aus,
Und suchet ein unvergänglich Haus.

So lang er glaubt, daß dem ird'schen Verstand
Die Wahrheit je wird erscheinen,
Ihren Schleier hebt keine sterbliche Hand,
Wir können nur raten und meinen.
Du kerkerst den Geist in tönend Wort,
Doch der freie wandelt im Sturme fort.

Drei Jahre zuvor hatte Schiller das Gedicht »Die Worte des Glaubens«
geschrieben, auf das nun »Die Worte des Wahns« eine Replik war. Freiheit, Wille und göttliche Tugend meinten die Worte im Jahr 1800, die
man nun »bedeutungsschwer« hört, im Jahr 1797 indes:

Drei Worte nenn ich euch, inhaltsschwer,
Sie gehen von Munde zu Munde,
Doch stammen sie nicht von außen her,
Das Herz nur gibt davon Kunde,
Dem Menschen ist aller Wert geraubt,
Wenn er nicht mehr an die drei Worte glaubt.

Schiller führte damals den frei geborenen Menschen an, der seine Ketten bricht, wenn er darin gefangen werden sollte, schloss das Gedicht
»Die Worte des Glaubens«: »Dem Menschen ist nimmer sein Wert
geraubt,/ Solang er noch an die drei Worte glaubt.«
Drei Jahre später nun schloss Schiller »Die Worte des Wahns« so:

Drum edle Seele, entreiß dich dem Wahn
Und den himmlischen Glauben bewahre!
Was kein Ohr vernahm, was die Augen nicht sahn,
Es ist dennoch das Schöne, das Wahre!
Es ist nicht draußen, da sucht es der Tor,
Es ist *in* dir, du bringst es ewig hervor.

In diesen drei Jahren hat Schillers Sicht auf die Welt eine Er-
nüchterung erfahren. Das erste Gedicht klingt wesentlich zukunfts-
freudiger, was eine Verwirklichung des Menschen und die Gestaltung

der Welt nach einem Ideal betrifft, nun aber ist der Mensch zu einem Fremdling geworden und hat nur die eine Chance, sich dem Wahn der Welt zu entreißen, wenn er er selbst ist und alles allein in sich sucht.

Alle Revolutionen in der wirklichen Welt führen ins Nichts, auch und vor allem dann, wenn der Mensch kollektiv versucht, seine Ketten zu zerreißen, sowohl die gesellschaftlichen als auch die, die den Geist gefesselt haben. »Bei Revolutionen sieht man die alte Unart der menschlichen Natur, sich gleich wieder zu *setzen*, zu *befangen* und dogmatisch zu werden. Wo das nicht geschieht, da fließt man wieder zu sehr auseinander, nichts bleibt fest stehen und man endigt, so wie dort, die Welt aufzulösen, und sich eine brutale Herrschaft über alles anzumaßen.« Das schrieb Schiller an Goethe im September 1800 und meinte sowohl die erstickte Aufklärung als auch die französischen Zustände, wo ein Usurpator der Revolution die Macht an sich gerissen hatte. Schillers Fazit: »Es ist nicht draußen, da sucht es der Tor,/ Es ist *in* dir, du bringst es ewig hervor«, nämlich das Schöne und zugleich Wahre. Nur ist das ein schwieriger Prozess und bedeutet einen dauernden Kampf mit sich selbst, in dem man täglich untergehen, aber auch täglich bestehen kann, ein Kampf, der zermürbt, aber, wenn er erfolgreich beendet ist, beglückt.

Im April 1801 hatte Schiller wieder einmal einen solchen Kampf gewonnen, er konnte das fertige Manuskript der »Jungfrau von Orleans« an Goethe schicken. Zuvor hatte er sich vier Wochen lang in sein Gartenhaus nach Jena zurückgezogen, um es zu Ende zu bringen. An einigen Abenden in der Jenaer Gesellschaft hatte er Streitgespräche geführt vor allem mit dem Philosophen Friedrich Wilhelm Joseph Schelling und über dessen Behauptung, das Bewusstlose erhebe sich in der Natur zum Bewussten, in der Kunst hingegen gelange man vom Bewusstsein zum Bewusstlosen. Dazu schrieb Schiller an Goethe: »Die Poesie, deucht mir, besteht eben darin, jenes Bewußtlose auszusprechen, d. h. es in ein Objekt überzutragen.« Das heißt also, das Bewusstlose wird durch eine Idee aus der Dunkelheit hinüber zu einem Objekt hinübergetragen. »Jeden, der imstande ist, seinen Empfindungszustand in ein Objekt zu legen, so, daß dieses Objekt mich nötigt, in jenen Empfindungszustand überzugehen, folglich lebendig auf mich wirkt, heiße ich einen Poeten ... Der Grad seiner Vollkommenheit beruht auf dem Reichtum, dem Gehalt, den er in sich hat und folglich außer sich darstellt.« Schiller schloss: »Aus der Idee kann ohne die *Tat* gar nichts werden.« Goethe war im Prinzip einverstanden, widersprach jedoch vorsichtig und ging in seiner Antwort noch weiter: »Ich glaube, daß alles, was das Genie als Genie tut, unbewußt geschehe. Kein Werk des Genies kann durch Reflexion verbessert werden ... aber das Genie kann sich durch Reflexion und Tat nach dergestalt hinaufheben, daß es endlich musterhafte Werke hervorbringt.« Und nun widersprach Goethe Schiller lebhaft, der ja allein in sich suchte: »Je mehr das Jahrhundert selbst Genie hat, desto mehr ist das einzelne gefördert«, und er fügte noch an: »Die Dichtkunst verlangt im Subjekt, das sie ausüben soll, eine gewisse gutmütige, ins Reale verliebte Beschränktheit, hinter welcher das Absolute verborgen liegt.« In diesem kurzen Briefwechsel Schiller/Goethe vom März 1801 liegt sowohl das Gemeinsame als auch das sie Unterscheidende zwischen ihnen klar dargelegt.

Schiller hatte dem Manuskript der »Jungfrau« sogleich eine mögliche Rollenverteilung für die Weimarer Schauspieler beigefügt. Zwei Tage später schickte Schiller es auch an den Herzog auf dessen Bitte hin. Der hatte an Caroline von Wolzogen geschrieben: »Mit Schrecken habe ich erfahren, daß Schiller ein Theaterstück, die Pucelle d'Orléans wirklich geschrieben hat; ich hatte davon munkeln hören, glaubte es aber nicht. Machen Sie doch gnädige Frau, daß ich dieses Stück zu Gesichte bekomme, ehe es in die Welt tritt, oder ehe es, auf unserem Theater gespielt zu werden, die Einrichtung bekommt. Das Sujet ist äußerst scabrös und einem Lächerlichen ausgesetzt.« Was war geschehen und welchen Schrecken hatte die »Jungfrau« dem Herzog eingeflößt?

Diva und erste Schauspielerin des Weimarer Hoftheaters war Caroline Jagemann. Mit ihr aber unterhielt Herzog Carl August ein intimes Verhältnis, das stadtbekannt war. Daher fürchtete er, wenn sie eine Jungfrau spielte, Gerede und Spott. Spielte indes eine andere Schauspielerin die Titelrolle in Schillers Stück, so bedeutete das eine öffentliche Herabsetzung der Caroline Jagemann. So wollte der Herzog sich und seiner Geliebten aus der Klemme helfen, indem er eine Aufführung des Schauspiels zu verhindern suchte.

Caroline von Wolzogen vermittelte, und Schiller schickte dem Herzog seine »Jungfrau«. Der adressierte an die Wolzogen eine erneute Zuschrift, »eine gewagte«, die er mit »große Verlegenheit« verfasst hatte. Carl August wollte nicht einfach ein Schauspiel verbieten, nicht den Eindruck eines Zensors vermitteln, schließlich fühlte er sich als Förderer und Gönner der Künste und der Dichter. Und so lobte er erst einmal Schillers Dichtung: »Das Mädchen von Orléans hat gewiß in seiner Art das schönste Ensemble, und poetische Verdienste, wie sie selten anzutreffen sind, eine Wärme herrscht in diesem Poem ... und die betrübte deutsche Sprache ist in die schönste Melodie gezwungen, deren sie fähig ist.« Doch: »Ob uns auch die Wohltat dieses reinen Genusses bliebe, wenn Schillers dialogisiertes Poem die Bühne betreten müßte? Daran zweifle ich sehr«, gab der Herzog vor, denn wenn es »die fatale Reise« auf die Bühne antrete, würden die schönsten Blüten der Dichtung wie bei einem Baum die Blätter abfallen. Und er bestand darauf, dass es sich eher zu einem Gedicht, einem Poem eben, eigne, für »die feinsten Augenblicke der Einsamkeit«, zumal das gebildete Publikum schon Voltaires Schauspiel der Jungfrau kenne. Schiller und Theaterdirektor Goethe gaben nach und setzten die »Jungfrau von Orleans« nicht auf den Spielplan des Hoftheaters.

»Sie haben mir ordentlich einen Stein vom Herzen genommen«, dankte der Herzog Caroline von Wolzogen für die diplomatische Vermittlung zwischen Herzog und Dichter, denn dadurch seien »Mißverständnisse oder Mißverhältnisse, die recht betrübt werden können«, vermieden worden und meinte damit die Lächerlichkeit, der er und Caroline Jagemann in ihrem Verhältnis ausgesetzt worden wären.

So ging die Uraufführung der »Jungfrau von Orleans« fernab von Weimar in Leipzig am 11. September 1801 über die Bühne. Schiller war nicht zugegen, erlebte aber wenige Tage später die dritte Aufführung. Zuvor hatte er seinen einzigen wirklichen Freund Körner endlich wiedergesehen. Schiller hatte im Sommer eine Reise ins ostseenahe Doberan vorgehabt und geplant, danach Berlin und Dresden zu besuchen. Aber ein Krankheitsanfall hinderte ihn wieder einmal, eine Reise zu unternehmen, und so beschränkte er sich auf Dresden.

Am 6. August in der Frühe bricht er mit seiner Frau Lotte und Caroline von Wolzogen in deren Kutsche auf und sitzt wieder einmal zwischen den Schwestern. Am Abend erreicht das Trio samt Kindern Naumburg, wo man nächtliches Quartier nimmt. Tags drauf geht es weiter nach Leipzig, wo der Abend bei Schillers ehemaligem Verleger Göschen in angenehmer Gesellschaft verbracht wird. Am Morgen geht es weiter nach Oschatz, einer Kleinstadt im nordsächsischen Tiefland, wo sie nahe dem Rathaus in einem Gasthaus am Marktplatz übernachten. Am 9. August sieht Schiller seinen Freund Körner endlich wieder, und die Familie zieht mit Caroline von Wolzogen in jenes Weinberghaus von Loschwitz, in dem der Dichter vor sechzehn Jahren eine heitere Zeit verlebt und den »Don Carlos« geschaffen hat. Man verbringt Ferien im Haus oberhalb der Elbe, besichtigt die Gemäldegalerie der Stadt und den Antikensaal, genießt die Landschaft und den Wein. Ein selten gewordenes Glück für Schiller, der sich doch allzeitig getrieben fühlt vom Werk, das er noch schaffen will. Mit Körner bespricht er zwar neue Dramenpläne, besonders den der »Braut von Messina«, doch er dichtet nicht in diesen sechs Wochen.

Langsam geht die Ferienzeit zu Ende, die letzten Tage verbringt man in der Stadt in anregender Gesellschaft, in der sich auch der Dichter Ludwig Tieck befindet, der gerade die Tragödie »Leben und Tod der heiligen Genoveva« geschrieben hat, die Schiller durchaus schätzt, die aber für sein dramatisches Gespür in seiner romantischen Verspieltheit zu undramatisch ist. Und doch enthalten die »Johanna« und die »Genoveva« in ihren wundersamen romantischen Szenen einige Verwandtschaften.

Wenige Tage später wohnt Schiller mit Körner auf der Rückfahrt in Leipzig direkt nach der Ankunft einer Aufführung seiner »Jungfrau von Orleans« in der Inszenierung von Christian Wilhelm Opitz bei. Es ist ein heißer Tag, dieser 17. September, als um 18 Uhr die Vorstellung vor ausverkauftem Haus beginnt. Der erste Aufzug ist fast zu Ende, als Johanna mittels eines Herolds vom englischen König Rechenschaft fordert gegenüber »dem König des Himmels«:

Gebt heraus die Schlüssel alle von den Städten,
Dir ihr bezwungen wider göttlich Recht!
Die Jungfrau kommt vom Könige des Himmels
Euch Frieden zu bieten oder blut'gen Krieg.
Wählt! Denn das sag' ich euch, damit ihr's wisset,
Euch ist das schöne Frankreich nicht beschieden

Johanna geht ab, will in Orléans das »Siegeszeichen« aufpflanzen. Alles setzt sich in Bewegung, der Vorhang fällt über dem ersten Akt. Da bricht Jubel aus, ein vielstimmiges »Es lebe Friedrich Schiller!«, unterstützt vom Paukenwirbel der Musiker, schallt durch das Theater. Man hat sich erhoben, und der Dichter in seiner Loge auch. Schüchtern dankt er mit knapper Verbeugung. Später dann, nach drei Stunden, Johanna ist tödlich verwundet, liegt in den Armen des Königs Karl dem VII. und des Herzogs von Burgund und nimmt dennoch die Fahne ihres Landes, steht auf und spricht mit letzter Kraft:

Wie wird mir – Leichte Wolken heben mich –
Der schwere Panzer wird zum Flügelkleide.
Hinauf – hinauf – die Erde flieht zurück –
Kurz ist der Schmerz und ewig ist die Freude!

»Die Fahne entfällt ihr, sie sinkt tot darauf nieder«, sieht Schiller seine Regieanweisung im Spiel der Bühne umgesetzt. »Alle stehen lange in sprachloser Rührung.« Der Vorhang fällt, das Publikum ist ebenfalls gerührt und Schiller selbst auch, genau die Empfindung ist eingetreten, die er mit seinem Theater hat erreichen wollen. Jubel bricht los, und als der Dichter das Schauspielhaus verlässt, ist der Platz davor schwarz vor Menschen. »Hut ab!«, ruft man und die Männer ziehen den Hut vor dem Dichter. Man bildet Spalier. »Da ist er«, sagen die Väter zu den Kindern und heben sie hoch, damit sie den Dichter besser sehen können. Ein unvergleichlicher Triumph, der zu einem Zug wird, denn man begleitet Schiller bis zu seinem Quartier, dem Hotel de Bavière. Zwei Tage später nahm Schiller Abschied von seinem besten und einzigen Freund Christian Gottfried Körner. Sie werden sich nicht mehr wiedersehen.

Die Jungfrau von Orleans – »eine romantische Tragödie«

»Aus dem Herzen zu dem Herzen soll es sprechen«, meinte Schiller zu seinem Schauspiel über das Mädchen von Orleans, das er romantisch nannte, weil es »im hohen Grade rührend« sein und damit das Publikum verführen sollte. Ausgangspunkt für Schillers Drama war die Geschichte des Bauernmädchens Jeanne d'Arc, der »Pucelle«, die im Alter von dreizehn Jahren Stimmen gehört hatte, die ihr den Auftrag gaben, Frankreich von den Engländern zu befreien, und die nach einer Reihe großer Siege schließlich in englische Gefangenschaft fiel und nach einem langen Prozess wegen Häresie und Hexerei in Rouen auf dem Scheiterhaufen verbrannt wurde. Diese Geschichte aus dem Hundertjährigen Krieg hatte Schiller von den historisch belegten Quellen gereinigt und großenteils neu erfunden. »Das Historische ist überwunden, und doch soviel ich urteilen kann, in seinem möglichsten Umfang benutzt, die Motive sind alle poetisch und größtenteils von der naiven Gattung«, schrieb er am 24. Dezember 1800. In der Tat hatte Schiller so radikal wie nie zuvor eine historische Figur zu einer poetischen gemacht, aus einem Bauernmädchen die Tochter einer bürgerlichen Familie, ihr drei Schwestern angedichtet, die Kampfaktionen gegen die Engländer neu gestaltet und vor allem ihr Ende anders erzählt. Johanna wurde in dem Schauspiel nicht nach einem Prozess wegen »Hexerei« verbrannt, sondern starb in der Schlacht, einen Heldentod in Ver-

klärung. Es ist nicht die Historie, die sie verklärt, es ist allein die Dichtkunst:

> Doch, wie du selbst, aus kindlichem Geschlechte,
> Selbst eine fromme Schäferin wie du,
> Reicht dir die Dichtkunst ihre Götterrechte,
> Schwingt sich mit dir den ew'gen Sternen zu,
> Mit einer Glorie hat sie dich umgeben,
> Dich schuf das Herz, du wirst unsterblich leben.

In dem Gedicht »Das Mädchen von Orleans« hatte Schiller das Erhabene ihres Geschicks dargestellt und damit auf ein satirisches Werk »La
Pucelle d'Orléans« reagiert, in dem Voltaire schon 1753 diese nationale
mythische Figur Frankreichs in seiner aufklärerischen Wut lächerlich
gemacht hatte. Später gestand Schiller gegenüber Wieland selbstkri-
tisch, wenn Voltaire »seine Pucelle zu tief in den Schmutz herabgezo-
gen, so habe ich die meinige vielleicht zu hoch gestellt.« In der Tat hat
Schillers Idee, das Mädchen vor allem in seiner Größe und Erhabenheit
darzustellen, dem Schauspiel einige Kraft genommen. An die Kämpfe
der Leidenschaft zwischen Maria Stuart und Elisabeth reicht dieses
Schauspiel Schillers bei weitem nicht heran, auch wenn ein Zentrum
des Stücks Johannas innerer Kampf zwischen Liebesbegehr und himm-
lischer Mission ist, die sie nur erfüllen kann, solange sie die mentale
und körperliche Stärke und die Pureté einer Jungfrau besitzt, die
zugleich eine Puerilität bezeugt.

»Verzagt nicht! Fliehet nicht!«, ruft Johanna ihren Landsleuten zu, als
Paris in die Hände der Engländer gefallen ist, wo die Mutter des französischen Königs Karl, Königin Isabeau, und der Herzog von Burgund
dem von den Engländern eingesetzten neuen König schon huldigen. In
einem inneren Monolog nimmt Johanna Abschied von ihren geliebten
Bergen und Tälern, um ihren Auftrag zu erfüllen.

> In rauhes Erz sollst du die Glieder schnüren,
> Mit Stahl bedecken deine zarte Brust
> Nicht Männerliebe darf dein Herz berühren
> Mit sünd'gen Flammen eitler Erdenlust.

Johanna will nicht unter die Haube, sie will unter den Helm, sie will
nicht einen Mann, sie will derer viele, ein ganzes Heer von Männern,
die sie befehligen kann. Während König Karl nicht kämpfen will, einen

faulen Frieden vorzieht, um seine Ruhe zu haben, in der er mit seiner geliebten Agnes Sorel, der »Krone aller Frauen«, Privatier ohne Krone sein kann, zieht Jeanne mit ihren Männern, »wie eine Kriegesgöttin, schön zugleich und schrecklich anzuschauen«, ins Feld, schlägt die Engländer bei Orléans, ohne auch nur einen ihrer Männer zu verlieren. Dann zieht sie vor König Karl, erklärt ihm ihre göttlich jungfräuliche Sendung in der Nachfolge Mariens.

Johanna eilt von Sieg zu Sieg und ist in der Wahl der kriegerischen Mittel nicht kleinlich. Sie fordert ihre Männer auf, Feuer in die Zelte der Engländer zu werfen, damit sie lebendigen Leibs verbrennen, »Der Flammen Wut vermehre das Entsetzen/ Und drohend rings umfange sie der Tod«, und will an der Spitze ihrer Männer selbst handeln. »Wo die Gefahr ist, muß Johanna sein.« Sie dringt in das Lager der Engländer ein, trifft auf Montgomery, der zitternd um Gnade fleht: »O bei der Milde deines zärtlichen Geschlechts/ Fleh ich dich an. Erbarme meiner Jugend dich.« – »Nicht mein Geschlecht beschwöre! Nenne mich nicht Weib!/ Gleichwie die körperlosen Geister, die nicht frein/ Auf ird'sche Weise, schließ ich mich an kein Geschlecht/ Der Menschen an, und dieser Panzer deckt kein Herz.«, entgegnet sie ihm ungerührt und erschlägt ihn. »Fahre hin.« Da geschieht ihr das Schrecklichste, was eintreten kann. Unter dem Panzer schlägt doch ein Herz, unter dem Harnisch verbirgt sich das Geschlecht einer Frau, denn: In einem weiteren Zweikampf packt sie einen Engländer von hinten, zückt ihr Schwert: »Erleide was du suchtest/ Die heil'ge Jungfrau opfert dich durch mich!« Sie reißt seinen Helm herunter, blickt in seine Augen, die Liebeskatastrophe ist da, sie lässt das Schwert sinken, spürt, sie ist eine Frau, die lieben kann, will ihn laufen lassen, »Rette dich!« Lionel aber, der englische Soldat: »Folge mir ... Mich faßt ein ungeheurer Schmerz um dich,«. Doch sie scheiden voneinander, nachdem er ihr das Schwert entrissen hat.

»Warum mußt ich ihm in die Augen sehn!«, fragt Johanna sich, »Mit deinem Blick fing dein Verbrechen an«, das Verbrechen der Liebe, die sie sich nicht erlauben wird. Schließlich siegt ihr Wille über die Liebe und sie führt die Franzosen weiter gegen die Engländer, doch von nun an ist sie verwundbar, da sie ihre Jungfräulichkeit, wenn auch nur in Gedanken und für wenige Augenblicke, geopfert hat, wird verwundet im Kampf, tödlich, stirbt, wird erhöht, da sie entsagt hat, der Liebe. »Kurz ist der Schmerz und ewig ist die Freude.«

Hier die Verklärung im Tod der irdischen Liebe entsagenden Johanna, ein romantisches Märchen, einige Auftritte zuvor, der Tod des englischen Feldherrn Talbot in Gegenwart des von Johanna vergeblich geliebten Lionel, in dem sich Schillers gewandelte Weltsicht in einem Abseits des Kampfes aller Romantik bar Wort verschafft: »Ich muß untergehen«, beklagt Talbot:

> Mit der Dummheit kämpfen Götter selbst vergebens.
> Erhabene Vernunft, lichthelle Tochter
> Des göttlichen Hauptes, weise Gründerin
> Des Weltgebäudes, Führerin der Sterne,
> Wer bist du denn, wenn du, dem tollen Roß
> Des Aberwitzes an den Schweif gebunden,
> Ohnmächtig rufend, mit dem Trunkenen
> Dich sehend in den Abgrund stürzen mußt!
> Verflucht sei, wer sein Leben an das Große
> Und Würd'ge wendet und bedachte Plane
> Mit weisem Geist entwirft! Dem Narrenkönig
> Gehört die Welt –

Welch Erkenntnis formuliert hier Schiller nach dem Ende des Jahrhunderts der Aufklärung, welch Summe eines Lebens lässt er hier Talbot ziehen:

> So geht der Mensch zu Ende – und die einzige
> Ausbeute, die wir aus dem Kampf des Lebens
> Wegtragen, ist die Einsicht in das Nichts,
> Und herzliche Verachtung alles dessen
> Was uns erhaben schien und wünschenswert –

Zwanzigstes Kapitel

Der Cour d'amour von Weimar

Kaum hatte Schiller den Leipziger Triumph der Aufführung der »Jungfrau von Orleans« ausgekostet, empfing man ihn einen Tag nach seiner Rückkehr am 20. September 1801 in Weimar mit einer Präsentation der »Maria Stuart«. Die hoch gerühmte und von Schiller geschätzte Friederike Auguste Unzelmann aus Berlin spielte die Titelrolle, »mit Zartheit und großem Verstand«, wie der Dichter begeistert feststellte. »Wir müssen uns wieder an die theatralische Hausmannskost gewöhnen«, schrieb er an Körner, als sie von ihrem Weimarer Gastspiel in die preußische Königsstadt zurückkehrte, und nannte das Weimarer Theater ein Dorftheater.

Was aber sollte er nun tun, um nicht wieder in ein temporäres Loch fehlender Tätigkeit zu fallen? Schiller verzweifelte fast am Theater und würde es, wie er Körner schrieb, am liebsten für einige Zeit vergessen. Da er sowohl in Leipzig als auch in Weimar miserable Schauspielkunst gesehen hatte, überlegte er gar, ob er nicht zukünftig seine Dramen nur noch in Prosa schreiben sollte, da »die Deklamation doch alles tut, um den Bau der Verse zu zerstören, und das Publikum nur an die liebe bequeme Natur gewöhnt ist«, was heißen will, gewöhnt an das Konversationsstück in seiner sprachlich belanglosen Form, das mehr oder weniger gut das alltägliche Leben abbildet. Andererseits war Schiller durchaus beglückt über den Erfolg seiner Dramen auf den deutschen Bühnen, ob in Leipzig, Dresden, Weimar oder Berlin. Selbst das Schauspiel in Buchform war ein Publikationserfolg, denn sowohl der »Wallenstein« als auch »Maria Stuart« und »Die Jungfrau von Orleans« mussten über die erste Auflage hinaus mehrfach nachgedruckt werden.

Was sollte nun über die Gunst dieses Augenblickes hinaus werden? Schiller konnte sich nicht entscheiden, das schon im Frühjahr ins Auge gefasste Trauerspiel »Die Braut von Messina« sofort zu beginnen, und wurde im Herbst 1801 erst einmal wieder mehrfach so krank, dass an Dichten nicht zu denken war. Leib und Seele seien in »eine düstere Nebelluft eingewickelt«, musste er Körner berichten. Um sein ureigenes Dichten eine Zeit lang zu umschiffen, nahm er sich das Märchenspiel »Turandot« des venezianischen Dichters Carlo Gozzi vor, um es für die Weimarer Bühne zu bearbeiten, ihm »poetische Nachhilfe« zu geben, wie er sich ein wenig selbstherrlich ausdrückte.

Zugleich war ihm in diesem Vakuum der Untätigkeit willkommen, dass Goethe ein »Mittwochskränzchen« gegründet hatte, das auch »Cour d'amour« genannt wurde. Er befand sich ebenfalls immer noch in einer dichterischen Krise, sodass beide einer Kurzweil bedurften. Zwar hatte Goethe auf Anraten Schillers den Fauststoff erneut vorgenommen, einige Szenen entworfen, ihn immer wieder beiseite gelegt und sich dann der Tragödie »Die natürliche Tochter« zögernd zugewandt, an der er schon seit langem arbeitete. »Wir suchen uns hier auf das beste durch den Winter hindurch zu helfen«, berichtete Schiller Körner. »Es geht recht vergnügt dabei zu, obgleich die Gäste zum Teil sehr heterogen sind, denn der Herzog selbst und die fürstlichen Kinder werden auch eingeladen. Wir lassen uns nicht stören, es wird fleißig gesungen und pokuliert.« Ein jeder gab in diesem Mittwochskränzchen lyrische Kleinigkeiten zum Besten, die bisweilen auch gemeinsam vertont und gesungen wurden. So suchte man den Winter im vergessenen Weimar zu überlisten, in diesem Cour d'amour, in dem Schiller mit Caroline, Lotte mit Wilhelm von Wolzogen, Goethe mit Henriette von Egloffstein und andere insgesamt sieben nicht ganz zufällig zusammengewürfelte Paare zueinander kamen. »Die Gunst des Augenblicks«, nannte Schiller eine dieser poetischen Kleinigkeiten, die er selbst dort zum Besten gab.

Aber wem der Götter bringen
Wir des Liedes ersten Zoll?
Ihn vor allen laßt uns singen,
der die Freude schaffen soll.

So fragte Schiller und antwortete sogleich, dichtete weiter:

Aus den Wolken muß es fallen,
Aus der Götter Schoß das Glück,
Und der mächtigste von allen
Herrschern ist der Augenblick.

Von dem allerersten Werden
Der unendlichen Natur
Alles Göttliche auf Erden
Ist ein Lichtgedanke nur.

Die Melancholie, die sich in dieser Strophe schon ankündigt, findet ihre Bestätigung in der letzten Strophe:

So ist jede schöne Gabe
Flüchtig, wie des Blitzes Schein,
Schnell in ihrem düstern Grabe
Schließt die Nacht sie wieder ein.

Unter denen, die in dieser Cour d'amour das Spiel von Liebe und Zufall spielten, tat sich besonders Caroline von Wolzogen hervor, die sich seit einigen Jahren als Dichterin und Romanautorin versuchte. Auch ihre Schwester Charlotte Schiller hatte seit der großen Nervenkrise, die ja auch ein Aufbegehren gegen ihre bisherige Lebensweise war, ihr Leben zaghaft geändert. Sie erfüllte nicht mehr ausschließlich ihre Haus- und Ehepflichten, sondern dichtete bei Gelegenheit, und vor allem übersetzte sie englische Literatur, die ihr Ehemann auch zu publizieren suchte. Sie wollte nicht weiterhin im Schatten ihrer brillierenden Schwester stehen, die sich nun als Dichterin verstand, und blieb es doch. Denn ihrer beider Leben wurde auch nun nicht ähnlich. Während Caroline einen freizügigen Lebensstil an der Seite ihres Manns führte, dem sie zwar zugetan war, den sie aber nicht wirklich liebte, und in dieser Freizügigkeit eine dichterische Existenz führte, war Charlotte weiter an das Haus gebunden, der Kinder und ihres kränklichen Manns wegen, sodass sie nur selten tun konnte, was ihr Herz begehrte. Da sie durch die Ehe mit Schiller zudem ihren adligen Stand verloren hatte, war ihr als nunmehr Bürgerlichen der Zugang zum Hof prinzipiell verwehrt, auch wenn das in Weimar nicht so streng gehandhabt wurde.

Bevor Friedrich Schiller zum Jahresende 1801 die Turandot-Bearbeitung abschloss, richtete er noch eine Bühnenfassung von Lessings »Nathan der Weise« ein, die im November in Weimar aufgeführt wurde. Erneut war er für Wochen ohne eigene Dichtung geblieben, und da er zu Silvester wieder einmal von schweren Krämpfen, Fieber- und Choleraanfällen überfallen wurde, die ihn nachhaltig schwächten, war auch der Beginn des Jahres 1802 von Sorgen verdunkelt. Das brachte ihn zu dem Entschluss, sein weiteres Leben in Weimar zu verbringen. Und so entschied er sich dazu, das Haus des Engländers Joseph Charles Mellish an der Esplanade zu erwerben und sein Gartenhaus in Jena zu verkaufen, um ein sicheres Zuhause zu haben. Ende April konnte er in die eigenen vier Wände einziehen. Doch dafür hatte er erneut Schulden machen, Anleihen aufnehmen müssen, zumal er so bald keinen Käufer für das Jenaer Haus gefunden hatte. Zwar wurden seine Schauspiele in Berlin, Leipzig, Dresden und gar in Stuttgart häufig und mit Erfolg gespielt, wofür er gelegentlich auch Honorare erhielt, und die Buchausgaben der Dramen waren alle Erfolge, ein reicher Mann wurde Schiller dennoch zeitlebens nicht und konnte im Lebensstil nie mit Goethe konkurrieren, was aber nicht nur eine Frage mangelnder finanzieller Mittel war. Gegen Goethe blieb Schiller immer der Kleinbürger, der sich mit viel Mühe emporgearbeitet hatte. Das Haus am Frauenplan war ein großzügiges Domizil mit anschließendem Garten, in dem Goethe auch Gesellschaften geben konnte. Schillers Haus an der Esplanade war da wesentlich bescheidener, doch mit seinen drei Stockwerken geräumiger als die bisherige Mietwohnung in der nahen Windischengasse.

Kassandra

Nachdem auch Schillers Bearbeitung der »Iphigenie« Goethes über die Weimarer Bühne gegangen war, konnte er sich wieder ausschließlich der eigenen Dichtung widmen. Sie hatte in den letzten Monaten nur einige wenige Gedichte hervorgebracht, etwa die »Kassandra«, die auch der Stoff zu einer Tragödie hätte sein können, wie er Körner mitteilte. Der aber entgegnete: »Nur gibt es für das Drama keinen befriedigenden Schluß. Der eigentliche Schluß ist die Zerstörung von Troja, und bei deiner Behandlung erscheint sie im Hintergrund. In deiner Darstellung schätze ich besonders die rührende Weiblichkeit ohne Nachteil der Kraft.« Schiller lässt Kassandra eine lange Klage sprechen, die an die Verse der Johanna von Orleans denken lässt, auch in derselben metrischen Form verfasst ist:

Freude war in Trojas Hallen,
Eh' die hohe Feste fiel,
Jubelhymnen hört man schallen
In der Saiten gold'nes Spiel.

Doch inmitten dieses allgemeinen Frohsinns lässt Schiller Kassandra trauern, sieht sie doch, was keiner sieht in Troja, der »Stadt der ewig Blinden«, die unmittelbar drohende Vernichtung:

Ich allein muß einsam trauern,
Denn mich flieht der süße Wahn,
Und geflügelt diesen Mauern
Seh ich das Verderben nahn.

In einem langen Klagemonolog bedauert Kassandra ihr seherisches Vermögen, das ihr das Schicksal aufgezwungen hat, möchte wieder mit Blindheit geschlagen werden wie die anderen, die da unbeschwert feiern:

Nur der Irrtum ist das Leben,
Und das Wissen ist der Tod.

Nichts können das Orakel und die »rührende« seherische Kraft der Kassandra ausrichten, das Unheil bricht herein:

Und noch hallen ihre Worte,
Horch! da dringt verworr'ner Ton
Fernher aus des Tempels Pforte,
Tot lag Thetis großer Sohn!
Eris schüttelt ihre Schlangen,
Alle Götter flieh'n davon,
Und des Donners Wolken hangen
Schwer herab auf Ilion.

Das Gedicht ist in dem balladesk episch-dramatischen Charakter schon ein Drama in sich, aber für Schiller kam der mythische Stoff als Schauspiel dann doch nicht in Frage. Er zögerte vielmehr zwischen der Wilhelm-Tell-Geschichte, die ihn schon seit einigen Jahren beschäftigte, und der »Braut von Messina«, die sein erstes Schauspiel wäre, das keine historischen oder gesellschaftlichen Quellen hätte, reine Erfindung wäre.

Nach gehäuften Anfällen der Krankheit in den Frühlings- und ersten Sommermonaten, die er mit einer Eselsmilchkur zu besänftigen suchte, beschloss Schiller im August, als Lotte abwesend war und in Rudolstadt weilte, sich an die Niederschrift der »Braut von Messina« zu setzen, nutzte, obwohl die Kinder im Haus waren, die schöpferische Einsamkeit im Dachgeschoss des neu erworbenen Hauses, das einen Blick ins Grüne freigab und das sowohl von der Morgen- als auch von der Mittagssonne erhellt wurde. »Ein karmoisinseidener Vorhang war vor dem Fenster, an dem sein Arbeitstisch stand, angebracht. Er sagte uns, daß der rötliche Schimmer belebend auf seine produktive Stimmung wirke«, wird sich später Caroline von Wolzogen erinnern. Reichte das jedoch nicht als Stimulation, so konnte er jederzeit die Schubladen auf beiden Seiten des Schreibtischs öffnen und an den faulenden Äpfeln schnuffeln, die dort immer ruhten, und sich berauschen. Der Geruch von Obstfäulnis diente ihm als Analeptikum, das die Großhirnrinde, das Atem- und Gefäßzentrum erregte.

Eine neue Jugend

Da so animiert »Die Braut von Messina« in den kommenden Monaten schnell gedieh, konnte er am Silvestertag die bis dahin vollendeten Akte der Tragödie seiner Frau, der Schwägerin und Schwiegermutter vorlesen und beschwingt in das Jahr 1803 gehen. Wenige Wochen zuvor hatte die Familie Schiller-Lengefeld ein freudiges Ereignis feiern können, das vor allem Charlotte und ihre Mutter zufrieden stellte. Friedrich von Schiller durfte der dem Adel nur angeheiratete Dichter sich nun selbst nennen, da er aus Wien das Adelsdiplom erhalten hatte. »Die Anregung zu dieser Sache ist vom Herzog von Weimar geschehen, der … meine Frau, welche bisher nicht zu Hofe gehen konnte, auf einen gleichern Fuß mit meiner Schwägerin setzen wollte; denn es hatte etwas Unschickliches, daß von zwei Schwestern die eine einen vorzüglichen Rang am Hofe, die andre gar keinen Zutritt zu demselben hatte. Sie können übrigens leicht denken, daß mir die Sache ziemlich gleichgültig ist«, schrieb Schiller an den Verleger Cotta, zählte doch für ihn vor allem das Werk, wofür ein Adelstitel weder nützte noch störte.

Er veränderte sich anders, indem er sich nämlich verjüngte, mit der »Braut von Messina«. Dichtung war für Schiller eine Art Jungbrunnen und wenn er in ihn eintauchte, so fühlte er eine neue Jugend in sich aufkeimen. »Die ganz neue Form hat mich auch verjüngt, oder vielmehr das Antikere hat mich selbst altertümlicher gemacht; denn die wahre Jugend ist doch in der alten Zeit.« Diese neue Jugend beflügelte Schiller so, dass er die Tragödie seiner »Braut« schon am 1. Februar beenden konnte, früher, als der eigene Zeitplan es vorsah.

Bevor «Die Braut« auf die Bühne gelangte, gab es in der Stadt an der Ilm eine Aufführung besonderer Art, denn es war mal wieder Karneval in Weimar. Am 20. Februar fand am herzoglichen Hof ein Maskenfest statt, bei dem die Faschingswütigen sich als eine Figur aus Schillers Werken zu verkleiden und diese darzustellen hatten. So erschien Prinzessin Karoline als Braut von Messina, die Schwester der Charlotte von Stein, Amalie von Imhoff, als Kassandra.

Unter der Tanzenden Reihn, eine Trauernde, wandelt Kassandra,
Mit dem Lorbeer Apolls kränzt sie die göttliche Stirn
Auch die Trauer ist schön, wenn sie göttlich ist, und mit der Freude
Möge, lieblich gesellt, wandeln der heilige Ernst.

An die selbst auch dichtende Hofdame Amalie von Imhoff hatte Schiller diese Verse für den Maskenball gerichtet.

Nach mehreren Vorlesungen der »Braut von Messina« vor der Hofgesellschaft, »in einer Gesellschaft von Freunden und Bekannten und Feinden«, wie Schiller Goethe verriet, wurde die Premiere der Tragödie auf den 19. März angesetzt. Schon bei den Lesungen hatte Schiller die Wirkung seines Schauspiels erproben können. »Die Furcht und der Schrecken erwiesen sich in ihrer ganzen Kraft, auch die sanftere Rührung gab sich durch schöne Äußerungen kund – der Chor erfreute allgemein durch seine naiven Motive und begeisterte durch seinen lyrischen Schwung«, schrieb er durchaus optimistisch dem abwesenden Goethe.

Zur ersten Aufführung im Weimar waren allein zweiunddreißig Wagen mit Studenten aus Jena angereist, die sich unter das Weimarer Publikum samt Hofgesellschaft mischten. Schon nachmittags um vier Uhr war das Theater gedrängt voll. Die Erwartung an das neue Schauspiel Friedrich von Schillers war gewaltig und die Spannung löste sich, nachdem der Vorhang am Ende schließlich wieder gefallen war, in einem Eklat mit Folgen.

Die Braut von Messina

Das Trauerspiel um die feindlichen Brüder, die die leibliche Schwester, nicht ahnend, dass sie ihre Schwester ist, zu ihrer Braut machen wollen, diente Schiller als offene Kampfansage gegen den »Naturalismus« auf der Bühne, der ihm mehr und mehr zu einem Ärgernis wurde. Dabei machte er weniger dem Publikum einen Vorwurf als den Dichtern. »Es ist nicht wahr, was man gewöhnlich behaupten hört, daß das Publikum die Kunst herabzieht; der Künstler zieht das Publikum herab, und zu

allen Zeiten, wo die Kunst verfiel, ist sie durch die Künstler gefallen.«
Zu allen Zeiten, betonte Schiller in der Schrift »Über den Gebrauch des
Chors in der Tragödie« und könnte auch jede Zeit nach ihm meinen.

Er hatte diese Schrift schon verfasst, bevor das Schauspiel auf die
Bühne kam, fürchtend, dass es nicht den Erfolg haben könnte, den er
sich wünschte. So wies er vorsorglich auf die Freiheiten, die er sich
erlaubt habe, vor allem auf die, Ort und Zeit frei aus der »schaffenden
Einbildungskraft« gewählt zu haben, hin. Aber vor allem auf die Freiheit, das Vergnügen des Zuschauers nicht mit allseits bekannten und
jedermann erfahrbaren Geschichten zu kitzeln, das ja nur ein flüchtiges
wäre, sondern: »Die wahre Kunst hat es nicht bloß auf ein vorüberge-
hendes Spiel abgesehen; es ist ihr ernst damit, den Menschen nicht bloß
in einen augenblicklichen Traum von Freiheit zu versetzen, sondern
ihn wirklich und in der Tat frei zu machen.« Der Zuschauer wird dann
und will dann »die moralische Weltregierung, die er im wirklichen
Leben vermißt, auf der Schaubühne finden.« Er wird die »wohltätige
Wirkung der Kunst, welche in der Freiheit besteht«, erfahren und das
Theater anders verlassen, als er es betreten hat, so wie es Bertolt Brecht
ein Jahrhundert später ähnlich fordern wird.

Was aber findet der Zuschauer auf der Schaubühne der »Braut von
Messina«? Schiller siedelte die Tragödie in einem imaginären Sizilien,
in einer nicht genau bestimmten Zeit an. Zwar nahm er Motive der realen Historie auf, wie die Herrschaft der Normannen und dann der
Staufer über die Insel vor Italien, verfremdete aber die zeitliche Ortung
durch spanische Namen, die er den Protagonisten gab. Zwar entlehnte
er Motive der antiken griechischen Tragödie, er hatte gerade die Dramen des Aischylos gelesen und erinnerte sich an die des Sophokles,
erfand aber aus freien Stücken eine völlig neue Fabel. Zwar führte er
auch den Chor wieder ein, änderte aber seine Funktion gegenüber dem
im antiken Schauspiel. Was wollte Schiller mit seinem neuen Schauspiel?

Er versuchte, wie er Iffland mitteilte, einen Wettstreit mit den alten
Tragikern, vor allem aber wollte er das zeitgenössische Theater erneuern mit einem Schauspiel im Geist der Antike, ihm wieder einen Ernst
und eine wirkliche Kunstform jenseits der naturalistischen Abbildung
von Welt geben. Dabei war er sich schon früh, nämlich im Mai 1801, bei
den ersten Überlegungen zu dem Schauspiel darüber im Klaren, dass
es eine »gewisse Kälte« erzeuge. Er glaubte nämlich, dass die Strenge
der Form und damit die höchstmögliche Kunst gerade durch ihre
scheinbare Kälte eine Leidenschaft erzeuge, die bis zur Ekstase und zur

Freiheit einer außerordentlichen Erkenntnis gereichen könnte, und wusste sich da mit den alten Tragikern und auch dem französischen Tragödiendichter Jean Racine in Übereinstimmung.

»Erregt ist ganz Messina«, sagt Isabella, die Fürstin der Stadt. Die Bruderfehde unter ihren beiden Söhnen Manuel und Cesar soll endlich beigelegt werden, denn bisher galt:

> Messina teilte sich, die Bruderfehde
> Löst alle heil'gen Bande der Natur,
> Dem allgemeinen Streit die Losung gebend,
> Schwert traf auf Schwert, zum Schlachtfeld ward die Stadt,
> Ja diese Hallen selbst besprützte Blut.
> Des Staates Bande sahet ihr zerreißen,
> Doch mir zerriß im Innersten das Herz.

Doch nun soll Versöhnung gefeiert werden, das Ende des Bruderzwists ist nah. Aber der Schein trügt. »Noch niemand entfloh dem verhängten Geschick«, wird der Chor flüstern. Dieses hatte mittels eines Traums dem inzwischen verstorbenen Mann Isabellas bedeutet, sollte sie eine Tochter gebären, so würde diese ihre beiden Brüder töten und damit die Familie auslöschen. Um dieses Orakel zu überlisten, hatte Isabella ihre Tochter Beatrice aus dem Verkehr gezogen und in ein Kloster gebracht. Nun, da die Brüder vereint sind, verlässt diese das Kloster wieder, und das Schicksal erfüllt sich anders als vermutet. Beide Brüder verlieben sich in sie, nicht ahnend, dass sie ihre Schwester ist, geraten in Streit und Cesar ersticht aus Eifersucht Bruder Manuel. Als er erfährt, dass Beatrice seine Schwester ist, büßt er den Brudermord, indem er sich vor dessen Bahre selbst tötet. »Wie der Seher verkündet, so ist es gekommen«, weiß der Chor. Das Los hat sein Recht gewahrt, der Mensch hat sich in Schuld verstrickt. »Ist sie wahrhaft seine, meine Schwester,/ So bin ich schuldig einer Greueltat, / Die keine Reu' und Bußung kann versohnen«, hatte Cesar im Moment der ungeheuren Erkenntnis gesagt und doch der leidenschaftlichen Liebe zu der, die nun als leibliche Schwester vor ihm stand, nicht entsagen können. Nur der Tod bleibt als Lösung. In dieser ungelebten Liaison à trois der Brüder mit der Schwester, die in Selbstbetrug, Inzest und Mord sich gründet, gibt es keinen Ausweg. Es ist eine Kette aus Bestimmung und Zufall, die sich stets erneuert und immer wieder Schuld gebiert.

Krieg mit der ganzen Welt – eine Resignation

Mit »Die Braut von Messina« schleicht sich am Anfang des neuen Jahrhunderts in die Schiller'sche Auffassung von Welt und Geschichte ein Skeptizismus ein, der in allem einen vom Menschenwillen unabhängigen Kreislauf sieht, der durch nichts zu durchbrechen ist.

> Erschüttert steh ich, weiß nicht, ob ich ihn
> Bejammern oder preisen soll sein Los.
> Dies *eine* fühl ich und erkenn es klar,
> Das Leben ist der Güter höchstes *nicht*,
> Der Übel größtes aber ist die *Schuld*.

Kaum waren die letzten Worte des Chors verklungen, da brachten die Jenaer Studenten ein Vivat auf Schiller aus. Ein ungeheurer Vorgang in Anwesenheit des Herzogs und des Hofstaats, ein Eklat. Das war nicht üblich, das war unerhört, und einer der Studenten, Sohn des Professors Christian Gottfried Schütz, musste auf Anweisung Goethes vom Jenaer Stadtkommandanten einige Tage später verwarnt werden. Die Uraufführung war indes kein einhelliger Erfolg, denn das Publikum war auf eine solche Art von Theater nicht vorbereitet. »Über den Chor und das vorwaltend Lyrische in dem Stücke sind die Stimmen natürlich geteilt, da noch ein großer Teil des ganzen deutschen Publikums seine prosaischen Begriffe von dem natürlichen in einem Dichterwerk nicht ablegen kann.« Dieselbe Beobachtung war noch 180 Jahre später zu machen, als Ruth Berghaus in Berlin die »Braut von Messina« genial inszenierte, dabei das Lyrisch-Rhythmische in einer Bearbeitung des Dichters Karl Mickel noch betonte und sowohl bei der Kritik als auch beim Publikum auf Unverständnis stieß, da auch sie das »Natürliche«, will sagen das alltäglich Bekannte, vermissten und das Hoch-Kunstvolle verachteten. »Es ist der alte und ewige Streit, den wir beizulegen nicht hoffen dürfen«, schrieb Schiller damals. »Was mich betrifft, so kann ich wohl sagen, daß ich in der Vorstellung der Braut von Messina zum ersten Mal den Eindruck einer wahren Tragödie bekam«, lobte der Dichter sich selbst und war sich einig mit dem »jüngeren Teil des Publikums« von Weimar, dem das auch imponierte.

Schiller hatte sich ja mit diesem Schauspiel selbst verjüngen wollen und hatte dadurch auch das junge Publikum der Zeit gewonnen. Doch das teilweise Unverständnis seinem Werk gegenüber hatte Folgen. »Es ist freilich nicht im Geschmack der Zeit«, musste Schiller konstatieren, und die ungewohnte Kritik, die selbst Freunde und ihm Wohlgesonne-ne, wie Herzog Carl August, äußerten, führte zu einer inneren Unsi-cherheit und schließlich dazu, dass er bald den gerade eingeschlagenen Weg einer radikalen Kunst, die nicht vordergründig unterhalten will, wieder verlassen wird. »Ohnehin ist das Stück fürs Volk, also auch für die Kasse, kein Gewinn«, versuchte sich Schiller über den kleinen Miss-erfolg hinwegzutäuschen. All das verstärkte noch ein Missbehagen, das Schiller seit einiger Zeit verspürte, wozu er schon an Wilhelm von Humboldt geschrieben hatte. »Wenn Goethe noch den Glauben an die Möglichkeit von etwas Gutem und eine Konsequenz in seinem Tun hätte, so könnte hier in Weimar noch manches realisiert werden, in der Kunst überhaupt und besonders im Dramatischen. Es entstünde noch etwas und die unselige Stockung würde sich geben.« Doch Goethe hatte fast resigniert, was die Möglichkeiten des Theaters betraf, war selbst weiterhin in einer schöpferischen Krise und suchte auch weitaus weniger als Schiller, dem Theater neue Formen abzugewinnen, blieb vielmehr als sein Antipode der konventionellen Form verhaftet, was sich erst viel später mit dem zweiten Teil des Faust ändern sollte, der indes kaum für die Bühne seiner Zeit gedacht war als für ein zukünfti-ges Theater. So resignierte auch Schiller und fügte dem Brief an Hum-boldt hinzu: »Allein kann ich nichts machen.« Gegenüber Iffland nann-te er sich gar jemanden, der ganz allein »den Krieg mit der ganzen Welt« aufnehmen müsse.

Da er sich nun auch von Goethe im Stich gelassen fühlte, weil der bis dahin so produktive Austausch von Ideen und gemeinsamer Vorhaben mit ihm oft monatelang zum Erliegen gekommen war, folgerte Schiller gegenüber Wilhelm von Humboldt: »Oft treibt es mich, mich in der Welt nach einem anderen Wohnort und Wirkungskreis umzuschen.« Der Freund aus Jenaer Tagen hatte in Paris gelebt und residierte seit wenigen Monaten als preußischer Gesandter beim päpstlichen Stuhl in Rom. Schiller vermisste ihn als vertrauten Gesprächspartner und als Freund, was er ihm im Gegensatz zu Goethe war. Mit Humboldt hatte er, wie er sich wehmütig erinnerte, einen Gedankenaustausch gehabt, indem »wir uns doch durch eine Geistesreibung elektrisierten«, und die so viele seiner Schriften befördert hatte. Solche Gespräche konnte Schiller in Weimar kaum mehr führen. Herder und Wieland waren ihm fremd geworden, Goethe entzog sich allzu oft. »Seit einem Vierteljahr hat er, ohne krank zu sein, das Haus, ja nicht einmal seine Stube verlas-sen«, teilte Schiller Humboldt enttäuscht mit. Plötzlich fühlte Schiller eine Leere in seinem Leben, eine Vergeblichkeit. Diese resignative Stimmung äußerte sich in einem Gedicht aus dem Frühjahr 1803. Es zog darin die Summe des bisherigen Lebens und zeigte keinen Ausweg auf.

Der Pilgrim

Noch in meines Lebens Lenze
War ich und ich wandert aus,
Und der Jugend frohe Tänze
Ließ ich in des Vaters Haus.

All mein Erbteil, meine Habe
Warf ich fröhlich glaubend hin,
Und am leichten Pilgerstabe
Zog ich fort mit Kindersinn.

Denn mich trieb ein mächtig Hoffen
Und ein dunkles Glaubenswort,
Wandle, rief's, der Weg ist offen,
Immer nach dem Aufgang fort.

Bis zu einer goldnen Pforten
Du gelangst, da gehst du ein,
Denn das Irdische wird dorten
Himmlisch unvergänglich sein.

Abend ward's und wurde Morgen,
Nimmer, nimmer stand ich still,
Aber immer blieb's verborgen,
Was ich suche, was ich will.
…

Große Welt in Weimar

In diesem Frühjahr 1803 war es zu ersten Anzeichen einer neuen Krise auf Schillers Lebensweg gekommen, die sich in den kommenden Monaten allmählich verschärfen sollte und ihren Höhepunkt ein Jahr später in einem plötzlichen Ausbruch aus Weimar und einer überstürzten Fahrt nach Berlin fand.

»Wenn es nur irgendwo leidlich wäre, ich ginge fort«, hatte Schiller im Februar an Wilhelm von Humboldt geschrieben, nachdem er zuvor von der »unseligen Stockung« gesprochen hatte, die die Situation der Künste und das geistige Leben im kleinen Weimar betraf.

»Ich bewege mich so einförmig in meinem hergebrachten Lebenskreise, daß ich gar nicht merke, wie die Welt geht«, schrieb er in einem weiteren Brief an Humboldt. Ihm allein konnte er sich so eröffnen, weil er sowohl sein weltläufigster Bekannter als auch nach Körner der intimste Freund war. Zugleich musste er ihm aber auch gestehen, dass er selbst kaum in die große Welt gehen könnte, und dachte da zum einen an seine anfällige Gesundheit, wusste aber auch um die eigene fehlende Weltläufigkeit. In der Tat war Schiller kaum in der Welt herumgekommen, hatte keine größeren Reisen unternommen, war nie im Ausland gewesen. Selbst eine Reise in die Schweiz, die er für die Recherche zum »Wilhelm Tell« ins Auge gefasst hatte, traute er sich nicht zu. Sosehr ihn Weimar nun auch bedrückte, es gab ihm doch zugleich eine Sicherheit, die er zuvor nie gekannt hatte. Er lebte in einem Kokon, den Charlotte mit der Familie gesponnen hatte, alimentiert vom Herzog, zeitweise animiert von Goethe und einigen ganz wenigen Bekannten, unter denen im Hintergrund Schwägerin Caroline meist präsent und häufig nah war und deren Liebe er sich weiterhin sicher war. Doch die Anregung, die Goethe seinem Werk verschaffte, war allmählich versiegt, zumal er sich insgeheim nun über diesen stellte, da er den Riesen von Weimar inzwischen auch als Zwerg kennen gelernt hatte, der in seiner Dichtung kaum weiterkam und den er sich, Schiller, in der dramatischen Kunst unterlegen sah, was er am Beispiel von Goethes Schauspiel »Die natürliche Tochter« auch benannte.

Schiller hatte niemanden mehr, mit dem er sich messen konnte, was dazu führte, dass ihm sowohl Reibung als auch Inspiration von außen fehlten, die er indes für sein eigenes Werk so dringend brauchte, sodass er gar an diesem und an sich selbst einige Male zweifelte und zu jener verzweifelten Einsicht kam: »Aber immer bliebs verborgen/ Was ich suche, was ich will.«

Diese radikalen Zweifel nisteten in Schiller untergründig weiter, wurden aber immer wieder verdeckt durch glückliche Momente, die Schiller versuchte, zu genießen, sofern er genießen konnte. Dabei wusste er, was der höchste Genuss für ihn war: »Meine beste Freude ist die Tätigkeit, sie macht mich glücklich in mir selbst«, bekannte er Wilhelm von Wolzogen.

Nur, war keine Tätigkeit, so war auch kaum Genuss, war Übellaune. Zwar konnte er sich daran erfreuen, dass seine »Braut von Messina« in Berlin mit großem Erfolg gespielt wurde, dass »Die Jungfrau von Orleans« als Gastspiel endlich in Weimar gegeben werden konnte und mit Begeisterung aufgenommen wurde, all das aber erheiterte das an sich dunkle Gemüt Schillers nur kurzzeitig.

Wenige Monate bevor die große Welt in der Gestalt der Französin Baronesse Anne Germaine de Staël, kurz genannt Madame de Staël, nach Weimar kam und alle in Aufregung, Erregung und auch Horror versetzte, begann Schiller ernsthaft mit den Arbeiten zum »Tell«. Ein schwieriges Unterfangen, weil er, wie er Körner schrieb, mit einem »verwünschten Stoff« zu kämpfen habe, »der mich bald anzieht, bald abstößt.« Doch der Wille war groß, ihn zu bewältigen, und: »Wenn mir die Götter günstig sind, das auszuführen, was ich im Kopfe habe, so soll es ein mächtiges Ding werden und die Bühnen von Deutschland erschüttern«, schloss er an Körner in einem erneuten Anfall von Größenwahn, der wie so häufig bei Schiller mit dem Selbstzweifel in einem Wettstreit lag.

Warum aber stellte Schiller der Stoff vor so große Schwierigkeiten? Die Welt des Wilhelm Tell, jenes Schweizer Volkshelden des 14. Jahrhunderts, der nur in der Legende gelebt hatte, war ihm ebenso fremd wie das Land. Zwar konnten ihm neben Goethe sowohl Charlotte als auch Caroline von der Schweiz aus eigener Erfahrung berichten. Lotte war als junges Mädchen ja zusammen mit Caroline dort gewesen, und diese später zum wiederholten Mal, aber der Stoff verlangte eine äußerst gründliche Recherche. Goethe hat später in einem Gespräch mit dem Weimarer Rat Carl Friedrich Conta diese Arbeitweise ein wenig belustigt geschildert und gab, wie Conta sich erinnerte, auch der Arbeitweise Schillers die Schuld am frühen Tod. »Ich, sagte er, behauptete immer, der Dichter dürfe nicht eher ans Werk gehen, als bis er einen unwiderstehlichen Drang zum Dichten fühle«, was Goethe ja so auch praktizierte. »Schiller hingegen behauptete, der Mensch müsse können, was er wolle. Dazu gab Goethe das Beispiel des Wilhelm Tell: ›Er fing damit an, alle Wände seines Zimmers mit so viel Spezialkarten der Schweiz zu bekleben. Nun las er Reisebeschreibungen, bis er mit Weg und Stegen des Schauplatzes des Schweizer Aufstandes auf das genauste bekannt war. Dabei studierte er die Geschichte der Schweiz, und nachdem er alles Material zusammengebracht hatte, setzte er sich über die Arbeit, und‹ – hier erhob sich Goethe und schlug mit geballter Faust auf den Tisch – ›buchstäblich‹ genommen stand er nicht eher vom Platze auf, bis der *Tell* fertig war. Überfiel ihn die Müdigkeit, so legte er den Kopf auf den Arm und schlief. Sobald er aufwachte, ließ er sich starken schwarzen Kaffe bringen, um sich munter zu erhalten.«

Bevor Schiller sich aber überhaupt intensiv an den »Tell« setzte, gaben ihm zwei andere Stimulantien den nötigen Schwung. Zum einen versuchte er sich im Sommer bei einer Kur in Bad Lauchstädt zu erholen, was den Vorteil hatte, dass das Weimarer Ensemble dort weilte und auch seine Schauspiele zur Erbauung und Unterhaltung der Sommergäste gab.

»Seine Ankunft daselbst erweckte ein großes Interesse bei den Badegästen, denn alt und jung schwärmte noch weit mehr für ihn als für Goethe«, erinnert sich der Schauspieler Anton Genast. Am 3. Juli wurde die »Braut von Messina« gegeben. Während des letzten Akts entlud sich ein heftiges Gewitter über dem Theater, was dem Publikum nicht nur den vom Dichter durch das Drama erwünschten Schrecken der Empfindung einjagte, sondern einen ganz realen, sodass, wie Schiller Ehefrau Lotte amüsiert mitteilte, viele »Frauenzimmer« aus dem Saal flohen. »Es war eine ganz erstaunliche Störung.« Im Anschluss an die Vorstellung gab es einen Ball. Danach zogen viele junge Kurgäste, der Dichter war schon zu Hause, vor sein Haus, um ihm ein »großes Halloh mit Gesang und Musik«, ein Ständchen zu bringen, »so daß ich noch nicht recht habe ausschlafen können, auch des Morgens haben sie mich mit Musik begrüßt.« Die Kurgäste von Bad Lauchstädt folgten dem berühmten Dichter auf Schritt und Tritt, ein »Gefolge, das dem feierlich einherschreitenden Manne nachschritt und ihm auch in ein kleines Kaffeehaus zu folgen pflegte«, wie sich der Dichter Friedrich Baron de la Motte Fouqué erinnern sollte, der selbst zu den Verfolgern zählte. Das war, wie die umjubelten Aufführungen seiner Stücke im Kurtheater, Balsam für Schillers Seele nach den Zweifeln und Verzweiflungen des Frühjahrs.

Zum anderen erhielt er bei seiner Rückkunft in Weimar dreißig Flaschen weißen Portweins als Geschenk des Verlegers Cotta, Schiller dankte diesem für die Stimulantien: »Es ist ein wahres Lebensöl, das

Herz und Eingeweide stärken wird«, für den »Tell«, den er im Laufe des Winters schreiben wollte. »Wenn ich in dieser Wärme bleibe, kann ich noch gegen den März fertig werden«, teilte er Goethe mit. In diesem Winter kam es vermehrt wieder zu Spazierfahrten, gegenseitigen Besuchen und produktiven Gesprächen zwischen den beiden Dichtern, über den Tell, über den Faust. Zudem fanden im Haus Goethes die legendären Punschgesellschaften statt. An ihnen nahmen neben den beiden Dichtern einige Notabeln Weimars und Professoren aber auch zwei Demoiselles teil. Dichter Schiller schrieb dazu ein Punschlied, das beim und zum Alkohol zu singen war:

Vier Elemente
Innig gesellt
Bilden das Leben,
Bauen die Welt.

Preßt der Zitrone
Saftigen Stern,
Herb ist des Lebens
Innerster Kern.

Jetzt mit des Zuckers
Linderndem Saft
Zähmet die herbe
Brennende Kraft.

Gießet des Wassers
Sprudelnden Schwall,
Wasser umfänget
Ruhig das All.

Tropfen des Geistes
Gießet hinein,
Leben dem Leben
Gibt er allein.

Eh es verdüftet
Schöpfet es schnell,
Nur wenn er glühet,
Labet der Quell.

Doch es kam auch zu gegenseitigen Krankenbesuchen, denn nun wurden beide dichtenden Hypochonder ernsthaft krank. Schiller setzte sich indes über seine Gebrechen, die ihn im Januar am Gehen derart hinderten, dass er Bett oder Sofa nicht verlassen konnte, hinweg. Die Krankheit unterbrach dieses Mal seine Arbeit an der Dichtung kaum. »Ich bin jetzt ziemlich in meinem Stück und weiß darum von der Welt wenig. Es ist von der Idee zur Erfüllung ein solcher Hiatus, daß man wie eine arme Seele im Fegefeuer leidet, bis man den Berg überstiegen hat«, schilderte Schiller Körner seine Arbeit und gegenüber Goethe: »In meiner jetzigen Ein- und Abgeschlossenheit erfahre ich nur an den immer kürzeren Tagesbogen, daß sich die Zeit bewegt. Durch den Mangel an aller Zerstreuung und durch ein vorsätzliches Beharren erhalte ich soviel, daß meine Arbeit wenigstens nicht still steht, obgleich meine ganze Physik leidet.« Die Krankheit störte Schiller nicht mehr, aber die Ankunft einer Frau schreckte ihn auf und durchbrach zeitweise sein »vorsätzliches Verharren« beim Tell.

Madame de Staël traf zusammen mit ihrem Lebensgefährten, dem Politiker und Dichter Benjamin de Constant, am 14. Dezember 1803 in Weimar ein und verwandelte die kleine Residenzstadt binnen kurzem in einen Ort von Welt. Die Tochter des ehemaligen französischen Finanzministers Jacques Necker, der durch die Revolution abgesetzt wurde, die sie indes lebhaft begrüßte, war bei Napoleon in Ungnade gefallen und in diesem Jahr 1803 durch den französischen Kaiser gezwungen worden, ins Exil zu gehen. Seitdem reiste sie durch Europa und propagierte eine kosmopolitische Literatur, die sich durch Sensibilität und Individualismus auszeichnen sollte, und hatte ein Jahr zuvor ihren auch in Deutschland überaus erfolgreichen Roman »Delphine« veröffentlicht, der autobiographisch gefärbt die Erlebnisse einer emanzipierten Frau erzählte. Dichtung solle die Wechselfälle der zugleich erregten und melancholischen Seele ausdrücken, war ihre Maxime. Erst einmal erregte die siebenunddreißigjährige Madame die Männer und Frauen Weimars, die an ihren Lippen und den französischen Worten hingen.

»Mein Stück nimmt mir den ganzen Kopf ein, und nun führt mir der Dämon noch die französische Philosophin hierher«, schrieb Schiller fasziniert und erschreckt zugleich an Körner, »die unter allen lebendigen Wesen, die mir noch vorgekommen, das beweglichste, streitfertigste und redseligste ist. Sie ist aber auch das gebildetste und geistreichste weibliche Wesen. Du kannst aber denken, wie eine solche ganz entgegengesetzte, auf dem Gipfel französischer Kultur stehende, aus einer ganzen anderen Welt zu uns hergeschleuderte Erscheinung mit unserem deutschen und vollends mit *meinem* Wesen kontrastieren muß.« Schiller war begeistert, bangte aber um sich, seine Contenance und um den »Tell«. »Die Poesie leitet sie mir ganz ab; und ich wundere mich, wie ich jetzt nur noch etwas machen kann.« Harte Stunden seien die Begegnungen für ihn, schloss er an Körner mit einem Seufzer.

»Ich fand ihn so bescheiden und sorglos in Bezug auf seinen Erfolg«, schrieb dagegen die aus Frankreich ›hergeschleuderte Erscheinung‹, »und so lebhaft bei der Verteidigung was er für Wahrheit hielt, daß ich ihm meine bewunderungsvolle Freundschaft widmete.« Dieser musste sich Schiller im Laufe des Winters indes auch erwehren, denn sonst wäre seine Dichtung vollends zum Stillstand gekommen. So aber konnte er Goethe im Februar mitteilen: »Ich bin nun dem Ziel meiner Arbeit nahe und muß mich vor allem, was mir die nötige letzte Stimmung rauben kann, sorgfältig hüten, besonders aber vor allen französischen Freunden«, und meinte damit Monsieur de Constant und Madame de Staël. »Ihr Verstand erhebt sich zu einem genialischen Vermögen«, drückte Schiller seine Bewunderung aus, aber: »Das einzige Lästige ist die ganz ungewöhnliche Fertigkeit ihrer Zunge, man muß sich ganz in ein Gehörorgan verwandeln, um ihr folgen zu können.«

Einladungen zu dem Paar, das seine Liaison Orageuse auch vor den neugierigen Weimaranern nicht versteckte, lehnte er häufig ab und konnte so den »Wilhelm Tell« Mitte Februar beenden, las den beiden dann zwei Akte des Schauspiels vor, bevor sie am Tag darauf in Begleitung von August Wilhelm Schlegel, auf den Madame ein begehrliches Auge geworfen hatte, Weimar in Richtung Berlin verließen, was nicht nur Schiller erleichterte. »Als wenn ich eine große Krankheit ausgestanden«, gestand er Goethe seine Erleichterung und Körner: »Die französische Dame, die hier in der besten Zeit meines Arbeitens auf dem Halse saß, habe ich tausendmal verwünscht.« Ganz Weimar konnte nun seine Ruhe wiederfinden und den üblichen Winterschlaf bis in den Sommer verlängern.

In ihrer Schrift »De l'Allemagne« wird Madame de Staël wenige Jahre später über ihren deutschen Freund Eloge über Eloge verfassen und die Schauspiele Schillers einer kritisch wohlwollenden Sicht unterziehen. »Schiller war ein Mensch von außergewöhnlichem Genie und großer Aufrichtigkeit. Das Bewußtsein war seine Muse«, exaltierte sie sich in dieser Schrift bis zum äußersten: »Schiller war ein guter Freund, ein guter Vater, ein guter Ehemann, kein innerer Wert fehlte diesem warmherzigen und friedliebenden Charakter, den nur das Talent entflammen konnte.« Madame de Staël kannte nur einen Schiller, den guten. Den unerträglichen, grummelnden Choleriker mit seiner unerbittlichen Rechthaberei, die Goethe häufig beklagte, hatte sie nicht wahrgenommen oder in ihrer Verklärungssucht nicht sehen wollen.

Kaum waren die beiden Franzosen fort, fanden die Leseproben des »Wilhelm Teil« im Haus Goethes statt, ohne Schiller, der krank war, aber auf dem Krankenbett schon an sein nächstes Schauspiel dachte, seine Dramenliste zu Rate zog und sich für den »Demetrius« entschied, den er noch vor der Premiere des »Tell« begann.

Am 17. März um 17.30 öffnet sich der Vorhang des Weimarer Hoftheaters und ein Felsenufer des Vierwaldstätter Sees wird sichtbar. Schiller sitzt in seiner Loge, mit ihm unter anderen auch Ernestine Voß, Frau des Altphilologen und Mutter eines Sohns, der bald Schillers Lebensweg begleiten sollte. Sie hören und sehen mit den anderen Zuschauern im voll besetzten Theater den Fischerknaben in seinem Kahn singen:

Es lächelt der See, er ladet zum Bade,
Der Knabe schlief ein am grünen Gestade,
Da hört er ein Klingen,
Wie Flöten so süß,
Wie Stimmen der Engel
Im Paradies.
Und wie er erwachet in seliger Lust,
Da spülen die Wasser ihm um die Brust,
Und es ruft aus den Tiefen:
Lieb Knabe, bist *mein*!
Ich locke den Schläfer,
Ich zieh ihn herein.

Das Publikum ist eingestimmt, es wird sich dem Schauspiel nicht entziehen können, Furcht und Schrecken sind angekündigt, und bald schon tritt Wilhelm Tell mit der Armbrust auf, ein Mann ruft um Hilfe und der edle Tell spricht jenen Satz, der bis heute eine Sentenz geblieben ist: »Der brave Mann denkt an sich selbst zuletzt,/ Vertrau auf Gott und rette den Bedrängten.« Fünf Stunden lang harren die Zuschauer aus, bis auf der Bühne alle den Helden Tell umringen: »Es lebe Tell! der Schütz und Erretter!«, ruft man. Bertha von Bruneck, die reiche Erbin, schließt sich an: »Landleute! Eidgenossen! Nehmt mich auf/ In euern Bund, die erste Glückliche,/ Die Schutz gefunden in der Freiheit

Land.«, und Rudenz, der Neffe des Bannerherrs, fügt hinzu: »Und frei erklär ich alle meine Knechte.« Musik setzt ein, der Vorhang fällt. Alle sind begeistert, Schiller erleichtert. Der Erfolg ist dieses Mal einhellig. Das Schauspiel der allgemeinen Freiheit hat alle bewegt. Schiller hat dem Theater ein volkstümliches Schauspiel gegeben, das nicht die hohen ästhetisch-formalen Ansprüche der »Braut von Messina« besitzt, das von allen verstanden und goutiert werden kann. Und er hat den Schweizern, obwohl er nie in der Schweiz war, ihr Nationalepos gegeben, das auch heute noch auf dem Rütli am Vierwaldstättersee gespielt wird.

»Der Tell hat auf dem Theater einen größeren Effect als meine andern Stücke, und die Vorstellung hat mir große Freude gemacht. Ich fühle, daß ich nach und nach des Theatralischen mächtig werde«, schrieb Schiller an den Dresdener Freund und hatte nur noch so viel Leben, um ein einziges Schauspiel zu schreiben, das er nicht würde beenden können.

Wilhelm Tell – ein Schauspiel

»Es war mir niemals in den Sinn gekommen«, hatte Schiller Körner schon im September 1802 mitgeteilt und meinte damit das Projekt des »Wilhelm Tell«. Bevor Schiller ernsthaft überhaupt daran gedacht hatte, ein Schauspiel über diesen Schweizer Freiheitshelden zu schreiben, ging schon das Gerücht in Deutschland herum, er schreibe es. Schiller war in Deutschland eine öffentliche Person geworden, und als solche löste er Gerüchte aus und man projizierte in ihn, was er vielleicht als Nächstes schreiben würde. »Du hast vielleicht schon im vorigen Jahr davon reden hören, daß ich einen Wilhelm Tell bearbeite, denn selbst vor meiner Dresdener Reise wurde deshalb aus Berlin und Hamburg bei mir nachgefragt«, teilte Schiller Körner weiterhin mit, »weil aber die Nachfrage nach diesem Stück immer wiederholt wurde, so wurde ich aufmerksam darauf«, und da er sich so sicher war, das Stück könne ein Erfolg werden, gab er dem öffentlichen Druck durchaus auch von ihm geschmeichelt nach. Er nannte jedoch den Plan, diese Schweizer Sage um den Volkshelden wider Willen auf das Theater zu bringen, »eine verteufelte Aufgabe«. Doch warum? Zum einen gab er die großen Erwartungen als Grund an, die das Publikum an die Darstellung der bekannten Sage stellt, zum anderen sah er die dramaturgischen Schwierigkeiten, »da die Handlung dem Ort und der Zeit nach ganz zerstreut auseinander liegt, da sie großteils eine Staatsaktion ist und (das Märchen mit dem Hut und Apfel ausgenommen) der Darstellung widerstrebt.« Doch er habe, so weiter an Körner, »soviel poetische Operation damit vorgenommen, daß sie aus dem Historischen heraus und ins Poetische eingetreten« sei. Doch warum hat sich Schiller schließlich diesen Mühen unterzogen, wo er doch die Zeit für sein Werk so begrenzt wusste? Ein Grund war sicherlich der mäßige Erfolg der »Braut von Messina«. Zwar nannte Schiller selbst dieses Schauspiel sein gelungenstes, da es in der theaterästhetischen Entwicklung bis dahin am weitesten gegangen war, aber er litt unter der Missachtung und der Kritik, die dem Werk entgegengebracht wurden und das selbst von Menschen, die ihm sehr wohl gesonnen waren. So setzte er nun auf den »Tell« und opferte ihm auf Zeit auch seine ästhetischen Prinzipien und verließ die Spur, die er selbst gelegt hatte. Ein Verrat, den ein jeder begeht. An sich. Auch ein Dichter, bei Gelegenheit.

Das Schauspiel führt in die Schweiz des 14. Jahrhunderts, als die Vögte des habsburgischen Kaisers die Bevölkerung schikanieren, durch Frondienst ausbeuten und unterdrücken. Der Landmann Konrad Baumgarten ist auf der Flucht, er hat einen Vogt erschlagen, weil der seine Frau zu vergewaltigen suchte. Wilhelm Tell, der brave Mann, der an sich selbst zuletzt denkt, rettet ihn, denn: »Wo's Not tut, läßt sich alles wagen.« Fürst, Stauffacher und Melchthal, der erfahren hat, dass sein Vater gefoltert wurde, ihm die Augen ausgestochen wurden, gründen einen Bund gegen die Tyrannen. Sie treffen sich mit Landleuten verschiedener Kantone auf dem Rütli, bilden einen Ring und tun den Schwur, die Vogte zu vertreiben und das Land von Oesterreich zu lösen. »Wir wollen frei sein wie die Väter waren,/ Eher den Tod, als in der Knechtschaft leben.« Sie begründen dabei ihr Handeln auf ein ewiges, ein göttliches Recht: »Wir wollen trauen auf den höchsten Gott/ und uns nicht fürchten vor der Macht der Menschen.«

Tell indes, der sich den Verschwörern nicht angeschlossen hat, lebt seine eigene kleine Revolte. Achtlos ist er an dem von Landvogt Geßler ausgestellten Hut vorübergegangen. Der hatte befohlen, dass dieser wie er selbst mit gebeugtem Knie und barhäuptig zu ehren sei. Als Strafe wird Tell auferlegt, seinem Sohn vom Kopf den Apfel zu schießen, den er auch trifft. Von Geßler befragt, was er getan hätte, hätte er seinen Sohn getroffen, gibt er an, dann hätte er ihn erschossen. Tell wird verhaftet. Doch er kann entfliehen.

»Durch diese hohle Gasse muß er kommen, / Es führt kein andrer Weg nach Küßnacht – Hier / Vollend ich's – Die Gelegenheit ist günstig.« Tell will sich für die Schmach rächen, Geßler mit der Armbrust einen Pfeil in den Körper jagen. In einem Selbstgespräch rechtfertigt er vorab seine Tat:

Ich lebte still und harmlos – das Geschoß
War auf des Waldes Tiere nur gerichtet,
Meine Gedanken waren rein von Mord –
Du hast aus meinem Frieden mich heraus
Geschreckt, in gärend Drachengift hast du
Die Milch der frommen Denkungsart mir verwandelt,
…

Auch Tell beruft sich auf Gott. »Es lebt ein Gott, zu strafen und zu rächen.« Und so handelt Tell. In einer Art Naturrecht wider den Tyrannen. Er erschießt Geßler und gibt damit ungewollt das Fanal zum Aufstand, der siegreich ist, und man feiert Tell als Helden der kleinen Revolution. Doch der steht beiseite und schweigt. Er hat nur getan, was er glaubte, sich und einem höheren Wesen schuldig zu sein.

»So steht der Tell ziemlich für sich in dem Stück, seine Sache ist eine Privatsache, und bleibt es, bis sie am Schluß mit der öffentlichen Sache zusammengreift«, erklärte Schiller Iffland das Grundmotiv seines Schauspiels. Der Held, der nicht Held sein wollte, ist durch den Lauf der Dinge als Held zu einem Opfer der Revolution geworden. Von nun an, und das deutet Schiller nur in Tells Schweigen an, wird sein Leben ein anderes sein, ein öffentliches, über Jahrhunderte hinweg. Nicht durch seine Tat hat er die naive Umschuld verloren, sondern durch die Tatsache, dass er als Held durch die Welt laufen muss.

Dieses Stück Volkstheater beglückte das Volk derartig, dass es binnen kurzem zu einem großen Erfolg an vielen deutschen Bühnen wurde und auch die Buchausgabe in hoher Auflage gedruckt wird. Schiller hatte diesen Erfolg gesucht und sicher auch genossen, aber er war auch vor ihm geflohen. Schon bevor der Tell in Weimar uraufgeführt wurde, wandte er sich einem neuen Drama zu, dem »Demetrius«. Mit ihm, das wusste er, würde er nicht wieder einen Verrat an sich selbst und an seinen ästhetischen Prinzipien begehen.

In die Welt?

Der Erfolg, den der »Tell« auch in Weimar hatte, konnte ihn dort aber nicht halten. Sein Unmut über die persönliche Situation wie über die geistige Weimars und des nahen Jena war gewachsen. Die dortige Universität blutete allmählich aus, denn ein Professor nach dem anderen verließ die Stadt. Maßvoll ironisch hatte Schiller Wilhelm von Wolzogen schon ein Jahr zuvor mitgeteilt: »Indem das neue Schloß in Weimar bezogen worden ist und hier ein neues Leben beginnt, droht die alte Universität in Jena über den Haufen zu fallen.« Später schrieb er: »Leider geht es mit unserer Akademie jetzt auf die Neige … Vielleicht war Jena, wie es vor 6, 8, Jahren noch war, die letzte lebendige Erscheinung ihrer Art, auf Jahrhunderte.« Schon zuvor war ihm es zuwider gewesen, dass Jena zu einer Hochburg jener neuen Dichter und Denker geworden war, die man später die Romantiker nannte. »Es ist ein so ein kläglicher Zustand in der ganzen Poesie, daß alle Liebe und Glaube dazu gehört, um noch an ein Weiterstreben zu denken und auf bessere Zeiten zu hoffen. Die Schlegel- und Tiecksche Schule erscheint immer hohler und fratzenhafter … An ein Zusammenhalten zu einem guten Zweck ist nicht zu denken, jeder steht für sich und muß sich seiner Haut wie im Naturzustande erwehren«, schrieb er an Humboldt und endete mit jenem Fazit: »Oft treibt es mich in der Welt nach einem anderen Wohnort und Wirkungskreis umzusehen.« Schiller fühlte sich plötzlich fremd in Weimar und Jena. Wilhelm von Wolzogen, lieber Alter nannte er ihn in diesem Brief, vertraute er an: »Auch ich verliere hier zuweilen die Geduld, es gefällt mir mit jedem Tage schlechter, und ich bin nicht willens in Weimar zu sterben.« Wolzogen hielt sich in diplomatischer Mission seit einiger Zeit in Petersburg auf, hatte keine Nachrichten mehr von seiner Frau, fragte Schiller, wo sie geblieben sei. Auch sie war im Juli des Vorjahres aus Weimar geflohen. Caroline lebte in Dresden ein eigenständiges Leben und hinterließ in Schillers Weimarer Leben ein Vakuum. »Es ist überall besser als hier«, schrieb Schiller weiter an Wolzogen. Einen Monat später war er plötzlich aus Weimar verschwunden. Er hatte mit Lotte und seinen beiden Söhnen eine Kutsche bestiegen und Weimar ohne großes Aufheben verlassen. Ziel war die Königsstadt Berlin.

Einmal Berlin – hin und zurück

Überstürzt war er in Weimar aufgebrochen, doch dann hatte sich Friedrich Schiller Zeit gelassen, nach Berlin zu kommen. Am ersten Abend der fluchtartigen Absetzbewegung erreichte er Weißenfels, wo die Familie ein Nachtquartier bezog. Am nächsten Mittag fuhr die Kutsche in Leipzig ein. Es war Buchmessenzeit, und so konnte Schiller seine Verleger treffen, Johann Friedrich Cotta aus Tübingen, Georg Joachim Göschen und Siegfried Lebrecht Crusius aus Leipzig selbst. Letzterer plante eine Prachtausgabe der Gedichte Schillers, wozu ihm der Dichter wenige Tage zuvor geschrieben, wie er auch an Göschen einen Brief adressiert hatte, ohne indes anzudeuten, dass er binnen kurzem in Leipzig eintreffen werde.

War Schiller nun wirklich so überstürzt aus Weimar weggefahren, wie er immer vorgab, oder wollte er seine Reise nur möglichst lange geheim halten? Auf jeden Fall verhandelte er nun in Leipzig mit den Verlegern seine Geschäfte. Hatte er geplant von dort weiter nach Berlin zu reisen, oder war es nun ein plötzlicher Einfall, einfach Richtung Berlin weiterzureisen, wie er es selbst dargestellt hat? Wir wissen es nicht genau, auch wenn er später an Körner schreiben sollte: »Es war ein Einfall, der ebenso schnell ausgeführt wurde, wie er entstand; auch hießen die Umstände meiner Frau mich eilen«, denn Charlotte war wieder schwanger, im siebten Monat schon.

Berlin war bis dahin in Schillers Leben eine Chimäre gewesen, ein Lustgemälde, das er immer hervorholte, wenn er einen Ausweg aus seiner Lage suchte oder eine Ausflucht. Schon in Bauerbach hatte er angedeutet, nach Berlin zu gehen, aber nur, um seine Spuren zu verwischen. Eines Tages hatte er vorgehabt, nach Norden zu fahren, das Meer zu sehen, nach Bad Doberan wollte er, um Ferien zu machen, und auf dem Rückweg wollte er Berlin streifen. Aber er hatte die Reise abgesagt. Mehrfach hatte er sich gewünscht, in der großen Königsstadt zu reüssieren, in Preußens Metropole zum Mittelpunkt der Aufmerksamkeit zu werden, dort einen neuen Wirkungskreis erträumt. Nicht nur seine Kränklichkeit hinderte ihn daran, auch seine Unsicherheit und eine mangelnde Selbstsicherheit, aus der eine Scheu erwuchs, standen ihm im Weg. Dabei wären seine Chancen, in Berlin dauerhaft wirken zu können, nicht schlecht gewesen. Königin Luise war von seinem Werk begeistert und war eines Tages mit ihrem Mann, Friedrich Wilhelm III., der sich für Kunst und Theater jedoch nicht so erwärmen konnte, nach Weimar gekommen, um dort den »Wallenstein« zu sehen, und hatte sich den Dichter vorstellen lassen.

Das Berliner Nationaltheater am Gendarmenmarkt wurde seit 1796 von August Wilhelm Iffland geleitet, dem Freund aus Mannheimer Tagen, auf dessen Bühne Schillers Schauspiele mit enormem Erfolg gespielt wurden, so »Wallensteins Tod« seit 1799 in 201 Aufführungen, »Die Jungfrau von Orleans« seit drei Jahren in 336 Aufführungen, und selbst »Die Braut von Messina« ging schon 113-mal über die Bühne.

Schiller war ein Erfolgsautor in Berlin, und sowohl Iffland als auch sein Berliner Verleger Unger hatten mehrfach versucht, den Dichter nach Berlin zu locken. Bisher vergeblich.

Nun aber, nach zwei geschäftigen und vergnüglichen Tagen in Leipzig, da manche Erinnerungen aufgefrischt wurden, fährt Familie Schiller über Wittenberg, wo man unweit des Marktplatzes und im Schatten der Marienkirche nächtigt, weiter nach Potsdam. Erst um Mitternacht trifft man dort ein. Am Stadttor erkennt ein Wachtposten den berühmten Dichter und plaudert mit ihm über seine Gedichte. Am Morgen des 1. Mai 1804 nimmt man die Chaussee nach Berlin, quert die alte Holzbrücke über die Havel, erreicht bald das Berliner Stadttor, ist in der großen Königsstadt, fährt den Boulevard Unter den Linden hinunter zum Haus Nr. 23, wo die Familie im »Hotel de Russie« absteigt, dem besten Hotel am Platz.

Vierzehn turbulente Tage sollten beginnen. Schiller schickt ein Billett an Iffland: »Ich war nach Leipzig gereist in Geschäften, und dort fiel mir ein, daß ich Berlin um 10 Meilen näher gekommen bin. Die Versuchung war mir zu groß, und so entschloß ich mich, Knall und Fall, einen Sprung hierher zu tun. Da bin ich nun.« Iffland ist überrascht und hocherfreut. Auch ihm gibt er vor, die ganze Unternehmung entstamme einem spontanen Entschluss, verweist noch einmal auf die zu »eilfertig angestellte« Reise, fügt indes hinzu, was doch eine länger gehegte Absicht vermuten lässt. »Ich bedarf eines neuen, eines größeren Elements«, und ist schon in diesem Element. Noch an demselben Tag besucht er Christoph Wilhelm Hufeland, den er aus Jena und Weimar kennt und der inzwischen königlicher Leibarzt und Direktor der Charité ist und um die Ecke wohnt. Schnell spricht es sich herum, Schiller ist in Berlin. Am nächsten Tag folgt Besuch auf Besuch, bei Theaterdirektor Iffland, bei dem Komponisten Zelter und weiteren Bekannten aus früheren Tagen von Jena und Weimar. Abends besucht der Dichter eine Aufführung von Mozarts »Zauberflöte«. Am 3. Mai stattet er Karl Friedrich Zelter in der Singakademie, die da noch im Haus der Akademie der Wissenschaften beherbergt ist, einen Besuch ab, am Mittag darauf ist er bei Iffland in dessen Landhaus »Tranquillitas« im Tiergarten zum Essen eingeladen und sieht am Abend im Schauspielhaus seine »Braut von Messina«. Ein Triumph. Als Schiller in der Loge erscheint, wird er mit Huldigungen und nicht enden wollendem Jubel begrüßt. Tout Berlin weiß, der berühmte Dichter weilt in der Stadt. Der ist gerührt. Wiederum einen Tag später gibt Prinz Louis Ferdinand, der auch ein bedeutender Komponist ist und dessen Klavierquintett Schiller in einem Konzert gehört hat, ihm zu Ehren ein großes Essen. Der Prinz hat sich erkundigt, was der Dichter am liebsten isst und welchen Wein er trinkt, was ein anonym gebliebener Augenzeuge zu folgendem Bericht veranlasst: »Von seinem Lieblingswein – Montranchet, einem weißen Burgunder wurde ihm nun wacker zugetrunken, und mit schwerem Kopfe verließ der kränkelnde, an solche Üppigkeit nicht gewöhnte Dichter das überreiche Mahl. Am nächsten Morgen ist Iffland bei ihm und findet ihn, nach einer schlaflosen Nacht, sehr unwohl.«

Der Berliner Theaterdirektor löste ihn im Hotel aus und nahm ihn in seinem luxuriösen Stadthaus in der Friedrichstraße auf, wo Familie Schiller die weiteren Berliner Tage verbrachte. Am Abend des 6. Mai gab man dem Dichter zu Ehren und in seiner Gegenwart »Die Jungfrau von Orleans«, mit Henriette Meyer in der Titelrolle. Als er die Loge betrat, erhoben sich alle Zuschauer, um ihn zu würdigen, sodass auch er, obwohl krank, stehen bleiben musste, um die Huldigung entgegenzunehmen.

Die Aufführung jedoch gefiel Schiller nicht, da der Krönungszug im vierten Aufzug mit zweihundert Statisten so überaus prachtvoll war, dass er meinte, man habe den Zug und nicht die »Jungfrau« gegeben. Zu der Schauspielerin Friederike Unzelmann soll er gesagt haben: »Man muß dem äußeren Auge nie soviel bieten, wenn man der inneren Anschauung bedarf.«

Fünf Tage war Schiller nun krank. Das Berliner Leben hatte ihn erschöpft, das Fieber war zurückgekehrt, sodass er das Bett hüten musste und erst am 11. Mai wieder das Theater besuchte, Glucks Oper »Iphigenie auf Tauris« sah. Am Tag darauf wurde die zweite Aufführung der »Jungfrau« erneut zu einem Triumph, wie auch »Wallensteins

Tod« zwei Tage später mit Iffland in der Titelrolle. Schiller genoss die ›Schiller-Festspiele‹, die Iffland ihm zu Ehren durchführte und die seinen Ruhm mehrten.

Johann Gottfried Schadow, der Berliner Hofbildhauer, der die Quadriga auf dem Brandenburger Tor geschaffen hatte, durch das Schiller in Berlin eingefahren war, zeichnete den Dichter in Kreide. Man sieht einen für sein Alter von 44 Jahren alten Mann, der alles von seiner entschlossenen, lange bewahrten jugendlichen Haltung eingebüßt hat. Doch Schiller raffte sich wieder auf, überwand die Krankheit, wollte so viel wie möglich von der Stadt und ihren Möglichkeiten erkunden, und am 15. Berliner Tag besuchte er Henriette Herz. Diese portugiesische Schönheit hatte einen Berliner Arzt geheiratet und führte nun einen literarischen Salon, wo die geistige Elite der Stadt verkehrte. Mit Wilhelm von Humboldt und seiner Frau Karoline hatte sie einen jener Tugendbünde gelebt, die einige Jahr zuvor in Mode waren. Sie beschrieb Schiller so: »Er war von hohem Wuchse, das Profil des oberen Teils des Gesichtes war sehr edel. Aber seine bleiche Farbe und das rötliche Haar störten einigermaßen den Eindruck. Belebten sich jedoch im Laufe der Unterhaltung seine Züge, überflog ein leichtes Rot seine Wangen, erhöhte sich der Glanz seines blauen Auges.« Doch ihre Neugier konnte sie nicht befriedigen: »Zu meinem Erstaunen stellte er sich in seiner Unterhaltung als sehr lebenskluger Mann dar, der namentlich höchst vorsichtig in seinem Äußerungen über Personen war, wenn er irgend glauben durfte, Anstoß zu erregen.« Doch seine Vorsicht nutze nicht viel, denn seine Frau Charlotte war den »fein gesponnenen Fragen« der Henriette Herz nicht gewachsen und sie plauderte aus, was er nicht sagen wollte. Eine andere Frau, die in Schillers Leben eine so wichtige Rolle gespielt hatte, suchte er nicht auf, Charlotte von Kalb. Sie lebte seit kurzem in Berlin, nicht weit von Schillers Domizil bei Iffland entfernt, am Hackeschen Markt, gegenüber von Johann Gottlieb Fichte, mit dem sie häufig Abende verbrachte.

Am Morgen des 13. Mai verlassen Schiller und seine Frau das Haus Ifflands in der Friedrichstraße, biegen Unter den Linden ein und sehen bald das königliche Stadtschloss vor sich. Es kommt zur entscheidenden Begegnung von Berlin. Schiller ist mit seiner Frau zu einer Audienz bei Königin Luise eingeladen, die seit sieben Jahren neben Friedrich Wilhelm III. auf dem preußischen Thron sitzt. Sie ist eine junge anziehende Schönheit, deren Charme sich kaum einer entziehen kann. Sie begeistert sich für Kunst und Literatur, hat zusammen mit ihrer Hofdame Karoline Friederike von Berg, die auch Goethe gut kennt, viel von

Schiller gelesen. Königin Luise begeistert sich vor allem für die Frauen-
figuren in seinen Schauspielen, besonders für Maria Stuart. Schiller hat
auf diese Begegnung gehofft, und vielleicht war das der verschwiegene
Grund seiner gar nicht so plötzlich-spontanen Reise nach Berlin. Er
suchte ja nicht nur einen größeren Lebens- und Wirkungskreis für die
weiteren Jahre, er suchte für seine Frau und seine Kinder für die Zeit
nach seinem baldigen Tod, den er in etwa sechs Jahren erwartete, eine
gesicherte Zukunft. Denn was er in Weimar als Gehalt erhielt, reichte
zusammen mit den Einkünften aus den Büchern und den Tantiemen
der Theateraufführungen allerorten gerade für das alltägliche Leben,
erlaubte jedoch nicht, eine Rücklage für die Zukunft seiner Kinder zu
bilden, um die sich der kranke Schiller sorgte. Das wusste er, denn er
hatte die Einnahmen, die er bis zum Jahr 1809 erwartete, genau aufge-
listet. War die Reise nach Berlin ein strategisches Spiel, um auszuloten,
ob seine Situation sich dort verbessern könne? Und er hatte richtig kal-
kuliert.

»In meinem Schiller habe ich immer und immer wieder gelesen.
Warum musste er sterben?«, wird sich die Königin später in ihren Auf-
zeichnungen fragen. Nun also sitzt das Ehepaar Schiller der jungen
Königin, sie ist siebenundzwanzig Jahre alt, gegenüber. Man spricht ü-
ber die Kunst, über das Theater, die Königin kennt sein Werk, das
merkt Schiller schnell und ist von ihr angetan. Sie hat große Augen,
einen lebhaften, bisweilen melancholischen Blick, die einstige mecklen-
burgische Prinzessin, die nur eine bescheidene Bildung genossen hat,
deren warmherzige Neugier sich aber allem zuwendet. Sie liebt die
Künste und sie liebt die Künstler, die sie ihrerseits umschwärmen und
verehren. Man spricht über Schillers Situation in Weimar, seine
Zukunft. Die Idee reift, in ihm, in ihr? Schiller will, Schiller soll nach
Berlin kommen.

In den Tagen nach dieser Audienz äußert Schiller gegenüber dem
Sekretär des Schauspielhauses, Michael Rudolf Pauly, der das Iffland
mitteilt, den Wunsch, für einige Jahre nach Berlin überzusiedeln. Das
wird dem königlichen Kabinettsrat Karl Friedrich Beyme zugetragen.
Am Morgen des 17. Mai verlässt Familie Schiller Berlin Richtung Potsdam. In Schloss Sanssouci erwartet das Königspaar sie zu einem Frühstück. Man plaudert. Schillers Kinder spielen derweil mit den Königs-
kindern im Schlosspark. Dann verhandelt Schiller mit Beyme und stellt
Forderungen, die über alles hinausgehen, was er sich bisher zu fordern
getraut hat: eine Pension von 3.000 Talern und wegen seiner angegriffe-
nen Gesundheit eine Hof-Equipage, um sich in der großen Stadt Berlin

bewegen zu können. Man akzeptiert. Doch Schiller bittet sich Bedenk-
zeit aus, gibt als Grund an, er müsse sich erst mit Herzog Carl August
von Weimar-Eisenach, und zwar »mit der erforderlichen Zartheit«, wie
Beyme rapportieren wird, bereden, um von Weimar weggehen zu können.

Tags drauf fährt die Familie über Wittenberg, Leipzig und Naumburg zügig nach Weimar zurück. Als Charlotte von Schiller die ersten
Hügel vor Weimar sieht, weint sie fast, wie sie Fritz von Stein in einem
Brief eingestehen wird. »Ich wollte und durfte nicht nein sagen,
denn ich wollte Schiller seine ganze Freiheit lassen, und nichts für mich
selber wünschen, da es die Existenz meiner Familie betraf, aber
ich wäre recht unglücklich in Berlin. Die Natur dort hätte mich zur
Verzweiflung gebracht.« Sie wird nicht nein sagen müssen, denn
Friedrich von Schiller selbst wird nein zu Berlin sagen und in Weimar
bleiben.

Weg in den Nachruhm

Als Schiller am 21. Mai 1804 aus Berlin zurück in Weimar war, konnte
er nicht nur auf ereignisreiche Tage zurückblicken. Sie hätten ihm,
wenn er nur gewollt hätte, den erwünschten neuen Horizont eröffnen
können. Sein Nachruhm war schon zu Lebzeiten in der preußischen
Metropole begründet worden, durch die Huldigungen, die ihm gezollt
wurden, durch den Reigen der Aufführungen seiner Schauspiele am
Berliner Theater. Schillers Nachruhm wird immens sein im Deutschland des 19. Jahrhunderts. »Warum mußte er sterben?«, wird Königin
Luise fragen, deren Leben auch schon im Alter von 34 Jahren beendet
sein wird. Diesen Jammer wird sie mit vielen Menschen teilen, als die
Kunde von des Dichters Tod sich im Mai 1805 verbreitet wird, und dieses Mal wird die Nachricht über den schon mehrfach Totgesagten stimmen.

Binnen kurzem wird Schiller zum Dichter der Nation, die zu seinen
Lebzeiten als Staat noch gar nicht existierte. Die napoleonischen Feld-
züge, die Plünderung Weimars durch die französischen Truppen, die
Niederlage der Deutschen wie ihre Befreiungskriege, Krieg und Frieden also, und die darauf folgende patriotische Stimmung hat Schiller
nicht mehr erlebt. Kurz zuvor war er gestorben.

»Denn er war unser.« Goethe wird Schiller in seinem »Epilog zu
Schillers Glocke«, der drei Monate nach des Dichters Tod in Bad Lauch-

städt gesprochen wird, mit diesen Worten vereinnahmen und damit das Startzeichen für seine dauerhafte Verehrung geben. In der letzten Strophe des Epilogs ist zu lesen:

Er hatte früh das strenge Wort gelesen,
Dem Leiden war er, war dem Tod vertraut.
So schied er nun, wie er so oft genesen.
Nun schreckt uns das, wofür uns längst gegraut.
Doch jetzt empfindet sein verklärtes Wesen
Nur einen Wunsch, wenn es hernieder schaut.
O möge doch den heilgen, letzten Willen
Das Vaterland vernehmen und erfüllen.

Das Vaterland wird vernehmen und erfüllen, im Guten und im Schlechten. Noch zu Goethes Lebzeiten werden die Gebeine Schillers wieder ausgegraben, und man fügt im Jahr 1826 an Knochen zusammen, was nicht unbedingt zusammengehört, damit man ein Skelett besitzt, legt erst einmal den Schädel Schillers beiseite, den sich Goethe sichert, ihn auf seinen Schreibtisch postiert, ihn ungern nur wieder herausgibt, damit man Schiller schließlich würdig begraben kann, im licht- und luftklammen Keller der Weimarer Fürstengruft, an dessen Seite 1832 auch Goethe nach seinem Tod zu liegen kommt.

Goethe hatte nach Schillers Tod den Dichter verklärt, nachdem er ihn zu Lebzeiten, wie Thomas Mann meinte, »mit Zwischengefühlen kopfschüttelnder Abneigung geliebt hat.« Für Goethe war der tote Schiller der bessere Schiller. Hat er überhaupt erst nach seinem Tod wirklich begriffen, wen er verloren hatte, die »andere Hälfte seines Daseins« nämlich? In der Abwesenheit des Gefährten? Kann Nachruhm einen Dichter in seiner Eigenheit durch Verklärung auch töten? So wie Goethe durch ein Gedicht, das später »Schillers Reliquien« betitelt wurde? Da er bei der Betrachtung des Schiller'schen Schädels in diesem eine »gottgedachte Spur« entdeckt und damit den Dichter aus der Reichweite des Menschen in eine höhere unerreichbare Sphäre schickt und ihn zur Verklärung freigibt?

Schiller sollte in Deutschland schon bald weitaus populärer als Goethe werden. Seine Balladen, das Lied an die Freude und das an die Glocke wurden Allgemeingut. Fast ein jeder konnte sie auswendig dahersagen, und sein Werk wurde zu einem Steinbruch für Zitate und Lebensweisheiten. Ja, er wurde so populär, dass man, so besagt die Anekdote, gar nach Schiller kochte, nämlich nicht in Minuten, sondern die Garzeit eines Eis nach den Strophen seines Lieds an die Glocke berechnete.

Goethe indes war vor allem dem gebildeten Bürgertum vorbehalten, seine Lyrik galt als sentimental, persönlich, weiblich, versponnen gar und als gar nicht patriotisch. Sein Gedichtzyklus »West-Östlicher Divan« war nahezu unverkäuflich, seine Schauspiele wurden weitaus seltener gespielt als die Schillers.

Nach den Freiheitskriegen, als eine nationale Welle durch Deutschland rollte, bedienten sich auch viele Patrioten bei Schiller und suchten in den Gedichten, Balladen und Schauspielen nach Stellen, die sie für ihre nationalstaatlichen Ideen nutzen könnten. »Wir wollen sein ein einzig Volk von Brüdern, in keiner Not uns trennen und Gefahr.« Der Rütli-Schwur der Schweizer aus dem »Wilhelm Tell« wurde nun als deutschnationaler Schwur nachvollzogen. Als man 1839 das Schillerdenkmal in Stuttgart einweihte, wurde das schon als quasireligiös-nationales Fest begangen, und man verstand die Schillerdenkmale, die überall aufgestellt wurden, als Wallfahrtsorte für Patrioten. Im Jahr der zaghaften Revolution und der Tagung der Nationalversammlung in der Frankfurter Paulskirche 1848 wurde Schiller zu Deutschlands Heros, überall wurde er zum Gewährsmann für nationale Träume erkoren. Zum hundertsten Geburtstag Schillers 1859 zogen die Menschen tagelang durch Deutschlands Städte, um ihn zu ehren, und der Schriftsteller Wilhelm Raabe dichtete dem Dichter zu:

Um einen Führer scharen sich die Stämme,
Die Schranken fallen, zerbrochen sind die Dämme,
Der Franken Herz, das Herz der Schwaben, Baiern, Sachsen
Zum Herz des Vaterlands in ihm zusammenwachsen.

Aber was hatte Schiller dafür getan, dass er gut 50 Jahre nach seinem Tod zum Führer aller Deutschen wurde? Kaum etwas. Zwar hatte er bisweilen seine »Deutschheit« betont, sie aber mit allen Vor- und Nachteilen gegenüber anderen Völkern, auch gegenüber den Franzosen, bewertet. »Der Deutsche prüft und untersucht mit strengem Ernst jedes Fremde und das Bessere steht am Ende immer oben«, stellt er fordernd fest. In dem Entwurf zu dem Gedicht »Deutsche Größe«, das er nie zu Ende gedichtet hat, heißt es von dieser: »Sie ist eine sittliche Größe, sie wohnt in der Kultur, im Charakter der Nation, der von ihren politischen Schicksalen unabhängig ist«, und weiter, »alles was schätzbar bei anderen Zeiten und Völkern auf-kam … hat er aufbewahrt, es ist ihm unverloren, die Schätze von Jahrhunderten.« Das zeigt: Als politischer Vordenker oder Führer der »deutschen Stämme« war Schiller nicht zu gebrauchen, war er doch ein eher unpolitischer Dichter, der in keiner Revolution welcher Art auch immer Heil sah, sondern Größe, auch Deutsche, nur als etwas rein Geistiges verstand und glaubte, dass nur der Mensch, aber nicht wirklich die Welt zu verändern sei. Und doch missbrauchte man ihn.

Als Deutschland schließlich ein einig Vaterland war und Kaiser Wilhelm I. das Reich ins imperiale Zeitalter führte, war Schiller einer der beliebtesten Nationaldichter. Auch im Ersten Weltkrieg musste er als Gewährsmann für die Gewehre und Kanonen, die auf andere Völker gerichtet wurden, herhalten. Doch als der Krieg für Deutschland verloren schien, bastelte man nicht nur an der Dolchstoßlegende, sondern auch an der, Goethe habe Schiller umbringen lassen. Mathilde von Kemnitz-Ludendorff erneuerte in ihrem Buch »Der ungesühnte Frevel« alte Vorwürfe »eine Kombination von Jude, Jesuit und Freimauerer«, nämlich Angehörige des Illuminatenordens, hätte Schiller vergiftet, und Goethe habe die Rolle eines Mitwissers, wenn nicht gar eines Mittäters gespielt. Man führte dazu auch als Beleg an, dass Schiller heimlich um Mitternacht, die Zeit-angabe stimmte, im Kassengewölbe der Friedhofskirche am Rande Weimars im Sarg abgelegt worden sei. Zudem vergaß man nicht zu erwähnen, dass Goethe sich Tage vor Schillers Tod nicht um ihn gekümmert habe und Tage danach verdächtigerweise auch nicht. Indes vergaß man, dass am Tage nach dem Tod eine Obduktion stattgefunden hatte, die ergab, dass der Körper Schillers von innen her völlig zerstört war und man sich allseits wunderte, dass er überhaupt so lange habe leben können. Das Sektionsprotokoll vermerkte, eine Rippenfellvereiterung mit Durchbruch des Zwerchfells, Darmverengung bis zum Darmverschluss infolge von Bauchfellverwachsungen, akute Bronchopneumonien, eitrige Bronchitis, Herzmuskelentartung, Nierenentzündung. Lebendig war Schiller eigentlich schon lange tot. Doch die Legende seiner Ermordung durch Freimaurer hielt sich weiter hartnäckig und wurde noch 1936 bestätigt durch die Tatsache, dass ein Buch, das diese Legende widerlegte, nach fünf Tagen beschlagnahmt wurde.

Doch nicht nur selbst ernannte Patrioten und Monarchisten bedienten sich vor 1918 Schillers. Als das Kaiserreich schließlich zusammengebrochen war, fand der expressionistische Schrei der getäuschten Generation Stimme in ihm gegen die bisherige Ordnung der Welt, gegen die Despotie der Väter und Herrscher. Die Räte und Rebellen feierten die »Räuber« als ihr Revolutionsdrama, was die 20er Jahre hindurchwirkte bis zu jener legendären Aufführung von 1926, in der Erwin Piscator Spiegelberg und Karl Moor zu Welt- und Menschenrevolutionären machte.

Doch wie sollen sich tote Dichter und Philosophen des Gebrauchs und Missbrauchs ihrer Person und ihres Werks erwehren?

Wenige Jahre später wird Joseph Goebbels Schiller seinen »Ahnen« nennen und schreiben: »Schiller mögen wir nachfolgen, denn er ist der titanische Kämpfer gegen die Materie, der Geist der Auferstehung aus Unflat«, und bei einem Besuch des Weimarer Schillerhauses stellte er fest: »Da hängt ein Bild von Schiller. Ich meine eine Ähnlichkeit im Schnitt mit mir feststellen zu können.« Da soll der Geist Schillers mit seinem Geist in einer Verschmelzungsphantasie zum nationalsozialistischen Ideal verbunden werden, sodass Goebbels seinem Gefolge zurufen kann: »Ihr frischen Jungs. Ich grüße euch von unserem großen Ahnen Schiller.« Der Dichter ist zum »Kampfgenossen« geworden, und das Schillerfest 1935 in Stuttgart erklärt: »Er ist uns Deutschen nicht zum ästhetischen Genuss geschenkt worden, sondern als oberster Befehlshaber«, und er wurde zum meistgespielten Bühnenautor der Jahre. Das konnte indes auch mit Schwierigkeiten verbunden sein, wenn Marquis Posa im »Don Carlos« Gedankenfreiheit forderte und minutenlanger Beifall aufbrandete, einmal in Gegenwart Goebbels', und man deswegen gar den Vorhang über dem Drama schließen musste. So konnte Missbrauch der Dichter auch bestraft werden.

Und heute? Ist Schiller weiterhin unser? Oder ist Schiller endlich seiner? Ohne jegliche Vereinnahmung? Zwar wird bei jedweder festlichen und menschelnden Gelegenheit, von den Olympischen Spielen über nationale Gedenktage bis zu Silvesterkonzerten, Schillers Ode an die Freude in Beethovens Vertonung der Neunten Sinfonie gesungen, aber der Dichter der Verse selbst wird dabei – glücklicherweise, möchte man sagen – kaum beachtet. In der deutschen Bühnenstatistik nehmen die Aufführungen seiner Werke immer noch einen vorderen Platz ein, vor allem »Kabale und Liebe« und die »Räuber«, die Gedichte und Balladen haben indes an Bekanntheit und Beliebtheit eingebüßt.

Als 1955 mit des Dichters 150. Todestag das Schillerjahr ausgerufen wurde, herrschte noch eine Ratlosigkeit darob, wie man nach den Jahren zuvor mit dem Dichter umgehen sollte. Auch Thomas Mann redete sich da eher heraus, sprach von Schillers unlyrischem Leben, von der ungleichen Freundschaft mit Goethe, sprach sich knapp gegen das Unzeitgemäße Schillers aus, wusste aber nicht zu sagen, worin das

Zeitgemäße liegen könnte, nur dass er »unserer kranken Zeit zum See-
lenarzt werden könnte.« Was also war Schiller für die Nachkriegszeit?
Als Friedrich Dürrenmatt vier Jahre später den Schiller-Preis erhielt,
wusste auch er keine wirkliche Antwort auf die Frage, was Schiller ihm
sei, doch fremd war er ihm. Er wunderte sich über seine hollywoodna-
he Bühnenwirksamkeit, was den Monumentalismus, das Sentiment
und die ausgeklügelte instinktsichere Machart seiner rhetorischen
Schauspiele betraf. Und er wunderte sich über seine Popularität,
obwohl er doch »der schwierigste, der unzugänglichste, der wider-
sprüchliche der Dramatiker« sei und für das Theater eigentlich ein Verhängnis, erkannte dann aber als Resümee: »In Schiller ist die große
Nüchternheit spürbar, die wir heute dem Staate gegenüber nötig
haben, dessen Neigung total zu werden, immanent geworden ist.« Er
lehre, nur zwischen »den Schwungrädern« des Staats könne der
schmale Weg der Freiheit gefunden werden, und so verwandle sich
Schiller »in unser Gewissen, das uns nie in Ruhe lässt.«

Christa Wolf liest in Schiller, als sie 1983 den Schiller-Preis erhielt,
nachdem sie sich an die Langeweile erinnert, als der Dichter ihnen
während der nationalsozialistischen Schulzeit als der deutsche Dichter
präsentiert worden war, jenen, der sich in seiner Jugend in der Urfas-
sung der »Räuber« über »die verfluchte Ungleichheit in der Welt«
erregt habe. Zugleich aber erkennt sie »jenen Hauch von Zukunftsvor-
wegnahme, ohne die kein Stück überdauern würde«, so in einem Dialog der »Räuber«:

Karl Moor: Es fehlt doch an Pulver nicht?
Schweizer: Pulver genug, die Erde gegen den Mond zu sprengen!

Vor allem Schillers Schauspiele der Jugend, die »Räuber«, die besonders in Zeiten von Auf- und Umbruch Konjunktur haben, und »Kabale
und Liebe« als Anklage gegen versteinerte Verhältnisse, treffen immer
wieder den Nerv neuer Generationen über mehr als zweihundert Jahre
hinweg, sind und bleiben Säulen der Spielpläne deutscher Theater und
sichern Schiller jenen Nachruhm, der damals in Berlin begann.

Dreiundzwanzigstes Kapitel

Weimar – baldiger Tod

Schon zwei Wochen später entschied er sich. Schiller wollte in Weimar bleiben. Wenige Tage nach seiner Rückkunft am 21. Mai 1804 hatte er Körner den inneren Konflikt geschildert, in den ihn die Reise und das großzügige Angebot aus Berlin gebracht hatten. »Es ist dort eine große persönliche Freiheit und eine Ungezwungenheit im bürgerlichen Leben. Musik und Theater bieten mancherlei Genüsse an«, pries er die Königsstadt und glaubte auch, dort ergäben sich für seine Kinder bessere Zukunftsaussichten. »Auf der anderen Seite zerreiße ich ungern alte Verhältnisse, und in neue mich zu begeben schreckt meine Bequemlichkeit.« Da war im Grunde schon die Entscheidung getroffen, denn Schiller wusste, dass nicht nur die Bequemlichkeit, sondern damit verbunden auch seine angegriffene Physis an seiner Stelle die Entscheidung für Weimar treffen würden. Er erhoffte nur noch, dass der Herzog, wenn er ihm von dem Berliner Angebot berichte, seine Hofrats-Besoldung erhöhe, was dann auch geschah. Herzog Carl August gewährte ihm eine Verdopplung auf 800 Reichsthaler jährlich. Und Schiller blieb. »Hier in Weimar bin ich absolut frei, und im eigentlichen Sinne zu Hause«, hatte Schiller zuvor schon an Körner geschrieben.

Ein knappes Jahr hatte Schiller nun noch vom Leben und für sein Werk. Doch es war ein Jahr, das unablässig von seiner fortschreitenden Krankheit geprägt war. Sie fraß die knappe Zeit, die für die Dichtung noch blieb, auf und beherrschte so sehr Schillers Körper und Geist, dass neben die physische Schwäche auch zunehmende Mutlosigkeit trat. Selbst sein starker Wille kam nicht mehr gegen sie an, vermochte nicht mehr, sie zu überlisten.

Mitte Juli 1804 waren Friedrich von Schiller und seine Frau nach Jena gefahren, wohnten im Haus des Philosophieprofessors Immanuel Niethammer in der Leutragasse. Charlotte erwartete in wenigen Tagen ein Kind und wollte dazu in der Nähe des Arztes ihres Vertrauens, Johann Christian Stark, sein. Als dann die Geburt nahte, befiel Schiller eine so heftige Unterleibskolik, möglicherweise eine Darmverschlingung, sodass dieser Dr. Stark glaubte, ihn nicht länger als eine Stunde noch am Leben halten zu können. »Ich halte es nicht mehr aus, wenn es nur schon aus wäre«, soll Schiller gerufen haben. Doch er hielt es noch einmal aus, und sein Zustand besserte sich in den folgenden vier Tagen. Körper und Gemüt waren indes so stark angegriffen, dass er noch wochenlang geschwächt war. Am Tag nach dem Anfall war Schiller erneut Vater geworden, einer Tochter. Man kann schließen, dass seine Physis der psychischen Belastung durch die bevorstehende Geburt nicht mehr gewachsen war. Goethe berichtete er aus Jena: »Ich habe freilich einen harten Anfall ausgestanden, und es hätte leicht schlimm werden können ... Eine plötzliche Nervenschwächung in solch einer Jahrszeit ist in der Tat fast tötend, und ich spüre seit den acht Tagen, daß mein Übel sich gelegt, kaum einen Zuwachs von Kräften.« Schiller werden von nun an zwischen den Angriffen der Krankheit auf Körper und Gemüt nur noch wenige Tage Zwischenzeit bleiben, in denen er dem Leben noch etwas abzugewinnen sucht und seinem bisherigen Werk etwas hinzufügen kann. Die mentale Schwäche führte auch dazu, dass er sich wochenlang für keines der Projekte, die auf seiner Dramenliste standen, entscheiden konnte. Er dachte an ein Drama über Charlotte Corday, die Mörderin Marats, an ein Schauspiel über die Prinzessin von Celle, die an einen ungeliebten Prinzen und späteren englischen König verheiratet wurde, der sie durch Verhältnisse mit anderen Frauen demütigte, und deren inneren und äußeren Konflikt Schiller darstellen wollte. Das Projekt »Warbeck«, das die Geschichte eines Betrügers im immer während Kampf um den englischen Königsthron erzählte, besetzte schon seit Jahren Schillers Kopf. Dazu gesellte sich jetzt, auch durch die Lektüre Racines angeregt, die Idee der »Agrippina«, einer Tragödie über Inzest, Mord, Lust und Machtgier anhand der Geschichte der Mutter Neros, in der er »die reine Form des tragisch Furchtbaren« finden wollte. Ein Sujet, das der Franzose Jean Racine im »Britannicus« und der deutsche Barockdichter Daniel Casper Lohenstein schon in Bühnendichtung gebracht hatten. Erst als Schiller nach drei Monaten wieder ein wenig genesen war, drängte er sich zu einer Entscheidung: »Was ich eigentlich zunächst treiben werde«, schrieb er am 11. Oktober an Körner, »weiß ich selbst noch nicht, weil ich immer noch zwischen zwei Plänen unschlüssig schwanke, und einen um den anderen durchdenke«, und meinte den Warbeck- und den Demetriusstoff. Für ihn entschied er sich dann, den er aber erst am Ende des Winters entschlossen angehen wird. Denn bis dahin beherrschte Schiller die Krankheit so sehr, dass er an Cotta schreiben musste: »Meine ganze Tätigkeit stockt noch, leider habe ich die letzten sechs Wochen ganz aus meinem Leben verloren«, und geriet darüber in Panik, verfiel in Depression. »Besonders ist der Kopf angegriffen und das bißchen

Schreiben wird mir sauer«, fügte er an Körner hinzu. Aber seine Lebensfreude hatte Schiller nicht ganz verloren und gelegentlich blitzte sie für Stunden auf, die an ein früheres Leben erinnerten. In Johann Heinrich Voß dem Jüngeren, Sohn des berühmten Altphilologen und Homerübersetzers, hatte er einen jungen Freund gewonnen, der ihn bewunderte und verehrte. Voß war gerade Gymnasialprofessor in Weimar geworden und berichtete nun von einem Abend mit Schiller im November 1804 an Berliner Freunde:

»Heute vor drei Wochen war Maskerade ... da klopfte mir einer auf die Schulter; ich sah mich um und Schiller wars: ›bestellen Sie Champagner, und ich denke, wir suchen uns ein Plätzchen, wo es gemütlich ist.‹« Man setzte sich zu einer Gesellschaft mit dem Schauspieler und Regisseur Heinrich Becker, dem Hauslehrer von Goethes Sohn August, Friedrich Wilhelm Riemer und anderen: »Auf der Stelle war der Tisch mit neun Champagnerflaschen, rotem und weißem bepflanzt. Unterdessen war die Schillern es überdrüssig geworden, länger da zu bleiben. Sie schickte nacheinander drei Abgesandte an Schiller, um ihn zu bitten, sie nach Hause zu begleiten. Das aber stand dem Schiller gar nicht an; er sagte: ›Man will mich durchaus fort haben, aber man soll durchaus seinen Willen nicht haben.‹ Da haben wir zusammen gesessen bis gegen drei Uhr, um unseren Trinkkönig herum, den herrlichen Schiller.« Man trank auf ihn, berichtete Voß weiter, rief mehrere Vivat auf ihn, was Schiller in eine Hochstimmung versetzte. »Denke Dir, wir tranken unsre neun Flaschen richtig aus, schwelgten in Wonne ... Um drei Uhr gingen wir zu Hause, und ich war Schillers, oder, wenn du willst, er mein Führer, denn als die kalte Luft uns anblies, hatten wir beide einen nötig ... Vor seiner Haustüre nahmen wir den zärtlichsten Abschied. ›Leben Sie wohl‹, sagte der Spitz aus mir, ›mein unendlich teurer Herr Hofrat‹, und dabei haben wir uns wohl zwölfmal geküßt. Zugleich gestand ich ihm, daß ich einen kleinen Rausch hätte. ›Auch ich‹, gestand er dagegen, ›habe ein wenig viel getrunken.‹ Noch jedes Mal wenn ich Schiller spreche, erinnert er sich mit Freude an den Abend, der ihn ganz in seine Jugendjahre versetzt habe.«

Derartige Momente von Lebensfreude wie bei dem Maskenball waren Schiller rar und fremd geworden, natürlich vor allem wegen der Kränklichkeit, aber auch wegen der Lebensweise in der Obhut seiner Frau, die den kranken Dichter umsorgte und zugleich dafür sorgen wollte, dass er seine Kräfte nicht verausgabte. Dem Genuss folgte auch diesmal die Krankheit auf dem Fuße. Zwei Tage später meldete sich ein heftiger Katarrh, der nicht verschwinden wollte, sodass Schiller drei

Wochen später an Körner schreiben musste: »Ein heftiger Katarrh, den ich mir bei den letzten Festivitäten geholt, hat mich schon mehrere Wochen hart mitgenommen. Leider ist meine Gesundheit so hinfällig, daß ich jeden freien Lebensgenuß gleich mit wochenlangen Leidens büßen muß.« Leiden mit Folgen, denn: »Und so stockt denn auch meine Tätigkeit trotz meines besten Willens.«

Um welche Festivitäten aber ging es mitten im Herbst? Wilhelm von Wolzogen hatte in Russland nach langwierigen Sondierungen eine Zarentochter als Frau für den weimarischen Erbprinzen gefunden und die Bedingungen für die Heirat ausgehandelt. Am 9. November 1804 war das junge, gerade vermählte Paar, Maria Paulowna und Prinz Carl Friedrich, in Weimar eingetroffen. »Einen guten Engel«, nannte Schiller die Erbprinzessin, »liebenswürdig, verständig und gebildet«, von der er einen kostbaren Brillantring als Geschenk erhalten hatte, den er alsbald wieder versetzte, um seine Haushypotheken zu bezahlen. Er versprach sich von ihr »eine schöne Epoche für unser Weimar«, nannte sie in einem Brief an Körner »eine unschätzbare Acquisition«.

Auch das Theater sollte und wollte der russischen Prinzessin huldigen, was Theaterdirektor Goethe aber erst spät auffiel. Und da ihm selbst keine poetische Huldigung einfiel, setzte er Schiller zu, eine zu dichten. »Da Goethe seine Erfindungskraft umsonst anstrengte, so mußte ich mit der meinigen aushelfen.« »Huldigung an die Künste« nannte Schiller das Vorspiel, das Maria Paulowna ehren sollte. Es wurde im Theater am 12. November gegeben, bevor man Racines »Mithridate« spielte und ein Feuerwerk abbrannte. Die Frau von achtzehn Jahren aus dem fernen Russland soll ob der Verse Schillers zu Tränen gerührt gewesen sein.

Wisset, ein erhabner Sinn
Legt das Große in das Leben,
Und er sucht es nicht darin.

Schiller teilte teils erleichtert, teils betrübt ob des Alltags, der wieder eintrat, Körner mit: »Die Festivitäten sind nun zu Ende und wir treten allmählich in unser gewöhnliches Philisterleben zurück.«

Kurz vor dem Fest hatte eine Würzburger Zeitung Schillers Tod verfrüht gemeldet. »Ich lebe auch noch«, schrieb er Iffland, »wiewohl ich lange geschwiegen und die Zeitungen mich tot gemacht haben.« Im Dezember erhielt Schiller von seinem Verleger Cotta als Geschenk zur Genesung 40 Flaschen Portwein und 10 Flaschen Malaga, musste ihm vorerst aber mitteilen, dass er seinen »Kopf schlechterdings nicht zu einer Hauptarbeit brauchen kann«, will sagen zu keinem eigenen Drama. So musste er zu Nebenarbeit »Zuflucht nehmen« und übersetzte auf Wunsch des Herzogs Racines »Phädra« in reimlose Jamben, ohne dass er wie sonst am Schauspiel des fremden Dichters etwas änderte.

Zwei weitere Ereignisse trübten Schillers Gemüt. Im Dezember meldete man ihm den Tod eines alten Freunds aus Leipzig-Dresdner Tagen: »Hubers Tod hat mich betrübt, ja erschreckt.« Das Hinscheiden des fünf Jahre jüngeren Freunds, dem er sich indes entfremdet hatte, erinnerte Schiller nicht nur an gemeinsam verbrachte, anregende Stunden in einem Freundschaftsbund mit ihm, Körner und zwei jungen Frauen, sondern auch an die eigene Sterblichkeit, die ihm tagtäglich vor Augen stand. Mit Huber starb ein Teil von ihm selbst.

»Leider geht es uns allen schlecht«, schrieb Schiller zum anderen Mitte Januar an Goethe, der auch schwer erkrankt war. »Der ist noch am besten dran, der durch die Not gezwungen sich mit dem Kranksein nach und nach hat vertragen lernen.« Das hatte Schiller seit langem leidlich. »Bei mir hinkt es bald hier, bald dort«, antwortete Goethe im Dialog der Kranken, »und sind die Unbequemlichkeiten aus den Gedärmen ans Diaphragma, von da an in die Brust, ferner in den Hals und so weiter ins Auge gezogen, wo sie mir denn am allerunwillkommensten sind.« Einer Lungenentzündung waren entsetzliche Nierenkoliken gefolgt, die Goethe so heftig zusetzten, dass man um sein Leben fürchtete. Es dauerte einige Wochen bis seine Gesundheit wiederhergestellt war. Der junge Heinrich Voß durchwachte manche Nächte an den Krankenbetten Goethes und Schillers, eilte zeitweise zwischen dem Haus am Frauenplan und dem an der Esplanade hin und her, um mal dem einen Kranken, mal dem anderen Zuspruch zu geben. »Viel trug auch Goethes gefährliche Lage dazu bei, ihn aufs Krankenlager zu werfen. Ich fand ihn weinend an dem Tage, wo Goethe so elend war«, schrieb Voß über Schiller. Der eine Hypochonder sorgte sich nicht nur um den anderen Hypochonder, die jeweils eigene Krankheit schien aufgrund dieser Hypochondrie von der des anderen noch befördert zu werden. »Die folgenden Tage sah er blaß aus wie eine Leiche, er ging im Zimmer herum, aber seine Füße zitterten, und seine Stimme war matt wie sein (sonst so glühendes) Auge.« Mitte Februar wurde der Zustand Schillers wieder so ernst, dass er aufgrund der Fieberanfälle zeitweise in Ohnmacht fiel, Halluzinationen hatte. »Wenn er einmal aufstand«, so berichtete Krankenwächter Voß weiter, »griff ich ihm unter die Arme. Da sah er mich traurig an. ›Bin ich denn wirklich so matt?‹« Später sagte Schiller noch zu Voß, da ihn der Körper so plagte: »Die verwünschten Verstopfungen, sie rauben mir alle Jahre, zwei Trauerspiele, die ich ohne sie schreiben würde.«

In der Tat verhinderte die Mattigkeit, die die Krankheit hinterließ, nun doch die Tätigkeit, die ihn bis dahin immer wieder gesunden ließ. »Die harten Stöße, die ich nun in einem Zeitraum von sieben Monaten auszustehen gehabt, haben mich bis auf die Wurzeln erschüttert und ich werde Mühe haben, mich zu erholen«, schrieb er Mitte Februar 1805 an Goethe. »Besonders habe ich Mühe, eine gewisse Mutlosigkeit zu bekämpfen, die das schlimmste Übel in meinen Umständen ist.« Erst als das Eis brach und der Frühling sich allmählich ankündigte, kehrte nach und nach auch der Drang zur Dichtung zurück. »An den Demetrius werde ich nunmehr mit Ernst gehen, kann aber vor Ende des Sommers keine Hoffnung dazu machen, indem gar höllisch viel bei diesem Stück zu tun ist«, schrieb Schiller an Iffland und bald darauf an Goethe: »Jetzt aber bin ich im Zuge.« Doch der Sommer wird Schiller nicht mehr unter den Lebenden sehen.

Demetrius – letztes Drama. Unvollendet.

»Der Stoff ist historisch und so wie ich ihn nehme, hat er volle tragische Größe«, vertraute Schiller Körner vierzehn Tage vor seinem Tod an und meinte die Tragik des »Demetrius«. Die Geschichte des falschen Zaren war zuerst 1803 in der Dramenliste Schillers aufgetaucht, aber es hatte fast zwei Jahre gedauert, bis er sich ihr entschieden zuwandte. Im Oktober 1804 hatte er mit der Recherche zu diesem historisch verbürgten Stoff begonnen und ein Szenario entworfen. Wieder einmal stürzte sich Schiller nach der reinen Erfindung der »Braut von Messina« auf ein geschichtliches Ereignis, das ihn aber weniger als solches interessierte. Die Frage, wie gerät ein Mensch in das Räderwerk von Politik und Geschichte, die in sich ja eher sinnlos ist, und wie kommt er, wenn überhaupt, da wieder heraus, ist der Impuls für das Schauspiel.

Man hat Demetrius glauben gemacht, er sei der verschollene Sohn des Zaren. Nun tritt er vor dem Reichstag von Krakau auf, fordert die Zarenkrone, will gegen den, wie er meint, unrechtmäßigen Zaren Boris Godunow zu Felde ziehen. Mit diesem Reichstag beginnt Schillers Drama. Demetrius besiegt die Truppen des Boris Godunow, der Selbstmord begeht. Im Besitz der Zarenkrone nun, stellt sich ihm jener Mann entgegen, der ihn einst gerettet und ihm eingeflüstert hatte, er sei der Zarensohn, und den Schiller im Manuskript nur X nennt: »Ich gab dir was du nie hoffen durftest, was die dir Geburt nicht gibt. Du bist nicht Iwans Sohn. Die Geburt gibt dir kein Recht an der Krone.« Schiller notierte zu diesem tragischen Moment, in dem sich im vermeintlich höchsten Glück die absolute Verzweiflung in Demetrius einnistet: »Sein Stillschweigen ist furchtbar.«

Der falsche Zar forscht nun danach, wer noch von diesem Geheimnis wisse. Niemand. Und so stößt er den, der ihm die Wahrheit enthüllt hat, den letzten Mitwisser, X, nieder. Zu dem Toten lässt Schiller Demetrius sagen: »Du hast mir das Herz meines Lebens durchbohrt, du hast mir den Glauben an mich selbst entrissen … In einer Lüge bin ich befangen, zerfallen bin ich mit mir selbst.«

In diesem einen Satz liegt die ganze Tragödie des Demetrius. Und des Menschen überhaupt? Hat Schiller in dieser Figur am Anfang dieses 19. Jahrhunderts eine neue Sicht auf den Menschen gewonnen, eines Menschen, der nicht mehr durch Tugend und Schönheit die Wahrheit gewinnt, wie er es wenige Jahre vorher noch glaubte? Ist der Mensch sich selbst entfremdet? Ist er ein anderer, als der er glaubt zu sein? Ich ein anderer?

»Auf ewig von der Wahrheit geschieden«, erkennt Demetrius in diesem Moment, und zugleich, wie Schiller es nennt, seine »Nullität«. Er ist im Räderwerk von Zufall, Lüge, Bestimmung, Ehrgeiz, Eigenliebe und Verrat unentrinnbar verfangen. »Das aufgezogene Uhrwerk geht ohne sein Zutun«, notierte Schiller. Die kalte Einsamkeit des Siegers regiert ihn nun, es ist die Einsamkeit dessen, der Freunde verloren, Feinde beseitigt hat, eine Einsamkeit, die auch die englische Königin Elisabeth in »Maria Stuart« befallen hat, als sie nach allen vermeintlichen Siegen allein dasteht und nur Schatten um sie herum sind.

Schiller hätte mit dem »Demetrius« nicht nur seinem Werk das möglicherweise dramatischste und existentiellste Schauspiel hinzufügen können, in dem er in einer konkreten, politisch und historischen Situation einen Mann in den Mittelpunkt stellt, in dem sich nicht nur die Psyche eines Einzelnen zeigt, sondern auch das Gesicht kommender Jahrhunderte, in der der Mensch, sich selber entfremdet, zu einem Ungeheuer werden kann. »Vorwärts muß ich, und doch kann ichs nicht mehr durch eigene Überzeugung. Mord und Blut muß mich auf meinem Platz erhalten«, ließ Schiller Demetrius in den Fragmenten des Schauspiels folgern. Wie Komponisten in ihren unvollendeten Sinfonien eine Zukunft in Musik gesetzt haben, hat Schiller als Unvollendeter eine düstere Zukunft in Worte gefasst. Schon kurze Zeit nach der Unvollendung des Demetrius durch Schillers Tod zog ein Usurpator durch Europa mit Krieg und Schrecken, auch durch Weimar. Napoleons Siege und seine schließliche Niederlage würden dem Kontinent eine neue Ordnung und ein anderes Gesicht geben, als Schiller es gekannt, aber doch vielleicht erahnt hat.

Noch ein wenig Leben

Mitten in der Arbeit zum Demetrius schrieb Schiller am 25. April 1805 an seinen Freund Körner nicht ahnend, dass es der Abschiedsbrief sein würde: »Die bessere Jahreszeit läßt sich endlich auch bei uns fühlen und bringt wieder Mut und Stimmung. Aber ich werde Mühe haben, die harten Stöße zu verwinden und ich fürchte, daß doch etwas davon zurückbleibt. Die Natur hilft sich zwischen vierzig und fünfzig nicht mehr als im dreißigsten Jahr. Indessen will ich mich ganz zufrieden geben, wenn mir nur Leben und leidliche Gesundheit bis zum 50. Jahr aushält.« Da blieben Schiller vom Leben noch genau vierzehn Tage. Er klammerte sich an sie, wollte sie nutzen, um sein Drama »Demetrius« zu vollenden.

Am 1. Mai kommt es zu einer letzten, indes flüchtigen Begegnung mit Goethe. Schiller fühlt sich gesund wie lange nicht mehr. Keine Schmerzen mehr wie sonst, die er unablässig auf der linken Körperseite verspürt hat. Und so beschließt er in das Theater zu gehen, das zu seiner Bühne, ja zur Heimat geworden ist. Man gibt »Die unglückliche Ehe aus Delikatesse«, ein Konversationsstück von Friedrich Ludwig Schröder. Als Begleitung wählt er Caroline von Wolzogen, seine vielleicht größte Liebe im kurzen Leben. Auf dem Weg zum Theater begegnet ihm der wieder genesene Goethe, der aber das Theater noch meidet, nicht mitkommen will. Die Zeit drängt, die Vorstellung wird bald beginnen. Man wechselt einige wenige Worte. »So schieden wir, um uns niemals wiederzusehen«, würde Goethe später in den »Tag und Jahresheften« notieren. Schiller betritt mit Caroline seine Loge. Doch schon während der Aufführung kehrt die Krankheit zurück. Sie wird ihn nun nicht mehr verlassen. Nach Ende der Vorstellung betritt Heinrich Voß wie gewohnt die Loge. Er findet Schiller fiebernd vor, seine Zähne klappern vor Kälte und Hitze. Er führt ihn nach Hause. Dort bereitet man ihm einen Punsch, der aber keine besänftigende Wirkung zeigt. Charlotte bringt ihn zu Bett. Am folgenden Morgen besucht Voß den Dichter erneut. Der sagt: »Da liege ich wieder.« Aufstehen wird er nicht mehr.

Schillers Leben neigte sich dem Ende zu. Von nun an wachten Heinrich Voß, Caroline von Wolzogen und Ehefrau Charlotte im Wechsel um ihn. Am 2. Mai besuchte ihn der Schauspieler Anton Genast, am Tag darauf auf der Durchreise nach Leipzig sein Verleger Christoph Friedrich Cotta. Man beschloss, die geschäftlichen Dinge auf dessen Rückreise zu besprechen.

Mit letzter Kraft schrieb Schiller noch einige Zeilen des Monologs der Marta zum »Demetrius«. Doch das war zu viel. Am Tag darauf begann Schillers Todeskampf. Ohnmachten und Fieberphantasien schwächten Körper und Geist. Er lag nur noch matt in seinem Bett. »Die Augen lagen tief, jede Nerve zuckte krampfartig«, so Heinrich Voß. Ab und zu weinte er. Am 6. Mai besserte sich sein Zustand, er nahm ein Kräuterbad. Er selbst fand den Glauben an eine Genesung wieder, in der folgenden Nacht den Schlaf. Am nächsten Tag begann er ein Gespräch mit Caroline über die Tragödie und über die Art, wie man eine höhere Kraft im Menschen erregen könne, so würde sie später berichten. Aber sie sah seine Schwäche und verweigerte Schiller das Gespräch, wollte ihn schonen. »Wenn mich niemand versteht und ich mich selbst nicht mehr verstehe, so will ich lieber schweigen«, soll er gesagt haben. Er schwieg. Schlief ein. »Ist das eure Hölle, ist das euer Himmel?«, hörte die Schwägerin ihn sagen, bevor er wieder aufwachte. Am 8. Mai verlangte er die Sonne zu sehen. Auf die Frage, wie es ihm gehe, antwortete er: »Immer besser, immer heiterer.« Doch die letzte Nacht im Leben des Dichters war unruhig. Er fieberte. Stammelte einige Worte, zumeist in lateinischer Sprache. Am Vormittag badete man ihn. Mittags trank er ein Glas Champagner. Ein letztes. Gegen 15 Uhr stockte der Atem. Zwei Stunden später ein Nervenschlag. Man rieb seine Brust mit Moschus ein. Doch vergeblich. Um 17.45 Uhr ist der Dichter tot. Mitten im Frühling, der ihm immer ein Lebenselixier war. Es ist der 9. Mai 1805.

Personenregister

(in Auswahl)

Abel, Jakob Friedrich 24, 29, 71, 171
Albrecht, Sophie 76, 91f., 98, 101
Anna Amalia, Herzogin von Weimar 84, 111, 113, 160
Arnim, Henriette von 101, 103f., 110

Bach, Carl Philipp Emanuel 53, 70
Bachmann, Ingeborg 134
Baggesen, Jens 157f., 162f.
Baumann, Katharina 71, 75, 85
Beck, Karoline 71, 75
Beethoven, Ludwig van 267
Berg, Friederike von 261
Berghaus, Ruth 244
Beyme, Karl Friedrich 262f.
Brecht, Bertolt 211, 242
Büchner, Georg 139

Carl August, Herzog von Weimar 28, 84, 111, 151, 163,
    181, 210, 215, 219, 228, 245, 263, 269
Carl Eugen, Herzog von Württemberg 18, 20, 22f., 29, 35,
    44, 50f., 53f., 57f., 75, 77, 112, 156, 168ff.
Carl Friedrich von Weimar 272
Constant, Benjamin de 251f.
Conta, Karl Friedrich 248
Cotta, Friedrich 173, 175, 184, 189, 220, 240, 249, 258, 270,
    272, 277
Crusius, Siegfried Lebrecht 258

Dacheröden (Humboldt), Karoline von 133, 150, 151, 153,
    158, 166, 175, 261
Dalberg, Karl Theodor von 158ff.
Dalberg, Wolfgang Heribert von 43, 49ff., 56ff., 64, 68f.,
    74, 79ff., 104
Dannecker, Johann Heinrich 172
Dürrenmatt, Friedrich 268

279

Egloffstein, Henriette von 236

Fichte, Johann Gottlieb 173, 175, 180, 186, 261
Fielding, Henry 123
Franziska, Reichsgräfin von Hohenheim 54
Friedrich Christian, Prinz von Augustenburg 164
Friedrich Wilhelm III., König von Preußen 259,
    261
Funck, Karl Ferdinand von 191f.

Genast, Anton 249, 277
Goebbels, Joseph 267
Goethe, August von 271
Goethe, Johann Wolfgang von 10, 12, 26, 28ff., 38, 44,
    50, 84, 109, 111ff., 128, 130ff., 136ff., 175ff., 182f., 186ff.,
    196, 198ff., 214ff., 236, 238, 241, 244ff.
Göschen, Georg Joachim 191, 93f. 104, 122, 155, 163, 229,
    258
Gotter, Friedrich Wilhelm 79
Gozzi, Carlo 235
Grabbe, Christian Dietrich 139
Graff, Anton 101
Grammont, Johann Friedrich 9, 25ff.
Griesbach, Johann Jacob 141

Häßler, Sophie 159
Herder, Johann Gottfried 111f., 156, 163, 182
Herz, Henriette 261
Hölderlin, Friedrich 192
Hoven, Friedrich Wilhelm von 19f., 31, 170
Huber, Ludwig 84ff., 89f., 92ff., 155, 157, 273
Hufeland, Christoph Wilhelm 259
Humboldt, Wilhelm von 1105, 133, 150, 173ff., 180, 183,
    194ff., 245, 247, 257, 261

Iffland, August Wilhelm 43, 55, 58, 68, 71, 74f., 79, 191,
    200, 207, 242, 245, 256, 259ff., 272, 274
Imhoff, Amalie von 241
Imhoff, Luise von 153, 209

Die FOCUS-Biographien-Edition in 12 Bänden

Franz Herre
NAPOLEON
Eine Biographie

MOZART
Eine Biographie

BISMARCK
Realpolitik und Revolution

Dietrich Gronau
LUTHER
Revolutionär des Glaubens

KARL DER GROSSE
Eine Biographie

KATHARINA DIE GROSSE
Das Leben der russischen Kaiserin

FRIEDRICH DER GROSSE
Preußens legendärer König

GOETHE
Dichtung und Leben

Arianna Stassinopoulos Huffington
PICASSO
Ein Leben

Jörg Aufenanger
SCHILLER
Eine Biographie

Michael Grant
CAESAR
Genie – Eroberer – Diktator

Roman Karst
THOMAS MANN
Eine Biographie

Erhältlich in jeder Buchhandlung

Diederichs